以深度学习为导向的教师赋能教学法

[美]
琳达·达林哈蒙德 Linda Darling-Hammond
珍妮·奥克斯 Jeannie Oakes
著

PREPARING TEACHERS FOR DEEPER LEARNING

中国青年出版社

图书在版编目（CIP）数据

以深度学习为导向的教师赋能教学法 / (美) 琳达 · 达林哈蒙德, (美) 珍妮 · 奥克斯著 ; 张庆彬译. 北京 : 中国青年出版社, 2025. 3. -- ISBN 978-7-5153-7546-5

Ⅰ. G424.1

中国国家版本馆CIP数据核字第2025RL7806号

以深度学习为导向的教师赋能教学法

作　　者：[美] 琳达 · 达林哈蒙德　珍妮 · 奥克斯
译　　者：张庆彬
责任编辑：宋希晔
美术编辑：佟雪莹
出　　版：中国青年出版社
发　　行：北京中青文文化传媒有限公司
电　　话：010-65511272 / 65516873
公司网址：www.cyb.com.cn
购书网址：zqwts.tmall.com
印　　刷：大厂回族自治县益利印刷有限公司
版　　次：2025年3月第1版
印　　次：2025年3月第1次印刷
开　　本：787mm × 1092mm　1/16
字　　数：282千字
印　　张：28.5
京权图字：01-2023-2255
书　　号：ISBN 978-7-5153-7546-5
定　　价：69.90元

CONTENTS

目　录

第 1 章

以深度学习赋能教师教育

世界顶尖的雇主会在全球范围内寻找最有能力、最有创意、最有创新精神的人才，并愿意支付其高额薪水……随着经济变化越来越快、越来越剧烈，应聘者除了需要具备强大的英语、数学、技术和科学技能之外，还要能够自如地理解各种思想和抽象概念，善于分析和综合，具有创造性和创新性，拥有良好的自律性和组织能力，能够快速学习和团队协作，并能灵活迅速地适应劳动力市场的频繁变化。

——美国劳动技能新委员会，2007年

在银行街教育学院教师教育项目，深度学习会为学生提供一系列渠道，帮助他们成为思想者，理解知识要点并建立事物之间的联系。学生在深度学习的过程中会成为沟通者，具备协同工作的能力同时又能独立开展工作，还会拥有多元化学习方法，真正享受学习。让学生准备好成为终身学习者，并保持好奇心，会有广泛的影响力。如今的21世纪，仅有收集或获取信息的能力并不够，更重要的是知道如何管理这些信息，如何确定自己的兴趣点，以及如何提出问题并让问题变成行动指南。

——银行街教育学院项目实习教师，2016年

在这个知识和新技术正以指数速度增长的世界里，经济正在迅速变化，教育对个人和社会的成功比以往任何时候都重要，因此社会越来越需要做好充分准备的教师，让他们帮助所有孩子们了解这个复杂世界。

在过去的十年里，大量教育报告在世界各地涌现，认为在21世纪需要发展一种更卓有成效的学习，以满足生活、工作和民众的需求。在当代民主国家，决策管理和社会及科学问题解决的过程越来越复杂。现行学校系统诞生的20世纪初，只有5%的工作需要专业知识和技能；而今天，大约70%的工作是“知识型工作”，员工需具备获得和使用专业信息、处理非常规任务、使用先进技术的能力。1980年到2015年间，需要高水平人际关系、批判性思维、管理和沟通技能的工作数量增加了83%，而依靠体力劳动或常规技能的工作数量只增加了18%，且前者的工作类型比后者多得多。

我们还注意到，家庭和社区每天要做的艰难决定越来越多，公民在投票和公职人员选举中需要理解和考虑的问题越来越复杂。人们要想在如此复杂的社会和政治条件下发展自身，还需要有能力获取和使用专业信息、处理非常规任务、采用先进技术，以及应对日常遇到的形形色色的人和想法。

此外，工作、生活和社会需求的本质继续以前所未有的速度发生变化。2016年世界经济论坛发布的《未来就业报告》指出，在许多行业和国家，如今需求量最大的职业或专业在十年前还不存在，而未来，最紧缺职

业的更新速度会越来越快。全球移民、社会不平等、气候变化等现象的影响越来越严重，威胁世界的冲突越来越多，这些都使迅速变化的经济面临的挑战变得更加复杂。这意味着，21世纪的社区和公民需要在一个日益狭窄和相互依存的世界中建立良好的民主关系和公平的资源共享战略。

因此，学校的新使命是帮助学生为未来的工作和生活方式做好准备，探索未知知识，了解未来技术，为即将出现的产品和问题提供想法和解决方案。用人单位和公民领袖日益呼吁K-12[1]学校履行这一新使命，使教师具备高层次推理、知识迁移和问题解决，以及知识的理解和应用等“21世纪的技能”。具体而言，年轻人必须知道如何研究、分析和评估新的信息和概念，并将其综合起来，产生新的分析、想法、解决方案和产品。为此，他们需要能够与他人高效合作，以多种形式交流想法，评估和改进自己的工作，并在面对社会、政治和科学挑战时，灵活应变，坚持不懈。

为满足这些要求，美国各个教育部门都颁布了更严苛的学习标准，并将其与新的课程期望和评估挂钩。这些标准要求学生不仅要完成常规学习任务，还要掌握更深入的学科内容，以批判的角度思考问题，创造更复杂的产品，解决复杂的问题。此外，这些标准还要求学生在自行获取和整合新知识的同时，对学术内容有更深入的理解，并能加以应用。显而易见，要想学习做这些事情，仅靠死记硬背和机械地应用规则和算法远远不够。

既然人们现在普遍认为教师素质是教育成功的关键组成部分，那么很显然，实现这些新要求的大部分重任会落在教师身上。然而，教师需要做的不仅仅是调整教学实践，实现21世纪教育的大众教育愿景，他们还要帮助所有学生实现这些目标，而不仅仅是被分配到天才计划或高级课程的少数学生。同时，如今学校中的学生群体十分多样化，他们的需求也比以

[1] K-12是Kindergarten through Twelfth Grade的简写，指从幼儿园到十二年级的教育，现在普遍用来代指基础教育阶段，包括幼儿园、小学（K1-K6）、初中（K7-K9）和高中（K10-K12）。——译者注

往任何时候都更加广泛。由于学校扩大了教育的学生范围，并将更多的学生纳入主流课堂，教师遇到了更多存在语言和学习差异的学生。美国儿童贫困的情况日益恶化，公立学校的大多数儿童都来自低收入家庭，教育工作者必须在支持学生学习的同时，帮助他们应对无家可归、食品不安全、缺乏医疗服务，以及社区霸凌事件频发等问题。许多社区的教师既是所教学科的教授，还是个人学习的促进者、评估者和诊断者、辅导员、社会工作者和社区资源管理者。

学校是学生成功的关键之地，对高质量教师的需求很大。有些孩子非常会学习；有些孩子家庭富裕，父母受过高等教育，自己就能够教授孩子；有些孩子通过聘请家庭教师、参加暑期课程、参观世界各地的博物馆、度假，来补充学校教育，对于这些孩子而言，教师教导他们并不需要经过太多的培训。但是，这些校外支持在今天的大多数公立学校并不常见。

如果对教师的要求很高，那么对教师教育项目的要求也应与之相当。在如今复杂、多元的背景下，教师教育面临着双重挑战。如果教师的教学方式无法与21世纪技能发展的要求相一致，就不能成功地为学生提供与这些技能相关的有深度、有吸引力、灵活且广泛适用的学习经历。此外，如果教师缺乏为所有学生（尤其是没有丰富的课外学习机会或校外支持的学生）服务的能力，就无法为实现21世纪的教育目标做好充分的准备。因此，在社会和学校教育的快速变化中，教师教育面临着一个重要问题：如何让新手教师同时为深度学习和社会公平正义做好准备？

本书介绍了七个教师教育项目，这些项目能够组织应对教师教育的双重挑战，实现深度学习和社会公平。从这些项目以及美国各地从事此类工作的类似项目中，我们可以学到很多。这些项目在形式特征上有很大的不同，比如规模、部门和机构类型，但它们对如何学习的共同理解，以及对建设公正社会的共同承诺塑造了其共同的深层结构，使它们能够专注于培养教师的教育公平。

这七个项目的不同结构和做法为我们提供了一些有用的具体示例，说明了不同的机构如何为满足21世纪学校教育的需求而培养教师，从而有助于改进其他项目。然而，它们共同的深层理念——以儿童和成人如何学习和发展为基础，坚持为每一个学生和教师提供发展机会——才是最重要的核心理念，它让我们知道如何才能让教师为面向全体学生的深度学习做好准备。

框架：了解教师为深度学习所做的准备

正如我们将会在本节中详细阐述的那样，深度学习既是一个新概念，也是一个旧概念。它植根于过去一个世纪的学习研究成果，但也符合21世纪学生的需求。以深度学习为目标的课堂是将那些具有挑战性的学术内容与引人入胜的、体验式的和创新的学习体验相结合的课堂。这种学习方式能使学生具备在新的和正在出现的背景和情境下发现、分析和应用知识的技能，并让他们为学习、就业、参与社会活动，以及在快速变化和信息丰富的世界中终身学习做好准备。

培养儿童和年轻人适应21世纪教育的教学方式意味着什么？培养教师以这些方式进行教学又意味着什么？要回答这些问题，首先需要考虑我们所追求的结果是什么——我们期望学生知道什么、能够做什么。然后，我们需要根据一百多年来的教育研究和实践形成的对学习的丰富理解，来确定哪些学习过程可以得到我们所追求的结果。接着，我们要确定哪些教学实践能够产生这些学习过程。最后，我们会研究怎样的教师教育能使教师参与这些教学实践，发展必要的知识、技能和性格，让所有学生都能接触到21世纪的学习模式。

我们追求什么样的教育成果？

我们对学生的期望包括三种能力，人们普遍认为，这三种能力对当代教育至关重要。它们是：认知能力、社会和情感能力、实现有意义生活的道德和伦理能力。

第一种能力涉及学生能用所学知识做什么。他们必须具备深入理解概念的能力，并有足够强大的探究技能，能够以多种方式寻求、理解和结合知识，并将知识应用于现实世界中不同的复杂的新问题。这意味着，他们的学习方式需要能够内化知识并具有生成性和可迁移性。

第二种能力涉及年轻人如何对待他们的学习和实践，这是一套帮助个人和集体工作的共同认知技能（也称为社交和情感技能）。这些技能包括组织和管理自己的工作；接受和使用反馈以不断改进工作；遇到挫折或障碍时坚持不懈、保持韧性，以及以多种方式与他人进行有效沟通和协作。能否取得这些成果，取决于对学生的自我调节能力和执行力的培养，取决于学生的个人和社会意识与责任，以及对自我和学校的积极心态和信念。

第三种能力与学生学习的原因有关。我们希望年轻人能具有一种目标感和个人效能感。这种目标感和个人效能感来自公平对待，并受到社会正义感的助推，关注如何改善自己和社区其他人的生活。对学习目的的考量意味着不仅要关注学生带给学校的成果和进步，还要关注学校教育如何处理以下问题：学生是谁、来自哪里、想去往哪里、在学习过程中可能面临哪些系统性挑战。

学生能否拥有充实丰富、具有意义的生活，能否有效参与现代经济和社会活动，这些能力至关重要。强有力的证据表明，增加学生参与个人发展相关的教育活动机会，可以加深学生对核心学术内容的理解，提高毕业率、高等教育入学率和硕博升学率。

什么类型的学习导致了这些结果？

显然，当今世界知识迅速扩展所提出的新要求，以及对高层次推理、沟通和人际交往技能的日益增长的需求，不能只通过专注于锻炼基本技能和死记硬背为导向的被动性学习来满足。如果教师的思想狭隘、守旧，无法理解新思想或不同人群的想法，那么也无法满足这些要求。

要实现今天的宏伟目标，需要采取与20世纪的主流学习方法截然不同的学习方法。20世纪的学习方法由与早期教育心理学工作相关的行为主义理论塑造，特别是爱德华·桑代克（Edward L. Thorndike）的理论。这种学习方法认为，学习是通过概念化和条件反射过程，习得一套由他人传递的预定知识和技能。例如，刺激反应理论将学习者认定为被动方，并假设如果学习者做出正确反应时会得到奖励，那么他或她就更有可能重复这种反应——也就是学习。

尽管“深度学习”最近已经成为获得21世纪技能的必要条件，但它并不是一种新的学习方式。“深度学习”的基础思想可以追溯到18世纪的让·雅克·卢梭（Jean-Jacques Rousseau）、19世纪的弗里德里希·弗罗贝尔（Friedrich Froebel）和20世纪初的约翰·杜威（John Dewey）等人提出的教育概念。这些教育哲学家主张体验式、反思式的教育形式（这些教育形式使批判性思维和思想的产生与表达成为可能），而不是死记硬背式学习。杜威认为，与记忆二手信息相比，学习在本质上是一个解决问题并通过行动理解过往学习经历的积极心理过程。他认为学习是有目的的、复杂的、新兴的和内在社会性的。对杜威来说，这种学习使学生有能力以多样化的方式感知世界并采取行动，将学习目标与现实材料和情况相匹配，以解决真正的实际问题。

其他学者也提出了类似的学习概念。20世纪初的玛丽亚·蒙台梭利（Maria Montessori）和20世纪30年代的让·皮亚杰（Jean Piaget）与列夫·维果茨基（Lev Vygotsky）等密切观察儿童学习的学者，致力于了解儿童在认知方面的发展方式，并得出结论：融入社会环境是学习的关键。蒙台梭利创造了一些方法，帮助儿童通过实际的游戏和动手操作来共同或独立地学习，对知识有更深层次的理解。她认为，仔细观察儿童、满足个人需求、激发个体兴趣，有助于每个儿童发挥潜力。皮亚杰认为，儿童是独立的学习者，具有理解自身观察并体验的环境（包括与他人的关系）的内在能力。他指出，儿童的思维方式与成人截然不同，他们的思维随着他们对学习经历的理解而发展。维果茨基认为，社会经验和心理过程紧密相连、相互关联，并得出结论：学习和问题解决发生在学习者与他人的互动中。他认为，社会参与不只是为思维提供外部刺激，它实际上是一个人思维过程的一部分，可以帮助儿童发展和表达想法。

学习研究在20世纪中叶经历了一场认知革命，在这场革命中，心理学、语言学和人类学领域的学者们通过研究思维以及思维如何产生意义来挑战行为主义，而思维和思维如何产生意义也成为认知科学最重要的研究领域。在后来的几十年里，随着社会文化理论的出现，学习研究发生了新的转变。罗兰·萨普（Roland Tharp）和迈克尔·科尔（Michael Cole）等研究人员指出，社会和文化背景对学习有决定性作用，知识是在社区参与过程中通过社会和文化活动产生的。

肯尼斯·克拉克（Kenneth Clark）和后来的克劳德·斯蒂尔（Claude Steele）等心理学家研究了社会背景和认知之间的关系，帮助我们深入理解了学习和发展过程如何受到对少数群体刻板印象的负面影响。日内瓦·盖伊（Geneva Gay）、格洛丽亚·拉德森·比林斯（Gloria Ladson-Billings）和卡罗尔·李（Carol Lee）等研究人员也加入了研究行列，共同发现了一些有价值的因素，比如正向肯定、消除刻板印象威胁、文化社会化、种族社会化或民族社会化等因素对塑造学习者所处的大生态环境的特征具有积极作用。

总之，这些工作为我们描绘了一幅既复杂又细致入微的学习图景，让我们知道，在人们试图使世界变得有意义，并将所学应用于新的情况时，学习就会出现；在某些特定的情况下，人们会从自己的行为和想法中有所感悟，这时，学习就会通过人、问题、想法和工具之间的社会互动而出现。学习深深镶嵌于文化之中，通过人际关系和经历在神经学和心理学方向发展。也就是说，每一次经历都会影响未来学习的可能性和框架。适用性学习要求学生对概念的理解能够迁移至新的、与众不同的情况中，强调学习对过往学习经历的意义，以及生活和社区在为学习过程提供背景、价值和资源方面所发挥的重要作用。重要的是，用哈佛大学研究员贾尔·梅塔（Jal Mehta）的话说，“每个社区都有一些文化传统，人们通过这些传统进行深度学习”，而关于文化与学习之间关系的研究揭示了“不同的深度学习方法的多元性”。

现代学习理论也强调意义创造的情境性和社会性，通过这种方式，“心智、行为、感知和行动融洽无间”。教育学研究表明，当人们没有被焦虑、恐惧或其他紧迫的问题分散注意力时，当学习与先前的知识和经历相联系时，当学生积极参与时，当学生关心正在学习的内容并用它来加深理解和解决实际问题时，他们的学习效率就会更高。

最后，无论是普遍的，还是与个人有关的，人们对智力和能力的信念或看法都会影响自身的认知功能和学习。身份发展是人们学习如何看待自己作为学习者的这一身份，以及认为自己在哪些方面有能力的关键部分，这关系到他们努力的方向以及对自我的能力认知。

教学实践如何创造深度学习机会？

对于教师来说，要为孩子们创造深度学习机会，就需要学习一系列原则和教学方法，将这些机会带入到他们即将负责和管理的多样化的教室中。美国国家科学院发布的报告《人们如何学习》借鉴了教育学的知识，确定了三项公认的基本学习原则，这些原则对于指导教学实践意义非凡。

1. 要使教学有效，就必须解决学生知识基础不同的问题。如果没有充分调动学习者的所知、所信，那么学习者可能无法掌握所教授的新概念和新信息，或者他们可能学习这些知识只是为了参加应试，无法做到知识迁移，在课堂之外又继续秉持他们的先入之见。这意味着，如果教师要确保学生在真正地学习，就必须了解学生的所思所想，知道如何将新知识与学生的原有知识相联系。儿童的学习和发展轨迹是他们的个体与社会环境相互作用的产物，并随着时间的变化而变化，各不相同。当来自不同文化背景和语言背景的学生带着不同的学习经历来到学校时，他们的先入之见和知识基础并不相同，教师在设计教学时必须了解和考虑这些因素。

如果想帮助所有类型的学习者都提高学习成绩，教师必须借助某些工具、做法来了解学生的不同学习方式、先前学习经历和知识以及文化和语言程度。教师可以通过定期检查、班会、会议、日志和课堂调查等方法了解学生的优势和需求，通过与家长这一真正的合作伙伴会面来了解学生的生活和学习方式，并在家校之间创造更连贯、更有效的学习机会。这些举措有助于创造一个让学生在文化上受到尊重，在情感和智力上感到安全的环境。许多研究已经证明了这些做法具有帮助学生、家长和教师之间同步消息、构建良好关系等积极作用。

2. 如果学生想将知识运用到课堂之外，他们需要从认知上组织和使用知识。学生要想发展在探究领域的能力，不仅必须拥有深厚的事实性知识基础，还必须理解概念框架或图式背景下的事实和想法，并能够在想法之间建立联系，以便于检索和应用的方式组织知识。这意味着教师必须能够整合知识体系，帮助学生将新知识融入概念地图，并在讲解这些新知识时，有意识地引导学生将其应用和迁移到新情况。

促使学生能够这样做的教学策略需要将学科结构的核心概念与该学科特有的探究模式结合起来——如科学调查、数学建模、文学分析、历史探究或艺术表演。教师需要仔细选择材料，解释挑选缘由，并阐明他们对于一些重要概念及概念与概念之间如何相联系的想法。教师需要组织学生开展实际调查，帮助学生积极主动地使用所学知识并理解概念如何相互构建并融合在一起。教师需要以多种方式呈现关键概念，使这些概念变得生动易懂，并随着学生对该领域理解的增加，激励学生应用知识来解决日益复杂的实际问题。

3. 如果学生了解自己的学习方式并知道如何管理自己的学习，他们的学习效率会更高。“元认知”教学方法可以帮助学生拥有一套属于自己的学习策略，确定自己的学习目标，并监督目标实现的进度，以此帮助学生学会管控自己的学习。教师需要知道如何帮助学生开展有关知识理解程度的自我评估，以及如何让学生以最好的方式学习。

教师可以通过示范和辅导来帮助学生使用一系列的学习策略，包括预测结果、以自己的方式解释知识点以提高理解能力、及时知道自己的困惑之处并寻求解决方案、激活背景知识、提前计划、规划时间和注意力。成功的教师会为学生提供精心设计的“支架”，使学生在学习过程的每一步都得到及时帮助，这些“支架”因学生的学习需求、方法和已有知识而有所不同。

教师需要使用多种评估方式来确定学生对知识的理解程度，以此指导教学并帮助学生改进学习方式，这与元认知教学方式一致。这些评估方式包括让学生根据评分标准来对学习情况进行自我和同伴评估，以及通过展览和其他方式让学生收到关于自身学习情况的反馈并改进自己的学习。为学生提供时间和机会来认真反思和讨论自身对知识的理解也能帮助他们提高元认知能力。教师可以鼓励学生阐述自身理解、提出质疑和自我解释，这可以加深学生对学习方式和学习内容的理解。

总之，有效的教学能激活学生的已有知识，联系学生的学习经历，为学习过程提供支架，适应学生的需要，将知识应用于现实世界中，并帮助学生反思和改进自己的学习过程。在有效促进深度学习的课堂上，观察人员可以看到墙上的学生作品，以及图像和学习资料，它们与学生的生活、经验和文化相联系，能够激发学习者的学习热情和学习动机。教师通过尊重和支持每个学生，提供符合学生自身文化背景的例子和材料，并通过承认每个学生的才能、成就和贡献等各种方式满足他们的归属感，来为学生创造一个良好的学习环境。观察人员还会看到，学生能够参与丰富的教学对话，能够提出问题，解释自己的想法并探究他人的想法。

除此之外，观察人员也会看到学习者参与到具有挑战性、以探究为导向的学习任务中，这些任务包括有规律的探究和实验，使用自主选择来支持学生的学习。这些任务可以基于项目或问题解决，帮助学生分析、综合和评估知识，以产生新的产品、想法或解决方案。这些任务通常以合作性为基础，包含学生已经学习过要承担的学习角色并设计多个切入点，在支持性指导和反馈的情况下进行。学生能够根据反馈意见改进他们的学习，这有助于学生培养成长型思维，并对自己的能力提高充满信心。他们在学习中带着探究的心态，借助一套能够帮助他们找到并使用资源的认知心理方法来理解知识，并解决对他们有激励作用和意义的问题。

如何使教师为深度学习做好准备？

如果教师的教学方式能够反映出我们对学生的期望，而这些期望又是基于对过去和当前学习过程的理解，并与支持深度学习的实践相一致，那么教师的准备工作就需要满足很高的要求。教师必须学会如何以符合高阶思维技能以及知识迁移与应用的方式教授内涵丰富的学科内容。学生的现有知识反映了其不同的文化和语言传统与学习经历，教师必须学会如何教导这些学生。教师必须学会帮助学生获得基本技能，同时还要学会创新和探究。此外，教师必须学会在课程中教授学生语言和沟通能力，还要学会与家长和同事有效合作，集合所需的资源和动力，帮助学生取得进步。

以这些方式进行教学，教师需要将课程作业和实际教学工作结合起来，了解学生及其学习方式，同时提高组织和管理这些丰富学习经历的能力。在课下，教师也必须能够敏锐地判断学生的学习情况，对每天看到的学生学习情况进行深刻反思，以便针对学习理解的动态过程采取行动。

学生并非一套模子刻出来的，教学方式也并不都是一样的，所以不能像19世纪末的教育家所认为的那样，通过假定人们的学习经历和学习方法相一致，以一套单一的活动来实现学习。在一个充满人类多样性和认知复杂性的世界里，以深度学习为目标的教学需要对以下内容做出精确判断：不同的学生如何学习、学习什么；需要补足学生在知识理解上的哪些差距；哪些经历能让他们把所知和所需联系起来，以及需要做出哪些教学调整来确保学生能达到共同目标。

事实上，学生对成绩的期望越是普遍，达到这些目标的教学策略就必须越个性化。如果教学是统一的，采用单一的学习模式和节奏，起点不同、学习方式不同的学习者也许并不适用。美国目前的情况就是这样，当地学校成绩的差距比许多其他国家大得多。正如约翰·杜威1929年在《教育科学的来源》中指出的那样，教师准备得越充分，他们的教学实践就越能根据学生的个人需求而产生变化，而非始终如一：

> 科学的教学方法和系统知识能够解放教师，让教师能够看到新的问题，构想新的教学方式，并在总体上实现教学的多样化发展而非固定式统一模板……这种知识和理解使（教师的）教学实践更明智、更灵活、更能有效处理实践中的具体情况……看到更多的关系，才能看到更多的可能性和更多的机会。教师的判断能力得到丰富之后，在处理个别情况时，就会有更多的选择。

如果教师想要知道如何帮助那些起点和学习方法都不相同的学习者最终达到相似的学习水平，他们就需要将广泛的教学策略相结合，根据学生的学习情况不断调整自己的教学，还需要开展缜密的教学实验，对复杂事件给予深入的解释，并深刻反思教学过程。这意味着，教师必须成为“适应性专家”，不仅能使用常规方法帮助学生提高学习效率，还能在常规方法不足以解决问题的情况下，利用所知进行创新——当学生不想学习时，教师需要找出问题根源，并相应地调整教学材料、教学策略或支持方法。适应性专家还要知道如何根据需要不断拓展自己的专长、知识和能力，以应对新的挑战。培养既能从教学中学习，又能为教学而学习的教师，是当今教师教育的主要挑战之一。

什么样的教学过程可以帮助教师开展深度学习教学？

正如我们所指出的，杜威在一百年前提出的观点——许多研究人员和先进教育工作者从那时起就一直研究的观点——已经在描述教学、学习和教师教育的多种理论框架中不断出现，并最终形成了在21世纪教育背景下让所有学生进行深度学习的呼吁。在接下来的章节中，我们将使用这些和其他相关的框架来阐明我们所做的工作。在学习科学知识的基础上，我们认为，深度学习教学需包含以下五个方面，而这五个方面也为教学设定了目标：

1. 以发展为基础的个性化学习。学习经历建立在先前知识和经历之上，并影响学习者对新知识的吸收。学习需要与已掌握知识相联系，并关注认知和社会情感领域。学校的教学任务需根据学生的需要而设计，需要从学生的学习经历出发，具有内在趣味性并适合他们的发展水平。

2. 情境化学习。学习经历让我们认识到，人们在使用各自文化背景下的工具和符号来理解世界及其经历时会取得进步。学习建立在学生的个人、文化和语言知识之上，离不开重要的社会背景和实际应用。学习与学生的经历相联系，并以对学生所处发展背景的深刻理解，以及与父母、看护人员、社区和学校以外的世界的持续沟通和联系为基础。

3. 知识的应用与迁移。学习经历使学生能够将内容知识应用并迁移到新的、复杂的问题上，通过具有挑战性的真实活动将抽象的、理论性的想法与现实世界的问题和环境紧密联系起来，促进学生掌握知识，培养批判性思维。清晰的标准和表现反馈，包括形成性和总结性的效果评估，会促进学生复杂认知的发展。

4. 在富有成效的实践社区中学习。学习是一个积极的、互动的、建设性的、反复的过程。精心设计并关注学生的社会互动，使学生能够在学习过程中给予彼此支持或支撑，将他们不同的知识和经验与学习性社区的集体知识和经验相结合，并帮助学生在参与同实际活动有关的主题学习方面从边缘地带转移至核心位置。学校和教室需要建立在关爱的基础上，为社会/情感发展、信任关系和恢复策略提供支持，为学生学习创造适合的环境。

5. 以社会正义为导向的公平化学习。了解多样的学习经历是为了满足不同学生的需求，教导所有类型的学生并保证所有学生都能有丰富有益的课程体验。这些课程体验承认学生在更大社会范围中的定位和“地位”，并将这些定位和“地位”与自身融合，还以对种族、阶级、性别和其他影响学生学习经历的社会特征的认识为基础。教师将学生的独特身份视为优势和资源，将有关社会正义的价值观与学习和发展的原则联系起来，确保所有学生都获得帮助，能够采取批判的态度处理事务，避免思维欠缺。

深度学习的这些特点与杜威的教学方法以及20世纪先进教育家的教学方法相呼应。杜威认为，学生是积极的、社会性的存在，他们会把自己的目标带到学习中去，因此他设计了一种学校教育方法，为学生提供有趣的学习经历，使他们对内容知识有深刻的理解和认识并对学习持开放态度，而所有的这些都与他所认为的为在民主社会中的完满生活做准备相一致。杜威描绘的参与式学习（投入型学习）还包括教师方面。在这种参与式学习中，教师需要开发新课程，管理新型学校，并开展跨教室和跨学科合作，以促进影响力与意义并存的学习。

就像教师教育与深度学习具有一致性的关键特征一样，深度学习的公平性特征也是一个重要的考量因素。深度学习蕴藏在杜威和其他教育家过去一个世纪所倡导的概念和实践中。非裔美国人社区也有支持深度学习的悠久传统。根据历史学家詹姆斯·安德森（James Anderson）的记录，内战后，非裔美国人学校的教师将学生的文化和学习经历纳入到课程和教学之中。他们所使用的教学方法鼓励学生质疑所学知识，帮助学生培养批判性思维，运用所学解决实际问题。他们还允许学生以小组形式开展工作。这些早期的非裔美国人学校使用的教学方法和课程正是学者们现在所说的文化响应式教学和多元文化课程。此外，他们还使用了其他与非裔美国人学生文化相一致的教学实践。

此外，在20世纪初，杜波依斯（W. E. B. DuBois）和全国少数族裔协进会的同事们主张为非裔美国学生开设文科课程。从那时起，民权团体就一直在与在少数族裔学校主要开设低层次、技能性课程的做法作斗争。最近，这些想法以文化相关教学法的形式出现，日内瓦·盖伊将其描述为“文化知识、先前经验、参考框架和不同族裔学生学习风格的多维度、变革性有效运用，使学习对这些学生而言，关联性更强，更有效……文化相关教学法针对并通过学生的长处进行教学，是一种文化上的认可与肯定”。在拉美裔和其他少数族裔学校里，这些想法也体现在努力将教学建立在学生的丰富知识储备和文化实践上。

然而，当今的学校和课堂实践大多不符合学生依靠深度学习实现21世纪教育目标的条件。大多数学校和教学实践仍然按照管理人员20世纪初制定的工业化的、理性的、自上而下的方式组织起来。这些人员以管理、监测和效率为目标，深受学习行为理论的影响，制定了被提亚克（Tyack）和库班（Cuban）称为“学校教育的文法结构”的教育体系。在这个体系中，教师的工作是以小块的形式教授知识，为学生提供持续的奖励或巩固知识，监测（测试）大块的知识是否已经学会，并重新教授学生未掌握的知识。以基本技能和记忆不相干的事实为重点的被动的死记硬背式学习，一直是并且仍然是今天学校的主流做法。传统思想和标准化压倒了创新性和多样化。即使在今天，在经历过认知革命、认识到社会文化对学习的影响之后，学校教育仍然遵循工业时代的模式。事实上，如今的学校经常开展大规模、高风险评估，以“命令式”教育为主，还主张与考试准备相关的简单化学习。在这一背景下，20世纪初的理论和实践在21世纪初还保持着活跃并且一直在使用。

虽然在一些小学和中学发现了深度学习的踪迹，但它们在很大程度上只局限于社区内和社区间最具优势条件的学生。尽管人们越来越意识到深度学习的重要性，但美国学校对低收入家庭儿童和少数族裔学生的教学却只侧重于“基本技能”——部分原因是考试问责制带来的压力。然而，正如优秀教育联盟所指出的，“除非每个学生都能接受平等的教育，否则深度学习对美国经济和民主发展将无法做出贡献”。

为了弥补这种教育不平衡，迎接为所有学生提供深度学习的挑战，必须在学生多样性日益增长、需求日益增长的美国公立学校中推广深度学习。在今天的美国公立学校中，超过一半的学生来自低收入家庭，近10%的学生是非英语母语者，超过13%的学生是残障人士，符合联邦《残疾人教育法》的范围。因此，必须优先考虑公平问题，并以社会正义为导向，大规模开展深度学习教育实践，为所有学生服务。

本研究与本书

在接下来的章节中，本书描述了七个教师教育项目如何帮助教师为21世纪学生的深度学习做好准备。本书从当代教育学的视角来审视这些项目，重点关注它们的价值观和实践如何与深度学习的五个维度保持一致，以及它们如何打造深度学习所需的机会和经历。

本研究展示了实习教师如何学习为学生提供深度学习机会和经历，以及这些项目如何为实习教师提供这类机会。此外，本研究还深度探究了这些项目对政策制定和实践活动的影响（这些政策和实践可以最大限度地让教师为深度学习和公平做好教学准备）。

这些项目遍布全美各地，从纽约到加州，从密尔沃基到得克萨斯南部；既分布在公立高等教育机构，也分布在私立高等教育机构；实习教师既有本科生也有研究生，且项目规模从小到大不等；既包括最近推出的创新方案，也包括一个世纪以来促进教育进步的优秀教育传统。以下是这七个项目的所在地：

- 威斯康星州密尔沃基市，阿尔维诺学院
- 纽约州纽约市，银行街教育学院

- 加州圣地亚哥，高科技高中
- 新泽西州蒙特克莱尔，蒙特克莱尔州立大学
- 旧金山大学和加州旧金山斯坦福大学合作开展的旧金山项目
- 得克萨斯州，圣安东尼奥三一大学
- 科罗拉多大学丹佛分校

为了确定这些项目，本研究团队首先邀请教师教育领域的专家，以及有新教师合作经验的教师，提名符合深度学习原则的教师教育项目。然后，研究小组对被提名项目的背景进行反复研究，查看有关成果和实践资料，缩小选址范围。最后，研究小组从地理和项目的多样性方面对入选项目进行筛选。我们希望案例样本能够包含典型的项目类型和地点，以便教师教育者和政策制定者能够以多种方式开展工作。

我们开展项目研究的方式包括：采访实习教师、观察他们在课程和学校中的实践、对结业教师开展调查以及档案查询等（见附录A研究方法）。本书还分析了这些研究中产生的主题以及各项目支持实习教师深度学习的做法。本研究重点关注实习教师在课程和实际教学中所用的教学法如何模拟深度学习策略，以及项目管理者如何开展自己的探究和深度学习来创建这样的项目。

第2章到第4章描述了项目面临的挑战以及它们为应对这些挑战而制定的基本策略。第2章讨论了教师深度学习所面临的挑战，简要介绍了每个项目并发现其中的重要共性。第3章和第4章主要讨论支持实习教师深度学习项目的核心课程和关键措施。

第5章到第9章深入探讨了项目课程如何与深度学习教学的5个维度相一致：以发展为基础的学习（第5章）、情境化学习（第6章）、知识的应用和迁移（第7章）、在实践社区中学习（第8章）、促进社会公平正义的教育（第9章）。这些章节展示了实习教师如何为深度学习而教学，以及

如何学会以深度学习的方式教学。

最后两章讨论了更广泛范围的机构结构和实践问题，以及支持这种大规模的教师教育所需的政策类型。第10章分析了七个项目为实现这些高度集中的教育实践所创建的机构支持，包括它们的价值观、领导力、资源分配以及与K-12学校和学区的伙伴关系。第11章总结了项目设计的关键特征，并提出了扩大教师教育规模所需的政策杠杆和支持，以便让所有学校的教师都能参加这种教师教育。

下面我们用一个项目做个示范。这是旧金山教师实习项目中的一门教师教育课程。该项目由旧金山联合学区、旧金山联合教育工作者协会、斯坦福大学和旧金山大学合作开展，旨在为所有儿童提供深度学习的机会。项目重点关注实习教师对公平和社会正义的承诺，以及他们为实现这一承诺而努力提升的教育技能。

深度学习在行动：
协作与跨学科、探究式学习

周二下午，旧金山大学的课程与教学（C&I）课程开始得有些晚，教室里的12名学生都十分期待这门课——他们都是参加旧金山教师实习项目的实习教师。今天是一个特殊的日子，因为今天这节课是将数学与科学的课程与教学课程结合在一起的两节课中的一节，且这节课以跨学科学习为重点。

这节课的目的是让数学和科学学科的实习教师参与到跨学科的实践活动中，共同完成一个基于数学/科学的探究性任务：理解影响钟摆周期的因素。劳拉·霍德（Laura Hodder）老师简单介绍了这节课，“你们需要弄清楚这个东西的工作原理”，然后她播放了一段关于钟摆波的简短视频。房间里一

片寂静，实习教师们盯着弦上砝码，砝码缓慢地转着圈圈，就像在跳舞一样。之后劳拉让实习教师们简要讨论钟摆波的潜在运动原理。这些实习教师们对此很感兴趣，想要弄清楚这个问题。

科学老师劳拉和数学老师内森（Nathan）为这些实习教师详细示范了英国学校如何帮助学生建立强有力的合作实践。他们重申了这个活动的规范，提醒实习教师们应该互相提问，且每个人都必须参与其中。他们指出，各小组今天的目标是弄清楚哪些变量会影响钟摆的摆动。实习教师们被分成三个四人小组，每组各有两名数学和科学学科的实习教师。全班有三分之二的教师是少数族裔，四分之三是女教师。小组的每个成员都有一张角色卡，卡片上描述了该角色的职责：主持人、资源专家、测量专家、数据记录员。

斯坦福大学教师教育项目（另一个大学合作伙伴）也教授这种组织小组工作的策略，并将其作为复杂教学课程的一部分。复杂教学课程是一种基于研究的合作学习方法，由伊丽莎白 · 科恩（Elizabeth Cohen）和瑞秋 · 洛坦（Rachel Lotan）开发、试验、研究、推广。

在接下来一个小时左右的时间里，实习教师们提出假设并进行测试。第一组的一位实习教师提出了一个假设："弦越长，摆动的速度越慢。"其他人也跟着提出自己的想法。这一小组在决定检验哪个假设后，开始决定如何测量变量。一位实习教师说，他们应该"用计时器来测量垫圈从一边往返所需的时间"。但另一位数学实习教师说，他们应该尽可能多地测量垫圈的摆动，这样测量的结果才更准确。然而，一位科学实习教师回答说，"重力是恒定的，空气摩擦力很小"，她认为摆动的钟摆并不会因为额外的摆动而变慢。

内森和劳拉在教室里来回走动，观察各小组的进展并向他们提出问题。第二组的实习教师们假设：随着质量的增加，摆动的周期会缩短。尽管劳拉知道这一假设并不正确，但她没有表示怀疑，让他们继续测试。

第三组的假设与第二组相同，即随着质量的增加，摆动的周期会缩短。

他们将带有垫圈和绳子的铅笔放在两张桌子之间，以减少可能由桌子表面引起的摩擦。组内一位实习教师拿着量角器测量，确保每次实验的测量角度相同；另一名实习教师负责对每次摆动计时；第三名实习教师观察绳子的状态，并告诉计时者何时开始和停止计时；第四名实习教师负责创建表格，记录每次观察结果。组内所有实习教师都参与到了实验当中，共同为如何最准确地验证本组的假设贡献自己的力量。

第二组正在测试他们关于质量是否对摆动周期有影响的假设。他们已经完成了收集观察结果的工作，开始绘制数据图。该小组讨论了每个坐标轴上的内容和比例。劳拉问该小组："你们发现了什么？"一位实习教师回答说，他们发现"随着质量的增加，摆动时间会增加，而周期会缩短"。劳拉问道："你们相信自己的数据吗？"实习教师们表示他们相信。劳拉接着说："那如果我告诉你们，你们发现了一条新的物理学定律呢？"听到这句话，实习教师们意识到劳拉其实是在指出他们的数据有问题，都不好意思地笑了。劳拉让大家重新集中注意力，说："我想说的是，你们是相信你们的数据，还是你们得到现有的测试结果是因为忽略了其他变量呢？"实习教师们开始讨论他们没有考虑到的变量。例如，一位数学实习教师说："测量角度可能因为人为错误而出现偏差，这就是为什么我们要以多个观测值的平均值为准，减少人为误差。"于是该小组决定重新测试假设，并发挥集体的聪明才智，使测量结果更加准确。

活动结束后，劳拉带领实习教师们汇报本课所学知识。她说："在这节课上，你不仅能以学生身份进行课堂反思，还能以教师角色进行课堂反思。"为了帮助这些实习教师以更有条理的方式进行反思，老师们给每个小组发了一张记录表，其中提出了本次学科实践和教学在数学和科学之间如何划分的问题。各小组在反思过程中理解了如何将本节课应用到不同内容，如数学的某个单元、科学的某个科学方法和假设等。实习教师们随后意识到，其实许多内容都是交叉的。一个小组清楚地理解了数学与科学之间的重叠之处或共同点，并在记录表的中间部分（在数学和科学的分界线上）写下了本组的答案。例如，其中一个小组讨论说，方程是关系模型（这可能更符合科学课程），但这些关系模型也是数学的基础。课后，劳拉表示，本课的主要目标之一是打破数学学科和科学学科对彼此的刻板印象——例如，科学学生可以发现"数学也可能是混乱的"。

在两个半小时的课程中，最后一个小时的重点是教师合作。内森和劳拉表示，他们曾经合作开设一节跨学科的数学科学课，教授斐波那契数列和黄金比例，然后让实习教师与另一个学科的实习教师合作开发课程。各个教师组开展了激烈又富有挑战性的头脑风暴。一位科学老师拿出了针对七年级科学学生的《新一代科学教育标准》，数学老师看了之后，指出数学标准中可能出现的交叉知识。一个数学科学教师组最近曾在一所中学面试，想要以团队的形式教授数学和科学。他们与其他实习教师分享了其为面试示范课准备的跨学科课程：通过用纸包裹学生来确定人体皮肤的面积。

另一组数学科学教师从数学和科学的角度开设了一节关于函数的课程：采用探究式方法，分析影响池塘中鱼的数量的因素。该课程要求学生分析鱼的数量如何根据一些变量（如四季时节、捕鱼季）上升或下降，知道鱼的数量变化趋势，并做出预测。

头脑风暴让数学和科学实习教师们不得不努力应对跨学科课程带来的挑战。一位实习教师指出，要确保所开发的课程不是一个"科学内容薄弱的数学课"（如只使用科学过程）或"数学内容薄弱的科学课"，这是一个挑战。但这项活动也成功地打破了两科教师之间的壁垒，帮助他们知道了两个学科之间的相通性。在回答"我们为什么要使用跨学科方法教授数学科学"这个问题时，一位数学教师和一位科学教师的答案能够反映出他们的一些认识：

数学教师：为了解决现实生活中的问题。

科学教师：似乎科学自身就可以完成这项工作，那么学习数学的重要性是什么呢？

数学教师：数学能帮助我们进行抽象推理和定量推理……这就是我们教数学的原因之一。数学可以培养学生问题解决的能力，比如用什么步骤来解决问题，锻炼逻辑思维……这些都是生活技能。

科学教师：在学习科学知识的过程中，我们试图回答问题、探究事物。科学与数学有很多相似之处……比如，解决某一问题采用的方法能够应用于生活中的许多其他情况……能够对观察到的所有事物展开思考并从中看到这些事物背后的规律，从而产生更高层次的思考。我认为，科学有助于理解我们周围的真实世界。关于科学，真正重要的一点是学习如何使用科学方法，所以，如果我找不到问题的答案，就会采用这种方法：如果发生了某件事情，我会尝试对这件事情进行复盘，并找出原因所在，或者至少排除一些不相关因素。

数学教师：数学也是同样的逻辑：观察问题，提出假设。

第 2 章

七个项目范例

（三一大学项目的实习教师）是我见过最棒的教师，他们的教学能力——制订精确教学计划并加以实施的能力、帮助未取得预期进展的学生学习的能力、在课堂上开展更复杂的思维锻炼方式的能力、在课堂教学之外应对不同挑战的能力——已经证明了这一点。

——三一大学校长

在招聘教师时，我首先想到的就是阿尔维诺学院项目的实习教师，因为他们的自我反思能力很强，在大学阶段的绩效评估经历丰富，还能将在项目中所学的知识应用于课堂实践。这些教师很容易融入我们学校的教师团队中，而且他们善于与他人合作，不会羞于从导师和周围的同事那里寻求所需知识。我想再聘请十位像今年这两位一样的教师。

——阿尔维诺学院校长

如果我们学校有空缺岗位，我一定会把参加旧金山教师教育项目的所有实习教师……全部聘用。但对于其他教师来说，可能我无法保证。（旧金山教师实习项目）在招募优秀人才方面做得很好，在培训工作方面做得也很好，为教师提供了很多支持。该项目能够真正基于实践来培训教师，今年我们有四位实习教师参加项目。在上周的校长会议上，有其他校长找我询问实习教师的事情。会议结束时，这些校长将我团团围住，说想要聘用所有我们培训过的实习教师！

——旧金山大学校长

（蒙特克莱尔州立大学教师教育项目）的实习教师对不同学习者和不同背景的学生的学习需求非常敏感。我注意到，他们为教授不同学习者和不同学习背景的学生这一挑战做了充分的准备，而且主动接受挑战……积极主动地创造良好的课堂文化、家校合作的课堂社区。

——新泽西州纽瓦克市的两位校长

我们学校的28名教师中有15名教师参加了科罗拉多大学丹佛分校教师教育项目……他们都渴望成为一名优秀教师——他们拥有强烈的职业道德、热爱学习、每天进步、对实践持开放态度、努力提升自我。他们对非传统的、非标准化的教学方式持开放态度，且以个人为着眼点……这些教师与我们学校的教师一起进步，相互学习。

——科罗拉多大学丹佛分校合作学校校长

高科技高中教师教育项目的实习教师在深度学习的背景下与学

生一起动手工作，所以他们在使用最能帮助学生的语言和实践的同时，还能以循序渐进的方式满足学生的学术和社会情感需求。

——高科技高中校长

我认为他们是我能找到的受过最好教育培训的教师。我们学校强调帮助个人学习，同时也强调帮助个人与社区建立联系。银行街教育学院教师教育项目的理念和方法对我们帮助巨大。儿童的社会化发展与认知和情感之间的平衡有关，也与个人和群体之间的平衡有关。

——纽约市小学的校长

我们所研究的七个教师教育项目收获的赞誉，与过去20年来关于教师教育的负面论述形成了鲜明对比。如果只倾听20年来的批评声音，人们可能会认为，教师教育是一种几乎无效的干预措施——无法帮助教师学会应对日常教学、参与复杂的教学实践，更不用说在当今充满挑战的教育背景下，帮助教师深入理解多样化学习者的特点。

然而，几乎所有参加了以上七个项目的实习教师都一致表示，他们已经准备好参与复杂的教学实践这项艰巨的工作，在教学内容、课程知识、教学策略、工具、态度等方面帮助学生实现21世纪的学习目标。绝大部分实习教师都感到自己准备得“很好”或“非常好”（见附录C调查结果）。当然，我们并不是说这些项目比全国各地的其他项目更好。事实上，我们知道有许多其他的项目也有类似的设计并获得了同样良好的声誉。其他数据表明，随着教师教育质量的改善，有些州的实习教师认为自己已经做好了在现代课堂中教学的准备。

我们想强调的是，这七个项目表明，在不同的社会背景下组建教师教育项目、让教师为不同学生的深度学习做好准备是有可能的。这七个规模大小不一的州立、公立或私立学校、本科或研究生参与的教师教育项目为如何做到这一点提供了良好的范本。七个项目中，三所私立学院长期致力于为城镇教学培养优秀教师（威斯康星州密尔沃基市的阿尔维诺学院，纽约市的银行街教育学院，得克萨斯州圣安东尼奥市的三一大学）。两所大型州立大学（蒙特克莱尔州立大学，科罗拉多大学丹佛分校）提供了多种教学提升途径，每年培养数百名教师。这两所大学和另一个由斯坦福大学和旧金山大学支持的学校合作项目（旧金山教师实习项目）都设立了创新性教师实习项目，为共同构建和实施教师教育做准备，并在经济和教育上为实习教师提供支持，帮助教师在该地区的学校进行教学实验。最后一个项目是由特许学校（高科技高中）开发的创新型实习项目。该项目在特许学校基于项目的学习环境中锻炼实习教师，并将这种模式扩展到与其理念相同的其他区办学校。

本章将简要地讨论教师教育经常遇到的困境。此外，我们还将讨论上文七个项目的设计理念、参与群体和总体策略。在后面的章节中，我们将讨论组织教学内容和开展实践的常用方法，这些方法有助于解决教师教育中长期存在的困境，让教师准备好应对开展深度学习教学所面临的额外挑战。

我们在此介绍的项目都曾经培养过优秀的实习教师，他们在确保所有学生尤其是困难学生的深度学习方面成绩卓越。这些项目实习教师能够很好地履行教育承诺，在学习和教学方面知识渊博；能够进行因地制宜且效果良好的教学管理；能够向不同学习方式的学生教授内涵丰富的学科知识；能够将扎实的基本技能教学与帮助学生发明和探究相结合；能够在每个年级和课程中教授语言，帮助学生提升语言能力；能够与家长和同事开展有效合作，汇集所需资源，帮助学生取得进步；能够向美国社会证明：贫困学生和少数族裔学生也可以做到深度学习。

“深度学习”教学面临的挑战

学习如何教学——就像学习从事任何工作一样——并非易事。事实上，学习教学的过程中存在一些特殊的长期性挑战，其中三个尤为突出。首先，学习教学要求新教师以与自己学生时代完全不同的方式来思考（和理解）教学——这个问题被丹·洛蒂（Dan Lortie）称为“学徒观察”。其次，学习教学要求新教师不仅要学会“像教师一样思考”，还要学会“像教师一样行动”——玛丽·肯尼迪（Mary Kennedy）称之为“实践问题”，教师不仅要学习，还要学会如何实践。最后，学习教学要求新教师能够在复杂繁忙的课堂中有目的地实现多个目标，他们必须学会处理教学中杂乱无章、非常规的问题——我们称之为“复杂性问题”。

“学徒观察”问题

新教师在学习教学过程中面临的最大的挑战之一是，他们在从事教学工作前已经有了多年的学生经验。尽管这种先前的学生经验可能是学习动力的重要来源，但正如社会学家丹·洛蒂所认为的，这种“学徒”视角有严重的局限性：学生看到的只是教学的表面，而且只是从教学的一个角度来看，因此，教学可能看起来比实际情况更容易。学生也看不到教师制定的关于所有学生的基本计划、教学目标和预期结果。

这样的经历往往会使人们产生一个普遍观念——“任何人都可以教书”，还会让人们误认为，教学所需要的只是一些规定性技术。实习教师一开始往往会认为，好的教学只需热情地传递知识即可。但他们并未意识到，好的教学还需要仔细分析如何展现学习内容，并将其与学生的学习经历相联系，以便学生理解新知识。同时，他们还需持续评估学生的学习情况，不断地计划和调整学习经验，为学生提供恰当的支持。

此外，许多教师初入教学领域时，认为学习就是简单而机械地接受信息。对于那些旨在帮助教师为不同学生提供深度学习的学者来说，打破这一观念是一个特别困难的挑战。对许多实习教师来说，这种教学需要对学生、学习和学科有全新理解，而这与他们自己在学校里的求学经历大为不同。正如科罗拉多大学丹佛分校的一位结业教师所说："在教师教育课程中，我们学到了学生时代没有学过的策略。"

高科技高中的一位行政人员表示，新手教师的这段适应期会使他们"摒弃自己曾经的求学经历，扰乱其对教师意味着什么的想法"。她继续说道："即使是那些满怀激情、想要在这里做一番事业的教师，他们中的大多数人，作为一个学习者也只经历过非常传统的学习环境。因此，他们很容易就会回到教学舒适圈中。"

教师还必须了解学校教育和社会的历史如何影响学生在学校内外的学习机会和教育经历。特别是对于一些教师来说，他们上学期间看不到这些情况。教师不仅要学会如何了解他们的学生，设计出有吸引力和适合学生发展的教学，而且还必须以批判的方式，广泛了解社会背景，积极努力地为学生提供更公平的教育机会。

那些成功克服学徒观察影响的项目，会设法让实习教师表露出自身对教学的最初信念，进而直面这些错误观念。这些项目利用结构化讨论和指导性课堂观察，让实习教师分享他们对教学的初步看法，从而纠正这些初步看法中的问题。指导教师们会为实习教师做示范，帮助他们参与到自己希望未来在课堂上实施的教学策略中。这些教学策略会为实习教师提供分析和发展教学愿景的机会，让教学方法更加有效。

实践问题

帮助教师学会有效教学，需要他们学会将所学知识付诸行动——这就是实践方面的问题。教师需要做各种各样的事情，而且许多事情要同时进行。想要应对这一挑战，需要的不仅仅是了解自身领域的学科知识或讨论有关教学的想法。教师所面临的实践问题与其他专业领域所遇到的问题相似，但更具挑战性。例如，与其他大多数专业人员相比，教师在同一时间内要做更多的事情，而且同时面对更多的“客户”。教师既要树立权威的课堂形象、密切观察不同学生每时每刻的行为和感受，同时又要能够解答问题、提出问题、参与讨论、提供反馈、设计教学任务、推进教学进度和管理课堂，而所有这些都并非易事。

教师必须学会权衡两难境地，并迅速做出决定；提前做好计划，并能随机应变；对学生的问题给予反馈，做好教学前的知识导入活动。虽然有些人可能会将这种学习描述为能够将知识“应用”于实践，但将理论与实践分开会产生一种错误的二分法。事实上，舍恩（Schön）认为，在某些职业中，理论根植于实践，二者密不可分——他认为教育就是这样的典型职业。然而，学习如何以这些专业的方式思考和行动非常困难，特别是如果这些知识植根于实践本身。

“实践问题”中蕴藏着多种挑战。首先是依靠观察的学徒制。实习教师对课堂上的评估、小组合作或讲座等活动已经有了自己的看法和观点。尽管他们使用的语言与教师教育者相同，但他们对于这些概念的含义，以及如何实施这些概念，可能有着完全不同的想法。他们既要密切观察教师的行动，又需要在充分了解情况的情况下，借助具体的反馈来尝试各种教学策略。由于提高教师想法实施的能力必须在实践中得到发展，因此，实习教师必须尽早开始学生教学，并需要有良好的督导。研究发现，当实习教学在课程作业之前或同时进行时，实习教师能更好地将理论学习与实践相结合，他们在学习教学时也更加自如、自信，并且更能得心应手地以有效的方式开展教学。

仅凭经验并不能实现这些目标，关键要看到示范做法，并分析这些做法如何、何时以及为何有效。教师在没有指导的情况下学习教学，往往只是为了应付工作，而不是为了促进所有学生的学习，而且他们可能会养成很难改掉的坏习惯。研究人员发现，在学习掌握新技能的过程中，最好能得到同伴互助小组的熟练指导，让教师在共同发展、加强和完善教学技能的过程中讨论策略和困境解决方案。当教师能够学习教学方法、尝试使用这些方法，并在同行和更专业的从业者的反馈下反思自己的教学时，他们的技能就会得到进一步提升。

复杂性问题

学习教学的第三个也是最后一个挑战是：教学是一项极其复杂和苛刻的任务。玛吉·兰勃特（Maggie Lampert）指出，“教学中的问题很多”：

> 教学是一种复杂的实践行为，原因之一是教师为了促使学生学习而必须解决的许多问题经常同时发生，而并非一个接一个地出现。也正是由于这种同时性，教师在一个教学行为中必须解决几个不同的问题。教师的教学行为不是独立进行的，而是需要与学生（包括个人和团体）共同进行。一个教师需要在同一时间框架内，在不同的社会需求中采取行动。同样，一个教师也会在不同的时间框架内，在不同的思想层面上与个人、小组和班级合作，确保每一节课的内容前后连贯，将一节课与另一节课联系起来，并在一年的时间里完成某课程的所有教学目标。教学中的问题跨越了社会、时间，还涉及智力领域，而解决问题需要采取的

行动往往因领域而异。

这种复杂性有几个来源。第一，教学从来不是例行公事。学生的情况、学习需求、挑战、问题和困境在不断变化。第二，教学有多个目标，且往往必须同时解决。教师在教授知识的同时，也在帮助学生了解社会、促进智力发展、开展小组合作，并采取不同的方式帮助需要额外支持的学生。第三，学生的优势、难以掌握的学习领域、各自的能力，以及社会文化背景都不尽相同，教学必须要满足他们不同的学习需求。第四，教学需要将多种知识综合起来。例如，教师必须将他们关于儿童发展、学科和教学法、社会情感学习、群体互动、学生的不同文化和背景以及特定学生的兴趣、需求和优势等方面的知识综合起来，促进每个学生的学习。

在进行深度学习的教学时，这种复杂性的程度会更高，因为教学实践不是标准化行为。以学生为中心和文化响应的方式进行深度学习的教学，在很大程度上依赖于课堂和社区背景下的教学设计。学生的身份、兴趣、经历、先前的知识和发展水平，以及教师自己的知识和身份，都会影响学习经历。学生自主权为教师教学带来了另一个挑战。如果期望学生能够自我评估并塑造自己的学习方法，他们和教师必须共同构建学习过程的各个方面，这也会使教师的判断变得更加复杂。

学生的发言权和学生自主权可以激励学生更加努力地学习，提高学生参与学习活动的积极性，而且教师也需要它们来培养学生独立学习的能力。但与此同时，教师必须确保课程目标得以实现，必要的教学支架得以到位，资源能够得以运用，学生的精力得到良好的引导。因此，教师在给多个班级的学生讲授同一内容时，会对每个班级采取不同的教学方式，甚至在某种程度上会对每个学生采取不同的教学方式。教师每天还会根据前口的学习情况或遇到的学习问题修改教学计划。

一些教师教育方法并不能充分应对这些挑战。例如，只是笼统地告诉教师在课堂上可以使用的策略，而不提供实例和模式，会使教师无法深入理解这些策略或实施这些策略。制定常规教学策略虽然可以帮助解放教师，让他们能够把注意力放在工作的其他方面，但只提供常规教学策略并不能提高教师的判断能力和教学技能，不能使教师帮助那些需要不同方法或额外支持才能学会学习的学生。由于教师有多重目标，学生各不相同，加之教学需要整合许多不同领域的知识，因此，教师需要学会分析课堂上正在发生的事情，并根据学生的特点和需求，对课程、教学、评估和课堂管理做出合理的决定。

培养教师深度学习教学能力的项目

传统的教师教育项目经常被批评只提供理论，与实践关联不大，课程之间缺乏连贯性，并缺乏明确的、共同的教学观念。研究发现，那些主要由不相关的课程组成的、缺乏共同教学愿景的项目，在对新教师的实践方面影响力很弱。一些创新型课程也是如此，它们忽视了教师教育的重要因素，忽略了涉及儿童发展和学习的关键课程，将课程作业与没有教师指导的实践工作分开，这对新教师来说几乎没有任何意义。

从20世纪80年代末开始，在霍姆斯教育集团主任团队和其他机构的努力下，教师教育出现一些综合性更强、连贯度更高、强调一致教学愿景的改革项目。这些项目——包括在职教师项目和传统的师范生教育项目——在学科和教学实践之间建立了更强的联系，并将实际教学与正式的项目培训联系起来。它们能够做到这一点的部分原因是它们将教学与项目交织在一起，并将课堂实践渗透到项目中。这些项目教给教师的不仅仅是实施特定的教学技术，它们还帮助教师学会从教育学角度思考问题，在困境中追寻答案，调查问题，分析学生的学习情况，为不同的学习者开发合适的课程。研究发现，与其他不那么连贯、不那么注重理论与实践的项目相比，这类项目对新教师关于教学的最初概念、实践和效率的影响更大。

我们的研究对象是那些对如何开展教师教育工作进行了深入思考的项目——它们不仅将理论与实践相结合，而且以支持所有学生增强学习能力的教学愿景为目标，与社会正义使命相联系。在下面的章节中，我们将简要介绍这些项目如何应对为深度学习而教学的挑战。

阿尔维诺学院

阿尔维诺学院位于威斯康星州密尔沃基市，是一所私立的小型天主教女子学院。该学院的本科生或研究生均为女性学生，但其教师教育项目同时接收男性和女性实习教师。虽然阿尔维诺学院是一所天主教学院，但其学生拥有不同的宗教背景。截至2016年秋季，阿尔维诺学院招收了约350名全日制本科生和245名全日制研究生，另外还有1500多名非全日制本科生和研究生。教育学院的76名本科生中，近一半是少数族裔学生，还有85名研究生是少数族裔学生。

阿尔维诺学院项目因长期使用“能力本位”的课程而闻名。该课程要求实习教师展示一些具体的能力作为深度学习的依据。能力本位教学不再将对学习的评价作为重点，而是将其转移到对知识和技能的应用上。这一点很重要，因为学生在校外的成功取决于他们在新情况下应用知识的能力。阿尔维诺学院让实习教师体验学生理想学习环境的培训和项目活动来支持这些能力的发展。像教育学生一样教育教师——这个理念虽然简单，却可以帮助实习教师体验引人入胜的互动课程，以便他们能够更好地理解如何为学生创造类似的学习经历。

20世纪70年代初，阿尔维诺学院时任院长乔尔·瑞德修女（Sister Joel Read）发出一项挑战，要求教师将精力放在关注学生的学习过程，而不是自己的教学。在那之后，作为一所文科女子学院，阿尔维诺学院的使命就转向了促进深度学习的发展。乔尔·瑞德表示："虽然媒体十分关注教育改革，谴责学校教育系统的失败，但真正重要的是确保每个学习者都能实现自己能力范围之内的全部目标。我们认为，想要做到这一点，需要团结整个学校来促进学生的学习。学生的成长是唯一重要的目标。"

乔尔·瑞德发出的这一挑战有助于开发注重现实世界适用性的学校课程，而注重现实世界的适用性也是深度学习的一个关键标志。

为了完成这一挑战，阿尔维诺学院的教师将注意力集中在学生的学习上，而不是教师的教学上。他们提出了八种核心能力，并将这些能力排列在学院墙上以时刻提醒学生。这八种能力分别包括：沟通、分析、问题解决、评估决策、社会互动、全球视野、资讯素养和德育以及审美能力。整个学院学生的学习和教师的教学目标都围绕这八种能力展开。虽然它们是所有课程的共同目标，但学生如何展示这些能力在各学科的要求有所不同。阿尔维诺教育学院不仅完善了满足培养实习教师要求的八种能力，另外还提出了四种能力：

- 概念化：将学科知识与教育框架和对人类发展的理解相结合，从而规划和开展学习；
- 诊断：在观察学生的学习行为时使用教学框架来促进学习；
- 协调：有效地管理资源以支持学习；
- 综合性互动：在学习环境中具有职业责任感。

阿尔维诺学院期望实习教师在发展了这些能力之后，能够培养自己的学生具备同样的技能、实践和心态。此外，教育学院和整个阿尔维诺学院的关注重心都是学生能力，而非学生成绩，这使得实习教师确定他们对学生进行的教学和评估重点应该是学生能够掌握特定的技能或科目，并将知识应用于课堂之外。这些能力反映了实习教师应该努力掌握的明确标准。

实习教师通过关键技能的展示评估来证明其精通某内容。学院会不断提供反馈和多种机会来支持教师改进他们的工作，发展上述这些能力。反过来，实习教师学习了关于学生如何最好地学习的知识，也加深了对学习实践的理解，从而发展了深度学习。

在接受调研的阿尔维诺学院实习教师中，100%的实习教师都在课程最后一个学期表示，他们认为自己为教学做了充分的或非常好的准备。此外，100%的实习教师表示，他们还在以下方面准备得很好或非常好：采用适当的教学策略来了解和解决特殊的学习需求；了解学生校外环境中的因素如何影响其生活和学习；开发有助于学生深入学习知识的课程，以便他们能够在新的情况下应用所学知识；灵活使用各种评估方式；为建立高效课堂社区而制定规范。

银行街教育学院

银行街教育学院以开设进步性、以学生为中心的教学实践而闻名，至今已有一百多年的历史。1916年，露西·斯普拉格·米切尔（Lucy Sprague Mitchell）创建了该学院，并命名为教育实验局（Bureau of Educational Experiments）。当时，进步主义运动正全面展开，人们正在寻求“实现社会变革，实现更大的公平和民主参与”。1930年，教育实验局与八所实验学校合作，开始培养教师，为有意愿成为教师的文科毕业生制定了为期一年的培训课程。集中培训的重点是通过应用科学方法、激发实习教师的灵活性和创造性来培养“致力于促进学生全面发展的教师”。1950年，教育实验局更名为银行街教育学院，并获批在一系列领域和专业提供教师资格相关课程和硕士学位课程。银行街教育学院与实验学校的合作为其作为学校和教育机构的合作伙伴奠定了基础。这些学校和机构希望在纽约市乃至全国推广进步性的、以学生为中心的教学方法。

米切尔的信条对这些工作具有指导作用。她关注的是：我们想要发展人类尤其是学生、教师和我们自己的什么潜能？答案是：

- 通过五官观察世界，感受生活的热情；
- 永葆求知欲，把世界想象成一个充满未知的实验室，人类永远是学习者；
- 面对变化时能够灵活应对，勇于放弃过时的教学模式；
- 能够在一个充满新需求、新问题和新想法的世界里，无畏、高效地工作；
- 在评判他人时，兼顾温柔与公正；
- 保持敏锐性：不仅注重“他人”的外在形式权利，而且尊重他人作为个体依照他或她自己的标准来寻求美好生活；
- 努力在校内外享受民主生活，这是推进我们倡导的民主概念的最佳方式。

这些针对学生的目标为银行街教育学院项目的“教师教学的基本原则”提供了指导，包括：

- 教育是创造和促进社会正义和鼓励公民参与民主进程的工具；
- 教师对自身学科领域有深刻的了解，并通过正式学习、直接观察和参与，积极地参与学习；
- 教学需要了解学生在家庭、社区和文化背景下的学习和发展进步情况；
- 教师作为一个个体和专业人员，需要不断成长；
- 教学需要一种教育哲学——一种对学习和学习者、知识和认知的看法——来为教学的整体过程提供指导。

银行街教育学院项目为我们提供了一个范本，说明一个大型教育机构应该如何为教师和学生的深度学习提供培训工作。该研究生院现有36门学位课程，2014—2015年度共招收700余位学生。在任何学期，该学院都有数百位报名者参加硕士学位课程，它还与纽约市超过75所学校和幼儿园建立了教学实践关系。银行街教育学院是一个非凡的例子，它告诉我们应该如何以高度个性化的方式大规模开展深度学习的培训工作。

我们的研究重点是银行街教育学院的儿童通识教育项目，该项目2014—2015学年共招收45名学生，其中三分之一为少数族裔，三分之一为男性。正如学院的历史一样，该项目与整个纽约地区的学校都保持联系。除了学院自己的儿童学校之外，银行街教育学院的合作学校还包括中城西部小学、第三学区小学、中央公园东区第二小学、河东小学、布鲁克林新学校、穆斯科塔新学校、曼哈顿新学校和社区根基特许学校等等。银行街教育学院会为其伙伴学校提供专业发展支持。这些合作学校的很大一部分教师和领导都毕业于银行街教育学院。此外，许多合作学校都倡导渐进式学习，它们为银行街教育学院实习教师提供了丰富的实践场所，让他们能够亲身体验和实践以学生为中心的教学。

银行街教育学院自成立以来，一直希望所有学生都能拥有“热切、敏锐的科学态度，能够根据观察结果不断质疑旧知识，并充分利用所学知识以及图书和其他一手材料”。虽然这句话是露西·斯普拉格·米切尔于1931年表达的话语，但它仍然反映了我们现在所说的深度学习的要素。为了支持儿童深度学习能力的发展，银行街教育学院认为所有教师必须：

- 了解学生在其家庭和社区背景下如何发展和学习。
- 积极尝试、学习和反思。
- 深入了解教学内容。

因此，银行街教育学院项目为实习教师提供高度个性化的学习机会。这些机会以发展为基础，在现实世界环境中具有挑战性。它还为实习教师提供时间和社会支持，以便其开展批判性自我反思，帮助实习教师在一个由同行、教师和导师组成的社区中学习。

为了做到这一点，银行街教育学院创建了一个以深度学习为基础的“实验室”。在“实验室”里，项目课程采用以学生为中心的教学法，注重培养实习教师的批判性思维，以及探究和反思能力。他们相信实习教师能够把这些方法传授给他们的学生。儿童通识教育课程的关注重点是儿童和成人发展、体验式学习，以及公平和社会正义。它建立在实习教师的经历之上，通过探究来观察和记录学习经历，借助在多学科中使用的不同工具来批判性地分析这些学习经历。最后，它通过反思学习经历，形成可以在未来不同情景下应用的方式方法。这些教学法未来将成为银行街教育学院实习教师在课堂采用的方法。实习教师在课堂上为学生提供多种多样的合作方式和备受支持的学习经历，并对学生进行仔细观察和评估，以促进其成长和发展。

银行街教育学院项目以其对儿童的深入了解、高度个性化的教学方法以及与家庭大力合作和与社区的紧密联系而闻名。校长们对该校的教师给予高度评价，90%的雇主在最近的调查中指出，银行街教育学院的结业实习教师有能力或十分有能力成为一名好教师。此外，我们的学习政策研究所对正在参加该项目的实习教师进行了调研。超过95%的实习教师表示，他们认为自己对以下事情已经“做好了准备”或“做了非常好的准备”：采用促进学生积极学习的教学策略；了解校外环境因素如何影响学生的生活和学习；根据儿童的发展情况制订教学计划；让学生以合作小组的形式学习以及独立学习；将课堂学习与现实世界联系起来；针对不同的教学目的和需求选择不同的教学策略；提高学生的提问和讨论能力；制定课程，帮助学生深入学习知识，以便他们能够在新情况下应用所学知识。

科罗拉多大学丹佛分校

科罗拉多大学丹佛分校也是一个大型教师教育项目的所在地。该项目为大约750名实习教师提供五种不同但相互关联的教学项目，以适应不同的参与人员。这些项目在结构、节奏和培训时间上有所不同，能够吸引和支持具有不同背景和学习经历的实习教师。然而，教师们强烈主张将这些教学项目汇总成一个总体项目，并通过共同的标准和课程来组织。这些项目是科罗拉多大学丹佛分校致力于培养实习教师的知识、技能和性格的体现，而这些知识、技能和性格也正是开展深度学习和社会正义教学所需要的内容，同时也是改变现有教学结构和做法的手段。不过，这些现有的教学结构和做法使得在贫困社区学校中开展新教学十分具有挑战性。

2015年至2016年，这五种不同的教学项目对下列人员进行了教师教育：（1）350名本科师范生。（2）创新实习项目（NxtGEN）的43名首批本科师范生。创新实习项目是为学生提供资金和其他支持，帮助学生完成学业并获得证书的一个半职业型项目。（3）丹佛公立高中的50名实习教师。（4）专业培训学校的50名全日制预科研究生师范生。（5）200多名正在申请教师资格证的毕业生。这些毕业生包括“为美国而教”项目的参与者。他们已经被聘为一些区属学校或特许学校的教师，期望通过教师教育项目获得教师资格证。

由于美国国家教育政策在教师教育和学校教育方面鼓励采用自由市场策略，大量实习教师培养项目便应运而生。这也使培养教师的任务——为未来的学生提供公平的深度学习机会——更加复杂。科罗拉多大学丹佛分校的教师以及学校合作伙伴以富有创意的方式应对困境，包括为非传统实习教师创造新的教学途径，以兑现他们关于开展高质量教师教育的承诺。

在科罗拉多大学丹佛分校，在所有项目的课程和实际教学中，实习教师的学习都以一套共同的基本问题和固定经历为指导，其知识和技能通过共同的绩效评估来展示。这些方法使实习教师能够与大学教师、实习所在地教师和领导，以及他们的同行构建强大且备受支持的教学关系——所有这些都是他们成为准备充分的专业教学人士的关键。

项目以四个基本问题作为实习教师考核的框架，这四个问题同时也是教师设计课程时的框架：

- 基本问题1：在更广泛的社会背景下，我应该了解和相信关于自身、学生、学生的家庭和所处社区的什么内容？
- 基本问题2：我如何根据这些信念采取行动，从而创造具有包容性和响应性的学习机会，并改变教育中的不平等现象？
- 基本问题3：我应该如何在教学实践中贯彻社会正义和公平、包容性、文化和语言响应性、学习理论和特定学科教学法等原则，以此来对课程、教学和评估做出计划、修订和调整，确保所有学生都能取得成功和进步，并始终作为一名批判性城市教育者支持我的学生？
- 基本问题4：我应该如何在教学实践中反思社会正义和公平、包容性、文化和语言响应性、学习理论和特定学科的教学法等原则，以进一步计划、修订和调整课程、教学和评估，确保所有学生都能取得成功和进步，并始终作为一名批判性城市教育者支持我的学生？

实习教师接受的课程侧重于深化他们的学科知识，反映教育学的教学实践，为在高度贫困地区的公立学校就读的学生提供社会正义与种族平等。项目课程使实习教师能够参与到他们正在学习的深度学习教学法中。在贫困地区实行的专业发展学校模式（PDS）开展密集且明确的实际教学实习，能够为教师提供实践机会，这些教师本身就是为深度学习而教学。

专业发展学校模式始于20世纪90年代初，当时科罗拉多大学丹佛分校是美国国家教育复兴计划的最早成员之一。该模式由大学教育学院与一所或多所中小学合作，致力于实现教师教育和学校机构同步创新。专业发展学校的目的是提高教师能力，并最终提高中小学教育的质量，同时改善教学环境，让未来的教师可以学习教学并成为专业社区的一部分。专业发展学校始终是科罗拉多大学丹佛分校教师教育项目的核心合作伙伴的原因是：他们都关注深度学习和社会正义。我们将在第10章中更全面地讨论这一合作战略。

科罗拉多大学丹佛分校项目课程的一个主要目标是让每位结业教师都能在语言和社会经济多元化的学校中任教。因此，该校将其课程与一系列社会价值观相结合，将教学建立在对学习的认识以及语言、文化和身份的核心地位上。此外，对社区和家庭的深入了解以及与社区和家庭的密切关系，为深度学习提供了严谨而相关的信息。这些都融合在项目的概念框架中。如图2.1所示，它显示了在此背景下必须考虑的教学和学习的各个层面及其相互联系。这个框架能够指导实习教师改善其教学实践，并体验作为学习者的经历。当实习教师对学生的学习展开构思和规划时，他们会把学生放在框架的中心位置。当教师们专注于自身的学习时，他们自身也处于中心位置。

我们的调研结果显示，96%的科罗拉多大学丹佛分校项目实习教师表示，在教授来自不同种族、民族和语言背景的学生方面，他们认为自己准备得“很好”或“非常好”；超过80%的实习教师表示，他们在以下方面准备得“很好”或“非常好”：从多元文化角度教授学生、以帮助英语学习者的方式教学、了解校外环境因素如何影响学生的生活和学习，并以支持学生的社会、情感、身体和认知发展的方式教学。

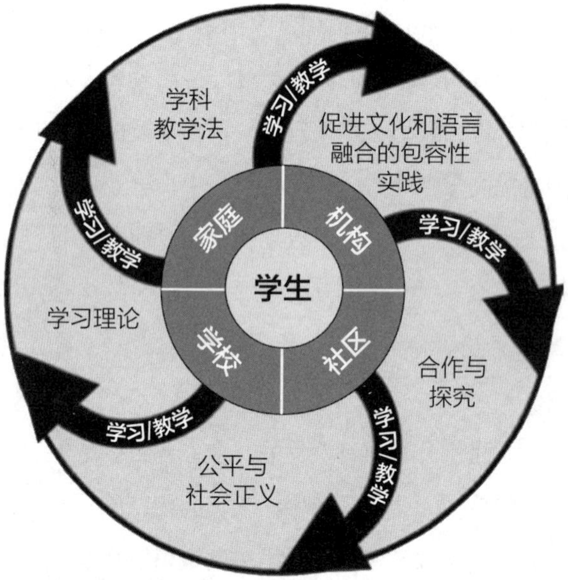

图2.1　科罗拉多大学丹佛分校项目概念框架

雇主对科罗拉多大学丹佛分校项目的结业教师也给予高度评价。2015年，一名教师对雇主展开的调查发现，90%以上的雇主认为科罗拉多大学丹佛分校项目的结业教师在教学内容方面准备得“非常好”或“很好”。这些结业教师能够运用科学技术和多种评估方式来帮助学生学习，并能在课堂上建立起相互尊重的师生关系，让学生专注于学习。超过80%的雇主认为科罗拉多大学丹佛分校项目结业教师在以下方面准备得“很好”或“非常好”：帮助学生培养批判性思维、加深学生对概念的理解、使用基于表现的评估方式，以及支持社会、情感和认知的发展——这正是深度学习理念的表现。

高科技高中

高科技高中教师教育项目于2000年9月启动，它提供了一个基于项目的学习环境，还加入了技术元素，以四个重要设计原则为核心——公平、个性化、实践、协作。高科技高中模式旨在整合技术和学术教育，为学生的未来教育做准备，并形成一种社区参与和责任感。高科技高中已经从一所高中发展为由圣地亚哥地区的13所特许小学、初中和高中组成的教育合作网络，提供由加州教师资格认证委员会认可的教师教育计划，培养教育工作者在高科技高中网络以及与该计划合作的其他17所学校中教学。

这个为期两年的嵌入式教师教育项目旨在培训接受高科技高中设计原则和基于项目的学习方法的教育工作者，包括三组独立的课程：针对6—12年级学生的单一学科课程、针对包班制小学和一些中学课程的多学科课程、针对轻度至中度残疾学生的教育专家课程。该项目与2006年成立的高科技高等教育研究生院一起运作。教育研究生院包括两个教育学硕士项目，分别侧重于培养教师领导力和学校领导力。目前，研究生院正筹划增加一个教师实习项目。

高科技高中教师教育项目受到了广泛认可，它通过密集的教师实践、指导和基于州立标准的项目课程来培训中小学教师。在加州，关于实习教师教学的法规要求，实习教师需要完成经批准的教师教育课程和接受督导的实际教学工作，这些能够使他们拥有与经历过传统职前培训的教师相同的能力。这些要求包括：在学习教学的同时接受密集的指导和督导，并通过所有的资格证考试和国家教师业绩评估。

有些学校是先招收实习教师并加以培训，最后再聘用这些教师，而高科技高中项目实习教师的招收过程等同于高科技高中学校的聘用过程。实习教师要经过与高科技高中聘用的教师一样的细致面试过程。根据学历的不同，实习教师可能被聘为实习生，独自管理自己的班级，或者——如果他们缺乏教学经验——被聘为学徒，与资深教师一起工作，直至能够独立管理自己的班级。

实习生和学徒在参加该项目时会承担全部或部分教学或兼职工作，并在晚上学习课程。这些课程通常由高科技高中经验丰富的资深教师和行政管理人员教授。由于许多教员都属于高科技高中的教育工作者，所以高科技高中项目的教员们采用与高科技高中相同的设计原则和方法，为实习生在K-12教室中使用的教学类型提供了示范。我们期望实习教师在课堂上使用高科技高中的设计原则，同时在教师教育中体验这些原则——这一特点使得教师教育与教学实践高度一致。

例如，在实际工作中的学习情境化、学生参与和个性化学习是实习教师学习如何教导学生的重要做法，就像教师教育项目教导他们学习这些事情一样。同样，高科技高中的K-12学校和实习生项目之间也存在类似的结构，具体内容见下表。

高科技高中：教师教育与设计原则的匹配

设计原则	教师教育项目的特点
公平：高科技高中有意实现多样化和一体化，通过基于邮政编码的抽签方式招收学生，旨在反映公平服务社区的理念。	• 学生多样化；项目旨在增加实习生的多样性。 • 采用各种教学方法来适应不同的学习者。 • 将技术和学术学习融入整个课程。

续表

设计原则	教师教育项目的特点
个性化：高科技高中通过对学生的了解、挖掘学生的学习经历和兴趣、建立强大的社区意识来提高学生的参与度。	• 小型学习社区结构使教师能够很好地了解学生。 • 面向所有学生的咨询项目，包括实习教师的指导教师。 • 反映学生的兴趣和热情。 • 为有特殊学术和/或社会和情感需求的学生提供综合支持服务。
实践：所有学生都参与基于社区的学习，与成年人合作开展有意义的工作，并将其拓展到校外。	• 学生通过实地考察、实习和咨询外部专家，将学习与世界联系起来。 • 项目需要手脑并用，并纳入跨学科的调查。 • 学生在实地实习中与成人保持一对一的合作关系。
协作：高科技高中教师合作设计课程和项目，领导专业发展，并参与招聘工作，同时寻求学生在每个领域的经验和声音。	• 教学人员包括经验丰富的名师、应届大学结业教师和来自工作领域的专业人士。 • 课程由教师与学生合作设计，反映教师和学生的兴趣。 • 教师们每天至少有一个小时的团队会议，来进行规划和思考员工发展。

来源：改编自高科技高中网站的《关于高科技高中》，https://www.hightechhigh.org/about-us/。

在高科技高中，项目课程和实际教学工作紧密相连，相互促进。在教师教育课程中，实习教师会知晓进步和学习的方式、教学方法、评估策略，以及如何为学生学习提供支持，这些都是理论和“付诸实践”的方式。“付诸实践”是该项目一种常见的课程作业结构，实习教师在课程中会学习一个新的概念或实践方式，并将其应用于自己的课堂上，然后回到课程中对这一应用进行反思。

完全融入学校工作意味着高科技高中的实习教师会接受为期两年的导师指导，并有很多机会了解学生、参与学校的工作。实习教师们会参加家庭会议、个体化教育计划（IEP）会议、教师合作计划以及其他课堂之外的活动。其中一些活动，如家庭合作日、学生咨询和家访是高科技高中教育网络的特色。所有这些经历都将实习生与学校所服务的学生和家庭联系起来，帮助实习教师在课程学习的基础上，提高对社区的认识。

正是因为以上原因，100%的高科技高中实习教师表示，他们在项目课程和实际教学工作中经常参与到合作学习和小组工作中，90%以上的实习教师还表示他们经常有机会参与知识评估、展示和应用所学，并根据反馈改进工作。至少90%的实习教师报告说，他们在项目课程和实际教学实习中，经常感受到借鉴了学生经验和/或社区知识的文化响应性实践。由于项目以高科技高中的设计原则为基础，所以90%以上的实习教师认为自己在以下方面已经准备充分：能够设计有效且基于项目的教学形式；能够开发基于学生学习经历、兴趣和能力的课程，帮助学生深入学习内容知识，以便其能够在新的情况下应用所学；能够创建跨学科课程；能够教授来自不同种族、语言和文化背景的学生；能够帮助英语学习者和有特殊教育需求的学生开展教学活动。同样符合设计原则的是，100%的实习教师都认为自己做好了将课堂学习与现实世界相联系的准备。

蒙特克莱尔州立大学

和科罗拉多大学丹佛分校一样，蒙特克莱尔州立大学提供了一个范例：一个多样化的大型教师教育项目，为进行大规模教师深度学习做准备，且同时涵盖各种实习教师类型。蒙特克莱尔州立大学为新泽西州培养了大量的教师：在2010年至2012年期间，有1418名经过认证的教育工作者完成了该项目，其中657人（46%）在下一学年受聘于新泽西州的公立学校（许多结业教师也会去附近的纽约州或宾夕法尼亚州，或在蒙特克莱尔州立大学完成项目后回到居住州）。

蒙特克莱尔州立大学位于纽约市乔治华盛顿大桥对面，于1908年作为新泽西州州立师范学校在蒙特克莱尔成立。学校于1958年成为州立学院，1994年成为大学，并于2016年被卡内基基金会认定为研究型博士机构。在所有这些变化中，教师教育一直是核心焦点。在20世纪90年代，学院发起建设蒙特克莱尔州立大学教育更新网络（MSUNER）——蒙特克莱尔州立大学和31个成员学区之间的合作伙伴关系。与科罗拉多大学丹佛分校一样，蒙特克莱尔合作关系是国家教育复兴计划的一部分。该网络引入了许多实践做法、政策和结构，帮助其开展工作。长期以来，该大学对附近的纽瓦克公立学校学区（新泽西州最大的学区）有着重要贡献。

鉴于教师资格申请者的需求特点各不相同，教师教育项目包括多种进入教师行业的途径，如本科生课程、研究生课程、学士后课程、两个实习项目以及双重教学/特殊教育认证途径，并包括一个专注于综合性“STEM教育”[1]的专门项目。尽管这些项目结构不同，而且各种途径来自不同的参与群体，但它们都与教育学中心和国家教育复兴计划紧密联系，拥有共同的愿景。项目合作学校认真开展实际教学实践，注重探究，强调儿童和青少年的发展，并关注社会正义和城市环境中的公平教学。

蒙特克莱尔州立大学项目由一个共同愿景凝聚在一起，称为“教师的肖像”。它体现了所有深度学习能力，并表明该大学致力于为多元化民主社会培养教育工作者。构成“肖像”的六条声明描绘了共同愿景的清晰理念，教师应该：

[1] STEM是科学（Science）、技术（Technology）、工程（Engineering）和数学（Mathematics）的缩写。STEM教育能够提高学生的跨学科能力思维，以及用新思维、新方法解决复杂问题的综合能力。——译者注

1. 具有学科领域内容和相关教学法的知识；

2. 把学习和发展理解为贯穿一生的复杂过程；

3. 运用有关学习者、学科内容、教学法和评估的知识进行有效教学；

4. 创建通用的课程、教学、材料和评估，以促进所有学生的智力、社会和个人发展；

5. 发挥领导作用，与学校同事、家庭和社区机构建立合作关系，以支持学生的学习，为学生谋福祉；

6. 具有对教师职业至关重要的性格。

“教师的肖像”被用以指导实习教师的招收以及整个项目的评估。在最后一个学期，实习教师要对“教师的肖像”的所有组成部分进行评估。同时，“教师的肖像”也被用于评估合作教师和督导员，并被纳入蒙特克莱尔州立大学教师教育项目的标准之中。“教师的肖像”是指导教育学中心工作的概念框架的一个关键因素，它将所有途径的课程标准、课程和评估整合在一起（见图2.2）。

正是基于统一的概念和组织结构，蒙特克莱尔州立大学能够在保持共同的价值观和目标的同时，运行一个庞大且富有多种教学途径的项目。这种一致性通过使用深度学习、以学习者为中心的教学和社会正义等共同标准得到了进一步加强。这些标准特别强调以下内容：民主的课堂学习社区；文化响应教学法与内容教学知识相结合；了解儿童在家庭和社区背景下的社会、情感和认知发展；在计划教学时将所有学生的需求、身份和兴趣考虑在内；促进批判性思维和问题解决的教学实践；以及指导反思、协作和持续改进的专业精神。以这些重点为基础，蒙特克莱尔州立大学才能很好地为今天的多元化学习者做好准备，满足21世纪社会的需求。

蒙特克莱尔州立大学项目致力于将理论与实践相结合，这一点在所有的教育类型中都可以看到。例如，四年制本科项目包含了许多教学工作和

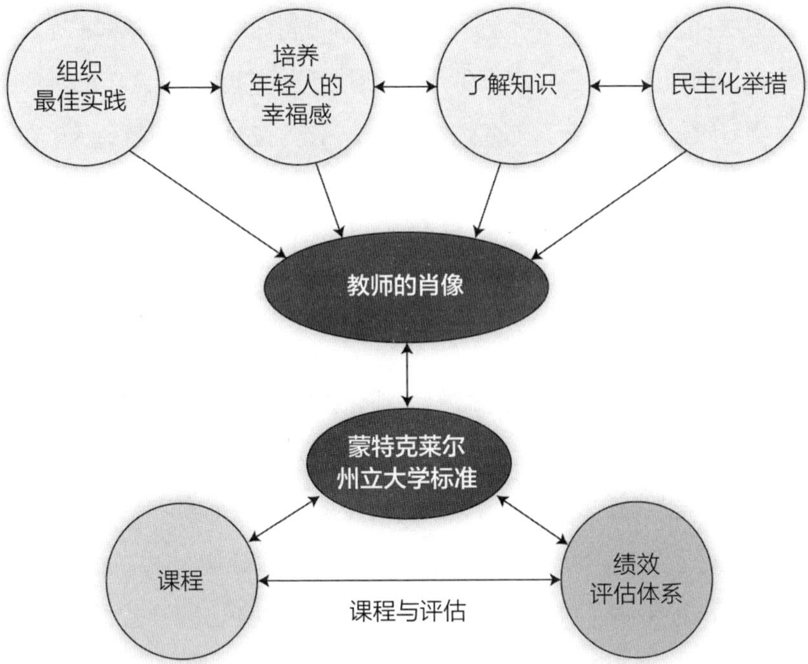

图2.2　蒙特克莱尔州立大学教师教育项目“概念框架”

来源：蒙特克莱尔州立大学教育与人类服务学院教师教育项目，“概念框架”（Montclair State University College of Education and Human Services, Teacher Education Program, “Conceptual Framework”）。

一整年的实际教学实践，它还专门将实习教师与其他实习教师安排在同一实习地点，尽可能地促进小组模式下的合作。学士学位后和教育学研究生两种途径在职前课程和内容方法课程中均涉及相同的学习主题，并同时提供两个学期的学校实习实践。双重认证途径使得实习教师在获得其主要教学领域的学士学位后，可以继续学习教育学研究生项目。实习教师在毕业时会同时获得硕士学位证书和学科领域证书，以及残疾学生教师资格证。

2009年，为解决纽瓦克公立学校新教师高流失率的问题，蒙特克莱尔州立大学、学区和教师工会合作创建了纽瓦克-蒙特克莱尔州立大学教育实习项目，目的是提高新教师和指导教师的留任率。实习教师在完成研究生课程的同时，在蒙特克莱尔州立大学教师教育项目中学习12到15个月，学习时长具体取决于其要取得的证书。作为交换，实习教师承诺在纽瓦克公立学校任教三年，并会获得2.6万至3万美元的津贴和减免蒙特克莱尔州立大学三分之二的学费。实习教师成功完成该项目后，将获得纽瓦克公立学校的优先聘用权，并在其任教的前三年获得上岗帮助、指导和专业发展机会。

蒙特克莱尔州立大学在教师教育方面的出色工作得到了实习教师、校友、雇主和专业同事的广泛认可。该项目在2011年至2015年期间对2200多名项目参与教师进行了调查，结果显示，超过90%的实习教师认为自己为教学做好了准备，超过80%的实习教师称他们感到自己准备得“很好”或“特别好”。例如，十人中有九人认为自己在以下方面准备得很充分：创建目的性学习环境、开展文化响应式教学以及发展学生的批判性思维、提高其问题解决能力等。我们对2016名实习教师开展的调查显示满意度更高。当被问及他们接受的项目总体而言对教学有何帮助时，99%的实习教师表示课程使他们为教学做好了准备，89%的实习教师感到准备得“很好”或“非常好”。

自2011年以来，有7名蒙特克莱尔州立大学项目的结业教师荣获了新泽西州“杰出教师奖”。2016年，蒙特克莱尔州立大学的教育学中心获得了国家教育复兴计划“尼古拉斯·米切利促进社会正义奖”。此外，该项目还于2010年获得了教育教授协会颁发的“威斯涅夫斯基教师教育奖”，并两次荣获“理查德·W. 克拉克模范合作学校奖”。2008年，蒙特克莱尔州立大学项目被乔治·卢卡斯教育基金会确定为全国十大卓越教师教育项目之一。

旧金山教师实习项目

旧金山教师实习项目由旧金山联合学区（SFUSD）、旧金山联合教育工作者协会、旧金山大学（USF）和斯坦福大学教师教育项目（STEP）合作开展，是一个学士后教师教育项目。实习教师会在旧金山大学或者斯坦福大学参加教师教育项目的同时，与专家合作教师一起在一所教学学院学习一整年。完成该项目后，实习教师可获得加州教师资格和硕士学位。实习教师是从数学、科学和双语教育等紧缺领域招募而来。他们在项目学习期间会获得学费补助、生活津贴和住房补贴，并在毕业后获得两年的教师指导。作为交换，实习教师需承诺在旧金山的高需求学校任教至少三年。

该项目是对传统的旧金山大学和斯坦福大学教师教育项目的补充，其特点如下：将一整年的项目教育与教学实践相结合、给予经济激励、实习教师承诺留任旧金山。此外，该项目设置了专门的基于学区特点的实践课程，帮助实习教师因地制宜地提高教学能力。

旧金山教师实习项目以“变革性教学”为愿景，将学生置于学习的中心，并在此基础上培训教育工作者，使其为学生提供严谨的学术内容和差异化的学习体验，以满足学生的多样化需求。“变革性教学愿景”概述了项目贯穿于实习教师招收、课程设计、教学督导、教学支持等一系列工作的四个核心理念，还对实习教师个人和整个项目的成功给出了定义。这四个理念是：

1. 领导公平和社会正义。旧金山教师实习项目旨在培养“为了创造人性化的庇护所，将自己定位为学生以及学校社区的伙伴”的教师，以及“通过系统分析，了解教室、学校和学校社区的过往经历，并作为伙伴、倡导者和领导者采取行动，识别和制止压迫力量”的教师。

2. 将学生置于学习的中心。旧金山教师实习项目的愿景描述了教师需要学习的事情："从学生的实际情况出发，在学生原有的知识、兴趣、经历和丰富的文化传统的基础上开展教学，设计和实施课程。实习教师使用各种以学生为中心和以探究为基础的策略，帮助学生审视自身所处的世界；实习教师因材施教，满足所有学生的需求，并创建包容性社区，重视不同学生的技能、知识和观点；实习教师开展学习评估，通过多种不同形式的数据来了解学生思维，并利用从学生身上学到的知识来指导教学。"

3. 有效沟通，支持成人和学生的学习。这包括让家庭和社区参与学习，并与学校相互尊重，以及与同事和家庭建立强有力的合作关系。

4. 以创造性的方式处理旧金山公立学校的复杂工作。旧金山教师实习项目旨在培养能够"从广泛的资源和想法中汲取营养，代表学生和学校社区创造性地驾驭教育系统"的教师。

这些理念体现了开展深度学习的关键要素：不仅要有正确的教学愿景，还需要体现对教师学习的重视，这种教师学习是指在旧金山学区的当地情况下，进行本地化协作和情境化学习。在这个背景下，旧金山教师实习项目真正做到了通过变革性教学来实现社会正义。这推动了项目的发展，也是招募有志于走公平教育之路的教师的关键。正如旧金山教师实习项目网站上的项目概述中所说：

> 旧金山教师实习项目……为有抱负的教育工作者提供了一个机会：通过成为教师来帮助改变旧金山的生活和社区。简单来说：我们的使命是实现社会正义。旧金山教师实习项目旨在通过招聘、培训和支持高效、以公平为中心的教师，改善旧金山公立学校中历来备受忽视的学生的学习成绩和社会情感发展。

该项目的教育理念超越了课堂的界限，延伸到了社区和K-12学生的生活中。在实际教学实习和课程学习中，旧金山教师实习项目为实习教师提供了充实其"教学工具箱"的机会，以便使所有学生都能够拥有21世纪成功所需的知识、技能和思维方式。通过一系列教学工作，该项目还有助于改善老教师和整个学校的工作。这种变革性工作以多种方式与家庭接触，并通过这种方式将接触范围延伸至社区。旧金山教师实习项目的核心任务是打破社会中的不平等现象，缩小旧金山联合学区的成绩差距，而项目、课程和示范能够帮助实习教师开展教学行动、培养课堂文化建设能力，以完成核心任务。

该项目在教师培养和留任方面非常成功，以至于每年都在扩大规模：从2010年项目启动时的15名实习教师到2015—2016年的32名和2016—2017年的43名。2010—2011年和2015—2016年，旧金山教师实习项目培养了135名有抱负的教师，使其能够在区内高需求学校工作。总的来说，旧金山教师实习项目97%的结业教师仍在从事教师行业，87%在旧金山联合学区内任教。与此相比，各学校、机构等在这一时期聘用的非旧金山项目教师只有约38%。百分之百的旧金山联合学区的校长都表示，旧金山教师实习项目的实习教师比他们聘用的其他教师更能有效地开展教学。

旧金山教师实习项目还帮助实现了教师队伍的多样化，填补了该学区短缺的高需求岗位。在过去三届结业教师中，66%的结业教师是少数族裔，81%的数学和科学结业教师是女性和/或少数族裔，这些群体在科技类课程中一向缺少话语权。据调查，旧金山教师实习项目96%的结业教师在高需求学校或高需求学科工作，比如数学、科学和双语教育。

在2015至2016年的调研中，旧金山教师实习项目93%的结业教师认为自己在教学方面做了“很好”或“非常好”的准备。百分之百的实习教师认为他们在以下方面已经做好了准备：使用激励学生学习的教学策略；开发帮助学生深入学习知识的课程，以便他们能够将所学应用于新情况；帮助学生学会批判性地思考和解决问题；从多元文化的角度教导学生；鼓励学生从不同的角度看待、质疑和解释想法。90%以上的实习教师认为他们在以下方面已经做好了准备：将课堂学习与现实世界联系起来；在学生的经验、兴趣和能力的基础上开发课程；制定与文化相关的教案；让学生参与小组合作以及独立学习；培养学生的提问和讨论技能。超过80%的实习教师认为自己在大多数领域准备得“很好”或“非常好”。在2015年的校友调查中，98%的实习教师同意以下说法：“旧金山教师实习项目的学习经历对我成为一名成功的教师有所帮助”，有71%的实习教师对这一说法表示强烈赞同。

三一大学

在过去的30年里，三一大学——位于美国得克萨斯州圣安东尼奥市的一所小型私立大学——已经成为美国最重要的教师教育项目之一。该校以与圣安东尼奥学校的长期合作关系、基于探究的教学方法，以及注重培养实习教师的文化能力和与社会正义和公平问题的联系意识而闻名。三一大学要求实习教师参加为期一年的学校嵌入式教育学硕士项目，目的是培养那些将自己视为帮助所有学生及其家庭获得公平和机会的倡导者，以及不断反思和完善自己的实践、积极参与合作学习社区的教师。

三一大学每年培养30至40名实习教师，其中大多数人在本科时期就已进入三一大学，毕业之后进入教育学硕士项目。他们在此过程中拥有了丰富的培训经历。对他们来说，参加这个项目就像是经历了五年的教师生涯。最近，该项目开始接受一些来自其他大学的高素质学士后学生，但他们只在最后一年与原项目成员一起工作学习。

三一大学的课程以一套标准和核心信念为基础。得克萨斯州的教学标准侧重于规划、教学、学习环境以及专业实践和责任，而三一大学则在文化响应能力和技术方面增加了一些标准。其核心信念（见下文“三一大学的核心信念与实践原则”）侧重于道德责任和文化响应、内容和教学法的知识，以及个人领导力和对他人的领导。例如，教师不仅要知道如何向不同类型的学生教授知识，“让他们依靠自己的所知来思考和行动”，还必须“弥合教师和学习者文化之间的差距”、“为学生的学习提供支持”，并“站在儿童、家庭和教师职业的立场上……促进公平、机会等民主价值观”。

三一大学的核心信念与实践原则

内容和教学法知识	道德责任感
教师必须： ● 根据深入的内容知识来知道教什么； ● 知道如何教学，以便其针对不同的学习者来呈现教学内容，并预测学生会产生的误解； ● 帮助学生理解概念知识，使其能够利用所知来思考和行动。	教师必须： ● 将教学视为一种道德和政治行为； ● 帮助学生，为他们的学习提供支持； ● 站在学生、家庭和教师职业的立场上； ● 认为学校具有变革的功能； ● 将自己视为促进民主价值观（如公平和机会）的“变革推动者”。
个人领导力和对他人的领导	**文化响应**
教师必须： ● 准备好担任非正式和正式的领导角色； ● 有效参与协作工作文化； ● 能够管控自己，包括自己的时间、注意力、责任、角色、情绪等。	教师必须： ● 弥合教师文化与学习者文化之间的差距； ● 了解自我，认识到一个人的文化和身份如何影响他人； ● 在文化背景下认识自己，并创造一个环境，邀请学习者在此环境下探索他们是谁，以及他们如何做出回应和相互联系。

来源：三一大学教育系的概念框架，2010年春。

以这些核心信念和实践原则为基础，三一大学为实习教师制定了具有鲜明特点的教师教育项目，包括：与实际教学实践紧密结合的课程；在三一大学专业发展学校专家教师的指导下，进行为期一整年近乎全职的实习；只招收一小批实习教师；与教员和指导教师建立个性化关系。实习教师在专业发展学校与指导教师和新手教师一起工作，许多指导教师会一起为他们教授课程。

这些信念和特点决定了教师如何开展实践活动。三一大学项目坚持实施学徒式培训：实习教师通过教学实践来学习教学，并在名师的精心指导和支持下，将大学里的教学知识与实际教学学生的知识技能相结合。此外，教师必须对自己的教学实践进行持续性探究，不断发现实践方面的问题，制定解决问题的策略，评估所采用策略的有效性并改进实践。教师还需要同伴社区来研究实践问题、评估学生的学习。专业发展学校中实施的小组模式和实习安排，使教师能够参与专业对话、体验协作的力量。

所有这些都是为了使教育工作者准备好为深度学习而教学，并根据教师对学校在社会中的作用的看法，帮助其在教学工作中坚守社会正义。此外，上文这些内容还使教师在向所有学生传授知识的过程中努力实现公平。

三一大学教师项目的实践结果十分良好。在回答我们的调研时，百分之百的实习教师认为他们已经准备好开展以下工作：将批判性思维、探究和解决问题相结合，实施多样化教学；通过灵活的教学方法和差异化的教学来满足学生的需求（91%的教师在此方面感到准备得很充分）；利用以学习者为中心的教学来吸引和激励学生（85%的教师在此方面感到准备得很充分）；将有效示范、提问和自我反思融入教学（79%的教师在此方面感到准备得很充分）。三一大学的结业教师在圣安东尼奥和其他地区都很受欢迎，因为他们为深度学习和公平教学做好了准备，而且还能领导学校内部的合作。

以上七个项目虽然在规模和组织上有所不同，但它们都具有相同的核心理念和价值观，既包括关注学生在社会背景下的学习和发展的课程，也包括指导课程和实践工作的总体愿景和强有力的社会正义承诺。所有项目都与学校建立了密切联系，它们不仅仅是将实习教师随意安排在教室里，而是让他们共同开展集体活动，努力改变教育进程，以实现深度理解和教育公平。在接下来的两章中，我们将讨论七个项目共享的核心理念如何转化为项目内容并贯彻到实践中。

第
3
章

构建知识基础

在纽瓦克-蒙特克莱尔州立大学教育实习项目中，我接受了成为一名高效教师所需的教育和培训。今年9月，我将开始人生中第一年的教学工作，我相信自己的能力，相信自己能够为学生开发出极具吸引力的课程。对于解决不同学生的社会、情感、身体和学术需求，我已经做了充分准备。

——纽瓦克-蒙特克莱尔州立大学教育实习项目实习教师

（三一大学的）教育学硕士项目……让我知道应该如何向过去的教育实践、所处的环境和面临的学生提出疑问。在成长过程中，我们心中都会有一个关于教师的概念，即使我们没有认真思考这个问题，也会在潜意识中有自己的答案。三一大学的教师教育项目帮助我摒弃这些先入为主的想法，重新思考“教师”和“教育”的内涵。

——三一大学教育学硕士项目实习教师

我们在本书中研究的每一个项目都能帮助实习教师对为深度学习而教学有一个清晰的愿景，并提供一套知识和技能来实现这一愿景。本章将概述这些项目的重要内容，以便为实习教师的学习提供帮助。在下一章，我们将讨论实施者在制定这类项目时所采取的关键做法。

这些项目的课程学习和教学实践都基于美国教育学院专家组提供的教师教育框架而制定。专家组综合分析了关于有效教学和教师教育的相关研究，梳理了教育学中有关学习的理论，并将成果发表在美国研究委员会的同名论文集中。教育学院的框架表明，有效教学涉及三个领域的知识，新教师必须掌握这些知识才能取得成功（见图3.1），它们分别是：

- 关于学习者的知识：教师需要知道他们如何在各自的社会背景下学习和进步。
- 关于学科的知识：教师需要根据教育的社会目的，了解所要教授的科目和技能。
- 关于教育的知识：教师需要以评估为依据，以高效的课堂环境为基础，根据教学内容和学习者的情况理解教学的目的。

为了解决复杂的教学问题，教师必须融合教学、学习和学科方面的各种知识，以学习者和学习为中心的方式部署这些知识。这个框架让人想起杜威在《儿童与课程》中提出的概念：教师的作用是协调儿童的需要和兴趣与课程的要求之间的矛盾。教师必须以有趣、激励和适合发展的方式将儿童带入课程，并以儿童能够参与和理解的方式将课程带给儿童。

教师、学习者和教学内容之间的互动由两个重要的条件决定：第一，教师是一个具有一定道德品质和良好技能的职业；第二，美国的教育必须为民主服务。这意味着，学校肩负着使年轻人充分参与政治活动、公民活动和经济生活的责任。同时，这也意味着，教育与教学的目的是帮助学习者公平地获得社会提供的一切资源。

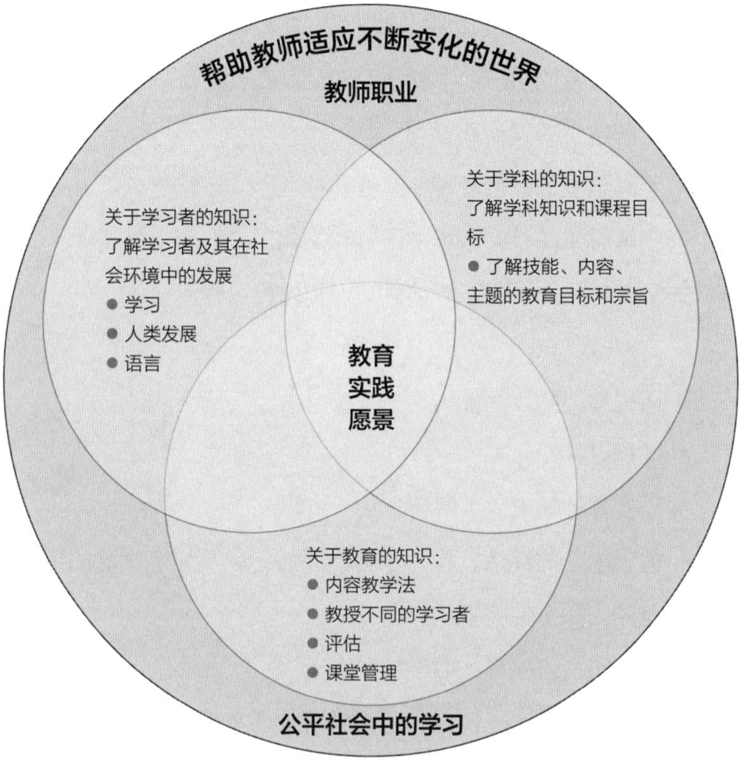

图3.1 理解教学和学习的框架

作为专业人员，教师需要不断学习知识，从而帮助学生取得成功。图3.1的教学实践愿景体现了教育成功的内涵：开展的教学能够培养学生的批判性思维和问题解决能力，使其兼具社会智慧和同情心，保持机敏并有强大的适应能力。这些教育目标决定了教师需要知道什么、需要做什么，以及期望教师教育能够完成什么。

我们研究的七个项目都强调深度学习，帮助教师了解学习者、教学内容和教学法，并理解在民主国家中为学生服务的专业人士应有的道德和伦理责任。它们都很好地实现了美国教育学院的教师教育框架，设置了相匹配的学习课程。以下是课程大纲，我们会在后面的章节中详细阐述：

- 关于学习者的知识：了解学习者及其在社会环境中的发展进步
    - 了解学生的发展和学习
    - 了解学生的社会环境：家庭和社区
    - 了解学生的社会环境：语言和文化
- 关于学科的知识：了解学科知识和课程目标
    - 内容教学法
    - 课程整体的读写能力
    - 课程设计
- 关于教育的知识：了解教学法
    - 关于学习的评估，作为学习的评估，以及为了学习的评估
    - 差异化和个性化教学
    - 文化和语言响应式教学法
    - 支持发展社交、情感和认知学习的课堂管理

在七个项目中，有效、民主的教育愿景始终贯穿于课程学习和教学实践中，帮助实习教师看到自己的进步与位置。

接下来，我们将讨论这些项目如何帮助教师发展教学愿景、制定具体的教学内容。我们将简要分析课程的主要内容和结构，解释基于深度学习的教师教育“是什么”。第3章将讨论这些项目开展的核心实践，解释基于深度学习的教师教育“怎么做”。

以教育愿景为中心整合内容与实践

图3.1概念框架的中心是一个将学习者、课程和教学知识相结合的教育愿景，而愿景的发展很大程度上依赖项目课程和教学工作的融合——

也就是理论和实践。这一融合使实习教师能够以一种有意义的方式学习初始知识和技能。在七个项目中，实习教师都会实际参与K-12课堂的相关课程，他们在教室和课程中目睹并体验他们学习的教学方法。这种强烈的连贯性是有效教师教育项目的一大特点，它与曾经占主导地位的脱节的教师教育方法形成了鲜明的对比——课程之间、课程与教学经验之间相互分离，不能与教学愿景建立联系。

例如，在银行街教育学院，高度整合的学习和教学过程促进了教学愿景的实现。学院早期创始人之一的芭芭拉·比伯（Barbara Biber），将这一愿景总结如下：

> 我们的目标是让孩子们积极参与到学习中，获得能力、了解自己的能力。我们的学生主要在主动探究、独立追求和主动发现中学习。当然，我们也对那些预先组织好的信息或教学内容表示尊重，因为它们可能更有效率。事实上，这样的教学会以自己的方式取得满意的结果。在银行街教育学院，教师会利用一切机会来培养学生掌握知识的能力，并通过营造一种“了解原因、追根溯源”的思考氛围来提高学生的认知能力……在我们的理念和实践中，我们认为教师有责任锻炼学生的直觉、感觉和情感能力、反思能力以及目标导向的思维能力……学校作为一个社会机构，对人类的发展——情感、社会以及智力的发展——负有广泛的责任。

这个愿景及教学理念贯穿在银行街教育学院的课程、走廊讨论、教学实习和各种专业活动中。儿童学校与该学院同处一栋楼，并将这一教学理念付诸实践，实习教师每次在这栋楼里都能看到这一教学方法。紧密融合的课程学习和实际教学为这一理念的实现提供助力，共同为未来的教师创造了一种学习经历，使其能亲身感受学校为学生创造的学习环境。

有一些项目让实习教师明确表达自己的实践愿景。例如，在旧金山教师实习项目中，撰写有效教学愿景是“教学与学习”课程的一项作业，实习教师将课程学习中关于深度学习的理念汇集起来，融入课堂并应用到社会实践中。在他们所写的愿景中，实习教师表达了他们的期望：将以学生为中心的公平教学、学生和家庭参与的教学以及恢复教学正义的承诺，转化为课堂上的具体活动，并在今年以实习教师的身份、明年以正式教师的身份付诸实践。

一名实习教师通过撰写有效教学愿景的作业对她以前的教师经历展开了反思，阐述了她的新教学愿景，并对愿景的实现方式加以描述：

> 自从我在国外工作以来，时间和经验使我能够以批判的眼光反思教学，修正教学……现在，我觉得自己更有能力来阐述、捍卫和实践我的教学愿景，帮助学生走向成功，不让边缘学生的教育权利被剥夺。我的教学愿景只是一个开始，随着我作为一名教育工作者的不断成长，它会不断地适应现状、做出改变和转型。目前，我已经确定了自己教学中三个主要且重要的方面：以爱和快乐为出发点进行教学、开展以学生为中心的学习、通过批判意识的视角进行教学。
>
> 将学生视为自身学习的积极行为主体，与教师共同学习，已成为我作为教师的一个非常重要的价值观。在我如今的课堂上，学生每天都会写一份详尽的反思，记录下他们学到的内容、喜欢的内容、还想了解的内容，以及其他任何他们想分享的东西。通过这样的日常活动，学生的声音可以直接映射到我们的教学实践中。这些反思也会在课堂上形成一种伙伴关系：学生拥有自主权，并参与到自己的学习过程中。

撰写愿景的意义并不只是完成一篇作业。实习教师告诉我们，他们发现自己可以利用这项作业来规划自己的教学实践活动。一位实习教师讲述了她打算如何通过她的指导教师使用的步骤来与学生及其家庭建立联系：

> 我会向我的学生学习，就像他们在我努力营造的社区环境中向我学习一样。这是我从我的合作教师那里学到的知识……她从一开始就通过短信和电话与家长进行沟通。此外，她还在课堂上努力让家长参与其中。我也想这样做，甚至想做得更好……指导教师向我们介绍了她如何把一份西班牙文和英文撰写的调查表寄到学生家里来收集重要信息。她还坚持每周向家长发送电子邮件，告知他们学生目前正在学习的内容，为学习有困难的学生提供帮助，甚至是对那些希望学习更多知识的学生给予支持。

教学愿景能够对教师正在进行的学习和教学产生影响，它是教师教学模式的基石，使教师有可能将所教知识连接成一个有条理的连贯整体。

关于学习者的知识：了解学习者及其在社会环境中的发展进步

我们研究的所有项目都将学生的发展进步和学习作为课程的核心。教师在深入理解的基础上学习设计自己的课程，帮助学生进步，比如：设计、安排教学活动的顺序和进度；明确学生的学习需求；教授社交、情感和学术方面的技能。然而，值得注意的是，许多州的教师教育项目并不持有这个理念。他们依旧采用的是沿袭世纪之久的“教育工厂模式”，认为教师只需掌握一些教学技巧，并按照预设的课程或教科书进行教学即可，不需要掌握基础知识，也不需要创建有效课堂环境和活动、选择或改编有用的课程材料，为每个孩子提供帮助。

当学生的发展进步成为教学决策的重点时，教师应根据学生的需要制订教学计划，并支持他们沿着身体、社会、情感、认知、语言和心理等多个发展途径前进。教师应该清楚，这些发展途径之间会相互影响，且学生也会有不同的发展需求。虽然学生们在发展过程中有许多共同点，但并非所有的学生在同一年龄都会有这些共同点，也不是同一学生在不同领域都能均衡发展。了解学生进步的途径和进程对于构建适合学生学习的教学模式至关重要。此外，学习和发展相互影响，两者都深深植根于学生的文化背景之中。这意味着教师必须理解和欣赏学生的不同学习经历，并洞察和借鉴其文化经历，如此才能帮助所有学生取得成功。

了解学生的发展与学习

在七个项目中，所有课程都关注学生的发展。高科技高中项目的课程“人如何学习：教育心理学原理”侧重于研究学龄儿童的认知发展，包括对青少年心理的关注。阿尔维诺学院的实习教师在项目初期会学习“生命跨度发展”和“心理学与人类发展导论”两门课程。他们上的第一堂课就与人类发展、学习和动机理论相关。

在旧金山教师实习项目中，在斯坦福大学完成课程的实习教师在秋季学期，也就是他们开始实习的时候，会学习一门“青少年发展与学习”的课程。这门课程能够帮助实习教师思考应该如何帮助学生。这些项目还将包容性、家庭背景和语言学习等问题纳入到发展框架中，在尊重学生社会背景的前提下，欣赏多样性，支持差异性，满足学生的个人需求。

银行街教育学院教师项目是全面发展教育的典范。其课程设置强调人类的发展及其变化，以便帮助实习教师学习如何以情境化、以发展为基础和个性化的方式进行教学。例如，在银行街教育学院的“儿童发展”课程中，实习教师会“关注学生从婴儿期到青春期的认知、社会、情感、语言和身体发展之间的相互作用”，“密切关注学生在其社会背景——包括家庭、学校、社会经济阶层和文化——的发展角色”。“这门课程旨在让实习教师知晓应该如何开展教学，满足学生不同的发展需求，同时也承认学生所处的家庭和社区环境的独特性不可避免地会影响学生在课堂内外的学习方式。在‘儿童的社会世界’课程中，实习教师会深入研究如何为那些家庭环境充满挑战的学生提供有意义的学习体验。这些充满挑战的家庭环境往往与贫困、家庭结构不稳定、药物滥用、社区暴力和艾滋病相关。”

银行街教育学院的“发展变化”课程以人类发展基础课程为基础，“从历史、法律和社会政治的角度，提高实习教师对有缺陷的教育、社会、文化、语言和发展含义的认识和理解”，包括“理解这种缺陷是如何在家庭、社区、学校和更大的社会层面上形成的”。在“语言多样化社会中的语言习得与学习”课程中，实习教师会“了解语言习得的典型阶段”，并练习使用各种策略来帮助英语学习者学习英语。这些课程帮助实习教师理解学生在认知、情感、社交、语言和体能方面的发展阶段、速度和方式各不相同，并帮助他们学习应对学生发展需求所需的策略。

实习教师还会在另外两门课程中学习不同背景下的学生发展。在“多元化和包容性教育环境中的家庭、学生和教师互动”课程中，实习教师会锻炼自身“与家长开会的技能并熟悉这一流程”，“理解有特殊需求学生的家长所关心的问题”，并在此基础上研究“与多元文化社区和不同家庭结构合作的意义”。实习教师的另一门必修课程是“基于观察和记录，研究多元化和包容性教育环境中的学生”。在这门课程中，“实习教师会知道如何从具体的行为洞察学生的整体生活”。正如我们将在下一节中所描述的，在这门课程中以及在其他课程的类似学习经历中所培养的技能，是教师向学生学习的能力的基础，如此一来，教师便能够根据学生的需要、兴趣和经历开展教学，近距离研究发展和学习。该课程为实习教师提供结构化机会，使其亲身了解学习和发展，以便拓展课堂的发展性学习。

银行街教育学院的“观察与记录”课程一直被学生、结业教师和教职员工视为学院的教育标志。实习教师可以通过这一重要途径来学习如何仔细观察学生、以发展的眼光看待每个学生，并找到促进他们学习的方法。该课程强调通过对学生的仔细观察，运用理论和证据做出明智的教学决策。该课程的主要研究内容——详细的学生研究——已被许多其他教师教育项目采用，包括我们研究的所有项目。该课程的一位教师向我们介绍了这一课程如何在借用证据和理论来了解学生的过程中锻炼其严谨性：

> “观察与记录”课程……是专门为帮助教师从儿童身上获取发展证据而设计的课程之一，也是我们帮助学生实现严谨理念的方法之一。教师必须根据具体情况来看待学生的行为。他们需要了解学生的学习风格、气质、特殊需求以及喜欢的科目。他们需要知道学生如何思考，如何交朋友。认真研究学生是为了帮助他们寻找真实的依据，并运用理论帮助他们解释所看到的一切。

实习教师需要阅读有关观察和研究学生的文章，同时将所学知识应用到自己的学生研究中。这份文件是实习教师在几个月的时间里从许多不同的资料中总结而成，包括每周对学生在学校的简短书面观察、在同龄人或小组背景下研究学生的论文、基于发展理论的学生的年龄研究，以及对学生作为学习者和学习社区成员的观察和解释。

课堂讨论通常围绕这些问题以及学生作为学习者不断发展的本质展开。课程大纲介绍了该课程的设计原理，目的是提高教师对个人偏见的认识，增强证据寻求的能力：

> 几乎每个人都会不自觉地“观察”儿童，但我们“看到”和记住的内容会受到我们所寻找的东西、期望看到的东西以及对学生天性和能力的看法的影响。我们对学生的观察也受到自身价值观和情感的影响。在本课程中，我们将努力提高对自己观察学生时的文化和个人假设的认识。在这一过程中，我们会尽力培养对

自己作为观察者、对我们使用的语言以及对我们选择关注的数据的敏感度。这样做的目的是形成一种准确、生动和公正的个人观察和记录风格，这种风格会在我们与学生和家庭的合作中发挥重要作用。实习教师会在课堂上了解、讨论和练习观察技巧。有时，我们会在课堂上使用电影和录像带，以便实习教师共同进行观察和讨论。

中城西部小学（Midtown West Elementary School）是银行街教育学院教师项目的合作学校之一。该校的一名教师讲述了该课程如何促进了她的教学实践，而且还因为银行街教育学院对全校的影响，也对她的同事产生了影响：

> "观察与记录"课程非常重要，是它让我知道了应该如何观察班上的学生，并对他们做出公正的评估……我们全校都开展学生成长档案袋评价[1]。教师们各自通过不同的方法来记录学生的情况。有些教师为每个学生准备了单独的小笔记本。今年，一位教师采用了一种新方法：在随身携带的写字板上用贴纸记事情，然后在带有分隔线的本子上写下每个学生的名字，最后把贴纸撕下来，贴在孩子的名字旁边。如此一来，我们呈现的进度报告就会显示学生能做什么。

其他项目中也有类似的课程内容，比如：高科技高中的中学教师教育项目和斯坦福教师教育项目（STEP），后者是旧金山教师驻校项目的一部分。高科技高中的"人如何学习"课程着眼于道德和身份的发展以及社会情感和认知的发展。除了帮助实习教师了解儿童和青少年，该课程还帮助

---

[1] 档案袋评价（portfolio assessment）又称学生成长记录袋评价，是以档案袋为依据而对评价对象进行的客观综合的评价。档案袋是指为了展示学生的学习和进步状况而收集的反映学生学习过程以及最终产品的一整套资料。——译者注

他们“反思和处理自身与学生之间的人际关系动态，这些关系动态会影响学生行为和成就的关系以及对两者的解释和做出的反应”。发展健康的人际关系对于帮助教师开展个性化教学至关重要。

作为学习和了解学生发展与行为过程的一部分，实习教师需要撰写一份详细的案例研究，重点关注班上的某位学生。更具体地说，该项目要求实习教师找到一位“你有些担心的学生，特别是在你与他/她的关系方面”。实习教师需要花时间与该学生坦诚交流，同时主动倾听该学生对学校、学习、人际关系等的看法，以便进一步了解该学生的观点。这种洞察力能让实习教师更好地开展个性化教学和课程设置，并结合学生的经历、想法和需求，与他们建立更健康的关系。项目说明中写道：“教学是一项对于体力、认知和情感要求都很高的工作。教师往往没有机会对我们与学生的关系进行深入细致的反思。所以，我希望你们把这个项目作为一个机会，借此来思考教学中一些比较困难的方面。”

要求实习教师批判性地反思和分析他们与学生的关系、设法理解学生的经历和观点，能够鼓励实习教师反思教学，同时也挑战他们去理解所有学生——尤其是那些看起来难以接近的学生，并找到有意义的方法来提高他们的学习兴趣。

许多课程还使用学生案例研究来研究特定类型学生的发展，以帮助实习教师仔细观察和了解学生如何发展和学习，例如，英语学生、残疾学生、学习读写的年轻学习者等等。在所有儿童案例研究的项目中，指导教师和实习教师都表示，这种将发展和学习、将研究和理论与真实学生生活联系起来的教学方法，培养了良好的教师思维习惯（对学生经历和视角的认识以及观察和倾听的习惯），从而提升了教师观察学生并根据学生需求调整应对措施的能力，这些能力会贯穿其教师生涯。

了解学生的社会环境：家庭和社区

七个项目都非常关注儿童的学习成长环境，帮助实习教师向家庭学习并与家庭共事。在学校里，实习教师可以参加家长会和外联活动。除此之外，课程还提供了其他机会为家校互动开创不同的视角，这可能是许多实习教师在学校时所没有经历过的内容。这些课程旨在推翻陈旧观念，即家长只在学生返校日和偶尔开会时来校才能在会上知道“自己的孩子表现如何”，或者除非孩子“出事了”家长才到学校来。七个项目希望帮助教师与家庭建立密切的关系，从家长对学生的了解以及更广泛的家庭知识中了解学生。

例如，旧金山教师实习项目非常注重与家庭合作，开设了让学区家长参与探索双向交流策略的课程，希望实习教师能够制定双向交流策略。这样做的目的不仅是让教师向家庭提供有关学生的信息，也是让他们从学生的家庭中得到启示，从而制定教学和学习的方法。

在一次实习教师会议上，实习教师听取家庭代表的意见——旧金山联合学区的三位家长和旧金山联合学区家长咨询委员会协调员和前成员，了解他们对教师的需要和要求。交流活动使用玻璃鱼缸式讨论法[1]。一位实习教师说道：“家长们坐在内圈，我们坐在外圈。我们可以倾听他们在学期中需要和希望从教师那里知道的东西，也可以向他们提出一些问题。我觉得这很有帮助。”

这项活动之后还有一项任务：主动给学生家庭打电话。指导教师提供了一个参考脚本，为实习教师提供了一些帮助。脚本内容如下：

---

[1] 玻璃鱼缸式讨论法是一种可以实现充分交流的讨论方法。讨论者通常围坐成两圈，一个大圈里面包括一个小圈，像透明鱼缸里的鱼。观察者在外圈需要认真观察和倾听，给出反馈，也要做好成为讨论者的准备。——译者注

您好，我是____________。

我打电话是想说，我非常喜欢与教您的孩子____________。

我非常欣赏您孩子的一点是____________。

关于您孩子____________的学习，您有什么想和我交流吗？

期待在家长会上见到您。

在打电话之前，实习教师会讨论他们对这项活动的期望和感受。之后，他们回到班级，汇报交流过程、家长的反应，以及自己打电话之前的感受——自己抱有很大的信心还是倍感压力。通常情况下，实习教师在给家长打电话时会非常焦虑，而当他们发现家长很期待自己的电话时，又会如释重负。这种经历有时会改变实习教师与学生的关系，让学生感到放心，提高其学习兴趣。

一位实习教师描述了她从给家长打电话和家长会交流中得出的一些实用想法：

> 我们需要立即主动地给家长打电话，这样当某一天出问题，我们不得不打电话时，我们就不会处于被动地位……家长们表示，教师每月或每周和家长联系一次很有帮助，在教室里张贴校规也很有帮助。他们还说，如果他们在开学头几周来学校，就能看到教师对学生的期望，这对他们很有帮助。此外，对学生的期望要始终如一。所以，教师在开学初为实现学生期望而做的准备，在接下来的一年里也应该保持不变。

如今，有一些合作学校要求班主任或教师咨询小组主动给所有学生的家长或监护人打电话，这种做法在其他学校的教师项目中也很常见。

与其他项目中较短的教学实习相比，旧金山项目的课程和活动侧重于与家庭建立关系，在实习教师的实习中巩固所学知识。例如，一名旧金山项目的导师讲述了她指导的一名双语实习教师如何为合作教师提供翻译支持，并成为教室里许多西班牙语家庭的中心联络人。另一位实习教师讲述了他的合作教师如何指导他与家庭打交道，以及这如何成为他课程学习的重要补充内容：

> 我的合作教师给了我机会，让我在整个学年中几乎独立地与三四个家庭打交道。因此，我接手了与这些家庭的沟通工作。我有机会给学生家长打电话、在放学前和放学后开会、来回发短信，这些基本上都是我与家长一对一的对话。不同的学生有不同的对话方式。有一个学生目前在写作（尤其是西班牙语写作）方面非常吃力。我们当时正在用西班牙语写观点作文，而这位学生在写我们学校应该建一个滑板公园。于是，我和他妈妈还有他一起去了滑板公园，并建立了密切的关系。我的合作教师也非常鼓励这样做。我觉得能有这样的经历真的很幸运。

三一大学项目要求实习教师在专业发展学校担任一整年的学生教师（他们的主要工作是辅助正式教师教学，因此也被称为实习生），他们可以通过多种方式了解他们的学生。学校活动为实习教师提供了很多了解学生、家庭和社区的机会。在两个小学发展学校中，我们鼓励三一大学的实习教师参加社区外联活动，如学校的嘉年华筹款活动或秋季返校日活动。此外，当小学实习教师在春季开始带教时，他们会加强与家长的沟通，比如参加家长会。他们还要参加帮助困难学生的响应干预会议（RTI）[1]和504教育计划会议[2]，因为在春季的大部分时间里，他们都要教授有特殊需要的学生。在课堂上，他们开展各种活动了解学生，并帮助学生相互了

[1] 响应干预法（Response to Intervention，RTI）是一种确定并帮助困难学生的教育模式，主要包括三个流程：首先，通过学生诊断，确定哪些学生需要帮助。其次，进行干预，教师有目标地展开帮助。最后，对干预效果进行响应评价。——译者注

[2] 504教育计划来源于美国康复法案第504条，旨在帮助有身体或精神障碍的学生的家长与教育工作者合作设计定制教育计划。504教育计划在法律上确保了学生在学校得到公平对待。——译者注

解。正如一位小学实习教师所描述的那样："如果我们能够通过开展不同的社区建设活动和学生们合作的活动来深入了解他们，我们就能将需求与学生的具体情况相联系。"

为了反思从与家长和家庭的互动中学到的知识，以及这些关系如何促进学生的学习，实习教师会撰写一份日志，记录他们与学生家庭沟通的情况。实习教师在第一次和第二次实习中都会保留这份日志，并反思其对实习的影响。

实习教师还会通过创建学生兴趣清单来了解学生，每个学生都要填写这份清单。该清单包括学生姓名、来自哪里、兴趣爱好以及有关他们如何学习的问题。然后，实习教师可以根据这份清单开展社区建设活动。随着实习教师对学生了解的加深，他们可以进一步利用这些知识来设计以学生为中心的课程。

了解学生的社会环境：文化和语言

在理解发展和学习的同时，教师也需要理解文化和语言在塑造发展和学习中的关键作用。这一知识基础为文化和语言响应以及出色的教学实践奠定了基础，而这正是七个项目的主要组成部分（我们将在后面的章节中讨论这种知识在教学中的具体应用）。

这一知识基础的重要性体现在七个项目都将其作为项目的核心理念。例如，高科技高中项目开始时开设了"教育哲学"课程，就是为实习教师打下基础，帮助他们拓展思维和理论，了解社会不平等现象及其在教育系统中的表现形式和对学生的影响。该课程要求实习教师"观察自己与教育和多元化社区相关的核心理念，以及这些理念如何影响学生在课堂上的成绩"。这种观察通过讨论和分析以下问题来实现：谁应该接受教育？应该教授哪些科目？如果要实现教育公平，是否可以区别对待学生？

科罗拉多大学丹佛分校项目的实习教师首先要学习的两门课程是“城市教育的社会基础和文化多样性”和“共同构建具有文化响应性的课堂社区”。这些课程为整个项目定下了基调。我们遇到的每一位实习教师都谈到了这两门课程对其教学理念的巨大影响，许多实习教师认为这两门课程改变了他们对整个社会以及教师在其中所扮演的角色的理解。

> “城市教育的社会基础和文化多样性”课程重点关注文化多样性在美国学校系统中的作用，以及这对以社会正义为导向的教育工作者的意义。本课程的目的是让实习教师参与探讨美国教育中最突出的问题，了解学校与其所属的更大社会之间的复杂关系。本课程密切关注……美国社会阶层、性别、民族、性别认同、政治以及权力和特权的动态等问题。
>
> “共同构建具有文化响应性的课堂社区”课程重点关注人们如何学习，以及社会和文化学习对建立参与性和文化适应性并存的学习社区的影响。通过这门课程，实习教师能够更深入地理解自身在学生学习中的角色、他们自身的文化视角如何影响他们与学生和家庭的关系，以及如何帮助学生进步。在CREDE[1]标准框架的推动下，让实习教师作为学习者体验共同构建的文化和语言促进型课堂社区，帮助他们制定共同构建文化促进型课堂社区的指导原则。

这些课程以身份、文化、特权和社会不平等为重点，对大多数年轻实习教师产生了重要影响（这些实习教师在传统的本科生、研究生培养途径中占据大多数师资）。这些课程培养了实习教师的批判性立场，帮助他们改善不平等教学，而这一理念的来源正是丹佛分校为科罗拉多州教育质量

[1] CREDE：The Center for Research on Education，Diversity & Excellence的缩写，意为美国“教育多样性和高质量研究中心”。——译者注

标准增加的一条内容：教师应积极倡导学生、家庭和学校支持公平和社会正义。

一位如今在丹佛郊外一所小学任教的教师回忆了这些基础课程。她说，许多同龄实习教师“甚至都没听说过白人特权”，他们所接受的课程内容和相应的实际教学经验都暴露了他们的天真，“一旦进入学校，这一点会让他们更加震惊”，能够进行这样的深刻反省并不是件十分容易的事。另一位教师回忆说，她的一些同行“真的很难了解学生在校外的实际情况”。这让我们不禁发问，他们如何做到为社会正义教学？另一位结业教师强调，科罗拉多大学丹佛分校以社会正义为导向的框架有助于提高实习教师的能力，能够让他们认识到“(有些)孩子正面临着巨大的创伤，虽然很难不感到同情，但他们有着难以置信的韧性，而我们的工作就是帮助这些学生专注于他们所拥有的能力——事实上，他们有着强大的潜能”。

我们采访了一位正在考取中学语言艺术教师资格证的实习教师，她告诉我们，最让她感动的是第一学期的一门课程，这门课程促使实习教师了解了大多数高中课程中出现的“权利剥夺”现象。在这些课程中，学习“白人特权”和“异性恋”是重要内容，但有时这会使学生“丧失对自己或自己的社区的信心，因为某种标准，自己文化的价值被忽略无视”。这位实习教师继续解释这种经历如何鼓励她找到方法：通过她的教学课文将学生的不同观点和声音带入课堂。在科罗拉多大学丹佛分校项目的实习教师调查中，另一位实习教师表示，该项目最好的地方在于它“将文化响应作为一个不断发展的重要教育领域”。

三一大学的实习教师也从项目一开始就着手解决文化能力问题。在暑期课程中，他们要完成一项长期的多阶段任务，该任务有三个目标，即自我探索、与他人共事和文化能力提高，旨在让实习教师有机会深入探究自己的身份，理解各种影响因素如何塑造他们与他人和周围世界的互动。虽然他们在秋季学期开始前就已经开始研究这些具有挑战性的课题，但在整个学年中，实习教师会反复思考这些概念。该项目包括开发反映实习教师世界观的信念和价值观的多种表征，还包括教育反思，让实习教师认识到自己的偏见，以及这些偏见会如何影响他们的个人和职业互动。我们鼓励实习教师在进行这些练习时提出自己的想法和问题。

实习教师还需要通过撰写个人自传探究自己身份的形成过程，并思考个人身份与教学的交集，了解自我概念对于公平教学和深度学习的重要性。三一大学在培养文化能力方面的工作始终以公平为导向，这些项目自始至终都强调社会公平价值观，强调身份文化对学校教育系统的影响的认识并帮助实习教师探索自身和学生身份的联系。

三一大学的一位校内导师强调了这项工作对她自身认识的重要性。她说道，她指导的实习教师洛林（Lorraine）“非常善于思考公平问题”：“我们的学生在信仰、宗教、家庭状况方面很多样化。每当她制订计划时，她总会询问：‘这是否会包括所有学生？这是每位学生都能参与的吗？’洛林对文化非常敏感。”

洛林的导师和领导都认为，她的文化敏感性和她对学生背景的重视归功于她在三一大学接受的培训。正如一位项目负责人所说：“这是贯穿三一大学的一条主线。他们研究自己的身份，以此来理解那些与众不同的学生。”洛林的导师还指出三一大学对文化能力的关注如何对她自己的教学产生挑战，这显示导师与实习教师具有共同的学习价值观。我们将在第9章进一步讨论自传和身份认同与社会正义教学之间的联系。

同样，其他项目在开展时也会将这些理念作为一个框架，形成对公平问题的认识，帮助实习教师在完成课程的过程中潜移默化地关注公平。也正是出于这个原因，旧金山实习项目的两所合作大学在第一个学期就会开设关于公平的基础课程，分别是斯坦福大学开设的“公平与民主教育”和旧金山大学开设的“多样性与社会正义教学”。斯坦福大学的课程从一开始就让实习教师了解哪些人有机会获得深度学习，并让他们认识到自己有责任改变这种现状。彼得·威廉姆森（Peter Williamson）是旧金山大学前教授，在旧金山大学系列课程的设计中发挥了核心作用，现是斯坦福大学二级课程的领导者。他讲述了在项目早期为实习教师提供多样性和社会正义教学课程的一些理由：

> 这些课程为他们作为“别人的孩子”的教师角色设定了一个框架，也让他们中的许多人了解到一些新词汇：身份讨论、阶级、公平、性别认同、学生身份在课堂的表现方式、学校巩固或压制这些身份认同的组织方式。这些讨论必须尽早进行，部分原因是要为实习教师在许多情况下同那些与我们截然不同的人打交道做好准备。我们如何看待这些关系，以及我们的身份如何塑造这些关系？这需要在与学生打交道之前就有清楚的认识，所以这也是两所大学都提前开设该课程的原因。

关于学科的知识：了解学科知识和课程目标

李·舒尔曼（Lee Shulman）是公认的最早提出教学内容知识这一概念的人，他写道：“教学始于教师对所学内容和教学方式的理解。”舒尔曼进一步指出，如果要把内容与多种学习者的学习经历相联系，那么教师对学科知识的了解就必须更加深入。他说道：“面对学生的多样性，教师必须对学科知识有灵活且多方面的理解，能够对相同的概念或原理做出不同的解释。”

舒尔曼的这一论断抓住了摆在实习教师面前的任务——在任何给定的内容领域或者跨多个领域都要拥有足够的知识，以便设计的任务让所有学习者都能展示能力，获得成长与进步。这样的知识深度对于深度学习至关重要，它使教师有可能与现实世界建立联系，为学习体验设计多个切入点，为学生解决复杂问题做好准备，并在真实而富有挑战性的活动中随机应变，让所有学生都参与其中。

除了对学科知识的深入理解外，德博拉·波尔（Deborah Ball）和大卫·科恩（David Cohen）还建议，教师的内容知识应囊括所授学科的主要思想和探究模式、它们与现实生活的联系，以及最适合教授这些特定学科的推理和表现方法的教学法。在某种程度上，所有的教师教育项目自实习教师完成高中或高等教育中学习学科知识那一刻就开始了，教育项目需要弥补教师学习中的不足，或重新构建学科知识的理解方式。

内容教学法

除了与以往课堂文化不同的学习经历，实习教师还需要拥有更深入的内容知识，这对他们的教学至关重要。对于像银行街教育学院、高科技高中、蒙特克莱尔州立大学和旧金山教师实习项目这样的学士后项目而言，实习教师无论主修专业是什么，都会在本科学习期间学习这些学科知识，且通常是以主修学科的形式或通过学科测试来学习这些知识。教师教育的工作就是在学科基础上教授教学法。在其他本科或五年制模式的课程中，教师有机会将教学法与教学内容的学习联系起来；而上述项目则是在不同程度上利用了这一机会。

学习内容支持教学。虽然公众视角通常认为，一套明确的教学内容课程或一个领域的主修专业就足以构成教学知识，但在某些情况下，支持有效教学的教学内容知识可能与大学主修专业所代表的知识不同。例如，马丽萍在研究中国教师如何成为小学数学专家教师时，描述了教师教育工作是如何侧重于让他们对将要教授的小学科目有更丰富、更注重教学的理解

（她称为“对基础数学的深刻理解”），而非大学主修专业所涉及的那种高层次数学课程，因为这些课程并不会成为他们实际教学的基础。从中国的角度来看，“更多的数学知识”并不是内容的必需，与教学相关的数学知识才是最重要的，即教学内容知识。舒尔曼认为，教学内容知识包括：

> 在自己的学科领域中最经常讲授的内容，这些知识点最有用的表现形式，最有力的类比、插图、例子、解释和演示——总之，使他人能够理解的表现和表述知识的方法。教学内容知识还包括对特定知识学习的难易程度的理解；不同年龄和背景的学生在学习这些最常讲授的知识和课程时所秉持的概念和先入之见。

过去，许多项目根本不涉及学科知识，或者只要求开设一门通用的方法课程，在很大程度上忽视了学科知识讲解。但与此不同的是，我们研究的所有项目都非常注重培养这种教学内容知识，并在这一过程中充实和加强实习教师对所授学科知识的灵活而深刻的理解。这些课程将教学内容和教学法结合起来，确保实习教师在学习课程目标和了解学生如何学习和发展的基础上，重新深入理解教学内容。

每个内容领域都是深入研究的源泉，教师要学会创造学习经历，使学生能够使用并迁移内容知识来解决新颖而复杂的问题。例如，作为探究课程的一部分，银行街教育学院项目要求实习教师完成以下课程：

- 一门科学课程与方法课程
- 一门数学课程和方法课程
- 一门艺术课程和方法课程
- 两门阅读和语言课程与方法系列课程
- 两门地理和社会研究课程与方法系列课程

这些针对具体内容的教学法课程在强调教学法和探究的同时，还要求实习教师在特定的学科背景下考察学生的发展和社会需求。例如，“多元教育环境中的教师数学”课程探讨教师最终要教授的数学，寻求中国教师教育所需要的“对基础数学的深刻理解”。课程以“发展理论……作为设计与学生年龄相适应的课程的基础”，并“探索学习者用来跨越学习障碍的一系列替代策略”。这些针对具体内容的课程会向实习教师介绍理论和教学方法，帮助他们创造具有挑战性的学习经历、锻炼批判性思维、开发基于项目的活动。

其他知识课程包括三门不同的“教师科学”课程，它们要么在学院教授，要么在距离纽约市25英里的哈里曼州立公园的科学中心教授。项目管理者认为这些课程有助于提高实习教师的实践质量，帮助他们开展课程建设。教师教育项目的实习教师认为，“音乐与运动”课程让他们意识到教学的公共性，帮助学生将其节奏、历史和传统带入课堂。“教师艺术工作坊”和“音乐与运动”经常被结业教师称为是帮助他们学习多元智能教学和开发更多教学与评估活动的课程。一些结业教师提到，在美术课程中，他们学会了认真地与孩子们谈论他们的作品和其表现世界的想法。在不同的课程中重复使用的策略往往被视为特别有效。例如，一位新教师谈到了她从中受益的许多课程：

> 银行街教育学院项目的特点在于其教学理念的高度一致性，实习教师可以从每门课程中汲取营养。例如，在美术课上，我真正学会了如何与学生谈论他们的作品。你不能只说一句“我喜欢”，也不能对学生的能力妄下结论，而是要对学生的作品进行评论。这让我学会了如何与学生交流。

实习教师还可以从幼儿、小学和初中三个层次中选择五门关于教育社会学的双级课程。幼儿社会课程的一个例子是“幼儿教育课程”。该课程为不同背景和能力的儿童开发学习环境和体验，实习教师将“社会研究作为综合课程的核心”，“研究在创建社会和学习环境中出现的问题”。在小学和初中层次，“多元特殊教育环境下的社会研究课程开发”等课程支持实习教师将“社会研究的六大学科，即历史学、人类学、社会学、政治学、地理学和经济学，整合到建构主义、探究式社会研究课程的设计中”。这些课程旨在帮助实习教师知道如何激励学生，让其学习如何关心自己和社区，同时培养学生参与社区活动的兴趣，以推进公正、民主的理想目标。

深度学习教学法。我们研究的所有项目都直面学习深度学习教学法这一挑战，使用实习教师自己可能都没有体验过的教学法来教授内容。在所有项目中，教学方法课程都包括一些活动和作业，帮助实习教师体验深度学习策略，了解这些策略如何与当代学习和发展理论相呼应，以及如何将其应用到自己的课堂中。

> 例如，旧金山教师项目的实习教师在进入项目时已获得学士学位，他们之所以被选中，是因为他们在将要教授的学科方面具有深厚的学术背景。除此之外，斯坦福大学和旧金山大学还为实习教师提供为期一年、针对具体内容的“课程与教学”（C&I）系列课程，提供深入的针对具体内容的教学法培训。用在这两个项目中任教过的教师的话说，“这些课程能够针对实习教师的实践，使理论和实践在整个项目过程中变得有意义”。这些课程的教授和其他讲师在成为教师教育工作者之前，本身就是专业的课堂教师，因此对自己的学科以及如何进行教学都有深入了解。无论在哪个教学内容领域，“所有的课程都涉及探究实践，比如在社会研究中学习如何像历史学家一样思考。但重要的是，实习教师在他们的课程与创新课程中的首次体验能够说明我们希望他们做什么”。

另一位教师描述了旧金山教师实习项目为期一年的“课程与教学”系

列课程的教学流程：

> 在每个内容领域，实习教师首先要思考一些基本问题：为什么学习科学？为什么学习数学？你所学到的知识有什么价值？这样，他们就会参与到学科学习中来。然后，到了冬季学期，他们会学习制定教案的策略，进而制定更大课程单元的教学策略……慢慢地，他们就会学会从广义上思考：我如何帮助学生从这里到达那里？我们应该教他们如何逆向绘制地图。到了春季，当实习教师进行教师绩效评估时，他们已经将“如何计划？如何教学？如何反思学生的学习情况？”内化为自己的知识。

内容课程的一个常见策略是，让实习教师参与以后将与学生共同开展的各种活动和探究，来探讨内容教学法的问题。他们利用这些机会探索学科中的知识和问题解决方法，并更深入地了解如何表述教学内容，以便学习者能够将新知识与已有知识和经历联系起来。

科罗拉多大学丹佛分校项目的导师通常会在教师教育课程中示范深度学习教学法。他们会经常说明他们正在使用的策略，解释这些策略为何有效，并建议如何在K-12课堂中使用这些策略。为了很好地做到这一点，导师经常在关键时刻停下来，特别提醒实习教师注意他们是如何组织课程、安排问题或设计小组来完成学习目标的。

这种明确透明的教学方式为实习教师提供了丰富的机会，让他们了解为什么以及如何将大学课堂上的学习内容迁移到K-12实际教学课堂上。在某些情况下，项目导师会让实习教师从头到尾参与完整的课程，而实习教师第二天就可以在课堂上使用这些课程。这种透明的学习过程与“体验—反思—实施—反思”的方法相似，这也是实习教师在学习教学过程中应该采用的方法。当导师为深度学习进行教学示范和命名时，实习教师就会获得学习体验，反思自己作为学习者的感受，想象自己作为教师实施教学方法的情景，然后反思该策略的有效性，以确定自己作为教师接下来需要做什么，从而确保学生的学习效果。通过“体验—反思—实施—反思”的方法来培养实习教师的教学能力，可以让实习教师打开教学的“黑匣子”，提前预知学生可能会出现的教学反应。

与我们交谈过的实习教师普遍认为，科罗拉多大学丹佛分校项目的示范教学也许是最有用的学习方式之一，因为实习教师可以“感受到课程的感觉，就好像他们自己就是学生一样”。如今是一名小学教师的项目参与教师说道，刚进入该项目时，他对基本数学性质和内容的理解很模糊：“除了数学，我以为我对所有事情都抱有成长型思维模式。但方法课让我觉得‘哇，原来我可以学好数学，并非一块学不好数学的料子’。命运也很会捉弄人，现在我主教的就是数学。”

值得注意的是，一些实习教师在教师研究中担任学徒研究员，帮助调查K-12学生是如何获得教学内容知识的——这个机会十分难得，因为实习教师可以借此对即将教授的学科知识有更深入的学习体验。

课程整体的读写能力

除了教师可能教授的内容领域之外，大多数项目培训内容还包含了深度读写知识，包括阅读和写作。在银行街教育学院，在“阅读、写作与语言艺术教学”和“内容领域的阅读与写作教学”等课程中，实习教师会记录阅读日志、研究不同的教学方法，并学习如何开展评估。一位一年级教师告诉我们，“内容领域的阅读与写作教学”课程中的“英语作为第二语言”策略是如何帮助她提升多语种课堂教学能力。她发现自己必须不断地评估孩子们的学习困难是源于不知道数学或其他学科领域的概念，还是源于不理解课文中的英语语言。利用她之前在课堂上学习到的策略，她知道了应该如何以小组而非个人形式讨论数学问题或进行科学指导，来更好地了解学生的需求，从而评估他们是否需要更多的学科帮助，或者在理解问题的语言或说明方面需要更多的帮助。

同样，在三一大学项目，实习教师会学习跨课程阅读和写作教学，重点是掌握如何向不同年龄段、存在各种学习差异的学生教授阅读和写作。实习教师会学习如何使用正式和非正式的评估工具，包括自己收集和整理有关每个学生阅读和写作的信息，为阅读教学提供依据并对自己的实践进行反思。在这些课程中，实习教师还会学习指导性阅读、学习条件、差异化教学、分析和解释评估结果，以便进行有效的差异化教学和学习干预等。这些课程使教师能够根据学生不同的知识和发展水平，设计有吸引力的深度学习体验，并通过评估了解学生的进步情况，使所有学生都能获得知识更深入、授课更严谨的课程。

一位实习教师在描述她在“中年级阅读教学”课程中的收获时，清楚地说明了教学内容（和语言能力）的深度发展方法：

> 在阅读课堂上，我们思考如何使用不同的策略来帮助学生缩小学习差距，这真的很有用，因为让一群八年级的学生阅读时，有些学生的阅读水平是十年级的，有些学生的阅读水平是二年级的，你永远不知道结果是什么。这里面涉及很多发展性思维。我认为，我们在课堂上所做的一件事对我的帮助特别大……我们一直在完善一个发展时间表，所有实习教师都参与其中。在“教学法”课程中，所有的实习教师都说出他们对学生的了解，以及在不同的观察活动中看到的内容。之后，我们依此总结出从六年级到十二年级的语言发展时间轴。它十分有用，教师可以借此来了解这些孩子的语言能力之前是怎样的、以后又会是怎样的。

高科技高中项目也非常重视语言能力教学的内容教学法，部分原因是深度学习需要很强的识字能力。因此，许多课程都致力于关注教学设计，建立和制订基于标准的阅读计划，实施分组、班级安排和个性化阅读等策略和实践。其中，一门方法课程的重点是初级阅读教学，为实习教师提供培养技能的指导和经验，帮助其开展流畅阅读活动（音位意识、语音、拼写模式、语法能力）、锻炼理解能力（分析文本结构、总结、提问和推理），以及使用各种班级、小组和个别化教学方法。

课程设计

美国教育界曾发生过一场声势浩大的争论，争论的焦点是：教师究竟是专业人员，必须运用学科知识和学习与发展的知识来满足学生的需求，还是只是执行人员，实施他人发明的学习设计——包括课本、课程计划和测试方案，并将其以标准化的模式应用到班级里的学生身上？后者观点认为，学生接受的是标准化教育，教学是常规的，学校的工作很大程度上不受环境的影响，因此教师们不需要了解太多关于学习、发展或课程的知识就能取得成功。

然而，我们所研究的七个项目表明，有效的教学应该对学习者产生积极的回应，并且学习过程应该融入学生的语言、文化和发展经历中。此外，要想满足学生的需求，教师应当考虑这些需求并开展有意义的朝着明确的课程目标发展的活动。吸引不同学生参与这种学习的核心在于对课程设计的理解及开发课程和教学单元的技能，以实现有价值的学习目标——而这一点在一些关于学科教学的概念中完全没有。

有趣的是，七个项目几乎都使用了同一个课程设计框架——由格兰特·维金斯（Grant Wiggins）和杰伊·麦克泰（Jay McTighe）开发的“理解为先框架”（UbD），目的是支持教学和评估以促进理解。在这个框架中，设计思维模式先从选择目标开始，然后再通过设计课程来实现这些目标。它要求在某一特定学科中，我们需要从学生应该知道什么和能够做什么开始倒推，这可以帮助教师先思考课程目标，然后是代表这些目标完成情况的大量评估，最后思考形成性评估和教学活动这一系列过程，引导学生具有达到这些目标的能力。

三一大学教师项目提供了一个很好的范例，它向我们示范了如何利用理解为先模式来支持学校对内容、自我和学生的探求和了解的重视度，这些都是深度学习的关键因素，其中知识内容可以应用于实际情境，以及概念性理解的教学中。三一大学的实习教师指出了在理解为先的教学模式中接受教育的重要性，以及该理念如何让他们将内容标准与现实世界中更深层、更相关的概念联系起来，并教导学生“综合运用大量的信息”。实习教师学会了利用一些基本问题来推动和学生一起完成课堂任务，该教学模式还促使实习教师开始考虑“真正参与到内容和学习中”对于学生的含义；这种相关性已被纳入理解为先的教学标准中，作为课程计划的第一步，实习教师必须能够提出基本问题，因为这些问题旨在激发探究进一步的问题。

暑假期间，实习教师以团队形式设计了一个理解为先的教学设计单元。小学实习教师可以选择设计三个不同单元中的一个，供小学的合作学校使用：第一个是为期两周的教学设计单元，主要用于建立课堂学习社区，帮助新的学生群体培养集体认同感，并建立安全/支持性的学习环境；第二个是为期两周的聚焦于家庭的单元，它主要基于得克萨斯州学前班的基本知识和技能；第三个是为期十节的教学设计单元，它适用于四年级学生，以成长型思维模式为中心，这个单元是合作学校之一——拉马尔小学的重点。这些教学单元与其他暑假作业一样，本质上并不是纯理论性质的：它们将实习教师引入到教学设计过程中，同时也给教师们提供了实践经验，让他们可以了解地区的课程指导方针，并就如何贯彻这些方针做出专业决定，方便学生深入学习内容。此外，教学单元的发展和实习教师撰写的反思可作为教育学硕士暑期课程的绩效评估，反思的主题主要围绕他们在设计单元的过程中所学到的内容。

中学实习教师也使用理解为先的教学设计模式，他们以团队形式设计了一个跨学科主题的课程单元，可以在合作初中或高中的中级阶段进行教学。这些团队按年级划分，首先需要确定一个主题和“需要考虑的重大问题以及十年后学生应该知道和了解的问题”。中学实习教师将他们的教学设计任务描述为“我们正在进行深度学习的一大单元”。在他们设计的单元中，有一个主题是“吹响革命的号角”，重点关注音乐和艺术是如何在革命战争时期帮助培养信仰的；另一个单元通过结合中文、英语、历史和音乐，在农历新年期间庆贺东亚文化；第三个单元是由九年级英语、生物和西班牙语教师团队设计的，旨在确定和探究来自某个特定地方的意义，以及语言是如何形成身份认同的。在这些单元中，有一些已经得到实施，其中实施最成功的单元已经包含在三一大学的教学单元中。

最重要的是，实习教师十分重视这项任务，正是这些课程让他们有了“宏大的梦想”。正如一位中学实习教师所说的那样，“我们需要一个提醒，提醒我们想做的事情的可能性，不要被标准所设定的限制所束缚”。同样，另一个教师指出，“跨学科暑期项目是教育学硕士项目教会我们朝理想的方向思考的一个例子”。他们还指出，“在我们计划让学习变得更有意义、更有吸引力的同时，这项任务还帮助我们发现并找到其他的内容领域”。事实上，实习教师意识到跨学科项目能够使学生凭借他们感兴趣的内容得到学习和成长，同时也允许实习教师在各自内容领域外融合学习经验。

中学的导师指出，实习教师通过理解为先的教学模式学会了差异化教学。他们在使用该教学模式设计课程时，必须对学生的兴趣进行分类，并确定学生是否需要进一步修改。

这种设计和教授课程单元的方法在七个项目中得到了普遍使用。实习教师通常会收到在理论和实践层面有关其工作的反馈，并反思学生在该单元学习的表现，这可以作为他们改进工作的一部分内容。在大多数课程中，实习教师还必须展现出一定的课程设计能力，这可以作为毕业前绩效评估的一部分（详细讨论请查看第11章）。

七个项目都重视培养实习教师的课程思维，因此经常帮助他们关注难以教授和学习的内容领域。例如，许多教师难以在课堂上提出高水平问题，最后只要求学生简单地背诵事实答案，而不是深入、批判性地思考他们正在学习的内容。因此，阿尔维诺学院要求实习教师在课程计划中列出他们打算向学生提出的所有问题，这种问题脚本可以促使他们思考和学习提问题。它可以帮助实习教师意识到哪些问题会引起学生的强烈回应，而这些恰恰表明了学生这时候是在学习或者产生了误解。实习教师还必须在课程计划中清楚地阐明他们找到的证据，以确定学生是否学到了知识以及学到了什么知识。一位项目组工作人员解释说："我们知道，当课堂真正属于他们时，他们可能并不会进行这种深度规划，但他们会进行这种思考。所以，我们会帮助他们进行当课堂属于他们时的那种思考。"

关于教育的知识：了解教学法

美国国家教育学院的教师教育框架的第三个维度是教师需要了解的核心内容，即基于教学内容和学习者对教学做出理解，通过评估了解更多信息并以富有成效的课堂环境为支撑。之前我们描述过项目开发内容知识和内容教学技能的过程。在本节中，我们将继续描述这些知识和技能如何通过接触学生、组织教学和促进学习的知识获得支持。这七个教师教育项目旨在确保实习教师能够获取这些知识，从而提高他们在不同的课堂和集中贫困社区中进行深度学习的教学能力。正如以下各节所述，七个项目都特别强调使用评估来支持学习；创建课堂学习社区，帮助学生培养社交、情感以及认知技能；学习差异化教学以满足学生的需求；开发文化和语言响应的教学法和其他公平举措。

关于学习的评估，作为学习的评估，以及为了学习的评估

创建一个以学生为中心的课程愿景，从而引导学生更深度地学习，这需要同时开发大量且真实的绩效任务，让学生有机会展示他们的知识、技能以及形成性手段，从而了解学生在学习过程中的思考和学习情况。在七个项目中，实习教师需要为学生制定绩效任务，同时自己也要参与此类任务，并使用描述绩效评量的评分标准进行评估。因此，实习教师能够谈论达到绩效水平的意义，以及如何与学生进行同样的交流。

例如，蒙特克莱尔州立大学项目的实习教师拥有大量机会可以了解专门课程中学生评估的范围，如幼儿教育中的内容整合和评估课程、本科生入门的学习评估课程以及研究生入门的教与学Ⅰ级和Ⅱ级课程。该课程覆盖了从形成性评估到总结性评估的范围，包括基于项目的评估以及相对更传统的测试评估。

同其他几个项目一样，蒙特克莱尔州立大学项目十分重视理解为先的反向规划任务，其重点在于"在头脑中先构思好最终目标"，即在学习完这一单元后学生应该掌握哪些知识以及能够具备哪些能力。一位项目组工作人员将理解为先的教学模式看作教学评估的核心内容。反向规划任务能够帮助实习教师理解计划和教学的范围和顺序。此外，它还可以确保评估是有意义的、有价值的，并且与教师希望学生学习的知识和技能相一致。这位工作人员解释说：

> 我们会尽力帮助实习教师将教学评估与学生的学习目标和需求相匹配，这是一个巨大的反馈循环。我们会开展一些阅读活动、讨论某个具体的概念，并要求他们创建评估，让他们在课堂

上分享并讨论，并且获得反馈、进行修改并重新提交，他们提交的次数不限。

理解并分析理论、将理论应用于项目中，然后在实地实习中运用理论进行反思和修改的深度学习策略，是蒙特克莱尔州立大学的实习教师在项目课程中的常见学习形式。它是应用学习和迁移学习的典范，并且为教师应该为学生设计的学习周期提供了范例。

另一位项目组工作人员强调了她是如何专注于帮助实习教师理解真实评估的：

> 我们花费了大量时间来思考“开展真实评估的目的是什么？”。之后，实习教师需要设计一套真实评估或绩效评估，因为对于一些诸如体育、音乐或美术课程来说，有时学生的课堂表现更有意义。他们必须将每个评估同每个学习目标相对应，并明白哪些评估适用于哪些知识、哪些说明和哪些技能。我们应该开发大量的多样化评估，以便对所有知识和诠释进行评估，否则开发真实评估便失去了意义。

实习教师提交评估之后，他们会被敦促想办法修改评估。这时，项目组导师就会问一些问题，例如，你如何将评估变得更真实？工作人员还解释说，这个想法是想让学生理解“真实”是一个连续体，这样他们可以努力在评估中获得更多的真实性。真实评估的整个概念是情境化学习的典范。只有当评估与学生的生活息息相关，并将他们的亲身经历与教师所教授的知识和技能相结合时，评估才是真实的。

对评估的高度关注引起了实习教师的广泛讨论。一位实习教师在小组活动中开玩笑地说：“我们对评估又开展了进一步的评估。”他接着解释了他们实践学习评估的全过程：

> 在这一过程中，教师不仅需要对评估前的所有教学内容进行

评估，还需要对过程中每个问题背后的意图进行评估。之后需要与一些学生面谈，了解他们回答问题时的思考过程。如果教师下次还要选择评估，还需要对其进行反思和修改。

当这位实习教师被问到他们会询问学生哪种问题时，他分享说：“我们要求学生发展元认知能力，会问：进展如何？你觉得这容易还是困难？有哪些问题比较异常？大多数都是这一类的问题。”因此，蒙特克莱尔州立大学的实习教师不仅可以学习如何评估学生学习，也可以学习如何培养学生对学习过程的元认知和理解。

反向规划任务和评估学生学习的一个重要部分是对学习者的了解——包括先前的知识和技能、对儿童或青少年成长时期的了解、学生的背景和经历、他们的喜好和兴趣——所有这些因素使教师从既严格又适合学生的目标开始逆向规划学习，这些都是密歇根州立大学教师教育项目的一部分。

阿尔维诺学院项目也采取了类似的方法，同样强调对实习教师进行真实的绩效评估。实习教师重现了阿尔维诺学院向实习教师展示的学习评估过程，并且在课程作业和实地考察中，他们通过绩效任务、成长记录档案袋和自我反思等方式完成评估。实习教师并没有选择一场标准化考试作为期末评估测试。

阿尔维诺学院项目的两位实习教师讲述了他们在课程学习和实地考察中的经验如何帮助他们提高评估学生的能力。第一位教师指出：

我认为帮助我们学习如何评估学生的其中一个因素是我们通过多种不同的方式完成评估。因此，我们不会只通过纸质测试来进行评估。我们还通过演讲、观察、与教授交谈以及通过项目和小组项目进行评估。我认为这也体现了与现实世界的联系，我们希望让学生为现实世界做好准备。因此，我们主要通过这种方式进行评分和评估。

第二位实习教师说道：

> 的确如此，我们在现实世界中不会对学生说，“哦，你今天得了A等级”。不是这样，他们会因为自己做得好而得到表扬，并在需要改进的地方得到一些建议。所以，我认为评估方式不只是一个字母等级或百分比分数，而是一种积极的反馈，指明了他们需要继续努力的地方。

项目组教师不仅要在教学和评估的内容和形式上做出表率，还要在性情培养方面做出表率，以创造一个成绩优异、强有力的学习环境。例如，阿尔维诺学院项目的多名实习教师解释道，项目期望实习教师在大多数其他院校都能拿到优秀等级，如果低于该等级，就要求实习教师提高自己的成绩。这种期望有助于实习教师培养掌握能力和内在的学习动机，因为它的重点是将字母等级转变为掌握一项具有现实意义的技能。

阿尔维诺学院采用的评估方法表明了真实的、基于项目的活动和评估之间的相互联系，确保实习教师正在学习并为他们的学习负责：

> 对我们而言，广义上的评估是根据标准对学生的学习成果进行评价，从而进行改进和问责。当评估用于学生个人学习时，它是一个与学习密不可分的过程，包括观察、分析/解释和判断每个学生的表现，并依据明确和公开透明的标准，将结果反馈给学生。

通过阿尔维诺学院项目对评估的目标和方法的阐述，以及实习教师自己作为阿尔维诺学院课程和实地考察的学生参与此类评估，实习教师可以学习评估批判性思维和解决问题的技能。

阿尔维诺学院项目的整体评估方法对于实习教师了解和有效评估学生学习有所帮助。在我们对该项目结业实习教师的调查中，100%的实习教师表示，阿尔维诺学院让他们做了充分的准备，能够“使用各种评估方式，包括观察、考试、成长记录档案袋或绩效任务，确定学生的优势和需求，从而为教学提供信息”。正如一位实习教师所说：

> 我们学习了很多不同类型的评估，比如绩效评估、书面评估、学生自己做的工作记录表等等。你可以在课堂上尝试应用这些评估，看看学生的反应。之后你会拥有一整套评估技巧，必须深入分析你的评估有效的原因、你从中收集的数据，以及它将如何帮助你教授学生下一步要学的知识。

这位实习教师已经理解，评估不仅仅是收集学生学习的数据，而是利用这些信息了解后续的教学。

同样，银行街教育学院项目的实习教师也会用以下几种方式进行评估——包括正式的和非正式的、形成性的和总结性的评估，主要的评估方式包括合作项目、与实地考察相关的课程任务、考试和反思性论文、艺术项目、与导师的沟通以及真实的绩效评估。同样，银行街教育学院项目鼓励其实习教师使用多样化的评估方式，尤其是那些真实的、有语境背景的方法，能够在工作中为自己的学生提供支持。

其中，项目特别强调的一点是教师需要仔细思考他们要评估的内容，以及如何利用这些内容来改进教学。正如一位实习教师所说：

> 关于评估方式和评估内容有一条重要知识：必须确保你明白它们的区别。如果你想弄清楚学生是否知道乘法知识，你要以不同的方式来评估，而不是只看他们能在五分钟内算出多少道题。这并不在于答案的对与错，而在于学生能否以正确的理由给出正确的答案，以及我能否理解他们的想法。

这位优秀的实习教师主要强调了三点。首先，她已经明白了阐明教学目标的必要性，并通过这些目标理解她评估的形式和内容。其次，她希望她的学生能重视学习过程多于重视结果，这是深度学习的一个标志，因为制定解决问题的策略可以支持学生应对未来的挑战，而只是专注离散乘法问题的正确答案，对未来的用处可能没有那么大。最后，她通过设计评估来了解学生的思维，这使她能够更好地规划教学，从而支持学生的学习。

利用评估更深入地了解学生的思维是所有实习项目的共同目标——包括识别错误观念和偏见，这些可以通过教学得到解决。此外，学会仔细观察和倾听学生也是评估的一部分。三一大学项目的一位小学导师解释说，她的实习教师以小组为单位对学生进行评估，在进行整个小组评估之前先进行预评估和形成性评估。从幼儿园开始的形成性评估可能包括采访学生，仔细倾听和观察他们，记录有关他们表现的信息和问题，并要求他们画出所想。

另一位小学导师谈到了如何培养形成性评估的技能和反思性倾向思维：

> 当我们在反思的时候，我会谈论我对课程的观察性评估，然后当她（实习教师）授课时，我会说："你注意到了什么吗？哪些学生理解了，哪些没有？"我先这样做，然后她再跟着做。通过这种方式，我看到她在观察学生方面成长了许多，因为一开始是由我来观察和了解，然后当我把接力棒传递给她时，她必须要根据对学生的持续评估和他们的表现来调整自己的课程。

在三一大学项目，实习教师还实践了一种基于目标的反思性评估，他们通过完成两项自我评估，将这种评估带入课堂。他们根据项目的六个标准来评估学生的表现，并指出他们是如何成长以及他们希望在哪些方面继续改善。他们还完成了一项性格评估，涉及教育领域中专业工作的六个标准。在反思了自我评估和来自同行和教师的反馈后，实习教师撰写了一份书面反思。其中，他们优先考虑了三个成长目标——学术目标、专业目标和应对挑战的目标。他们制作了一份视觉资料来提醒他们的愿景和目标，并与他们的导师和小组成员分享该视觉资料，这可以帮助他们体验结构化反思和自我评估的力量，也会将这种力量带给他们自己的学生。

差异化与个性化教学

实习教师在学习如何根据教学要求以及知识点来设计课堂、评估课堂的同时，也要学会采用个性化的教学方法来满足学生的不同需求。教师教育项目十分重视培养实习教师进行差异化教学的能力。例如，三一大学项目对于差异化教学的重视就贯穿于项目的各个方面，其中一位实习教师就说道：

> 我们的指导教师不论是平时上课，还是课下让我们写教案时，都十分重视差异化教学方式的运用，要求我们为残障学生教育、个性化教育计划（IEP）以及其他可能从差异化教学中受益的学生制定相应的教学方案。这是由我们学校的性质所决定的，因为它是一所教师专业发展学校，这种学校十分支持差异化教学，鼓励建立教学小组，学校和实习教师共同探索这种类型的教学模式。这就好像我们不只是在三一大学里学习，我们也是在所有认可这一教学方式的学校里学习。

差异化教学还是深度学习备课时的关键因素。通过差异化教学，我们可以考虑到每个学生及其独特的学习需求，从而实现个性化学习，为深度学习的开展做好准备。此外，我们还可以利用学习者自身的知识储备来促进其对新知识的吸收。正如一位项目指导教师指出的，差异化教学是打造公平课堂的一种重要方式：

> 制定差异化教学方案是一个关键部分。我认为确定教学范围以及教学顺序是一项十分重要的基础性工作，只有确定了这些内

容，我们才可以进入下一阶段。因此，我们需要通过预评估以及形成性评估两种方式，最终制定出一套能够满足学生不同需求的差异化教学方案……我们不仅要制定差异化教学方案，也要了解学生的相关背景，因为在有些情况下，我们制定的方案可能与学生实际情况不一致，这点我们经常谈到。

阿尔维诺学院项目除了开设儿童发展相关课程以外，还加入了职业培训以及评估环节来培养实习教师满足不同学生需求的能力。该校本科层次的教师教育课程“特殊学习者”中的“适应性教师绩效评估”部分要求实习教师在课堂上确定一名学习者，他们需要回答“学习者是谁？”，并在给学习者上课时，把他的优势、劣势以及特点都考虑在内。接下来，实习教师需要对这一堂课进行复盘，找出自己需要改进的地方，也要找出那些自己认为有难度的地方。之后，实习教师继续给学习者授课，最后对自己的课程进行反思。

通过关注个体学习者，实习教师学会为单个学生安排教育机会，之后便可升级为整个班级安排教育机会（一个班级包括许多具有不同知识、技能以及社交能力的学生）。阿尔维诺学院项目的一位实习教师谈到了自己的实习经历：

> 我们每上一堂课，都会想出各种办法来进行差异化教学，因为我们知道我们面对的是不同的学习者，他们之中有的可能是英语母语者，有的可能不是；有的或许遇到了困难，有的或许天赋异禀……他们让我们思考问题，并提出问题……我们的指导教师帮助我们不断调整授课内容，以使其最终符合学生的不同需求。

实习教师还会学习召开个性化教育计划会议，通过模拟会议，让其他同学分别扮演不同角色（如家长、教师、行政人员、律师）这种方式，将会议中所包含的政治、教育以及个人因素一一呈现出来。我们对参加2016年春季阿尔维诺学院开展的本科以及研究生教师项目的实习教师进行了调查，他们当时正处于实习的最后一学期，每个人都表示他们已经学会了采用适当的教学策略发现并满足学生的特殊学习需求，也意识到了某些校外因素可能会影响学生的学习与生活。

蒙特克莱尔州立大学项目与其他项目一样，都认为尽管学生的个人情况对于了解他们的生活、人生经历以及财产状况来说十分重要，但是只了解这些信息却是远远不够的。教师对学生的了解必须要包括计划、教学以及评估三方面。蒙特克莱尔州立大学项目的一位实习教师目前在纽瓦克教书，现在已经可以独立掌控课堂了。她指出，差异化教学是她成功的关键："特殊教育双学位/双证书项目指导我们更好地为学生提供差异化教学，我十分清楚这点，因为我已经将所学内容在纽瓦克付诸实践了。如果我没有这种教学能力，我根本满足不了学生的不同需求。"

差异化教学并不意味着淡化教学过程，也不意味着回避那些需要批判性思维和分析讨论的教学方式。相反，它意味着教师不仅要为教学活动提供丰富的实践支架，还要为学生提供练习和纠错的机会，最终达到提高教学质量的目的。

文化和语言响应式教学法

七个项目都强调了课程设计、教学方法学习、模拟教学实践以及根据学生差异评估学习行为这些内容的重要性（第4章将详细介绍模拟教学这种课程策略；第9章将详细介绍尊重差异的公平教学策略）。

例如，旧金山大学项目开设了"学习与教学"课程。在这节课上，实习教师需要思考学生的背景与文化知识在课堂上的作用，并据此来设计课程，使学习行为与学生本人息息相关，这对教师而言是一项挑战。在一次活动中，实习教师们一起观看了纪录片《珍贵的知识》(*Precious Knowledge*)，该片讲述了亚利桑那州图森高中的种族研究课程所引发的争议问题，尤其是拉扎研究的部分内容，重点描述了墨西哥裔美国人的文化与遗产，引起了人们的强烈反响。标题“珍贵的知识”指的是对自我的了解与热爱。在观看完纪录片后，实习教师与亚利桑那州的退休教师柯蒂斯·阿科斯塔(Curtis Acosta)进行了通话。了解得知，这位退休教师一直在参与民族研究的相关教学工作，他反对“H. B. 2281”法案[1]的实施，还将民族研究教学推广到了其他地区。这次对话使实习教师对纪录片播出以来亚利桑那州所发生的事情有了最直接的了解，他们还得以直接向阿科斯塔先生请教如何将“珍贵的知识”带入旧金山的学校。

一位实习教师表示，观看纪录片并与阿科斯塔先生交谈是“学习与教学”课程中最令他震撼的一堂课。通过这节课，他们了解到一堂与学生生活相关的课程对于吸引学生注意力、促进学生学习来说有多么重要。不仅如此，这节课还与旧金山联合学区的实际情况高度相关。最近一份对该区民族研究试点课程的研究显示这类课程对于提高学生成绩以及出勤率具有推动作用，因此这类课程被推广到学区内的所有高中。通过与电影中的主要人物进行互动，分享心得体会，该课程为实习教师树立了深度学习的实践典范。

高科技高中项目在实习开始前所开设的暑期课程也同样包括公平、文化多样性以及英语学习者等主题内容。该项目要求实习教师“学会开发差异化课程以及教学顺序，掌握相应的教学策略与教学方式，以适应拥有不同优势、不同教学环境的学习者”。在成为正式教授英语学习者的教师之前，高科技高中项目的实习教师还需要学习一门为期六周的在线必修课程

[1] 2010年，美国亚利桑那州参议院通过“H. B. 2281”法案，禁止公立学区或公款资助的特许学校教授为某一族裔设计的课程。——译者注

“英语语言发展基础”。

本书提到的所有项目都开设了一门帮助教师与英语入门学习者进行有效沟通合作的课程。例如，旧金山大学项目开设的“双语儿童教育”就是旧金山教师实习项目的一门必选课程。和其他同类型课程一样，这门课通过让实习教师扮演英语学习者这种方式达到帮助他们学习的目的。一位来自旧金山项目的实习教师分享了自己是如何从这种方式中得到提升的：

> 指导教师会根据每个人交流能力的不同，按照加州英语语言发展测试的标准，给大家打一个分数，之后便根据这个分数将我们安排在不同的教室里，我周围有很多1—2分的学生。假设这个测试是针对西班牙语的，那么指导教师就会拿一本一年级西班牙语的书进行一堂识字课，内容基本上是关于双语学习的优势，比如双语学习可以拓展见识等等。但教师通常只会演示一遍如何讲解图书内容，如何利用同伴关系，以及如何以一种真实可信的方式使这种互动变得正常化。

另一位实习教师补充道：

> 课上，指导教师还进行了像“语法听写”之类的活动。语法听写需要教师朗读三遍原文，再由学生写下自己听到的内容，最后与其他人一起还原原文内容。我们每个人都是直接参与到这些教学策略以及课堂互动之中的。

通过语法听写活动，实习教师掌握了波林·吉本斯（Pauline Gibbons）在其著作中所提到的一种语言教学技巧。随着课程的进行，具体的实践方法已经取代了抽象的理论主题，例如实习教师讨论完“语言发展”这一主题之后，便有机会亲自体验到这一策略的教学效果。在整个学习过程中，实习教师感受到了合作与小组分工的力量。正如一位指导教师所描述的那样：

> 从我理解的语言发展角度来看，语言是由社会构建的，我们大家应该相互发展语言。在“语法听写”活动中，我先把一篇文章大声读给学生，他们只需要听；然后我再给他们读一遍，他们再听；然后我再读第三遍，他们在听的时候必须要尽可能多地记下来自己听到的内容。学生们不用写出完全准确的措辞，而是要写出文章大意以及主要观点；写完之后，他们需要找一个同伴，两人尝试重构文本内容；完成文本重构之后，他们再与另一组进行结合，然后四人再次重构文本。因此，他们必须要经过一层又一层的合作，最终得到一个重构后的文本。最后，我们会把这些文本挂在墙上一组一组进行研究分析。我在课堂上所进行的每一项活动都蕴含着一个共同的理念，那就是让他们体验活动，作为学习者反思活动，最后作为某一类特殊学生的教师反思活动。因此，我们会从以上两个层面来反思所有的活动。

还有一项作业是关于英语学习者的项目调查，在本课程以及斯坦福大学教师教育项目中都有所涉及。这是一项要求很高的作业，在课业成绩中占比很大。一位指导教师介绍了这项作业的作用：

> 实习教师需要完成一项重点作业，即在课堂上确定一名英语学习者，并根据这名学生的实际情况完成一系列作业。我把这项作业看成是一个倒三角形：他们先要从学生背景以及学校等宏观方面入手，然后在过程中缩小范围，最终针对特定学生的语言需求进行具体的指导。这节课的效果在刚开始时也许不是那么明显，但到最后，我几乎总能听到实习教师说，仔细观察一个学生和他的语言是非常有帮助的。另外，我还要求实习教师收集这位学生的语言样本，并让他们对这门语言进行分析。

数据收集包括现场记录、访谈、图片、地图以及录音等形式。实习教师需要收集关于这位重点学生的相关情况，包括学校、课堂环境与体验，以及书面与口头语言样本。他们还要对一堂课进行修改提升，通过加入支架的方式，满足重点学生的语言发展需求，并将自己的母语使用感受和工作内容同英语学习者个人进行联系。斯坦福大学项目的青少年发展项目重点关注某一位学生，要求实习教师深入了解某一位学生——包括他们的社区背景和语言发展情况——进而帮助他们对不同的学习经验进行区分，搭建相应支架以满足学生的需求。通过这种方式，实习教师可以接触到深度学习这一学习模式，并将教学理论与他们对学生的观察以及自己的实际教学情况联系起来。

实习教师所掌握的同英语学习者建立合作关系的策略也同样可以迁移到其他实践活动中，其中一位实习教师说道："我觉得在课上我们学到的许多英语学习策略对小学生来说也是非常有帮助的，例如，这些策略有利于帮助他们理清思绪，让他们都能够理解并继续发展他们的想法。"

除了在课堂教学中应用文化与语言支持性实践之外，我们研究的七个教师教育项目还寄希望于实习教师成为积极主动的变革者，能够把学校和社区变成一个更加公平、充满正义的地方，使他们的学生在面对不平等问题时主动发展自己的能力。社会公平正义学习要求教师必须要意识到种族、阶级以及其他社会身份对于学生本人及其经历的影响。此外，教师还必须要将学生的独特身份视为优势和资源，为他们创造支持性的学习机会，把他们不同的社会背景与经历融入其中。通过这种方式，教师得以将社会公正价值观与学生学习发展原则相联系，为每个学生提供支持与帮助。我们将在第9章详细讨论这部分内容。

我们之前提到，一些项目最初就已经对这一主题进行了探讨，希望能够吸引大众对这些问题的关注。科罗拉多大学丹佛分校第一次开设关于文化响应的课程之后，该项目的其余内容——教学法课程、学科方法课程以及教学实践——都是为了让实习教师学会利用学生个人与文化背景，并以此为基础与学生生活中的不平等与歧视现象作斗争。此外，为了确保五个项目渠道之间的连贯性，该校还提出了四个关键问题（详见第2章），这四个问题都涉及如何创造包容性、响应式的学习机会，以及如何保障学生在社会上的公平正义等问题。

这四个问题与实习教师作为一名城市教育工作者有关，比如，一些实习教师曾在他们实习学校附近经历了封锁或暴力事件，科罗拉多大学丹佛分校会将此类事件作为教学时机，帮助他们克服自身恐惧，还会鼓励他们思考在更广泛的社会背景之下所出现的不平等现象，这些现象也可能会在他们即将任教的课堂上出现。这些现实中的故事帮助他们学习如何将在课上学到的教学理论付诸实践。项目所传递的批判性视角是贯穿始终的一条主线，公平、社会正义以及与文化相关的教学问题都是其中的一部分。科罗拉多大学丹佛分校项目认为，适当的教学方式是通过学校以及课堂策略来促进文化相关的深度学习，而不是将教学简单视为弥补学生不足的一种惯用方式。

支持发展社交、情感和认知学习的课堂管理

打造一个有利于教授学科知识的课堂环境和构思教学内容同样重要。七个教师教育项目都以学生发展为基础，将课堂管理作为构建学习者社区的一种方式，而非仅仅局限于座位安排、任务分派以及规则制定方面。高效课堂通过制定规范、促进合作以及教授社交和情感技能、习惯与思维方式来帮助学生提高责任感和能动性。教师与学生以及学生与学生之间的关系是这项工作开展的基础，只有建立良好的关系，学生才能够学会相互尊重与合作。

所有项目都明确提出了打造“学习者社区式课堂”的具体方式——

通常会以教师一年的教学工作或实习期作为主要参考，用于制定规范。例如，三一大学项目要求实习教师在学习以发展为基础的课堂管理方式时，自行制作一本《课堂管理手册》，并且按照课堂活动（例如，“学习名称”“开始上课”“管理课堂和课堂材料”）将手册分为不同的部分，每个活动下都会列出具体的实施策略。实习教师将用该手册记录下他们在为期一年的实习工作中所学到的所有课堂管理方式，他们可以通过观察指导教师以及其他教师的课堂、参加专业发展课程和相关会议、阅读，以及和其他教师展开交流等多种方式获取信息。除了让实习教师课上观摩、课下讨论课堂管理方式以外，这项细致且实用的任务还让实习教师学会了合作，即使是项目结束后，这种管理方式也会让他们受益终身。这项任务的大致安排是：理论学习结束之后，实习教师基本上已经制定好了一种课堂管理方式，并在下一年自己的课堂上进行实施。

将课堂视为一个学习社区

所有项目都注重培养实习教师打造协作式课堂的能力，在这样的课堂上，学生不仅能够获得许多不同的学习渠道（比如从同伴身上），还能够感受到强烈的团队意识和责任感。在某些情况下，实习教师会通过在墙上张贴班级规定的形式，帮助学生在制定课堂规范方面达成合作。此外，他们还要帮助学生认识到自己作为一名社区成员的角色。

这些项目培养实习教师时所使用的一个重要教学策略就是开展极具创造力的小组合作活动。合作学习本身是一种重要的课堂手段，学生们可以接受到来自其最近发展区的同伴在学习上提供的帮助、表达自己想法的机会（这对他们的学习十分有利），并加强自身的元认知技能。自律型学习者善于与他人进行合作，也善于向教师、同伴或更专业的他人寻求帮助；简而言之，这些技能可以在教师所参与的社会过程中得到表现并逐渐发展起来。

目前，数百项研究都已经证明了小组合作学习的作用。好的小组合作有助于学生学习，通过这种学习方式，学生可以分享自己的独到见解、讨论解决争议问题，阐述自己对某一现象的思考，对他人的做法进行观察并给出评论，以及认真倾听各种不同的意见。但是，很多课堂并没有充分利用小组合作这一学习方式。有效的合作学习首先需要设计出值得小组合作的任务，这种任务需要所有人的参与才可以顺利完成；之后还需要给学生创造机会，让学生学会合作。此外，教师还必须要具备精湛的提问与支架式教学技能。

这些项目还向实习教师讲解了如何在课堂上熟练开展这种学习方式。其中一些项目借鉴了经过深入研究的“复杂教学模式”——这一模式通过打造相互联系的小组任务，主要采用小组合作的方式进行高学术水平的教学。教师需要学会鼓励学生承担自己在团队中的不同角色任务，例如，材料管理员、计时员、任务管理员等。同时，为了达成富有成效的合作，教师不仅要协调好小组任务、团队关系以及资源支持之间的关系，还要努力打破那些因学生的性格、发展能力、语言背景或其他因素而形成的水平等级。教师可以通过安排任务以及给予提示等方式，帮助学生认识并且利用自己的多种能力，由于每个人完成任务时所需的能力不同，因此促成了高水平学生与低水平学生之间的平等互动。教师还可以给学生“分配能力”，通过公开认可学生对于小组任务的智力贡献，对他们的努力给予积极评价，最终在不限制高水平学生参与活动的同时，还保证其他学生的参与度。

“复杂教学模式”最初由斯坦福大学项目开发，他们还将“多样化课堂中的教学”视为培训课程中的重点内容。在我们提到的所有项目中，以及在我们所调查的所有实习教师的课堂上，我们都看到了相同或类似策略的使用。来自科罗拉多大学丹佛分校项目的一位实习教师也表达了同样的观点，他将自己在课堂管理方面得到的指导概括为“以关系为基础……不仅仅指学术方面，还包括行为、情感以及社交方面”，这种课堂管理方式旨在寻求一种适合学生发展的方式来满足学生的需求。

这些项目既能够培养实习教师对学生的同理心和尊重感，又能为他们提供一整套具体的教学方法，帮助他们创造支持性的课堂环境，并培养学生的社交与情感技能。例如，一位来自阿尔维诺学院的培训教师讲述了她自己的经历，她通过让实习教师关注初中生的实际生活，从而意识到学生的社会与情感需求。她说：“每次作业都是根据初中生的认知、社会、情感、身体与道德状态来布置的。实习教师们必须要做的一件事就是写一篇自己的自传，描述自己当初作为一名初中生的感受。”

这种作业有助于实习教师换位思考，即学生会怎样对待他们自己所打造的课堂环境。三一大学项目的暑期课程要求实习教师学习如何帮助学生发展社交情感技能。正如一位实习教师说道，“学生首先要具备这些情感与社交技能，之后才能够进行深度学习”。教师专业发展学校是实习的主要地点，各项目与其之间牢固的合作关系可以保证实习教师在实习过程中得以继续进行这些工作。不管是哪个项目，实习教师在工作时所体验到的环境都会直接影响实习效果。当然，因为这些实习基地都是经过精心挑选的，所以他们大概率能够体验到一个好的学习社区的氛围，并针对“它是如何形成的”这个问题进行深入研究。

恢复性教学策略

有几个教师教育项目明确要求实习教师掌握在学校和教室里开展恢复性实践的方法。例如，三一大学项目选择从单个学生入手，让实习教师意识到恢复性策略强大的效果。在“多元学习者”课程中，实习教师需要阅读罗斯·格林的《迷失在学校：用积极合作式问题解决法改善学生行为》。通过阅读这本书，他们可以针对如何对待问题学生这一问题展开讨论。一位实习教师这样描述书中的一个观点："学生是想要学习、获得他人尊重的，但退一步讲，他们可能缺乏一些社交技能，不知道该如何与同伴沟通。因此，当他们表现出挑战性行为时，你需要与他们进行对话，让他们对你敞开心扉，从而表达出他们内心的真实感受。"

实习教师会在秋季学期开始运用这种恢复性策略，他们一般会选择一名表现出有挑战行为的学生，并且询问该生："我该如何帮助你？我们可以制订哪些计划？"一位实习教师指出："我们要做的不是被动接受，而是要主动推进计划，然后评估计划是否有效。"另一位实习教师认为她所学到的教学策略十分有效，这是因为这些策略能让学生们主动分享自己的感受，有利于她与学生之间相互理解进而产生共鸣。她还告诉我们："教师看到的是发生了的事情，而不是这件事发生的原因。"还有一位实习教师补充说，这本书让他们意识到让学生为自己的挑战行为提出解决方案、反思自己的行为并为自己的行为承担责任是十分行之有效的。

旧金山教师实习项目也讲解了有关恢复性教学策略以及创伤知情教学策略等内容。这两种教学策略与旧金山联合学区的实际情况十分适配，因此该学区将在全区范围内推行恢复性教学策略，用于指导课堂以及课下活动的实施，这种做法得到了该项目所有实习教师的大力支持。学习政策研究所在2016年的一项调查显示，该项目有90%的实习教师都认为他们"有信心"或"非常有信心"打造出一个卓有成效的学习社区，而86%的实习教师表示自己"支持"或"非常支持"通过项目帮助来打造一个具有支持性和包容性的学习社区。四分之三的实习教师还认为自己"有信心"或"非常有信心"去营造一个既能促进学生的社会与情感发展，又能培养学生个人与集体责任感的课堂环境。学生们对这点也表示赞同。2014年秋季和2015年春季，青年真理（Youth Truth）组织对1700多名学生进行了调查，他们的教师都参加过旧金山教师实习项目。结果显示，这些同学对这些教师十分有信心，认为这些教师不仅十分擅长通过与学生建立友好关系去打造积极的课堂文化，还具有严谨的治学态度、高尚的教育理想以及有效的教学方法。

七个教师教育项目都努力构建了一套连贯的学习课程，这有利于实习教师们针对不同的学生开展深度学习教学。这些课程包括以下方面：深刻了解学习者个体，并且着重分析那些对他们的学习和发展造成影响的个人社会背景；灵活理解教学内容和教学方法（包括各学科的关键概念以及探究模式），并且以一种能够促进有效学习的方式来设计教学内容与课堂；应用广泛的教学策略，帮助学生评估学习成果，从而实现更高效的教学；制定个性化教学方式，采用文化和语言响应式教学方式，最终成功打造出一个卓有成效的学习社区。这些项目通过多种方式将这些理论知识付诸实践，从而使它们变得更加具有指导意义。我们将在下一章讨论这些具体实践方式。

第4章

开展教学实践

对于新手教师来说，卓越的教学似乎像魔法般神奇，无迹可寻。事实并非如此，我和同事们的工作就是让实习教师明白教学实践背后的奥秘。

——阿尔维诺学院教授

如果项目课程回答了教师“教什么”，那么用来实现课程目标的教学实践回答了“如何教”。在本章中，我们将描述上述七个项目涉及的核心教学实践，以便教师能够实现自己的目标。在实践方面，这些项目与传统的教师教育项目有两方面的区别。首先，它们有意使教师教育工作本身成为实习教师深度学习的经历。其次，实习教师在七个项目中体验到的深度学习实践正是这些项目期望教师在自己的课堂上使用的教学实践。这些核心实践包括：

- 与任务一致的招募和选择实习教师的过程
- 理论课程与教学实践相结合

- 深度学习教学法的示范
- 在实践中应用知识
- 参与探究和行动研究
- 在高效的学习共同体中协作
- 支持反思教学的反馈
- 对进步的真实评估
- 在合作学校开展精心设计的实习

每一种教学实践都包括构建支架式教学的过程——也就是说，当实习教师从教学新手转变为更专业的深度学习教学实践者时，由其他能力更强的导师提供并调整对他们的支持。

与任务一致的招募和选择实习教师的过程

为了实现在公平框架内深度学习的教学目标，每个项目都致力于招募不同的实习教师。为使教学有助于所有学生的学习，实习教师既要有从事教学的意图，又要有支持学生学习和自身学习的性格和背景经验。

因此，大多数项目对实习教师先前的教学成绩有所期望，主要表现在实习教师的平均绩点上（学校普遍期望能达到3.0），有时还要求实习教师所教学生在入学考试、基本技能或学科测试中取得优异成绩。有时还需辅以其他证据来说明实习教师的基本态度和经验，比如考察他们先前与学生接触的经验，表达他们教育目标和观点的论文，或者通过面试的方式来证明。内容知识的性质和范围也是许多项目关注的问题，远远超出学科测试或实习教师名义上的专业。

申请某些项目需要专业推荐和学术推荐。因为申请者既有本科生层次，也有研究生层次，所以申请策略有些不同。在属于研究生层次的实习教师的实习过程中，项目组的参与度更高。所有项目都会对实习教师进行评估，目的是确保从该项目毕业的所有教师都能达到一套严格的标准。

能力和性格评估

考察实习教师观点和能力的方法多种多样，包括对他们的合作能力的考察。例如，在科罗拉多大学丹佛分校项目和三一大学项目，一旦学校收到申请，申请的实习教师就会被邀请与项目组进行小组面试。在小组面试中，实习教师未来的学生将与他们进行高度互动的讨论，旨在评估申请人的性格，比如批判性思维、口头交流技能和互动技能。科罗拉多大学丹佛分校增加了互动活动，以进一步评估每个申请人的能力和性格。

三一大学项目对学科教学的坚定承诺使得各学科教师参与由校长指定的校级教师教育委员会组织的实习教师评估过程。该委员会成员会查看每个实习教师的完整资料，包括实习教师主修专业所包含的具体学科知识。委员会成员会在面试过程中了解到实习教师在教学方面的性格和态度，如果是三一大学的本科生，还会了解其在三一大学学习期间的表现情况。这些委员会成员会针对每位实习教师的不足之处或存在的问题提出建议，例如对教师教育工作、学术表现和教学准备情况等方面的建议。

教育学硕士（MAT）项目要求申请人除了提交成绩等级、考试分数、成绩单、论文和推荐信之外，还必须提交一份在面试过程中完成的写作样本，以及一份记录他们与教学相关的工作和任何与教育相关的课程的电子作品集。该作品集将在个人面试环节呈现给项目组，申请人可在其中回答有关自身经验和观点的问题。

银行街教育学院的教师教育学院招募申请人的过程高度个性化。正式的申请过程通常包括一系列旨在告知申请人该学校以进步为目标的活动：信息交流会，目录审查，电话咨询，以及每年安排若干次的公开日。在开放日，感兴趣的申请人会与各个项目的顾问和负责人会面；询问有关项目、课程和证书的问题；讨论实习的性质；参观银行街儿童学校。整个过程从一开始就以申请人为中心，因为导师们会跟进申请人，明确他们是否愿意为以学生为中心的教学实践进行严格培训，并在适当情况下开始思考如何在他们学习教学的过程中支持他们。

在正式招募过程中，申请人将会填写一份全面的书面申请表，旨在通过与项目主任或顾问进行全方位的面试来了解申请人是否有资格成为实习教师。面试会参考申请表中提供的内容，帮助审查实习教师对学生、家庭和教学的态度。有时候，那些看起来对教学仅有肤浅或浪漫看法的人会被建议找机会参观学校，做一些志愿者工作，或者修一门课程，并在稍后进行第二次面试。以上过程既是为了招募实习教师，也是一个相互选择的过程。申请人说道：

> 这份申请表非常详细，让我相信作为一个个体，我会得到认真对待。
>
> 他们真的对我是谁以及我为什么想要成为一名教师很感兴趣。我觉得我有机会真正了解这个职业，以及我怎样才能成为其中一员。

为社会公正挑选教师

在教师教育项目中，实习教师与入职仅有一步之遥。因此，教师教育项目招募和选拔实习教师所发挥的作用比传统项目更大。

旧金山教师实习项目的网站主页上醒目地展示着该项目的价值观，呼吁那些想要“为社会公正而学习如何教学”的人申请该项目。慎重并明确地招募实习教师是旧金山教师实习项目的一个重要组成部分，不仅因为该项目致力于寻找愿意承担项目使命的实习教师，还因为该项目正在寻找愿意留在旧金山联合校区任教的教育工作者，该地区的许多学生都生活在高度贫困之中。

旧金山教师实习项目的招募文件清楚地告诉潜在的申请人，项目重点是为高需求学校服务，并缩小学生成绩差距。项目网站突出展示了他们正在寻找的实习教师应具备的四种品质：

- 对社会公正的热情。
- 希望改善旧金山儿童的教育公平，增加机会。
- 对教师职业感兴趣。
- 有意在旧金山地区的高需求学校教学。

申请人通过合作流程被聘用到旧金山教师实习项目的任意一所合作大学。旧金山教师实习项目有一个明确的目标，即招募种族、民族和语言多样化的实习教师。该项目增加了双语申请者的名额，并且有意从旧金山大学的本科双学位学生中招募以英语为母语的申请人。并且，为了评估具备双语水平的申请人的语言能力，项目要求申请人用西班牙语面试。在实现教育工作者多样化的招募目标方面，旧金山教师实习项目基本上是成功的。2016年至2017年度的调查显示，三分之二的申请人是少数族裔，超过一半的人掌握除英语外的第二门语言。

根据这些指导方针来招募实习教师的目标是满足旧金山联合校区的需要，以及旧金山教师实习项目的其他需求。一位来自旧金山教师实习项目所属的教育学院的高中校长，解释了旧金山教师实习项目选拔的实习教师与他合作过的其他教师教育项目选拔的实习教师有何不同，以及这种差异对寻找并挽留那些愿意在该地区任教的教师的意义，他所在的学校主要为低收入学生和少数族裔学生服务：

> 如果一位教师对在多元化城市的学校里教书不感兴趣，并且他的指导教师是一位整个职业生涯都在郊区学校教书的退休教师，所以这位教师只想在郊区学校工作，那么他不是想在我们这

里工作的人，我们也不愿意雇用这个人。旧金山教师实习项目正在采取一种不同的方法，寻找那些愿意在我们所处的环境中工作的实习教师，同时培训那些知道在这种环境中该做什么的实习教师。我觉得这很重要。

对实习教师而言，就业机会极具吸引力。正如一位研究生层次的实习教师解释的那样：

我对旧金山教师实习项目最感兴趣的方面是，它专注于培养在公立学校工作的教师，这些公立学校主要为那些教育资源不足的社区学生提供服务。我很想和一个特定的学生群体合作，我觉得旧金山教师实习项目将为我提供充分的培训，强调文化响应式教学法和一套与我过往经验和背景契合的价值观。

对实习教师来说，旧金山教师实习项目额外的吸引力来自该项目的经济性以及实习期间和结束后提供的集中指导和帮助。一位教师将这种吸引力总结为“注重公平，降低学费，在旧金山联合校区有稳定的工作”，说明了教师选择在旧金山联合校区这样的地区任教的缘由。其他教师提到的申请理由包括津贴、有保障的指导和强化督导。因此，由于旧金山教师实习项目的吸引力强，项目有一定的选拔性：经过资格审查、论文审查和多轮面试后，只有30%的申请者最终被选中。

纽瓦克蒙特克莱尔州立大学教师实习项目同样具有选拔性。2016年，该项目录用了31%的申请人。与旧金山教师实习项目的情况一样，能够成为一名能够为社会公正而教学的高水平教师对申请人具备吸引力。一位实习教师指出，在申请纽瓦克蒙特克莱尔州立大学教师实习项目之前，她曾在纽瓦克公立学校的一个独立的特殊教育课程担任助教，与一位杰出的教师一起工作。她自述的目标是：“我怎样才能成为一名像那位教师一样出色的教师？”因此，了解到纽瓦克蒙特克莱尔州立大学教师实习项目后，她清楚地表明："这是我的归属。"

除了学术审查外，蒙特克莱尔州立大学通过课程论文和即兴写作，以及以"教师的肖像"为指导的面试来评估实习教师的文化水平和为社会公正而教学的能力。虽然本科生项目接受大多数申请（70%至80%），但在整个项目中，将依据第2章中描述的"教师的肖像"对实习教师进行评估，并且每一个指标必须达到关键的学术和实践标准才算过关，即蒙特克莱尔州立大学通过教学能力和性格的评估来选拔实习教师。

加州圣地亚哥高科技高中实习教师项目要求申请人至少有一半的时间作为师范生或在职教师。因此，申请人的挑选过程十分严格，由他们作为申请人和学生的双重身份决定。项目为学校招募教育工作者，期望申请人在实习结束后留在学校工作。

首先，申请人可以申请加州圣地亚哥地区的13所高科技特许学校中的任意一所或合作学校的职位，回答旨在揭示实习教师教学方向的问题。约有10%的申请人可以通过网上申请，他们将被邀请参加第二个环节，即与学校领导们（校长）和教师们进行20分钟的面试，可以面对面，也可以在线。随后，学校领导们开会决定哪些申请人（约占面试者的一半）将被邀请参加申请程序的第三个环节，即一个独特的全天活动，称为"幸运日"。

在"幸运日"期间，实习教师将参与各种旨在评估他们如何与学生互动，如何与他人合作，以及如何看待教育公平问题的活动。从早上八点的早餐开始，申请人首先与项目组和学生互动，讨论学生提出的项目工作中的实例。剩下的时间是其他活动，包括与学校领导和项目组的访谈，讨论教学难题，围绕合作项目的规划和讨论，讲授公开课，小学实习教师的课堂视频汇报，讨论关于教育公平的文章，以及对教育公平问题案例的书面作答。虽然该活动意在考察申请人是否有资格成为教师，但该活动的重点是评估他们对以公平为中心的教学是否感兴趣。

“幸运日”活动是招募实习教师的一个重要组成部分。活动结束时，教师、学生和项目主管聚集在一起，汇报并讨论申请人的表现情况。项目组之间需要公开并积极沟通，支持他们认为对教育公平、包容学生声音和合作充满热情的申请人，并根据自身经验和支撑材料维护自身立场。只有被教师教育项目组选中的实习教师才会被讨论，从而限制了对实习教师个人缺点的讨论，并保持讨论的积极性。学校领导最终决定雇用和实习人选。

通过评估申请人与学生的互动及他们对教育公平的看法，观察他们的教学风格，这一过程旨在选拔那些能够在主张协作、个性和真实的加州圣地亚哥高科技高中环境中工作的实习教师，挖掘他们帮助所有学生学习的潜力，并以符合加州圣地亚哥高科技高中的使命和目标的方式看待教育公平。

通过实际能力和长期承诺进行选择

阿尔维诺学院采取了一种独特的方法来选拔项目申请人。阿尔维诺学院的一位教授指出：“我们的理念是在项目过程中和结束后选拔申请人，不在项目开始前选拔。”因为阿尔维诺学院采用的不是字母等级评分，而是叙述式评分和基于能力的进步测评，所以没有平均绩点要求。

有意进入教育学院项目的本科生申请者需要告知他们的学术顾问自己将选择教师职业道路。此后，随着他们在教师教育项目中的进展，项目组会不断审查他们的资格和表现，以评估他们是否取得了足够的进步。申请人通常在大三时进入教育学院。近一半的本科生是少数族裔，他们大多来自低收入家庭，是家庭中第一个上大学的人，承诺以后在他们长大的密尔沃基社区任教。

教师教育项目组将对所有在教育学院注册并进修的学生进行审查，以确定他们是否应该继续留在实习教师项目。该委员会依据十个标准考察实习教师的知识、性格和表现。例如，实习教师必须“意识到学生的学习受到个人经历、能力和先前学习的影响”；必须相信“所有学生都能以高水平学习”；必须“了解学生的家庭、文化和社区，并在课程设计时利用这些信息”。最终，实习教师还必须按照威斯康星州的要求，通过所有三项核心评估，并达到学院规定的基本技能要求。

在实习教师进行第一个学期的实习后，他们需要完成名为“我能否胜任”的评估。这项评估的目的是帮助实习教师确定“他们是否在一条适合自己和目前性格的道路上”。实习使他们接触到“有效教学的典范，从而对观察到的教学进行反思，并开始与自己未来的教师身份建立联系”。这给实习教师提供了时间、空间和结构来思考如何成为一名优秀教师，以及他们觉得自己在多大程度上适合这个职业。一位项目导师说道：“如果你继续沿着教师这条路走下去，人们对学生的一些看法最好也能体现在你身上，比如所有学生都能学习。这是在进入教师行业之前，你需要与自己进行的一次非常重要的对话。”

另一位导师解释说：“我们肯定希望实习教师尽早评估面临教学挑战时，他们乐于接受挑战，还是感到气馁。”每年都有一到两名实习教师通过“我能否胜任”评估被建议退出项目。正如我们在本章后面的评估部分所描述的那样，对实习教师的能力和具体的教学技能进行持续的绩效评估是阿尔维诺学院实习项目的结业基准。大约有四分之三参加本科教师教育项目的实习教师最终结业。

阿尔维诺学院项目的实习教师之所以能发展成为终身学习者，是因为学院培养了这样一种成长型思维：相信智力和能力可以随着时间的推移不断提高，并致力于创造一个强大的教育环境来支持这种提高。阿尔维诺学院的实习教师招募策略反映了这种思维：学院项目的录用是对任何人开放的，因为学院相信每个人都可以学习和成长，但项目对谁能结业有所选择。项目组相信，“每个人都有潜力做伟大的事情”，他们塑造了教师必须在学生面前展现的职业倾向和信念。

阿尔维诺学院项目的一位结业实习教师解释了学院的成长型思维是如何影响她的课堂的。她描述了她如何“培养和激励”自己的学生，她当时在阿尔维诺学院的指导教师也是这么对待她的。“在阿尔维诺学院实习时，即使是在非常辛苦的时候，也没人愿意看到任何人退出这个项目。项目组倾尽所有帮助实习教师，甚至在教室外开会、在周末开会。”这些努力都转化为实习教师对持续学习的承诺。阿尔维诺学院的结业教师和校长都认为他们已经为“寻求职业成长机会”做了充分的准备。“阿尔维诺学院的实习教师从不认为他们已经没有进步的空间。他们是持续的学习者。他们不会说：我已经毕业了，我不用学习了。”

理论课程与教学实践相结合

正如我们在第3章中指出的，每个项目都把理论课程和教学实践相结合以支持实习教师的深度学习。理论课程的设计主要围绕研究型教学和学习理论展开，然后在教学实践的经验中得到探索和应用。二者的结合使实习教师能够理解理论的实际意义，以及如何将实践理论化，从而使他们的教学行为有理有据。

这种理论课程和教学实践的结合有意贯穿整个项目，是加州圣地亚哥高科技高中、蒙特克莱尔州立大学和科罗拉多大学丹佛分校的教师实习项目的基本原理和项目设计的组成部分。在以大学为基础的职前培训项目中也可以看到这一点。例如，在蒙特克莱尔州立大学的本科生和研究生层次的项目课程中，从实习项目一开始，理论课程和教学实践就被细致地规划在一起（每个项目的课程设计概要见附录B）。

科罗拉多大学丹佛分校的本科实习教师在大学前三年，从第一门课程开始就将理论课程和教学实践相结合。该校领导已经落实了一些结构和做法以实现他们的目标，即让实习教师在教学实习和进入真正教学的过程中，从对课程的理解无缝地过渡到以行动为导向的方法。这些教学实习包括在社区和学校中进行的、与课程相关的教学实践。

前三门课程除了介绍教育的核心基础理论和哲学基础外，还培养了实习教师对社区、学校和年轻人的探究态度。相应的教学实践要求实习教师选择一个问题或一个“让他们好奇”的主题，然后花时间观察和应用理论课程的内容。例如，实习教师可以通过布朗芬布伦纳的生态理论来观察社区，收集数据，然后通过理论反思实践，通过实践反思理论。实习教师的表现在他们展示自身教学实践的“海报展示环节”被评估。前三门课程中探究教学重点的连续性，围绕他们自己挑选的问题的选择和反思，以及基于项目的评估结构，使这种学习经验对实习教师来说更深入、更有意义。这种结构旨在转化为实习教师为其未来学生设计的学习经验，并为其他途径的实习教师提供了类似的联系，类似的联系也适用于其他途径实习教师。

科罗拉多大学丹佛分校的一些核心课程特别注重理论课程和教学实践的结合。例如，实习项目和合作学习共同体的教学大纲将理论课程和教学实践的结合作为其中心目标：

> 实习教师需要系统地观察、参与、设计和反思一所学校的课程、教学和管理实践。此外，实习教师还需要参与学校、班级和学校所在的社区的活动。

同样，实习教师在阿尔维诺学院的本科生和研究生实习项目中的首次教学使他们沉浸在需要的理论中，并使用教学方法来帮助学生构建他们自己的知识，从而构建适合他们发展的课程。在本科和研究生实习项目中，对实习教师的培训从两门课程开始。第一门课的重点是人的发展、学习和动机理论。实习教师通过学习和实践各种教学策略来解决学习多样性的问题，这些教学策略要求实习教师自行设计单元和课程计划。在第二门课上，实习教师花20个小时在教室里观察和反思合作教师的教学实践。实习教师还被鼓励协助合作教师进行小组合作、课堂讨论以及与学生一对一的工作。由于实习教师同时参加这两门课程，他们把第一门课程的理论与第二门课程的实践结合起来。接下来的课程以第一学期和实习中的理论课程和教学实践的结合为基础，确保理论和实践的紧密结合。实习教师们继续参加与自身教学实践相配套的培训，包括专业知识学习和学科范围内的课程和实习。在专业知识方面，“优先考虑的是那些同时参加早期专业知识课程，并在专业知识课堂上获得经验的学生，这样他们就可以反思他们观察到的情况，并操练反映最佳教学实践的技能”。

下一个学期的理论课程和教学实践建立在实习教师之前的经验之上，为实习教师提供“培养适合发展的教学和评估的机会，强调把有效使用问题作为一种教学策略”。结业教师在进行实际教学之前要参与三种理论课程和教学实践的结合。实习教师参加第四次实习，被赋予“自主计划和执行具备创造性和创新性的课程”的权利。通过这种方式，实习教师在教学过程中被塑造成主讲师的角色。

与三一大学开展合作的当地一所专业发展学校的校长的评论，与我们在项目网站上交流过的项目组和实习教师的观点不谋而合：

> 三一大学项目使你很快就能进入课堂教学。项目组坚持理论和实践的结合，你必须亲身教学，并在这个过程中取得理论和实践的平衡。在整个项目中，理论和实践的结合是相当平衡的。当你在书本上学习知识，并在课堂上讨论它们时，你也在观察课

> 堂，并观察项目组的实际教学实践。很快你就会站在学生面前给他们上课，不管是小班授课还是大班授课。这是三一大学教师教育项目与大多数教师接触到的教师教育项目之间的一个真正显著的区别。这是一个真正深思熟虑的项目。

三一大学项目的结业教师们也有类似的感受。一位结业教师告诉我们：

> 我觉得能有额外的时间来实际教授和实践我们在三一大学的课程中学到的知识是非常有益的。我能够将看到的、听到的内容与我在课堂上所做的教学实践联系起来，能够在实际的课堂环境中看到教学效果并反思我的教学。

在本章的最后，我们将再次讨论实际教学的设计。接下来，我们将描述一套核心的教学实践，这些实践在课程培训和教学中得到了一致的应用，包括深度学习教学法的示范，帮助实习教师应用他们所学的知识，使用探究和行动研究，支持协作，为教学反思提供持续的反馈和支持，用真实的策略评估实习教师，同时支持他们的发展并评估他们的进步。

深度学习教学法的示范

在这些项目中，实习教师有机会通过目睹和参与来学习深度学习教学法。项目组和学校导师对深度学习教学法的示范贯穿项目始终。在访谈中，我们反复听到实习教师谈论项目组对深度学习教学法的示范对他们有哪些作用，也目睹了项目组和合作教师在教师教育课程和教学实践中示范这些教学法。项目组指出他们使用了哪些教学策略，向我们说明这些策略的强大之处，并建议实习教师如何在K-12课堂上使用这些策略。这种公开性使得实习教师明白如何将所学内容从项目课程转移到实际的教学中。

理论课程中的示范

对深度学习教学法的示范始于项目组如何对待实习教师。正如前文提到的，项目组通过了解实习教师，开展个性化学习，为实习教师示范他们对学生的认识。正如阿尔维诺学院项目的一位结业教师所观察到的：

> 我可以回忆起在这里教过我的每一位教授，他们可能仍然记得我的名字，知道我的兴趣和激情所在，并说："嘿，我听说有个机会非常适合你。"他们非常认真，不是随口一提。作为一名教师，我被灌输了这些导师和榜样的教学理念，希望以同样的方式了解我的学生和他们的优势。

阿尔维诺学院项目的学习环境十分良好，在这里，实习教师在教育学院和整个本科学院的理论课程中体验深度学习教学法，他们观察和体验学院各种以学生为中心、基于探究的教学方法，并考虑如何在自身教学实践中采用或改进它们。

在我们的学习政策研究所对结业教师的调查中，阿尔维诺学院的所有实习教师都表示他们经常在自己的理论课程中体验基于项目的指导。正如一位导师所解释的，"叙述性反馈、自我评估，我们的学生在全部课程中都体验过，而不仅仅在教育课程中。阿尔维诺学院是一个完整的体验式学习环境，自20世纪70年代初以来一直如此"。

教师教育项目组通过解释他们的教学决定，来帮助实习教师建立起对深度学习的认识，从而使他们能够更好地理解教师行动的原因，以及构建有意义的课程所需的深度考虑。阿尔维诺学院本科生层次的项目主管解释说：

> 在阿尔维诺学院，我们提供指导时，会对指导做出分析。我们会说："我们这样做是因为……这就是你这样做的原因。"因

> 此，实习教师在体验深度学习的同时，也理解了背后的原因。在他们觉得自己找到了背后的原因之后，他们肯定会想要在课堂上开展深度学习——让学生参与进来，亲身体验。

在帮助实习教师明确教学行动的过程中，指导教师们帮助实习教师理解实践背后的理论和复杂性，同时也为如何进行元认知反思提供示范。这种沉浸式学习为阿尔维诺学院希望其实习教师为学生提供深度学习指导提供了示范，使得实习教师在做这件事时变得非常自信。正如阿尔维诺学院项目的一位结业教师所说的：

> 我的校长说过："如果你不知道该怎么做，就去阿尔维诺学院结业教师的教室。"如果走进我的教室，不会看到我只是站着给学生讲课。你会看到我四处走动，提供帮助。我的学生们或站或动，他们在合作，在构建。

随着项目组对教学实践的示范过程，实习教师明白自身作为学生的感受，这有助于他们反思自己喜欢的师生关系和指导类型，并促使他们与自己的学生建立同样的师生关系，提供相应的指导。银行街教育学院的一位实习教师反映："作为一名教育工作者，我希望自己也能坚持学习。因此，对学生们来说，我为他们示范我的最佳学习方式，这是基于支持的探究式学习。"另一位实习教师指出："各种探讨帮助我认识到，作为一个学生，我很重视课堂结构的分解，所以我可以用这种方式组织我自己的课程和课堂，因为我不喜欢只是坐在那里听老师讲25分钟。"他补充说，"银行街教育学院项目组百分之百地使用他们试图传授给我们的相同教学策略"。

同样，蒙特克莱尔州立大学项目的一位结业教师说："导师们以他们希望我们采用的教学方式教授我们。"与我们研究的其他项目一样，在蒙特克莱尔州立大学，94%及以上的实习教师在调查中表示，他们在蒙特克莱尔州立大学的理论课程中体验了他们被期望在自己的教学中展示的教学类型，包括一般情况下较为少见的做法，比如基于项目的教学，基于表现的评估和学生作品的展示，文化响应实践，教学、研究和调查的差异化，以及根据反馈调整教学工作的机会。

基于项目的教学是高科技高中的主要教学方法，该项目从一开始就示范这种方法。在暑期开展的为期一周的新教师奥德赛强化班以“项目切片”为开端，由高科技高中的导师和管理人员设计并推动，对基于项目的教学进行初次介绍。高科技高中的校长这样描述这次入门体验：

> 基本上，这是一个在两天内完成的项目……老师们要摘下作为教师的帽子，戴上学习者的帽子。我们会停下来思考：“现在戴回老师的帽子。我们为什么要这么做？”这个项目以学生为中心，使用探究和协议来促进小组互动，以学习经历为内容。所有这些都是示范性的。

从项目出发是高科技高中将其教学原则融入教师教育工作的一部分。对实习教师来说，以项目为基础的教学模式不一定易于接受，因为它与常见的学校教育方法不同。据一位实习教师说，本次实习体验改变了她对学习如何起作用的想法：

> 对我来说，我真的很担心基于项目的学习概念如何实现，特别是在数学课上。我想知道，我们如何通过项目教孩子们计算二次方程？在非常传统的教学环境中，教师讲课、板书，学生放学、写家庭作业。第二天，教师讲课、布置家庭作业，学生回家做，循环往复。但在第一周，我们没有这样做。我们通过给学生提供探究机会使课程更有意义，而不是仅仅告诉他们需要知道什么。学生都可以用过去几年所学的知识来回答这些基于探究的问题，并了解那些我们希望他们掌握的新知识。因此，我们不是给他们一个公式，而是引导他们了解这个公式背后的思维，最后他

们自己就能推导出这个公式。

奥德赛强化班的其他培训时间建立在项目切片的基础上。教师们利用卓有成效的小组讨论，通过分析发生的教学和学习活动，让实习教师了解如何从各个角度体验教学和学习。一位实习教师描述了不同学习者的课堂作业：

> 有一天我们专注于不同类型的学生……我们挑选了一门课程，讨论该如何帮助每一个学生。这次体验对我来说真的很有帮助，推动我不断向前发展。甚至在我们教授阅读和写作课程时，我们也考虑过采用朗读的教学方式……我在想，如果我朗读一本书，该如何帮助所有学生？当我精读时，我如何帮助所有学生？

这种示范作用出现在所有的项目中。例如，三一大学项目的一位小学层次实习教师说：

> 在讨论我们必须开展的阅读教学时，我们的导师诺曼博士总是会做出示范。在研究生层次的课程上，他也向我们展示了这种有价值的方式，让我们互相交流，而不是只听老师或教授的讲话。我们会围坐成一圈，一切都是以讨论为基础的。

正如诺曼博士自己描述的过程：

> 例如，展示渐进式交流的过程，当我们教实习教师如何进行指导性阅读时，我们首先向他们展示什么是指导性阅读，并给他们提供很多例子，说明指导性阅读是什么。接着，我们在小组中规划，由其中一个人领导，这样我们就有了共同的实践。此时他们有机会自己独立或在小组内做一些指导性阅读工作。

在旧金山教师实习项目中，导师也会示范如何理解学生的意见和反馈。导师会让实习教师在每节课后填写评价报告，这些评价结果被用于下一堂课，并进行持续的反思实践。在讨论完对上一堂课的评价后，导师也会示范其他教学实践，比如课前“热身”，或就特定的主题讲授迷你课程。旧金山教师实习项目的教学实践主任根据自己的经验描述了这种方法：

> 我们谈到了一个对立的观点：在教师教育中，我们总是处于一个独特的位置，做我们正在教的事情。作为实习教师的指导教师，我们不断地做示范，比如如何转身和交谈；教师身份的每一个方面都是为了考察师生关系而准备的。我们总是有机会在显微镜下观察师生动态：这对你来说是什么感觉？你如何为你的学生做这些？

项目作业也可以用来示范如何构建和支持基于项目的学习和评估。斯坦福大学教师教育项目的一位导师说道：

> 在课堂上有很多你想教学生做的事情。在青少年发展课程中，我们有一个高度“支架化”的案例研究：采访、案例分析、每周日志。当实习教师把这些放在一起时，它们就变成了一个案例研究，此时用一个评分标准进行同行评审，最后再进行修改。在这个项目中，实习教师自己经历了一个完整的基于项目的学习过程。当项目完成时，他们总是为自己写了那么多东西感到震惊。其实，他们每周都要写三到四页。在项目结束时，我们为他们回放他们在项目过程中做的事情，这样他们就可以看到这个项目是如何结构化和支架化的。他们在课堂设计写作单元时也是如此。一切教学都适用。你自己做到了：评估是真实的，是基于教师需要学习和做的实际表现。

将隐性的东西显性化是有效示范的一个关键部分。通常情况下，实习教师没有足够的知识或经验来理解在导师课堂上显得“自然”或连贯的行为的意图。通过明确教学决策，并将其拿出来讨论，学生可以理解教学中的复杂性，以实现深度学习。正如科罗拉多大学丹佛分校项目的一位导师所指出的：

> 我们一直在做示范……通过这些年的努力，我们已经意识到我们必须更加透明，我们必须使用元叙事。因此，在一节课后，我们可能会说："你是否注意到我们使用了这些策略？你是否认为是教学信念促使我们使用这些策略？它们代表什么？为什么这些策略是有用的？你什么时候会使用它们？"我们发现，我们必须有令人难以置信的坦诚。

指导教师用来将隐性的东西显性化的一个方法是在教学中暂停，让实习教师进行元认知反思。他们向实习教师提出问题，比如："我们正在使用什么样的理论？""你为什么现在要使用这个理论？"这样做的目的是开放决策过程，围绕选择和使用特定的理论立场和与之相关的教学方法。正如一位实习教师所说，"这让学生有了更深刻的概念。他们知道他们为什么要做事情，而不仅仅是如何做事情"。

教学实践中的示范

教师教育的实践部分旨在提供教学实践的示范。然而，它并不总是被设计为提供良好的模式，这些模式被很好地解释并与实习教师在课程中的学习内容相联系。这些项目选择并培训督导员和指导教师，以便他们能够提供强大而有效的示范。在蒙特克莱尔州立大学，当被问及作为指导教师的首要目标是什么时，一位小学项目导师回答说："做一个好示范。如果我能够做好示范……一个好的课堂是如何进行的，实习教师就可以看到这一点，并将其带入她的课堂……这就是我希望她从我这里得到的东西。"

教学实践督导的部分责任是，帮助导师成为实习教师学习和成长的榜样。蒙特克莱尔州立大学项目的一位督导和前主任解释说：

> 我想为合作教师树立榜样，帮助实习教师解读他们对课程的反思。我总是先让他们重申这堂课的目标是什么。我不会说“你觉得这节课怎么样？”，我认为这不是一个十分有效的问题，我会说：“那么，你如何达到你的目标？”

通过这种方式，教学督导逐步培养指导教师的能力，以便他们向实习教师提出好的反思性问题，从而在理论课程和教学实践中建立凝聚力。用一位督导的话说，这有助于确保指导教师与蒙特克莱尔州立大学的导师“理解相同的教学目标”。这位督导说得很简单：“我想让合作教师看到我们在蒙特克莱尔州立大学所关注和思考的东西。我们都在同一个项目中，他们是我们的伙伴，是我们至关重要的教师教育伙伴。”

因此，实习教师不仅接触到对教学内容和过程的示范，还有来自教学领域的专业人员（指导教师和教学督导）的帮助，在相关者之间建立积极的、共同的伙伴关系。这种类型的合作对于让社区以更广泛、更系统的方式参与深度学习教学法中至关重要。

随着项目组顾问与合作教师密切合作，银行街教育学院项目完成了类似的目标。实习教师、督导员和合作教师进行三方会谈，学习如何在帮助实习教师成长的过程中实现相互支持的最佳效果。三者之间的频繁接触，有助于建立彼此间的信任和合作关系，从而支持实习教师的成长，并帮助督导员提升合作教师的能力，使他们成为强有力的典范。

银行街教育学院儿童学校项目的一位导师乔治（George）代表与他共事的实习教师反思了他从这个过程中学到的东西：“我整年都在与亚历山德拉（Alexandra）的督导员沟通。我们有一些共同的会议。他经常在课堂上观察，他了解我，了解亚历山德拉，了解我们之间的关系。”乔治接着强调了他们的共同目标：督导下的教学实践真正解释了决策过程。我想这是最重要的。就像在外科实习一样，实习医生看着外科医生做手术，医生说：我正在切除脾脏，你注意到了什么？所以，督导下的教学实践确实在发挥作用。

这一见解在乔治与督导员的关系中形成，是学校大力支持合作教师的结果，学校导师可以向实习教师示范并解释他们的教学原理。

在实践中应用知识

所有项目中理论课程和教学实践的结合为实习教师提供了真实的机会来实践他们所学的知识。这两者的结合支持自我评估和元认知，实习教师最终会鼓励他们的学生探索，让他们成为自主学习者。

高科技高中项目在每周的理论课程中都会提到这一点，并称之为“付诸实践”课。例如，在一节以评估为重点的教学方法入门课上，指导教师会示范检查实习教师理解情况的各种方法。在课堂上，实习教师们还讨论了评分标准和零分对学生成绩的负面影响。所以，下周的“付诸实践”任务将是：

- 尝试三种不同的检查学生理解情况的方法，并提交一份对这些方法如何起作用的思考。
- 制作一段视频，展示你检查学生理解的情况，并将其带到课堂上与小组分享。
- 重新调整你的评分标准，或者考虑如何不使用分数，消除因缺勤而给学生打零分的情感和分数影响。

“付诸实践”的本质是，实习教师在某门课程中或从包括导师在内的教师那里了解到一个新的概念或实践，并期望他们第二天或之后不久在课堂上尝试这种实践。“付诸实践”受到高度重视。正如一位实习教师所指出的：

> 我们前一天晚上在课堂上所学的内容，第二天就可以在课堂上实践。我们的课后作业被称为“付诸实践”。我觉得这种学习方式不错；我可以在课堂上实践，然后我意识到：是的，导师们故意这样做，以便我们可以练习并反思，然后在下一堂课上谈论它。

在观察二年级教室的过程中，我们也看到了“付诸实践”的效果。莉迪亚（Lydia）刚成为实习教师一年，一开始她在幼儿园当助教，不久之前开始担任一年级班主任，我们能够看到她使用了在理论课程中学到的课堂管理策略。对莉迪亚而言，一个早熟的小男孩给她和几个同学带来了挑战。莉迪亚采用了积极的行为策略，她轻轻地拍打他的背部使他平静下来，并提醒他用日记本写下他想分享的想法，以便在以后的分享时间里回想。当她使用这些技巧时，她笑着告诉我们：“我正在付诸实践！”

因为所有项目都将理论课程与教学实践交织在一起，它们在课堂作业和教学实践中创造了相互联系的学习机会。实习教师通过“付诸实践”学习的方法之一是通过结构化的机会来计划、实施和反思他们正在做的事情及其结果。

例如，三一大学项目的教学法作品集会帮助实习教师规划如何利用各种教学策略的结构，并为实习教师创造机会，让他们与导师合作应用这些策略。实习教师制作了一张图表，对课程文本《策略性教师：为每堂课选择正确的研究型策略》中的每一种教学策略进行了全面介绍。实习教师至少要为每个策略系列制订一个课程计划：掌握、理解、自我表达和人际关系，以及每节课的差异化说明。实习教师与导师分享他们的作品集，他们会讨论这些策略什么时候可以使用，以及使用前需要考虑的问题，然后在导师的辅导下，选择适当的时候将这些策略付诸实施。在教学实践中，导师还会鼓励实习教师尝试第一次教学实践结束时还没有使用过的策略，然后在第二次教学实践中使用这些策略，进一步推广三一大学实习教师的课堂教学策略。

参与探究和行动研究

以示范的方式将教学理念付诸实践，可以得到引导思考的探究策略的支持。作为一种密切分析实践的手段，探究和研究是这些项目方法论的重要方面。在第3章中，我们讨论了在学生发展教学中广泛使用的学生案例研究。这种对学生学习的研究，基于对发展研究基础的仔细观察和访谈，有助于实习教师理解研究成果的应用和研究工具。例如，银行街教育学院项目的实习教师亚历山德拉指出，这些案例方法对她作为实习教师的工作非常重要："我现在正在学习观察和记录，所以我必须在班上挑选一个学生……我正在做一个与年龄层次有关的研究。我有25页关于九岁和十岁儿童的整体发展和个性特征的资料。看到这些资料与我们正在做的事情相吻合，真的很有意思。"

实习教师需要跟随他们的学生参与到不同的班级中，并被鼓励参加社会活动（例如，游戏或课外活动）或与学生一起在食堂就餐，以便看到不同背景下学生的表现。这有助于他们理解学生的多种身份和能力，而且他们的身份和能力会随着环境的变化而变化。实习教师运用理论来帮助自身理解案例研究，并学习他们的观察如何为教学计划提供信息。

在整个项目中，实习教师还对他们感到困惑的主题进行行动研究，学习如何找到他们在职业生涯中遇到的主要实践问题的答案。在"行动研究"一栏中，我们可以看到实习教师在蒙特克莱尔州立大学实习项目中的研究课题类型。

我们研究的项目在许多情况下可以使用行动研究和案例方法，例如，研究学生如何学习语言，学生如何以不同的方式学习，如何组织学校和社区（或没有很好地组织）来帮助学生和家庭，以及会产生什么后果。如蒙特克莱尔州立大学的案例所示，行动研究项目允许实习教师提出紧要问题，收集证据来回答这些问题，讨论案例过程和观察结果，回应反馈意见，修改并改进研究项目，更重要的是改善实习教师的教学实践。

除了通过调查了解学生和教学，调查也是实习教师得到教学示范的另一个来源，因为实习教师在追求深度学习时，调查是他们对自己的学生采纳的方法之一。正如阿尔维诺学院项目的一位结业教师所指出的，实习教师通过在理论课程和实践工作中观察导师对探究性活动的示范来学习如何采用探究方法：

> 阿尔维诺学院项目的导师教我们如何自己构建知识，我们正在要求我们的学生这样做。我不认为有人会直接对我说，“这就是你应该采取的教学方式；这就是深度学习”。我们谈到了逆向设计。我们有目的，有达到目的的手段，而作为教师的你要决定用什么手段达到目的。如果你采取的方法是做练习题，没问题。但是我们现在思考一下：你的学生做练习题的过程中得到提高了吗？你是否得到了你想要的结果？

对探究的重视有助于教师和学生多种深度学习能力的发展。首先，它赋予教师和学生学习自主权，使得师生更深层次地参与学习。其次，探究式教学方法让实习教师在遇到全新的教学挑战、不同的学生群体以及不同的学校和社区背景时，能够提出自身所需的问题类型。探究有助于实习教师将所学知识应用到新环境中。其中一位实习教师解释说：“我不会直接告诉学生答案，因为这样是我在学习，我一直告诉他们：‘你们必须自己思考。’这所学校非常注重以探究为基础。作为阿尔维诺学院实习项目的一员，我被吸引到这里来，我知道我可以把我在阿尔维诺学院所做的事情整合起来。”

行动研究

在新泽西州纽瓦克市东区高中举办了“教学与学习”研讨会，该研讨会是蒙特克莱尔州立大学教育学硕士（MAT）实习项目的一部分。

所有的实习教师都将在下个月毕业，你可以感受到他们的期待。当实习教师排队上课时，副教授艾米丽·克莱因（Emily Klein）走进教室，将课桌移动成小组，使学生可以一起讨论。

在实习教师相互汇报了他们的教学经历后，艾米丽将课堂的重心转移到了他们的行动研究项目上——他们在实习地点完成的以实践为中心的研究项目。她要求全班同学分成不同的科目（数学、英语、社会研究、科学和特殊学科），并相互合作，考虑如何通过他们的研究结果满足学生的需求并改进教学。以下是艾米丽提出的一些问题，供实习教师在小组讨论中考虑：

- 你教授的科目如何影响你的行动研究目的？科目在项目中的作用是什么？
- 你遇到了什么样的挑战？
- 你是如何处理这些问题的？
- 作为一名教师，在未来的工作中，你将如何使用“行动研究”？

艾米丽慢慢地在房间里移动，听每个小组分享他们的项目。她不时地插入、提出一些关键问题或思考，但她通常会让实习教师指导自己的工作。一位实习教师描述了他是如何在他的行动研究项目中，与导师一起，学会将方法课程中的学生清单应用到课堂上的。然后，实习教师分享了一个学生的例子，解释了他是如何在给学生作品的最后一稿打分时使用检查清单，并承认他在使用检查清单进行评价时遇到的挑战。

在英语组中，一位实习教师提到了在课堂上使用真实的评估，她使用了班长演讲、自传和广告等形式，并借助了伦理、悲观和逻辑的概念。所有这些作业都要求她的学生创造出能够在课堂之外与外部受众使用的作品。

在同一组中，一位实习教师提到，学生在写作中使用俚语的现象在他的课堂上很普遍，在书面作业中很难遏制。另一位实习教师谈了他对这个问题的看法，认为“问题不在于俚语，而在于学习如何正式写作，这是教师的责任”。

当实习教师继续在小组中相互交流时，艾米丽打断了课堂，并提醒他们："你们的行动研究项目是为了让教学探究具有连贯性和叙述性，能够分析数据，并将其应用到你们的课堂上。作为一名教师，你们的工作永远不会是一个尽在掌握之中的实验。"

这些项目的导师会带领实习教师深入接触教学研究方法。旧金山项目的一位指导教师描述了如何通过项目和基于探究的活动将新的教学实践植入实习教师的课堂，而实习教师也非常重视这些。这位导师举了一些最近的例子：

> 我指导的一位实习教师一直致力于将技术和谷歌课堂评估运用到她的课堂中。现在他们的学生会撰写反思，在谷歌课堂上分析数据，然后说：我们接下来做什么？一切都基于项目本身，学生们通过疾病控制中心的流行病学工作来调查疫情。他们争论的问题是：可能是什么疾病？如果需要隔离怎么办？这里发生了什么？合作教师表示：她（实习教师）带来了很多案例以及语言支持，我们要好好运用这些资料。
>
> 今年早些时候，我校的两名生物实习教师创建了一个基于小组调查的项目，项目中，学生们通过分析关于三文鱼的推特线索，试图了解干旱如何影响加州的三文鱼产业。关于三文鱼的推

> 特账号共有30条推文，学生试图从三文鱼本身以及所有不同的推特账户，来寻找并理解这些照片、图表和引用的含义。学生们创造了一个深度探究的小组任务，并解决了这个谜团。

在2015学年到2016学年，旧金山教师实习项目为实习教师举办的一系列研讨会都围绕探究式教学展开，通过实习教师自己选择的问题，为实习教师模拟深度学习教学实践。项目主任介绍了旧金山教师实习项目决定调整提供给实习教师的专业发展的理由，以及这种变化对他们教学实践的影响：

> 要想让实习教师接受探究式教学，他们必须要有一个思想上的飞跃，因为探究式教学是如此复杂和不可预测。我们想给实习教师一种教学体验。我们相信，教师最终会得到他们所需要的一切，只要他们有时间，知道要问什么问题，并且知道如何找到答案……如果我们能以这一点为中心，重视、沟通和推广这样一种理念，会使人感受到变革，即探究式教学不是自上而下的任务，不是告知你要做哪些事情。合作教师有机会对实习教师和学生采取一种探究的方法或立场。事实上，在得到了基于探究的专业发展之后，实习教师们表示，“我承担了我以前从未承担过的风险”。我们还为他们提供了一些工具，让他们能够提出一个好问题，并运用在学生身上，所以，实习教师在探究过程和工具方面确实得到了一些实际的东西。

通过这种探究驱动的专业发展模式，实习教师提出了与自身教学有关的各种问题，比如：“我怎样才能充分利用我的授课时间提高学生的写作能力？”“我怎样才能在不造成区别对待的情况下，拔高那些学习能力强的学生，帮助那些学习能力不足的学生？”一些导师还提出了与指导实习教师有关的问题，比如：“我如何帮助实习教师批判性地看待这种专业发展模式，而非以消极或不诚实的态度看待？我如何帮助他们培养教师工作所需的适应力？”

一位教学督导员观察到：

> 昨天，我与一位指导教师和一位实习教师进行了一次谈话，指导教师表示在两件事的作用下，她的教学实践得到了挑战和改变：与专业发展相关的探究工作以及与实习教师的谈话。这有助于她反思自己的教学实践，并认为“哦，我可以在这方面努力”，从而真正促使她提升自己的教学实践以及学生。

在回顾课程结束后提供的反馈时，旧金山教师实习项目的教师教育主任指出：“许多导师谈到了专业发展使人身心愉悦的原因，这是他们从未体验过的合作方式。他们感觉自身的专业知识在发挥作用，他们在真正地互相学习。”

在高效的学习共同体中协作

教师教育项目的所有设计都渗透着这样的信念：教学和学习需要合作。对教学的学习在专业社区中进行，在这个社区中，教师们相互观察，分享教学实践，共同制定规划，集体解决问题。在这一环境中，个别教师独立教学、不与他人合作的设想是不可能维持的。社区非常强调教师之间以及师生之间的坦诚相待的关系，这是深度学习的基础。与其他实践一样，实习教师们正在学习如何对自己的学生实施的教学，正是他们作为实习教师所经历的。

例如，旧金山大学教育学院的院长描述了实习教师、合作教师和学校的其他教师之间的合作如何建立起一种合作式探究的文化：

> 实习教师们正在为他们的合作教师示范，如何在他们以不同方式讲授过的类似概念的基础上，开展更多的实践和探究性课

> 程。科学教研组曾经有三位教师，现在我们有六位教师，他们都在以各种组合思考和讨论。我校有两位正式生物教师和两位实习生物教师，所以目前共有四位教师在思考和讨论生物教学。另外，实习教师提出了他们在“课程与教学”这门课程和实习中谈论过的想法。因此，他们不仅仅是在上一门特定的课程；我认为更重要的是，交流和对话正在推动教师思考和谈论更多的问题。我相信影响可能更深远。

即使许多专业社区大多数存在于学校网站上，它们也通过合作模式走进了大学课程，这确保了一组实习教师可以作为一个学习共同体完成所有的课程。这是教师教育项目至关重要的部分。学习共同体不仅是支持实习教师学习教学的源泉，还让他们有机会将自己置于学生的角色中，学习如何处理合作工作中出现的挑战，并练习如何给予和接受反馈。通过基于学习共同体的支持和合作，实习教师学习如何在课堂上开展深度学习的各个方面。

从本科生和研究生学习阶段到实习阶段，蒙特克莱尔州立大学的所有实习教师教育项目都采用了分组模式，尽管在不同的背景下有所不同。在本科生和教育学硕士教育项目中，项目有意在条件允许的情况下将实习教师安排到学生教学中。教育学硕士的实习是以小组为基础的、为期一年的实践课程的一部分。教学研讨会的课程在大多数实习教师参与实习的学校开展，对实习教师而言不仅方便，而且在蒙特克莱尔州立大学和地区学校之间建立了更深的联系。

蒙特克莱尔州立大学教师实习项目小组由多达15名实习教师组成。蒙特克莱尔州立大学项目组和指导教师共同提供反馈、示范教学实践和策略典范，并与实习教师建立坦诚相待的关系。实习教师对同伴的教学视频提供反馈，并在开展行动研究时相互帮助。从实习教师期间到头三年的入职期，对实习小组的帮助持续存在，指导教师的检查和项目组的观察不仅帮助实习教师完成教师教育项目，而且在实习教师之后从事教学时继续为其提供帮助。实习教师不断地提到了这个团队的重要性，正如一位已经结业的教师所说，“我从我的同伴那里学来了小组模式，还学会了如何在我的课堂上建立一个学习共同体”。

因此，学习小组不仅作为一个组织结构来支持实习教师的学习，还可以示范与学生建立坦诚相待的关系的重要性，并帮助实习教师在自己的课堂上建立学习共同体。一位实习教师这样总结了小组学习的影响：

> 与13名实习教师共同在小组模式中学习的影响是深远的。这是我以前从未真正经历过的一件事，我从同伴身上学到了很多。我想这也是我在课堂上使用的策略，让学生互相学习，教师也从学生身上学习。

许多实习教师把他们的班级描述为真正的学习共同体，是他们学习和专业发展的核心。科罗拉多大学丹佛分校项目的一位实习教师表达了与同伴共同学习的价值，她认为自己作为学习共同体的一部分，已经从教学边缘进入了教学核心：

> 参加专业发展学校实习使我有机会与其他处于不同阶段的实习教师合作，这对我来说是一个宝贵的经验。我很高兴看到自己在整个实习过程中可能获得的成长。我的前辈们给我提供了很大的支持，他们在教学任务和其他经验方面给了我大量的建议。当我进入实习的最后阶段时，我会发挥示范作用，向新来的实习教师提供同样的建议。

第二位实习教师反思了通过参与这项活动学到的数据分析和评估的价值，这是深度学习的一个明确指标，表明实习教师在专家的支持下做了真正的工作：

> 我能够参加数据分析小组，对我很有帮助，包括了解学生数据，如何引导学生工作，让他们合作学习，以及如何使用评分标准来评估学生，以推动教学实践。这种类型的合作是我以前没有见过的，我认为这对我理解评估至关重要。

第三位实习教师强调了有机会反思学习教学的价值，这与专注于模仿他人的良好教学实践显然不同："对我来说，最有意义的是有机会建立一个教学共同体，为我们提供一个反思自身教学经验的空间。"

这些观点在各个项目中广泛出现。大多数项目都为他们的实习教师建立了合作教学的框架，在这个框架中，实习教师真正地分担班级教学的责任，在长达一学期或一年的时间里，他们逐渐体验到了身为教师的责任，直到他们做好准备主导课程和单元教学。正如蒙特克莱尔州立大学的一位结业教师所指出的，"蒙特克莱尔州立大学的合作教学方法令人信服之处在于，它从一开始就把教师作为一种合作性职业来培养他们的教学能力"。

支持反思教学的反馈

理论课程和教学实践都以教学对话为特点，为实习教师提供持续的反馈和支持，以便对教学进行结构式反思。用唐纳德·舍恩的话说，所有的项目都旨在教导实习教师如何成为"反思性实践者"。反思与每个教学活动息息相关。实习教师要学会暂停并思考他们正在做的或刚刚做的教学实践，以及产生了什么效果。通常情况下，实习教师会通过收集数据或接受他人的意见，来帮助自身反思。这同样适用于合作教师、督导员和项目组。反思帮助每个教学共同体的成员督导自身进展，确定如何改进，并学习未来如何做出教学和行动。反思使个人能够指导自身教学，提供结构来判断自身所处的位置并确定持续学习所需的支持，这是充满活力的21世纪必备的技能。

所有项目的一个共同做法是将反思纳入理论课程。高科技高中项目课程中的一个任务示例显示了“付诸实践”如何塑造实习教师自身的反思式思维定式。

这个任务提出了第一天上课的目标和难点，强调在支持性的课堂环境中与学生互动是一个持续的过程，并模拟了实习教师在第一天可能提出的各种问题。年初时，这个任务为反思的过程提供了非常具体的框架，到年终时，反思过程将成为常规。它不仅关注教学程序和学生参与、教师目标和预期成果，还关注教师的期望和担忧。对培养实习教师识别学生的情绪和需求并做出适当的反应而言，教师对自身情绪进行反思至关重要。了解学生、沟通课堂规范，并为创造一个具备支持性的环境做好准备，都有助于构建一个能够进行深度学习的课堂社区。

这个任务也说明了理论课程是如何明确地关注学生在反馈和反思过程中的想法，这是高科技高中教学理念的另一个方面，也是深度学习的一个关键方面。正如课程大纲中指出：“我们相信，学龄学生应该参与到帮助教师提高教学能力的过程中。我们将尝试一些方法，将学生的声音纳入我们的课堂。”高科技高中项目的实习教师将学习如何定期接受学生的反馈和意见，以及如何与班上的学生共同构建项目和开展其他学习活动。

付诸实践：开学第一天

目标：利用上课的第一天，开始建立一个强大的课堂社区，培养与学生的积极关系。

挑战：这是你与学生建立联系并开始培养积极的课堂文化的第一个机会。想想你在开学第一周所感受到的所有情绪。你的学生对来到一所新学校或在暑假后返校可能有什么感觉？你如何利用第一天来更好地了解你的学生，并帮助他们更多地了解他们班上的其他学生？他们怎样才能开始认识你并了解班级目标？你如何找出他们对你的课程感到兴奋或紧张的地方？你如何让他们参与到你的工作中来，让他们兴奋地继续学习？这些问题不可能在开学第一天就全部得到答案，因为创造一个支持性和协作性的课堂环境需要时间。开学第一天就为这一年剩下的时间定下了基调，是一个开始与你的学生建立联系的绝佳机会。

反思：在教授第一节课后，写下一页反思，以解决下列问题：你在上课的第一天做了什么？这节课的目标是什么？你哪些方面做得很好？如果有机会再上一次课，你会改进什么？你如何认识你的学生并为他们提供相互认识的机会？学生如何看待教学支持和服务？对老师和有特殊需要的学生的期望是什么？学生从班级目标和规范中学到了什么？学生们能做出贡献吗？为什么可以或为什么不可以？你是否有机会开始制定值得学生期待的规范？这节课如何融入你希望在开学第一周或前几周完成的教学框架中？你认为在为学生营造一个支持性的学习环境方面，你最大的困难是什么？你的恐惧是什么？我们可以通过这个课程提供哪些支持？

科罗拉多大学丹佛分校项目使用的“教学探究循环”部分来自华盛顿大学教育学院的教师教育设计项目（TEDD）开发的框架。这个框架帮助大学和学校教师将教学框定为一个循环：（1）计划；（2）教学；（3）监测和调整；（4）反思和制定下一步措施。由科罗拉多大学丹佛分校概念化的教学循环如图4.1所示，包括四个步骤，指导教师可以经常使用这些步骤来指导实习教师的实际教学经验。

项目使用的第二个工具是在不同的课堂上加强教学探究循环，即名为“优质响应式课堂”的课堂观察协议。优质响应式课堂一开始会让实习教

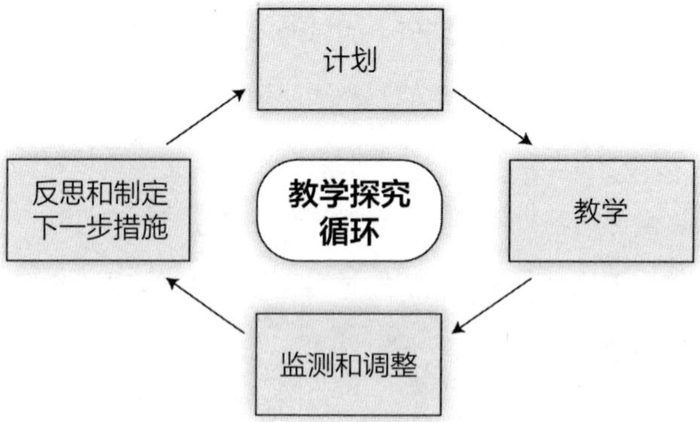

图4.1　教学探究循环

来源：科罗拉多大学丹佛分校，城市社区教师教育项目，“发展之窗钥匙”，(CU Denver, Urban Community Teacher Education Program, “Windows of Development Key”)。

师确定一个教学目标，他们将围绕这个目标开展探究循环。接下来，他们参与优质响应式课堂的四个步骤：(1) 提问/思考；(2) 行动步骤；(3) 收集数据/证据；(4) 反思。这一循环允许观察员收集有关学生、教师和课堂学习共同体的数据，帮助实习教师系统地反思他们的教学在多大程度上促进了文化和语言多样化的课堂上的深度学习。优质响应式课堂和教学探究循环相互配合使用，给实习教师提供了帮助他们有目的地推动自身专业学习，改善专业实践，以更好地满足学生需求的工具。

教师教育项目还通过对教学实践的督导为实习教师提供反馈和反思。所有项目都精心构建了督导关系，以提供有助于这一过程的惯例和反馈。由于项目为实习教师提供了持续询问、观察和反思自身经验的机会，他们将会养成思维习惯，并在毕业后将其转化为课堂上的思考。这样一来，实习教师就会完善自身教学实践，并帮助学校和社区不断改进，以更好地满足学生需求。银行街教育学院项目的一位实习教师强调，学院课程中安排的大量反思“非常有助于我进入实际教学工作，因为每天我都会思考什么有用、什么没用，怎样才能打动学生，为什么学生没有真正参与到教学中。这都是需要提问和反思的问题”。

另一位实习教师分享了她如何把自身经历的反思转化为她的教学实践：

> 我们要求所有学生反思，包括四岁的孩子。“你认为那是一个好的选择吗？”这就是一种反思。想一想我们今天学到了什么，向坐在你旁边的人学习。首先，我们的身份是银行街教育学院项目的实习教师。然而，我们要去教室扮演老师角色，所以我们需要明白当学生的感觉，这就是你成为好老师的原因……银行街教育学院项目让你明白如何从学生视角进行反思，如果你知道了这个秘密，你就可以教书育人。

通常，反思过程需要教学录像带的辅助，这些录像带包含更多反馈、研究和反思。例如，在高科技高中，用于评估实习教师的教学实践的多层次系统包括：

- 对实习教师多日的教学进行录像。
- 发布并分享录制的实习教师的课程，供其回顾。
- 让实习教师的学生完成青少年诚信调查，该调查旨在评估学生对实习教师课堂经验的看法。
- 实习教师通过视频和调查的信息对其教学实践进行反思。
- 实习教师和学校领导之间的讨论，校长是实习教师的正式督导员，并得到了与实习教师一起工作的学科导师的支持。

我们采访了罗伯特（Robert），他是高科技高中的一名主任，在那里学习、工作了9年，分别以教师、主任和研究生的身份，他也在实习教师项目中担任导师。在采访中，罗伯特描述了在他与实习教师的讨论中，他们如何观看由实习教师选择的一个录像，并讨论青少年诚信调查的结果。他指出自己使用的提示语包括“你注意到了什么？”“什么让你印象深刻？”“你有什么问题吗？”，通过这些问题开始关于实习教师教学实践的对话。

会议结束时，实习教师将确定四个作为教学亮点的主题，两个具备提升空间的主题，以及对学生提出的任何问题。这些信息将与学生们分享并讨论。然后，实习教师和学校领导再进行一次讨论，讨论实习教师从这个过程中学到了什么。

实习教师从学校领导那里得到的帮助得到了指定导师的支持，即教授类似学科和年级的老教师。实习教师观察他们的导师，将其作为模范实践的典范，每周与他们见面。导师每学年正式观察四次实习教师，并为实习教师提供实质性的机会来反思教学实践。实习教师每年都会撰写一份书面反思，涉及师生关系、反思性实践和真实工作等方面，这让他们有机会反思自己的实践，并接受和回应反馈。

在大多数这些项目中，教学对话发生在教师积极参与教学实践的时候。例如，阿尔维诺学院项目组向我们解释，当他们采访实习教师时，是如何找到基于项目、使用以学生为中心的策略的实习教师。项目组使用的是合作教师和实习教师共同使用的同一评分标准，对实习教师在教学实践中的表现给予特别的反馈，以帮助他们完善自己的实践。一位实习教师解释说：

> 我的指导教师了解我这个学生，他能够督促我……他知道如何调整他的反馈，使我有事可做……整个学期里，我的指导教师都会使用同样的评分标准；这个评分标准是我对自我的评估，与指导教师填写的评分标准一致。重要的是，我在完全相同的标准上得到了反馈，这样我就可以从不同的角度来看待我如何

能够改进……我认为这是对进入这个行业的实习教师更有力的考察，你可以通过观察给我评优秀，但你的优秀意味着什么？所以，这个评分标准是非常明确的。

银行街教育学院的一位项目顾问指出，“如果你不积极地利用它，那么理论课程就没有什么意义”。所有项目都符合这种理念。理论课程为实习教师提供了理论、框架和术语，他们可以用这些理论、框架和术语来分析他们的实际工作经历，并给这些经历带来意义。理论课程为实习教师提供了以学生为中心的深度学习实践的模型，让他们在教学实践中得到发展，然后在小组会议中得到反馈和反思。

这一原则在其他项目中也可以看到。例如，在阿尔维诺学院项目，基于能力的评估系统建立在实习教师能从清晰、具体的反馈中学习的能力之上。项目组既提供反馈，又示范如何接受反馈，并将其作为改进的手段。一位导师解释说，项目组“不断地讨论、审查、修改、调整，以满足实习教师的需求”。项目组相互反思，并从实习教师那里寻求反馈。这位导师描述了她如何与实习教师分享“我根据学生的意见改变了这门课”的经历。导师这样做是为了让她的实习教师明白，教育者必须不断从学生那里获得反馈，以改善他们的教学。这是一个在阿尔维诺学院有30多年教学经验的教师的有力教导。

项目导师不仅示范具体的反馈，而且还教实习教师如何在理论课程和教学实践中给予和接受高质量、可操作的反馈。其中一个例子是通过观察和分析实习教师的课程录像，如下文“通过给予和接受反馈来学习”所示。

通过给予和接受反馈来学习

今天是“儿童早期识字”课程的最后一天。在这门课程中，孩子们学习了识字、口语、阅读、写作和文学。本课程是阿尔维诺学院本科生实习项目四门实践教学课中的第二个，为实习教师提供了在小学环境中观察和实践儿童识字教学的机会。

实习教师要锻炼如何做出正确的决定，教授识字学习策略，选择适当的材料，并设计适合发展的学习活动和评估。

课堂开始前，六名实习教师聚集在教室后面，分享奥利奥饼干、意大利香肠比萨、芝士蛋糕、豆泥和皮塔饼、糕点和咖啡。他们即将庆祝自己在识字教学方面的进步，但首先，他们需要分享自己教授识字课的15分钟的视频。实习教师需要观察自己和其他实习教师，然后根据他们在这门课程以及之前在阿尔维诺学院的课程和教学实践中所学到的理论和教学方法，给予彼此具体反馈。正如教学大纲所描述的，这项活动的目的是分享和反思视频，以加深对有效识字课程与学生和理论的关系的理解。

项目指导教师已经准备了各种材料，以支持实习教师的课堂工作。她为实习教师们打印了幻灯片，其中包括一些有益的提示，比如：

> 教与学的关键问题：（1）我们希望学生知道什么，能够做什么？（2）我们如何知道我们的课程对学生学习的影响？（3）我们能做些什么来促进学习？

指导教师的提示概述了一个卓有成效的“支架”指导方法：

教师	**学生**
我做到……	你看到……
我做到……	你帮助……

我帮助……　　　　你做到……

我看到……　　　　你做到……

在视频反思活动中，指导教师会提供许多工具来支持实习教师：

■ 一个自我评估框架。

■ 用于评估实习教师实际课程教学的标准，这些标准来自威斯康星州的教学标准和阿尔维诺学院的教育标准。

■ 用于评估实习教师自我评估的评分标准。例如，在考察实习教师在课堂上观察全体学生学习成果的表现时，初级评价是“确定学生优势和不足，并提供准确的观察结果作为优势和不足的证据”；高级评价是“将学科概念和框架应用于观察，在单独或综合使用它们时表现出创造性的判断”。

■ 为实习教师提供提示或“思考框架”，以帮助他们相互提供与教学理论相关的反馈，如“当教师……没有注意到学生……这反映了……，因为……”。

在开始上课时，指导教师简要介绍了当天的目标，然后把六个实习教师分成三个小组，让他们分别在不同的教室上课。指导教师用15分钟时间观察一位实习教师的课堂录像，再用15分钟时间对实习教师的课进行反馈。这些反馈包括“亮点”（即实习教师在录像中采用的有效教学策略）、“学生进步的证明”和“提升”（修改建议）。实习教师在观看其他实习教师的录像时，会注意到指导教师在课堂上使用的教学工具和教学资源。例如，在一个录像中，一位教师展示了一种吸引学生注意力的课堂管理技巧：教师说“一、二、三”并让学生拍手。通过这些录像，实习教师可以观察到多个教室中的授课情况，以及多种识字教学和组织课堂的方法。

在一段录像中，一位实习教师展示了她给一年级学生教授的词汇课。随着录像的播放，实习教师承认她为这节课挑选的阅读材料“过于复杂了”，因为对于一年级学生来说“句子太长了”。实习教师通过录像片段互相反馈并记录观看结果。指导教师在观看实习教师的录像和讨论时会做记录，她很少加入实习教师的对话，只在提出澄清性问题时才会这样做。

在这个实例中，实习教师主导自身的学习和教学反思。阿尔维诺学院项目的指导教师通过对实习教师提出有关作业、反馈和自我反思的明确期望，让实习教师自主掌握自身学习。指导教师的体验式课程示范了驱动实习教师所需的准备工作和工具类型。这些课程还帮助实习教师提出有助于促使他们在整个职业生涯中不断进步的问题类型。实习教师在阿尔维诺学院培训期间提供教学反馈的经历，培养了他们不断自我评估的能力，也培养了他们向学生提供反馈以帮助他们成长的能力。

对进步的真实评估

在理论课程和教学实践中，反馈和反思是多种多样的，构成了一系列来自项目组、指导教师、督导员、同事和实习教师自己的形成性评估。这种不断重复的评估过程的价值在于，它植根于对实习教师教学实践的一系列真实评估。这些评估包括对实习教师教学实践的定期评估；由大学设立的正式评估，评估实习教师具体教学技能的进步，决定项目是否继续进行；以及最终评估，通常决定实习教师能否毕业，甚至是否能够得到教师资格证。

督导性评估

在教室里督导实习教师是很常见的，同样常见的还有许多非正式督导以及主管和导师的反馈。旧金山教师实习项目的评估方法与其他项目类似。除了督导员的定期访问和反馈外，整个学年中，项目组会对实习教师进行三个正式的季度评估，用于跟踪个人在一段时间内的进步，并寻找整个实习教师组的发展趋势，以了解在特定范围内落后的实习教师。教学工作评估对实习教师教学实践的观察与加州教学职业标准相一致，该标准在旧金山教师实习项目和旧金山联合校区教师评估系统广泛使用。合作教师、实习教师和指导教师独立填写评估报告，根据加州教学职业标准对实习教师进行评分，并列出佐证，然后他们开会讨论并反思下一步行动。

正式的季度观察是促进实习教师深入学习如何让自己的学生参与深度学习的关键手段。项目组会评估实习教师是否采用相应的教学策略，“利用对学生的了解来吸引他们学习”，“将学习与学生的原有知识、背景、生活经验和兴趣联系起来”，“将课题与有意义的、真实的生活内容联系起来”，以及“通过探究、解决问题和反思提升批判性思维”。

除了季度性的正式评估外，旧金山教师实习项目的督导员每周都会视察实习教师的课堂。督导员会收集观察数据来帮助实习教师，例如，观察他们课堂上学生的参与模式或研究他们的课堂语言可能对目标学生和课堂运作产生什么影响。实习期间，在与实习教师的多次谈话中，督导员会根据当天的情况发挥各种作用，包括：指导作用，即提供建议和解决方案，比如指出差异化教学的教学方法；合作作用，与实习教师共同商定教学内容和解决方案，如编排课程或课程单元；促进作用，即推动实习教师思考和解决问题，以及自我评估和自我约束。

基准评估

一些教师教育项目组织了正式的基准评估，用来跟踪整个项目的进展并确定实习教师是否掌握关键技能。在阿尔维诺学院项目，以教学能力为基础的课程需要经常开展基准评估，基准评估与成果展示和明确标准相联系，这些标准要求的评估内容非常具体。为了支持实习教师成为自主学习者，阿尔维诺学院项目也强调自我评估，这就要求有自我意识的实习教师判断自身的表现如何、如何实现、行动原因以及如何改进。建立每种教学能力标准和评估的目的是在实习教师和评估者之间达成协议，从而使双方都有责任履行相对隐含的条件，以实现学习目标。接下来，评估者对实习教师的表现进行判断，给予反馈，并对他们的教学表现和学习过程进行再评估。

评估过程是合作性的。阿尔维诺学院的一位教授解释道，“评估”（assessment）一词是从拉丁语“assessus”发展而来，这个词的意思是“坐在旁边”。她解释说，在阿尔维诺学院的评估过程中，“实习教师知道评估标准，我也知道评估标准，我们一起就评估标准进行交流。评估会潜移默化地促进个人的变革性学习。如果你不认识到这一点，你不可能掌握深刻的知识”。

在实习教师的整个理论课程和教学实践中，他们完成了一系列的绩效评估。例如，在实习教师的第一次实际教学后，他们会完成一个作品集和面试评估。这个评估要求实习教师将他们的教学与两个州级教师评估标准、支持联盟的标准以及阿尔维诺学院的教育能力联系起来。这项评估为基于证明的叙述性写作奠定了基础。

在实习教师进入教学阶段之前，他们要完成另一个作品集和面试评估。在这个评估中，实习教师需要提供他们在之前的课程和实际教学中准备好的教学例证。实习教师必须证明他们已经具备了教师所需的处理能力和思维，能帮助所有学生提高深度学习能力。作为评估的一部分，实习教师与K-12教职人员（例如，校长和教师）会面，讨论教学作品集和面临的挑战。面试评估是教学的开端。如果实习教师没有成功通过面试，他们会被劝退，转入阿尔维诺学院项目中更适合他们的学习课程中。

实习教师在经常体验这种以能力为基础的绩效评估和反思过程后，成为正式教师时，就可以很好地将它们应用在自己的课堂上。接受调查的所有实习教师都表示，阿尔维诺学院项目提供的各种评估手段为教学提供的帮助，包括观察、论文、作品集或展示任务，确定了他们的优势和需求，从而为教学做了充足的准备。

科罗拉多大学丹佛分校的基准评估——也称为项目级评估——在三个不同时间点开展，有助于建立教师教育的一致性。在基本问题（见第2章）和核心课程（见附录B）的指导下，这些正式的绩效评估通常采取类似口头答辩的形式，评估的主要关注点是实习教师的实际教学过程。

项目级评估。在项目级评估中，实习教师根据四个基本问题介绍他们自己的成长和发展，从理论课程、核心课程和教学实践中收集具体证据。项目级评估在小组中进行，除了在同行和项目组成员面前展示外，实习教师还需提交书面的自我反思，然后根据评分标准进行评分。项目级评估在以下时间点进行：

- 第一学期期末——重点关注基本问题1和2以及核心课程1和2
- 第二学期期末——重点关注基本问题1—4和核心课程2—5
- 项目结束——重点关注基本问题1—4和所有6门核心课程

在课堂上，实习教师被引导准备项目级评估，使用他们基于课程的研究和教学经验作为证据。当他们在正式评估前展示他们的想法时，他们会得到同伴的反馈以及他们的同伴在项目中的收获。通过从理论课程、教学实践和自身学习反思中收集材料，实习教师可以应用和反思他们所学的知识。项目级评估为项目本身和实习教师提供了改进策略。科罗拉多大学丹佛分校项目从这些共同的项目评估中收集形成性数据，指导教师们利用这些数据来指导自身与实习教师的工作，使他们达到科罗拉多州的教学标准，并指导更大范围的项目修订。

教师实践评估。除了项目级评估之外，对实习教师的教学实践的评估贯穿整个教师教育项目。实习教师的表现通过一个完善的实习教师评估体系得到指导和评估，该体系使用多种评估和辅助工具来支持和评估在复杂的城市开展的教学实践。这些工具被实习教师用作自我评估的手段，同时也被教授、协调员和指导教师广泛使用。此外，就像在高科技高中一样，学生意见反馈也被纳入整体教学评估体系。

最终评估

所有项目都有一些对实习教师将理论与实践相结合并将教学原则付诸行动的能力的最终评估。高科技高中的实习教师被要求保留一个数字作品集，其中包括他们的“付诸实践”课程作业、最终成果或署名作业，以及从他们的指导教师那里得到的笔记和观察结果。这个数字作品集作为一个工具，为实习教师提供了一个清晰和可操作的方式来反思他们的实践和观察他们的进步。通过示范反思性教学，数字作品集能为教学学习提供支撑，同时也帮助实习教师思考如何为他们自己的学生提供这种经验。通过将理论课程、笔记和观察结果相结合，并将教学实践和反思的循环落实到位，这些作品集使得实习教师有机会将他们的学习应用到复杂的教学问题中，接受反馈，并相应地修改和重新落实他们的想法。

这一要求也有助于向实习教师介绍数字作品集，他们需要这方面的知识，因为在高科技高中任教的教师被要求持有一个单独的数字作品集，作为与学生和家庭沟通的工具和资源。在小学阶段，数字作品集的主要目的是与家长沟通班级情况，包括可用资源和志愿服务方式等信息。在中学阶段，作品集是教师和学生围绕课程期望和作业进行交流的平台。

三一大学项目的实习教师需要根据得克萨斯州教师评估和支持系统（T-TESS）的评分标准完成一个作品集，该评分标准在全州范围内适用于教师评估。实习教师必须证明他们的教学实践达到这个标准的熟练程度，并且必须邀请项目组和指导教师来提供反馈。实习教师还必须讨论观点和偏见如何影响他们的教学，以及如何努力解决这些问题。

三一大学项目的教师作品集侧重于从教育学硕士课程中获得的学习和成就，以及对未来就业的准备。作品集的必要组成部分包括一份简历、一份实习描述、一份专业发展报告和一份项目课程描述，还包括实习教师教学实践的证据，比如家庭沟通、课堂学习、社区发展、对学校和职业的贡献以及技术能力的例子。有时还有其他资料，如证书、推荐信、评价、学位和学术成绩单。此外，毕业作品集还包括在毕业会议上完成的评估，这些评估通过三一大学要求的得克萨斯州教师评估和支持系统专业教学标准的评分标准进行。为了证明实习教师已经准备好进入教师行业，他们被要求提供"真实和重要的教学成果，供教育学硕士项目以外的受众使用"，包括潜在的雇主、未来的同事和系里的教师。

银行街教育学院的实习教师的最终项目是综合硕士项目，这是一个让实习教师将他们的理论知识应用于他们的教学工作的机会。实习教师可以为他们的综合硕士项目选择多种方案，包括反思性文章和研究生工作的作品集、由项目组指导教师指导的论文或研究项目或合作调查项目。项目包括一到六个学生与项目组顾问会面，以确定和完成一个小规模的现场研究调查。

除了这些内部开发的评估之外，近年来，用于教师资格确定的绩效评估已经开始在全国范围内普及。这与在教师资格认证领域占主导地位的多项选择测试形成了鲜明的对比，这些标准化测试无论在设计上，还是对教学效果的测试上，都被证明不能有力预测教学效果。许多大学一直使用档案袋评估法，直到20世纪90年代，国家专业教学标准委员会才提出更为结构化的教学绩效评估标准，用于评估教师的教学成果。

1998年，加州通过了一项法律，要求将教师绩效评估作为教师获得教师资格证的条件。加州政府与美国教育考试服务中心和一些大学（由斯坦福大学组织，包括加州大学和加州的一些其他大学以及米尔斯学院）合作，共同开发了名为“加州教师表现绩效评估”（PACT）的州立标准。加利福尼亚州共有32个教师教育项目采用了加州教师绩效评估，其他州也有项目采用了加州教师绩效评估，因此，加州教师绩效评估最终演变成了一个全国性的评估，即美国教师绩效评估（EdTPA），现在应用于18个州和40个州级地方项目。最初的加州教师绩效评估，现在被一个更深入课堂实践的新评估方式所取代，由美国教育考试服务中心设计，现在由美国教育考试服务中心在其他州推广，称为教师实践绩效评估（PPAT）。

这些绩效评估要求实习教师证明他们能够按照计划教学，调整教学以满足学生的特殊需要，教授一个设计好的课程单元，并配有录像和解释教学行为的评述，分析学生的学习，并反思如何确保学生的学习。在实习教师完成教学设计、实际教学、评估任务，以及对课程和学生学习的反思后，他们还必须证明自身教学行为基于对教学环境的了解。在评估课程时，实习教师必须关注并分析个别学生的学习，并描述该课程如何满足英语学习者的需求。

在我们研究的七个项目中，有六个项目所在的州最近开始要求学校使用这些评估，其中有几个项目的教师参与了加州教师绩效评估或美国教师绩效评估的设计。高科技高中和旧金山教师实习项目已经使用了加州教师绩效评估。阿尔维诺学院、银行街教育学院和蒙特克莱尔州立大学使用了美国教师绩效评估。科罗拉多大学丹佛分校开发了一个自制的绩效评估，借鉴了他们密切研究的美国教师绩效评估的特点，以及他们以前使用的教师工作抽样方法，将最终版本与当地使用的教学工具和学生评估结合起来。三一大学使用教师实践绩效评估（PPAT）。

在我们研究的几个项目中，我们了解到关于这些评估的影响。例如，在三一大学项目，教师实践绩效评估帮助该项目关注差异化，并分析学生个人需求。如同加州教师绩效评估和美国教师绩效评估一样，实习教师在教学和评估任务中挑选有不同学习需求的重点关注对象。例如，实习教师可以选择一个特殊教育学生或一个英语学习者。在教案设计中，他们为这些学生创造便利条件，查看他们的资料，预估他们在评估中的得分，检查他们的作业，然后分析教学策略的有效性。一位小学实习教师描述了这个过程："教师实践绩效评估（PPAT）的每个环节都在收集和分析学生个人和课堂的数据以及课程会受到什么影响。"实习教师说，这个过程为他们提供了"差异化的良好实践"，并让他们反思自己的教学实践，以及如果需要重新教授一个概念或技能，他们需要对课程做出哪些改变。

通过提出任务，抓住以学生为中心的教学本质，这些评估有助于支持实习教师学习。同样重要的是，这些评估以引人注目的方式塑造项目设计，同时指导、深化和联结理论课程和教学实践。这是一个重要杠杆，我们将在第11章中更全面地讨论并研究教学政策。

在合作学校开展精心设计的实习

在为支持深度学习教学而采取的所有举措中，最重要的也许是如何安排教学实践。许多教师教育项目将实习教师送入与理论课程无关的短期教学实习中，而这些实习往往无法体现高质量教学。相比之下，这七个项目都在努力构建长期的教学实习，分派有经验的教师指导实习教师，从而使他们在课堂上展现他们在密集的理论课程中学到的教学实践。这些实习教师可以观察到优秀的教学模式，并学习如何一步一步地模仿，同时对自身的教学决策进行解释，这有助于他们发展对实践做出复杂判断的能力。

所有的项目在选择合作教师时都十分谨慎，并且都力求与合作学校合作创建以深度学习和公平为重点的实践社区。项目组也作为成员参与到这些基于学校的学习共同体中。

精心挑选的拓展性实习机会

作为教师教育项目的一部分，每个项目都以不同的方式确保实习教师至少拥有一整学年的受到督导的实习经验。在实习教师项目和教育学硕士（MAT）项目中，实习教师从开学到该地区学年的最后一天都在学校里接受合作专家或指导教师的指导。本科生项目中，实习教师在几年内有不同长度的教学实习，至少有一整个学期的全职教学，这时他们可以承担起合作教学的责任。三一大学项目采用五年制模式，在至关重要的本科生实习经验的基础上增加了一整年的实习期。高科技高中的实习项目提供了两年的督导实践，实习教师可以在课堂上与另一名教师合作，对于以前教过书的实习教师，他们可以独立教学并有密切的指导。

所有项目的结业教师都描述了这种拓展性的、密切督导的实习经验的力量。正如旧金山教师实习项目的一位结业教师所反映的：

> 我认为创办旧金山教师实习项目的组织者……知道作为新教师的我们最终需要什么，并确保我们有这样的经历。我认为在真正教学之前与合作教师一起工作是非常重要的，了解如何让学生做好上课准备，如何开始教学至关重要。一直到学年结束，每天都有合作教师提供帮助，也有其他实习教师谈论学校里更大的事项……这是一个很好的安排。

三一大学项目的一位实习教师也有类似的感想：

> 实习是最有益的部分。我经常听到我的同事们说，他们觉得所谓的教师教育项目都只是各种理论课程，没有真正的知识迁移。教育学硕士（MAT）项目解决了这个问题。我告诉我的同事们，这种感觉就好像在工作的第一年拥有一个安全网一样。在项目里，总有一个经验丰富的导师在最困难的时候指导你，并协助

你反思什么有效、什么无效。

实习教师在回答年终调查和结业调查提出的开放式问题时，一再强调学年教学或实习经验的价值，以及在指导能力强和知识渊博的项目导师的帮助下实习的意义。科罗拉多大学丹佛分校的实习教师十分认可项目实习的强度。一位实习教师表示：我在一所学校实习了一学年，我在课堂上获得的经验十分重要。另一位实习教师表示：我花了一年时间在课堂上探究我到底应该做什么，以及做这件事的最佳方法。第三位实习教师认为项目的一个关键特征是课堂上的大量实践机会，他认为，将所学内容“付诸实践”让他收益颇丰。

高校督导：提供支持的关键

所有的项目都提供来自高校督导的集中指导服务，他们通常每周与实习教师进行小组会面，并定期到他们的学校实地考察。在银行街教育学院项目，这种小组会面被称为“会议小组”，为实习教师提供了一个讨论他们作为教育工作者在实际教学中所面临的问题的场所。儿童通识教育项目主任解释说：

> “会议小组”是实际教学督导的核心组成部分……小组实习教师聚在一起……讨论的话题来自学生的需求。这是一个保密小组，给了实习教师一个可以谈论问题的地方……这是一个让他们重新思考自己旧有教育观念的地方。

会议小组——有时在其他项目中也被称为督导小组，是实习教师获得对其作为教育者的实践的看法和反思的机会。正如银行街教育学院院长谢尔·苏兰斯基（Shael Suransky）所解释的那样，会议小组使实习教师能够将理论研究与实践相结合，并形成强大的教师职业认同。

银行街教育学院的一位项目顾问的观点适用于所有教师教育项目。他指出："如果你不积极地利用，理论课程就没有什么意义。"理论课程为实习教师提供了理论、框架和词汇，分析他们的实际教学经验并为其带来意义，这种分析过程通常发生在会议小组中。理论课程以学生为中心，以项目为基础教学，实习教师在他们的实际教学中进行试验，在会议小组中进行反思。

督导员或顾问通常也与学校指导教师或合作教师紧密合作。督导员是教师教育项目和学校之间的桥梁：他们会共同讨论实习教师的经验，帮助他们将理论与实践联系起来，帮助他们解决正在进行的问题，并通过电子邮件和电话与校内指导教师定期沟通，以及与他们面对面交流。在这七个项目中，督导员通常负责四到八名实习教师，要比许多其他机构督导员负责的人数少。在许多教师教育项目中，督导员先前的职业是教师，他们被招募到大学从事这项工作，也可能是在退休后或攻读博士学位时被招募。在阿尔维诺学院、银行街教育学院和三一大学，教师们也经常在他们的教学实践中担任顾问或导师，这进一步加强了双方的联系，因为他们在学校和大学的课堂上可以帮助实习教师。

大学督导组和项目所在学校之间的密切关系也使学校能够提高实习本身的质量。在所有项目中，我们听到许多指导教师解释他们自身的教学实践是如何在与实习教师和指导教师的合作中得到改善的。例如，三一大学项目的一位小学指导教师指出，"我希望明年能继续做一名指导教师，这使我的教学实践效果增加了十倍"。阿尔维诺学院项目的一位督导讲述了这样一个故事：在物理学科的实习中，一位实习教师的导师仍然使用的是陈旧的、以教师为中心的教学，没有示范深度学习实践和教师品格，也没有让实习教师从事以学生为中心的教学。由于学院物理学科的导师数量有限，因此，督导必须找到一种方法，帮助这位导师和实习教师进行正确的教学实践。为了做到这一点，督导员首先告诉导师，阿尔维诺学院项目的实习教师需要增加更多的实践经验，对物理学科而言，就是增加更多的实验室教学和小组活动。同时，督导员还与导师和实习教师一起合作，帮助修改指导教师的课程，使他们能够让学生参与到积极的、合作的课程教学中。

旧金山教师实习项目最近改变了督导模式，用旧金山教师实习项目主任的话说，实习教师的督导员主要从“兼职指导的小时工”转变为全职指导模式。在许多教师教育项目中，兼职督导员的组合是很常见的，但是这种方法很难建立一个连贯的指导过程。这位主任解释了导致这种结构性转变的原因：

> 很明显，项目组希望培养实习教师的凝聚力，让他们觉得自己是团队的一部分，这是一个挑战。我们很难要求人们做一些超出自身工作职责的事情，所以我感觉项目组不够协调，因为督导员每周五只需打卡一小时，每人每周提供80分钟的指导，要求他们做额外的事情并不公平，或者我们需要给他们额外的报酬。因此，我们认识到先前的模式似乎并不是最佳模式，所以才转为全职督导员模式。

旧金山教师实习项目的督导员作为提供指导的全职教师，为实习教师和结业两年之内的教师提供帮助。旧金山教师实习项目的一位督导员，之前已经担任了六年的旧金山教师实习项目合作教师，他描述了与其他项目相比，旧金山教师实习项目能为实习教师提供更深入的督导：

> 当我是一名合作教师时，我同时在另一个认证项目和旧金山教师实习项目中工作。我觉得，在另一个项目里，我指导的实习教师没有准备得那么充分。我尽我所能当好她的指导教师，但老实说，我没有时间来指导她达到她需要的程度。
>
> 在旧金山教师实习项目里，我发现了定期接受督导的价值。

> 我认为这是一个重要的区别，说明实习教师更愿意参与旧金山教师项目，因为他们得到了更好的指导。当我在其他项目中担任合作教师时，我每学期只与督导员会面一次，他们会在我的桌子上留下一张名片，上面写着："如果你有任何问题，请给我打电话。"而在旧金山教师实习项目，总会有一个督导员参与我的课堂，我知道我作为指导教师的实践也得到了帮助和支持，因为有人愿意与实习教师一起工作，推进专业发展，这是最有力的区别。

旧金山教师实习项目的一位结业教师在调查中重申了这种方法的优势："吸引我参加这个项目的部分原因是我从我的督导员和指导教师那里得到的机会……这个项目比普通的教师教育项目要好得多，因为督导员会对我在实习教学中的课程提供反馈。"

除了帮助实习教师和毕业两年内的旧金山教师实习项目结业教师之外，督导员们往往也会为合作教师提供帮助。正如一位督导员所指出的：

> 我发现，我和指导教师合作的时间越长，我们的关系就越融洽，这样我就可以开始提供更多类型的帮助。今年，我的两位合作教师正是以前的实习教师。在他们实习时我指导过他们，其中一个接受了我为期一年的入职指导。现在，她是一名指导教师，而我正以督导员的身份辅导她。对于这些教师来说，我们已经建立了探讨教学实践的良好模式。当我与他们会面时，他们非常愿意谈论他们的实践并接受反馈。

在我们研究的所有项目中，督导员建立的这种融洽关系加上他们在教学方面的专业知识，为改进指导教师和实习教师的教学实践都提供了可能性。

校本导师：专家、搭档和学习者

这些教师教育项目非常注重寻找以学校为基础的合作教师或导师，他们可以示范深度学习实践，并渴望进一步发展他们的能力。事实上，阿尔维诺学院项目最近将学校“合作教师”头衔改为了“导师”，以表示这些教师需要的不仅仅是合作。他们希望将实习教师安置在那些愿意投入时间和精力帮助他们提高的教师身边。我们在本节中将交替使用“合作教师”和“导师”这两个术语，因为这些教师教育项目有时使用不同的术语来指代相同的功能。

选拔导师。在选择指导教师时，阿尔维诺学院寻找的教师应具备的素养与其他项目的需求非常相似：

- 旨在为学校向实习教师灌输的深度学习教学法和性格塑造典范的教师。
- 能够对教学决策做出解释的教师。
- 评估能力强的教师——知道如何利用各种评估，并利用结果来相应地调整教学。
- 擅长课堂管理的教师。
- 了解学生群体的教师，即了解学生和他们的背景。
- 对自己的课堂有信心的教师，这样他们就可以放心地把课堂交给实习教师。
- 那些不认为自己是无法超越的最杰出的教师，以及不是想把实习教师变成“迷你自己”的教师。

除了这些品质外，三一大学项目组尤其强调需要导师愿意学习、愿意合作、愿意与实习教师成为课堂上的合作伙伴，并让实习教师最终独立教学。导师必须具有好奇心，愿意学习，这与三一大学强调的探究精神是一致的。一位项目负责人指出：

> 我们希望导师对教学持开放态度。我们希望他们承诺持续成长，包括对持续了解本项目并指导教学实践的兴趣。我们认为，一名优秀的教师不一定能成为一名优秀的指导教师。因此，导师是否愿意参加指导教师教育并提升他们的教学实践？而且，他们是否愿意为新手教师提供空间，让他们与自己一起学习和成长，并在这个过程中找到自己的声音？

高科技高中项目的一位主管说："我们在寻找那些在自己的实践中进行反思的导师，以及基于项目教学的强有力的实践者，他们使用基于问题的学习模式，并在他们的课堂上支持公平。"

除了这些品质，旧金山教师实习项目还要求合作教师将自己视为教师教育者，致力于深化自己和实习教师的教学技能：

> 旧金山教师实习项目的合作教师是在旧金山的教育一线深耕并对培训下一代教师感兴趣的忠实教育工作者。合作教师已经成功地建立了富有成效和充满关爱的学习共同体，拥有强大的课堂管理技能，并在旧金山传统上教育服务不足的社区提供差异化的、以学生为中心的教学。合作教师们将自己视为教师教育者，善于反思，乐于将自己的教学实践公之于众，并致力于深化自己作为教师和导师的技能。

与其他项目一样，旧金山教师实习项目鼓励合作教师们学习和反思自身教学实践的意愿，这对深度学习至关重要。正如一位长期督导员所指出的："合作教师最重要的品质是乐于尝试新事物，乐于质疑自己的实践，乐于成为一个学习者。没有教师的技能背包中已经拥有所有教学工具。"

为了选拔导师，这些项目并没有采用大多数其他项目的简单做法：询问校长是否有教师愿意指导实习教师。项目组或实习主任会在学校观察课堂实践，与各种教师一起工作，并邀请具备这些品质的大有可为的导师考虑接受实习教师。项目组已经与一些导师和合作学校建立了长期的关系。大多数项目都有相当数量的校友，他们了解项目的理念与方法，并形成了深度学习教学实践。旧金山教师实习项目的教师教育主任描述了这个过程：

> 我喜欢和每个合作教师见面，坐在他们的教室里，和他们谈谈他们是如何成为一名教师的，他们的管理经验是什么样的。通过这种类似采访的经历，我觉得我获得了很多。很明显，另一部分收获来自他们的课堂。我想，如果你十年前问我注重合作教师的哪些方面，我可能会说“数学课程需要改革”或者“需要有平衡的专业知识”。但现在，我认为我不会再过多重视这些东西，这并不是说课程方法不重要，而是说课堂文化、学生讨论或参与学习的方式、教师对待儿童或青少年的方式……教师真正为学生做的工作，这些才是真正重要的指标。

当蒙特克莱尔州立大学项目实习开始时，有意愿的导师会被要求提交一份意向书，分析一段其他教师的教学视频，并展示他们将如何提供反馈和建议。理解教师为支持教育者发展所带来的框架对于成功选择导师至关重要。

合作教师或指导教师的薪酬在不同的项目中有所不同。由于项目资金不足，阿尔维诺学院项目和银行街教育学院项目只支付少量津贴费，但提供免费学分，以便他们在学院里学习研究生课程。有机会学习研究生课程并与项目组开展密切合作，这对许多专业驱动的教师来说是一个强有力的激励。在高科技高中项目中，合作教师或导师每年会收到2000到2500美元的津贴。这些激励措施可以确认合作教师或导师所做承诺的程度，并有助于招募有才能的教师来担任这一角色。

根据学区官员的说法，旧金山学区愿意支付合作教师津贴，旧金山教师项目的合作教师在专业成长和提高工作满意度方面都得到了回报：

> 我们寻找的合作教师是那些期待有机会与实习教师一起学习、与合作教师团队一起学习、参与指导对话的人，他们愿意以这种方式开放他们的课堂，接受审视。这在很大程度上得到了很好的回应，而且肯定得到了整个地区的好评。我认为合作教师把这看作一种更广泛地提高教学质量的方式。我认为人们与我们的合作是留住更多资深教师的一种方式，否则这些教师会考虑其他事情，所以学区对项目很热心。

导师选拔结束不代表工作结束，实习教师和合作教师之间的关系对实习教师的成功更为重要。旧金山教师实习项目采用了全面流程来确保合作教师和实习教师之间的有效匹配。旧金山教师项目的主任详细描述了这个流程：

> 我们为每一位合作教师开发了一份问卷/申请表，在问卷中，他们会谈论他们的实践和一些基本的东西，比如多年的经验、他们课堂的一些细节，还有他们认为自己能和什么样的人一起工作，这份问卷有点像大学室友问卷调查。实习教师一旦被选拔进入该项目，也会得到一份类似的文件。我们会相当认真地使用这些文件。

旧金山教师实习项目的一位结业教师认为旧金山教师实习项目中合作教师与实习教师的匹配过程是项目的一个优势：

> 通过项目主任和督导员可以看出，他们的合作是多么的紧密，而且他们的确在为实习教师匹配合适的合作教师做出努力，之后……他们就能一起融洽工作。有几位实习教师出现了与合作教师不匹配的情况，项目组努力地解决了这个问题。

支持导师发展。虽然许多教师教育项目很少或几乎不直接对合作教师或导师提供支持，但所有项目都以各种方式为导师提供培训。高科技高中项目的导师每年参加三次专业发展研讨会。第一次研讨会包括明确项目方向，让导师有机会认识他们指导的实习教师，描述期望并设定学年目标。第二次研讨会的重点是“促进式指导”，一位项目负责人将其描述为“一种通过使用问题来引导被指导者自己解决问题的指导模式”。在这个为期两年的培训模式中，每年的最后一次研讨会允许高科技高中项目组与导师一起回顾本学年并为下一学年做准备，导师就实习教师的需求和想法提供反馈。导师身份将持续两年。

在蒙特克莱尔州立大学项目和旧金山教师项目中，导师的专业发展是为了帮助他们与实习教师建立合作教学关系，使他们在这一年里逐步承担起责任。在旧金山教师实习项目中，合作教师的专业发展在三个专业发展日开展，并提供带薪代课和可选的晚间课程。项目主任指出，新的监管结构使得指导教师能够共同建立一个专业学习共同体，这提升了他们的指导能力：“我们每月都开会，讨论公平培训和即将发生的事情，我们一直推进各种调查——这一流程与我们一直在使用的合作教师教育流程相同。”

在三一大学项目中，对导师的支持也从对实习教师和导师的联合指导开始。一位小学课程导师指出，这种在学年开始前进行的指导很有价值，能让导师与实习教师在开课前做好准备。一位中学导师报告说，导师们从三一大学得到了一份“非常全面的手册”，探讨了担任导师的意义以及何时卸任导师角色的问题，教师教育项目组会在学年末带领导师们完成这一过程。教师教育项目在实习教师的课堂具体问题出现之前就进行处理。例如，导师们指出，在培训过程中，他们与实习教师讨论如何最好地接受反馈，制定需要导师干预的信号，并询问实习教师是否喜欢书面或口头反馈。

随着学年的推进，三一大学项目为指导教师提供持续和广泛的支持和培训。导师会收到实习教师在三一大学的课程中使用的教学大纲，因此当他们看到实习教师在课堂上尝试某些做法时，他们知道该从哪里指导。小学和中学的项目协调员都为他们各自的导师学习小组提供便利。项目组还与导师们共同指导实习教师的教学实践，并提供如何向实习教师提供反馈的培训。他们通过导师与实习教师互动的实际案例以及与实习教师合作的工作，来研究如何指导实践。一位小学导师报告说，与小学教育学硕士协调员的月度会议使导师们能够解决具有挑战性的问题，并了解实习教师的下一步计划。月度会议也为导师们提供了一个相互合作的机会，让他们作为一个团队来检查实习教师的进展情况。

如前所述，指导教师通过与实习教师一起学习而受益。一位实习教师告诉我们，她参加了一门很有帮助的课程，在课程中她了解到了技术的新用途。她的导师随后描述了这次课程对她自身教学的益处："这就是在这个项目中当导师的好处之一，因为被指导者给我们带来了新鲜的东西。她把新技术带进了课堂，现在我的课会因为她而得到改进。她正在学习优秀教师的教学技能，并把它们运用到课堂之中。这真是太棒了！"

这种从被指导者到指导者之间的交流表明，理论课程和教学实践之间的紧密结合，以及项目组、指导教师和实习教师之间的关系，在所有这些项目中产生的好处都超出了传统的指导与被指导模式。

合作学校：学习共同体和学校改进

七个项目中，除了高科技高中可以在一个完全基于项目本身的高中环境中培训自己的实习教师之外，所有项目都必须解决实习教师去哪里进行教学实习的问题，因此，他们必须找到可以让实习教师进行深度教学的合作学校。正如旧金山教师实习项目的主管所指出的：

> 对我们来说，其中一个挑战是找到高质量的合作学校和实习岗位，让实习教师能够感受到深度学习教学，这也是教师教育项目发展的困境之一。在哪里可以找到让我们的实习教师观察和实践的优秀教学示范？如果没有，在哪里可以找到允许实习教师探索所学内容并开始改进自身教学实践的地方？这也是我们实习教师项目的另一个目标——对学校产生影响。

所有教师教育项目提供的答案都是与那些希望在全校范围内开展日益强大和公平的教学实践的学校建立深入的合作关系。在第10章中，我们描述了支持合作关系的结构。我们这里讨论的重点是学习共同体和它们培养的合作关系，以及它们为实习教师、项目组和K-12教师、学校和地区提供的实践机会。

科罗拉多大学丹佛分校项目的合作模式建立在“同步更新”的愿景之上，在这种模式下，实习教师、指导教师、项目组和更广泛的学校教师参与到持续的专业学习中，并共同致力于改进学校和项目大学的教学，如图4.2所示。

教师教育项目会明确地寻求在这些学校中发展实践共同体。每个项目都在合作学校中安排教师小组，将合作的好处扩展到小组成员之中。诸如三一大学项目和旧金山教师项目的一些项目，将至少两名实习教师安排在合作学校的一个年级或一个部门内，这样他们就有同事直接与他们一起规划教学和分享经验。在这些合作学校里，实践教学变成了深度学习体验，因为在这个共同体中，项目主管和导师指导实习教师，积极促使实习教师以及资深教师参与到计划、行动和反思的循环中。

例如，旧金山项目的主任描述了旧金山项目实习教师的教学实践：

> 我们对发展合作关系非常感兴趣，而不仅仅是把实习教师安置到你们的学校……我们项目的结业教师现在自己也是合作教

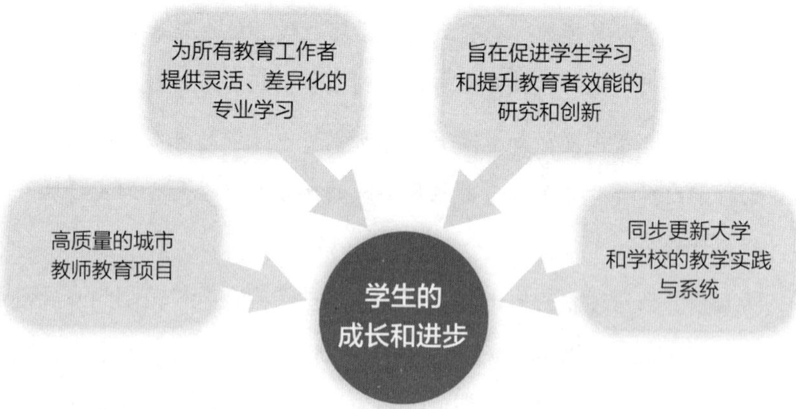

图4.2　专业发展学校的共同目标和四项举措

来源：科罗拉多大学丹佛分校项目概述。

> 师。因此，我们越来越多地把自己视为实习学校的专业发展的一部分……我们不仅仅是在指导实习教师，我们还指导合作教师，并试图全面提高教学实践水平。如果一个学校有几个强大的合作教师，我们可能会考虑聘请更多的导师，他们可能还没有相同水平的指导技能或教学技能，但由于我们聚集在一起，实习教师就会有机会互相学习，有所收获，比在我们所谓的"孤独的学校"实习或者和一些名师独处有好处。

斯坦佛大学教师教育中学项目的主任描述了是什么让一所特殊的教师教育学院——埃尔多拉多小学——成为"皇冠上的宝石"：

> 埃尔多拉多小学有我们大量的结业教师，包括BTSA（新入职教师支持和评估及入职培训项目）导师，他们在那里做了很多工作。多年来，我们在那里安置了许多实习教师。自从我们合作以来，任职的两位校长已经把实习项目视为他们工作的一部分。

在教师发展方面，我们的工作是一致的。

教师为实现深度学习而参与的培训工作依赖于与学区之间真实、互惠的关系，这种关系为实习教师在实习中学习和成长提供了环境。旧金山联合校区的学校是旧金山教师实习项目的“教学学院”，为其提供支持性的、合作性的工作环境，其教职员工和行政部门都致力于培养下一代教师，并普遍加强教学实践。教学学院的发展使该项目的“变革性教学”理念在全区越来越多的学校扎根。

琼·乔丹公立高中是旧金山教师实习项目中一所长期合作学校，这是一所小规模、多元化的高中，77%的学生来自低收入家庭，其四年制学生的大学升学率在旧金山学区位居第二。这所学校以作家兼活动家琼·乔丹（June Jordan）的名字命名，以明确的社会正义为导向，注重基于项目的学习，毕业条件要求高年级学生必须准备并保留他们的作品集。旧金山项目的一位长期督导员描述了社区是如何随着她与琼·乔丹公立高中的合作教师和其他教师合作而不断发展和壮大的：

> 随着我与教师们的关系不断深入，我们试图不局限于项目中的正式督导结构。例如，在琼·乔丹公立高中，我会花一天时间和生物组一起做一天的计划，参与者是实习教师、指导教师和我，他们有时会说，“哦，我又想到了一些新的东西”。所以，我们真的在以不同的方式推动项目的发展。有一天，我在停车场和一位合作教师聊天，他说：“哦，我真的希望你能和我一起工作。我想在课堂上少讲一些，让学生多交流，你能帮我吗？”或者我会收到电子邮件：“哦，我需要课程方面的帮助。这是我正在考虑的问题，你能提供什么想法吗？”所以，有些交流是非正式的。

合作学校的合作性质不会随着实习过程、专业社区和专业发展学校与大学的互利关系而结束。与合作学校的长期和持续的接触，使职前和在职教师教育项目的共同理念和实践得到发展。

因此，随着合作共同体的扩大，教师教育工作对学校和整个地区的深度学习的影响也在扩大。

在接下来的章节中，我们将讨论这些教师教育项目的课程和实践如何使实习教师有能力以发展为基础，以个性化的方式进行深度学习教学，并在富有成效的学习共同体中将学习内容应用于现实世界，明确地解决一部分教育问题。

第
5
章

以发展为基础的学习

通过银行街教育学院教师项目，你会对学生发展进步颇为了解：你知道他们的具体年龄；在认知上，他们能够处理和理解什么；在情感和心理上，他们的感受是什么；如何培养他们所需的技能，以处理他们在人生不同阶段所面临的挑战。同时，很多人强调不同类型的学习者具备多样性，因此，没有一刀切的教学方法。你必须找到方法来区分不同学生的技能和优势，并在他们需要额外支持时为他们提供帮助，认识到不同的学生将需要不同方式的援助。

——银行街教育学院项目实习教师

在本章中，我们开始深入研究第1章中确定的深度学习的五个方面，重点讨论教学如何以个性化学习的方式支持学生的发展进步。在我们研究的项目中，实习教师学习如何在学生已有知识和文化经验的基础上教学，帮助他们积极构建新知识。他们将学习与学生的身份以及他们已经知道的内容联系起来。学校的教学目标基于学生的经验，具有内在的趣味性，适合他们的发展水平，并根据他们的需要提供帮助。

美国国家教育学院委员会的报告《为不断变化的世界培养教师》通过以下方式概述了具有发展意识的教师知识和技能：

> 对学生发展的理解不仅需要了解他们个体的全部，还需要考虑学生在特定的社会背景下的发展。一个有发展意识的教师会了解许多内容，例如，学生已有的知识和文化经验将如何影响学生的学习以及他们对待新想法和新任务的方式……这位教师会认识到，一门鼓励学生通过观察、收集信息、描述、计算、操作和使用他们所学的内容来积极并具体地学习的课程，会对这些基于具体理解的抽象思维有帮助。

具有发展意识的教师会明白，一些学生仍然需要学习其他学生已经掌握的技能，并且，他知道如何判断学生的需求，并根据这些需求提供有针对性的教学和帮助。一位有发展意识的教师会知道，随着学生在某一领域理解能力的提高，他们对学习模板的掌握越来越熟练，能够进行抽象和偶然的思考，并以更复杂的方式管理多个变量。教师需要做好准备，帮助学生掌握更系统的推理能力和象征性思维。

银行街教育学院项目的结业教师泰德·波伦（Ted Pollen）是具备发展意识的教师典范，由于银行街教育学院项目的合作学校主要由项目结业教师担任教师，他现在是纽约市中城西区一所学校的一名合作教师，我们在这里观察了他的教学行动。具体内容请看下文“以发展为基础的教学实践”展示。

以发展为基础的教学实践

在纽约市中城西区一所学校中，泰德·波伦在给四年级的学生上课。教室里，27名种族不同的学生正在深入地进行数学探究，学习重点是理解范围、平均值、中位数和众数等概念。一些学生围着桌子坐着，而另一些学生三三两两地分布在教室会议区的地毯上。有些老师可能会用定义和计算规则来介绍这4个术语，并让学生做一张活页练习题，而泰德的学生们一直进行一项调查，为他们提供了现在正在分析的数据：本周早些时候，他们测量并记录了他们自己教室里每个人的身高，以及作为他们阅读伙伴的一个幼儿园班级里所有孩子的身高。然后，每个人都想出了如何使用他们各自构建的条形图来显示数据分布，以便算出每个班级学生的身高范围、平均数、中位数和众数，并对它们进行比较。学生以小组形式合作，使用各种工具，如教具和计算器，并互相建议和询问该怎么做。

泰德和他指导的两名实习教师在小组之间走动，观察这个过程，偶尔提出问题，帮助学生进入下一个理解层次。很明显，他在选择问题时考虑到了学生的最近发展区。泰德对一个小组说："思考一下你们小组的设计，什么是显示数据的最佳方式，以便你们能进行实际比较？"在另一个小组中，他问道："谁能告诉我幼儿园学生的身高范围？我们班级同学的身高范围？是否有任何异常数值？"这使得学生意识到，两组数据之间几乎没有重叠，但有几个相对较矮的四年级学生和一个非常高的幼儿园学生，一个学生指着那个数据骄傲地说："那是我的阅读伙伴！"

在另一个小组中，泰德观察到其中一个男孩的情况："你遇到的问题和她一样。"他指着他的一个同桌，鼓励他们两人一起合作，于是他们开始计数并计算，共同解决这个问题。泰德从不透露答案，但他用提问来协助解决问题的过程，仔细地引导学生理解。在小组中，学生们对答案进行了激烈的辩论，相互解释他们的推理，重新计算他们的数据，收集证据，并以不同的方式展示他们的解决方案。泰德不对争议进行裁决或提供正确的答案。他允许各小组解决这个问题。

泰德照看着一个有孤独症的学生，她正在伙伴的帮助下学习。这个学生在做作业时不时地唱歌，但她仍在不断进步。在喧闹的教室里，她的歌声并没有分散其他学生的注意力，因为他们都专注于交流，以找到这个非常刺激的难题的解决方案。每个学生都在深刻理解这些关键的统计学概念方面取得了重大进步，而这些概念往往是高年级学生无法理解的。

在这群勤奋的孩子身边，学生的作品布满了墙壁。墙上展示了由每个学生和老师共同制定并签名的课堂章程，以及一个“问题停车场”，上面贴着各种难题和全班都同意重新讨论的问题。尤其引人注目的是一篇学生们对1621年到1680年间在新阿姆斯特丹和纽约的奴隶生活的分析文章，以及说明他们所处理和解决的各种问题的分数海报，包括他们如何在不同的奇数人数之间平分一份潜艇三明治。

在教室后面的架子上，一组箱子中放着数学教具，另一组箱子中放着按类型标示的图书，都与当前的研究主题有关：班级学习过的每一位作家都有一个箱子，还有非裔美国人传记、奴隶制、其他传记、泰德最爱的书等等。天花板上挂着手工制作的地球仪和按时间顺序排列的重要事件的日期卡片。白板前的会议区铺着一块印着世界地图的地毯。

教室墙上还挂着许多提醒学生日常习惯的海报。其中一张总结了“读书会”的规定。另一张上的问题是：“什么是比喻性语言？”答案是：“当词语的意思与字面意思不同时。”海报对大多数人认为的属于高中范围的术语，如比喻、隐喻、夸张、拟人、拟物、拟声、成语、典故和矛盾修辞格等，进行了定义，并提供了每个术语的具体例子。

其他由学生和老师制定的海报包括“写作工作会议协议”“诗歌指南”“议论文”“阅读会议工作”和“新闻杂志文章的要素”。这些海报通常都是用学生自己的语言编写出来，以便他们可以分享并在需要时回想。另一张海报列举了“我们对地图的了解”，还有一张海报描述了“两位数乘以个位数的传统算法”。

学校支持使得这一卓有成效的教学成为可能：所有学生的免费早餐；为住在临时住房的学生提供免费交通；提供教育研讨会、文化联系和家庭支持服务的家庭中心；延长课后时间和服务；每年两次的学生一庭一教师三方会议；对学生权利的保护，包括“我有权利在这所学校里获得快乐和同情”“我有权利在这所学校里做我自己，这意味着没有人会不公平地对待我”“我的安全在这所学校里有权利得到保障”。社区建设和冲突解决需要全校范围的明确努力。虽然这所学校学生人数有点多，但它在各方面都很受欢迎。

这个示例说明了中城西区学校和泰德的班级是如何建立在一个发展框架之上。这个框架支持牢固的、相互信任的关系；支持学习过程中的合作；支持与已有经验的联系；支持促进探究的教学，并在适当时穿插明确的指导；支持个性化的学习策略和集体学习。

就像泰德选择的任务——测量和比较两个不同年龄班级学生的身高，这种具有真实性和参与性的任务能够激发学生的努力和参与。学生的学习通过教师的支架式帮助和广泛的工具得到支持，这些工具支持学生的个性化学习和主动性。其他支架式帮助，如提醒学生学习过程和关键概念的图表，支持自我调节和战略性学习，同时减少认知负荷以提升高阶思维和表现能力。这也使学生能够进行自我评估以及对同伴和教师进行评估。对学习进行反思和修改的过程支持元认知和成长型思维的发展。同时，学生作为合格的作家、科学家和数学家的身份也得到了加强，他们的作品在教室的墙壁上占主导地位，是学习过程的焦点。

所有的学生都觉得他们属于这个课堂，在这里他们一起学习，成为负责任的课堂社区成员、批判性思维者和问题解决者。一系列与文化相关的课程单元和材料促进了这种包容感，而一系列广泛的学校支持通过以多种方式解决学生和家庭的需求，同时将家庭作为合作伙伴纳入教育过程，从而加强了这种包容。

与泰德一起工作的银行街教育学院项目的实习教师贾罗德（Jarod）向我们解释了他在项目中的课程如何应用于他在纽约市中城西区的实际工作中。贾罗德目前正在学习《多元和全纳教育背景下的数学教学》，这门课程正在教他许多泰德课堂上的示范做法。贾罗德指出，这门课程为他提供了“简单的提示，作为一名实习教师，你可以让自己去做……不断问学生为什么：你为什么这么想？你为什么要这样做？你能告诉我这是怎么做到的吗？其他同学能重复刚才那个同学说的话吗？有哪位同学做了什么不同的事吗？”。

贾罗德描述了他如何看到他的合作教师泰德在他的课堂上示范这种类型的探究。贾罗德说：“作为一名实习教师，我们会经常模仿；你看到你的指导教师做什么，你就做什么，有些做法会内化为你自身教学实践的一部分，有些做法你会根据自己的个性进行调整。”因为贾罗德在银行街教育学院项目所学的数学课程和他的合作教师都采纳探究式的数学教学模式，所以贾罗德正在学习如何提出问题，引导学生指导自己的数学学习，以及如何借鉴维果茨基的理论，在教学与学习的共同过程中支持儿童在自己的最近发展区学习。当贾罗德学会通过提问为学生的探究和思考提供帮助时，他也在学习如何根据学生发展中的思想和理解来解释他从学生那里得到的答案，这样他就可以弄清楚他们接下来准备做什么，以及他们可能需要什么样的支持。

正如我们在第3章所指出的，这种理论课程和教学实践，即理论和实践的结合是为了帮助教师发展教学愿景、发展知识和技能。银行街教育学院项目的教学愿景通过一个高度整合的教学过程得到支持，并且一直存在于项目组的教学方式中，就像它存在于项目组所要传递的正式课程中一样。正如比伯（Biber）所解释的那样，这种“隐藏课程”的设计是经过深思熟虑的：

> 多年来，我们一直认为，除了所提供的结构化课程外，实习教师会内化我们试图为他们创造的学习环境的普遍品质，他们自己的教学风格的定性特征将反映出他们自己在成为教师的学习过程中的个人经验的品质。

实习教师必须有机会以他们今后被期待的相同方式学习，这一信念形成了一种强烈而与众不同的实践，普遍开展于银行街教育学院项目的合作学校。在银行街儿童学校，学生们正在搭建积木、制作图书、设计建筑和科学项目、建造和参观博物馆、讨论数学问题，并在多样化的项目中相互合作。在大学教室里，人们还可以看到未来的教师为学生制作图画书，为合作教师制作课程大纲；用豆子、沙子、水和其他数学和科学教具进行实验；为自己和未来的学生组织博物馆和社区参观，并在各种项目上相互合作。

从发展的角度学习教学

诸如上述的教学活动是第3章中概述的具体课程的一部分，这些课程使用发展框架来学习教授每个学科领域，从语言艺术和数学到科学、社会研究、艺术和体育。除了关于学生发展进步的课程外，银行街教育学院项目的实习教师还要学习一系列基于发展角度的课程：发展的变化；通过观察和记录来研究多元和全纳教育背景下的学生；多元和全纳教育背景下的家庭、学生和教师的互动；语言多元化社会中的语言习得和学习。

在课程计划中，学生的发展需求和课程对深入理解的要求被很好地结合在一起。例如，我们在泰德的课堂上看到的课程经过精心设计，它考虑到了如何培养学生深入理解集中趋势和变化所需要的数学推理，这是理解平均数、中位数和众数的基础。教师在划分学生小组时，也考虑了学生的个人需求和学习模式，形成向个人提出的问题，并决定后续的学习活动。泰德全年都在向他的实习教师解释这种想法，因为这会帮助他们越来越有能力贡献自己的想法。

除了与合作教师一起制订课程计划外，实习教师还在学习课程设计的过程中发展自己的技能，思考如何考虑学生的需求并通过差异化以实现他们的课程目标。在一门课程中，实习教师们要根据当地环境和他们的学生设计自己的课程单元，然后学习如何改进他们的教学，因为他们在实际教学的课程中通过观察和分析收集了信息。在整个教学过程中，实习教师们接受反馈，回顾课程模型，并多次修改以完善他们的课程。这种迭代式的备课任务要求教师在仔细观察和分析的基础上，以学生的经验为基础，反思他们的课程对个别学生的有效性，以便为未来教学做出改进。

正如教育家杜威描述的那样，在这个例子中，贾罗德正在学习把学生与课程相结合。实习教师的一部分工作是深入理解主题和课程，从而使学生以适合发展的方式学习，另一部分工作是了解学生以及他们给课堂带来的东西。通过一系列关于发展和以发展为基础的内容教学法的课程，银行街教育学院项目旨在让实习教师学会如何“让学生参与课堂并教育他们积极学习”，从而支持他们的认知发展以及对概念的深入理解。我们对儿童发展课程的研究说明了实习教师如何学习应用基础的儿童发展理论，在内容领域为学生提供有效的学习经验。具体内容见下文的“从发展的角度学习历史教学”展示。

从发展的角度学习历史教学

一个周四的晚上，银行街教师教育学院项目的18名实习教师来到银行街儿童学校一个八年级的教室。这些实习教师来自不同种族，其中有四成是少数族裔，目的是参加学校的一门标志性课程——儿童发展。他们三五成群地坐到桌前。

在上课之前，实习教师们就已经感受到了以深度学习活动为特点的课堂。教室墙上贴满了八年级学生的学习成果，比如一个以公共管理为主题的单元。一张海报上写着民主国家需要包含哪些要素，包括人民、货币、税收、官员、法律、警察、军队、收入平等、人人平等、自由、公平的法院等等。

其他海报则概述了八年级学生有关民权项目的任务，包括：（1）约翰（Johann）——约翰逊总统与民权法案的通过；（2）鲁西（Ruthie）——蒙哥马利巴士抵制运动；（3）科尔（Cole）——马尔科姆·X；（4）拉夫（Raf）——妇女在运动中的作用。这些项目促使学生思考种族、性别和特权如何塑造美国历史。

今天的课堂上，实习教师们需要关注青少年的认知成长。他们正在学习如何创造一种环境，以帮助处于显著发展变化时期的学生，特别是培养青少年从具体思维转向抽象思维的能力。指导教师南希·纳格（Nancy Nager）为本节课设置了中心问题，并示范了实习教师在课堂上应采用的探究式教学方法：对于青少年来说，怎样的环境才足以让他们形成正式的思维？南希首先从实习教师的个人经历入手，要求他们利用三分钟时间反思他们的青少年时期是什么样的。

在汇报青春期发展的核心主题时，南希提出了发展身份认同的社会过程、同伴的重要性，以及可能需要教师支持的周期性情绪波动。对于这个年龄段的学生，她说，“他们的任务是发展，我们的任务就是建造地基”，这强化了一个概念，即教师必须提供稳定的环境，让青少年去探索。她还指出，如果没有明确的教学目标，学生的高阶抽象思维就不会出现，因此这对教师来说是一项特殊的任务和挑战。

银行街儿童学校七年级的一名教师玛格丽特·西尔弗（Margaret Silver）受邀参加这堂课。她首先让实习教师回顾自己七年级时的经历，包括社交、情感和学业方面。在帮助实习教师与处在青少年时期的学生产生共鸣之后，玛格丽特展示了两个来自七年级单元中的项目实例，内容涉及美洲原住民与欧洲殖民者之间的交锋。

第一项活动旨在帮助学生发展象征性思维和换位思考能力，这是抽象思维的两个层面，较难培养。并且，教师并不总是明确地指出正在培养这两种能力。这项活动要求学生两人一组来分析一幅标志性油画《美国的进步》，画中的自由女神盘旋在向西迁移的移民上空。学生被要求自己作一幅画，从移民以外的视角，如美洲原住民的视角，来说明美国西进扩张的形象。

第二项活动旨在培养学生的换位思考能力、分析能力和共情能力，内容是以19世纪50年代国会特别会议为背景的角色扮演。每个学生都将扮演一个不同的历史人物，辩论与奴隶制有关的各种问题。这项活动的收获包括学生的笔记、他们扮演的角色、他们在角色扮演过程中的发言以及学生对角色扮演的自我评价。

介绍完活动后，玛格丽特将学生们在这两个项目中的收获交给了围坐在圆形桌旁的四名实习教师。实习教师们仔细研究这些项目，互相提问，当玛格丽特在旁边时也会对她提问。一位实习教师在查阅一名学生从美洲原住民的视角描绘西进扩张的画作时，向玛格丽特问道："你是如何帮助学生进行象征性思考的？"

玛格丽特回答说："这真是一个好问题。"她介绍了自己如何为教学活动搭建框架。她解释说，首先，她会给学生提供多位美国原住民的演讲，这些演讲都包含丰富的意象。接下来，她让学生以小组为单位讨论这些意象，它们意味着什么、为什么有力量、不同演讲中的意象有什么共同点。在解释她的教学行为时，玛格丽特还介绍了全班同学如何一起分析《美国的进步》画作，了解什么是模仿，并以此为基础思考其他信息或替代方案。她指出："虽然这个项目需要很多步骤，比较复杂，但学生们需要选择空间。"

玛格丽特还解释了她在为学生选择合作伙伴和角色时，是如何考虑学生的性格和需求的。在模拟参议院的角色扮演中，如何选择成组的学生合作扮演废奴主义者或奴隶制捍卫者，在该单元的教学设计至关重要。她说："我想要学生的合作关系有效，也想让他们的关系有所拓展。我通常不会让他们与亲密的朋友合作。"

同样，对于角色扮演，玛格丽特也提出了为学生选择合适角色的重要性。"谁最终会扮演废奴主义者的角色，与南方人一起努力？哪里有领导机会？谁竞选主席是不公平的，因为他们在社会上缺乏安全感，无法承受？"根据学生的学习目标，以及他们如何能够扮演不同的角色，她认真思考了由谁来扮演卢克里蒂亚·莫特（Lucretia Mott）或约翰·卡尔霍恩（John Calhoun）。玛格丽特强调了实习教师在设计课程时考虑学生整体的重要性，包括学生的智力和社会发展。

南希也指出了实践与认知发展概念之间的关系，例如，她观察到"你帮助他们进入了灵活思维"，随后又说："这是你如何为学生的学习提供支架，如何找到最近发展区的例子。"

实习教师请玛格丽特对他们读到的概念进行评价："学生是如何接受与

自身观点相悖的观点的？你有没有注意到他们如何思考自身的观点？”

玛格丽特介绍了她是如何通过自我评估、书面和口头反思来帮助她的学生做出这些决定，并帮助他们看到自己的成长。正如她所指出的：“对学生来说，没有什么礼物比了解自己更重要。”她强调七年级的学生往往会低估自己，教师的部分职责就是帮助他们看到自己的能力。

实习教师向玛格丽特提出了各种问题，从项目内容的开发到项目期间的课堂管理，不一而足。玛格丽特离开后，所有实习教师都在反思他们刚刚观察和分析的丰富的、基于项目的活动。一位实习教师指出，七年级的学生就被要求进行角色扮演和创造性工作是多么不同寻常，这与她在学校的教学经历相去甚远。另一位教师对项目结构发表了看法，指出在项目中，教师可以通过不同的任务和提示针对不同的学生进行不同程度的挑战。

一名实习教师评论说：“玛格丽特提示学生、给学生建议，而不是直接告诉他们答案的方式，确实让学生受到了挑战……这种方式适合许多不同学生的发展。”

在这一丰富经验的基础上，南希在阅读教学中引入了另一套学习理论，指出库恩（Kuhn）对思维发展的看法与皮亚杰的观点有所区别；例如，形式思维的各个方面，比如命题思维、灵活思维、抽象思维，并不是同时发展的。她要求实习教师两人一组，思考他们在学生作业或其他环境中看到的形式思维和理解的例子。有了自身实例和刚刚回顾过的例子，实习教师们就可以共同深入思考。

这堂课说明了银行街对学生和成人发展的关注，以及这种关注如何有助于提高实习教师的深度学习教学能力。具体来说，实习教师必须考虑每个学生在智力、社会和心理方面的需求，以创造安全和有利的学习环境，推动学生进行批判性思考和深度思考。南希的课程为实习教师提供了一个思考青少年发展的框架。随后，实习教师们利用这一框架观察和分析了一位七年级教师的教学方法以及她的学生在特定内容领域的学习情况。实习教师在银行街的学习过程是一个一举两得的过程：既关注学生的发展，为他们理解学生和教育打下基础，同时学习与教学相关的各个领域，包括课程开发、教学内容的教学策略和课堂管理。

发展社会和情感方面的能力

除了教授知识和培养学生的认知技能外，以学生发展为本的教师还要学会帮助学生培养社交和情感技能、养成良好习惯和思维，使他们能够成功地指导自己的学习和生活，以及与他人的交往。在我们研究的七个项目中，这种教师教育工作也很突出，特别是专业发展学校关系允许实习教师在重视和教授社会情感学习的合作学校接受教师教育。在下文的“培养社会情感技能和思维”展示中，我们说明了三一大学项目的一名实习教师如何在为期一年的教学任务中，与她的年轻学生一起培养成长型思维。

培养社会情感技能和思维

这是圣安东尼奥一个下着雨的下午。我们来到三一大学项目的实习教师卡桑德拉（Cassandra）的课堂，她目前在拉马尔小学（Lamar Elementary）担任一年级教师。教室里摆满了桌椅，这个班通常有17个孩子，包括11个男孩和6个女孩，但今天有两个学生请假。班上学生有非洲裔、拉丁裔和白人。卡桑德拉的指导教师莫妮卡（Monica）指出，这个社区正在逐渐中产阶级化，现在的白人学生比过去多。

今天的课程重点是拉马尔小学提出的成长型思维的五个基石：同情、毅力、韧性、乐观和灵活。卡桑德拉利用学生生活中的日常场景来帮助他们学习成长型思维的概念。学生们以小组为单位，创作一个与自己的成长型思维基石相关的短剧，并表演给同伴看。然后，由同学们判断表演的是哪个基石。这项活动本身就是培养社交情感技能的一种手段，因为学生必须相互协作，并学会仔细观察他人所传达的情感。

卡桑德拉坐在椅子上，她前面的地板上坐着学生。她向各组学生分发纸条。每张纸上都有一个符合五种成长型思维之一的情景。学生被分成三人一组。卡桑德拉和莫妮卡帮助每个小组理解他们拿到的情景，并编排一个短剧。卡桑德拉在教室里走来走去，以帮助不同的小组，而莫妮卡则专注于其中一个三人小组。

大约十分钟后，卡桑德拉对学生进行一分钟的倒计时。然后，她告诉学生，如果他们完成了，就到自己的课桌前坐下。学生们回到自己的课桌前等待。卡桑德拉请助教们分发纸巾和记号笔。另一名学生分发覆盖着塑料保护膜的卡片，学生可以在上面用记号笔写字。有少数几个没有完成任务的学生，她对他们说："我们不能玩记号笔。如果我看到你们这样做，我就把它们拿走，餐巾纸可以当作你们的橡皮。"

在每个人都坐好并拿到自己的材料后，卡桑德拉说："让我们看看哪一组想先开始。"学生们迫不及待地举起了手，卡桑德拉挑选了一组，并对学生指示道："如果你们要表演，可以走到教室前面。特里斯坦读故事，他们小组表演完后，你们要根据他们说的应该做和不应该做的事情，写下他们的故事代表了这些基石中的哪一个。"第一组学生大声朗读他们的故事。这是一个关于学生不擅长在课间踢足球的故事，三名学生表演了这个故事。卡桑德拉接着问学生："你们不应该做什么？"一个学生说："放弃！"卡桑德拉问："你应该怎么做？写在卡片上。"学生们写完后，卡桑德拉又说："你们要把你们的卡片展示给大家看。”学生们举起自己的答案。

卡桑德拉读了学生们举起的答案后说：“我看到同学们的答案是毅力。你们都得出了‘毅力’这个答案吗？这个答案对吗？”上台表演的学生们点头称是，然后回到原位坐下。学生们用餐巾纸擦掉卡纸上的答案。

接下来，下一组学生朗读他们的故事。卡桑德拉总结道：“他们想打篮球，但没有篮球，不过他们有跳绳。你不应该做什么？”一个学生说：“不要抢球。”卡桑德拉接着问：“你们应该做什么？”另一个学生回答：“应该玩跳绳，因为有很多跳绳。”卡桑德拉接着问：“他们的故事说明了哪个基石？”一些学生举起了“灵活”，另一些学生举起了“韧性”。

卡桑德拉问一名学生为什么选择韧性。学生回答了问题，但声音太小，卡桑德拉听不清。卡桑德拉说：“我可以理解你的答案是韧性，”她补充道，“他们想做事情，但他们做不到，所以他们很灵活……有时不止一个词适合。”

这个过程在其他小组中重复进行。一个小组阅读了一个故事，并表演了一个关于同情的短剧。卡桑德拉问：“你不应该做什么？你会笑吗？你会怎么做？”一名学生回答说：“我会说，很抱歉你的狗生病了。”卡桑德拉肯定了学生的回答，然后说：“也许他们可以写一张祝福卡，这属于哪个词？”学生们举起了“同情”。

另一个小组表演了一个关于毅力的情景。一个学生正在做一个艺术项目，但剪纸和折纸的方法都错了。一些学生认为这是韧性的例子，卡桑德拉认可了两种答案，然后解释了韧性和毅力的区别。最后一组朗读了一个关于在食堂尝试食物的故事。卡桑德拉问：“你不应该做什么？”一名学生说：“把食物扔到地上。”卡桑德拉接着问：“你应该怎么做？”另一个学生回答：“吃掉它，它可能不会太难吃。”随后，学生们在卡片上写下了“乐观”。

至此，全班已经学完了成长型思维的五个基石，在主讲教师莫妮卡做了简单总结后，下课铃声响了。

除了向学生讲解有关成长型思维的知识外，这节课还采用了以学生为中心的教学法、小组合作、角色扮演，让学生有机会将自己的生活经验与重要概念联系起来。卡桑德拉在暑假期间与其他实习教师组成一个团队，设计了一个以成长型思维为主题、面向四年级学生的“追求理解的教学设计”单元，共十节课。

正如我们在第3章中所指出的，这些单元与其他暑期作业一样，并不仅仅停留在理论层面。导师会向实习教师介绍“追求理解的教学设计”课程的设计过程，同时也为实习教师提供实际经验，让他们了解地区课程指导原则，并就如何处理这些指导原则做出专业决定，从而使实习教师能够深入学习相关内容。单元的发展以及实习教师就他们学到的知识所撰写的反思论文将作为教育学硕士（MAT）暑期课程的成绩评估。

卡桑德拉将自己教授的“成长型思维”课程与三一大学的暑期课程、拉马尔小学的重点课程以及三一大学项目对教学实践的重视进行了联系：

> 我们在暑假期间开始讨论成长型思维，以及我们自己的思维如何影响学生。拉马尔小学也接纳了成长型思维，即我们所说的五个基石。我们从上学期开始向学生介绍这五个基石，我们全年都在朗读。我认为，我在三一大学项目开创的关于成长型思维、阅读和谈话的教学实践真的很棒，与在这里做的工作有很大联系。

卡桑德拉从课程角度反思这堂课，解释了她如何分组、为什么要对学生分组，以及学生被要求承担的任务的选择和结构：

> 我喜欢让学生分组合作，我尝试过不同的分组，看看哪些孩子合作得好，哪些孩子通常不说话，哪个小组能让他们感觉更舒服。我做了很多观察。引导教学是一个很好的方法，可以发现学生在哪里配合得最好。起初，我想让学生为每个基石制作一张海

> 报，然后说我们可以把海报贴在走廊上，让来访者看到我们在做什么。但后来我决定，我想通过一些生活中的小场景，让五种基石更贴近他们的生活，因为他们可以口头阐述“同情”，也可以在书中读到“同情”，但能否注意到彼此间的“同情”，可能还需要更多的练习。这就是我决定制作情景剧的原因。

卡桑德拉的教学实践也体现了三一大学项目在实习教师之间提倡的反思性教学。她解释了她期望的授课效果，以及如何改进这堂课以更好地实现她的目标：

> 这堂课开展得很顺利，但最后有点匆忙。我本想做一个总结，进行一个收尾。当我们逐一讲解这五项内容时，我们采用了“转身交谈”（turn and talks）的方法，讨论哪些内容他们可以很容易地识别出来，哪些内容他们还需要努力学习。从本堂课看来，学生们需要进一步学习的是“乐观”。我会和他们一起反思，看看他们的答案是否会有所改变。

卡桑德拉有机会在未来的课程中将她的想法付诸行动，因为她将在她的班级中实习一整年，将她所学到的知识付诸实践。当三一大学项目的实习教师们在他们的合作学校工作时，作为三一大学与专业发展学校关系的重要组成部分，合作学校也会与三一大学的计划方法相结合，一起促进实习教师的教学实践。

在拉马尔小学工作的另一位三一大学项目的实习教师洛林也尽可能地将成长型思维的五个方面融入到她的日常教学中。她告诉我们，在她实习的很长一段时间里，她看到学生们已经将这五个方面内化了：“有一天，我们坐在地毯上，一名学生对另一名学生坐在他的位置上感到不满。他说，‘我要灵活变通一下’，然后挪了挪位置。”她还举了另一个例子：“有一天，我们听完音乐回来时发生了争吵。一个学生说，‘她说我是爱哭鬼，我真的很生气，但我会乐观地想，她以后会做出更好的判断'。"

通过了解和满足不同需求实现个性化教学

正如本章介绍的实习教师所说明的那样，考虑到学生如何学习特定内容，以及如何培养学生的思考、推理和社交情感技能，将对学生个体的了解带入教学规划过程同样重要。我们研究的所有项目都采用了各种策略，帮助实习教师学会深入思考学生的需求。

学生案例研究

学生案例研究是一种常见的策略。正如我们在第3章和第4章中所描述的，案例研究作业在多个班级中得到广泛使用，通常包括针对特定学生的需求开发课程的机会。银行街教育学院项目的实习教师在识字课上同时完成了这两项任务，旧金山教师实习项目的实习教师在教授英语学习者的课程中也是如此。这种方法让实习教师有机会尝试正式教师可能使用的教学技能和潜在方法，以使课程对特定学生而言更有挑战性、更易学或更有吸引力。通过对一名学生的深入关注，实习教师可以实践差异化教学，这也是他们最终要在课堂上对所有学生采取的教学方式。

这些经历有助于教师学习仔细观察学生，研究教学的各个方面，开发自己的课程，以了解如何教好不同的学生。第3章中介绍的银行街学校的"观察与记录"课程就是一个很好的例子，它帮助实习教师"学会使用各种观察方法和记录技巧作为基本的评估工具，以提高他们对发育正常的学生、残疾学生和有特殊需要的学生的理解和规划能力"。加强观察技能可进一步为教育者提供重要依据，以便根据所观察到的学生的长处、兴趣和需求来开展教学实践。

与其他课程中关于发展的任务一样，"观察与记录"课程中的一项基础作业要求实习教师在整个学期的课程中观察一名学生。在期末项目中，实习教师要完成一篇论文，概述以下内容：

- 观察和记录的方法。
- 对学生的多方面描述，比如年龄、体型、是否健康、能力、家庭、就读情况等等。
- 对学生所在社区、学校和班级的描述。
- 实习教师注意到的与该学生有关的主题的总结，以及为什么这些主题是相关的。
- 实习教师在实际教学中记录的笔记清单，按实习教师在整个学期观察该学生时注意到的主题分列。
- 一篇把对学生的描述与主题联系起来的文章，并回答以下问题：
  - 学生在每个主题中的行为是如何结合在一起使其成为一个独特的个体和一个复杂的人？
  - 气质、背景和其他个人特质对你所观察的学生有何影响？
  - 学生的优点是什么？弱点是什么？
  - 是否有建议提供给学生的家长或明年的教师？
- 就教师如何更好地支持学生提出建议。
- 根据以下问题进行自我评价：
  - 在观察过程中，你对学生的想法和感觉以及你与他/她的关系是否发生了变化？
  - 在观察过程中，你对班上其他学生或小组有了哪些了解？
  - 在观察过程中，你是否发现了课堂教学中隐藏的课程方面的问题，例如，来自环境、时间安排、学校与学生互动等方面的意外影响？
  - 这个学生给你带来了什么特别的理解？这一过程是否改变了你

教育、思考或与学生相处的方式？如何改变？

指导教师每周都会检查观察结果并提供反馈。例如，在早期的观察中，指导教师的意见可能包括与实习教师描述学生的语言、背景描述是否清晰有关的问题，以及“你为什么这么认为？你是怎么知道的？这种解释的证据是什么？”（这些问题常常出现在观察日志的空白处）。后半学期，这些问题更加适用于学生的身份，各种记录技术也需要增加，比如：儿童使用表达材料的连续记录；观察儿童在不同情境中使用语言的情况；收集儿童的作品；记录儿童按要求完成特定任务时的反应，以及儿童在游戏中或与其他儿童进行非结构化互动的情况。指导教师最终要求实习教师查阅所有文件，对证据进行分类，使用互相验证的三角证据以支持假设，提出教学或进一步研究的建议，并使用理论认识来支持他们的建议。

埃文（Evan）是银行街教育学院项目的一名实习教师，她指出，这项作业帮助她真正学会了观察，而不是一上来就抱有偏见或盲目假设，而是认识到学生身上有更深层次的意义。实习教师对学生发展的深刻理解与“减少主观性”的详细观察和记录学生的能力相结合，有助于实习教师得出针对学生需求的可操作性见解。此外，在观察和记录的过程中，实习教师对自己的情绪和互动可能对观察结果产生的影响更加敏感。这也有助于帮助实习教师找到学生最感兴趣的活动，以及如何最好地帮助孩子提高学习成绩。

实习教师要想运用学生和成人发展的理论框架，从公正的观察和记录中得到见解，就必须采取一种探究式思维。例如，银行街教育学院的一名指导教师解释了她如何通过示范提问来鼓励实习教师更深入地了解学生：“我们的做法是，当有人提出问题时，我会告诉他们不要只想着解决问题，不断探索、多问问题。之前发生了什么？之后发生了什么？你感觉如何？在开始解决问题之前多探索，你会有更好的想法。当你有了更好的想法时，你就能更好地思考问题。”

正如指导教师不断强调的那样，问题比答案更重要，尤其是在探索学生和成人的发展以指导教学时，这种探究方法使教师有能力调整教学，以满足学生的需求。例如，一位指导教师说道：“我带的几个实习教师在领导读书小组时遇到了麻烦，但他们没有任何人责备学生，没有任何人。相反，他们在课后向我请教：‘我当时做了……，我能做什么？问题怎么解决？’——这就是我们日常进行的讨论。”

这种案例研究也是其他项目的主要作业。在由旧金山教师实习项目的实习教师选修的青少年发展课程中，研究不仅包括累积作业，即创建案例研究本身，还包括实习教师必须完成和提交的每周观察日志。实习教师们需要选择一个令他们困惑的学生作为重点关注对象：一个与他们在学校时的学生类型不同的学生，或者在某些方面看起来很神秘的学生，他们可能会从这个学生身上学到东西。一旦选定了重点学生，实习教师们就会花上一个季度的时间，在课堂内外采访和观察这个学生，并在家访中与家长或监护人会面并交谈，查看学生的作业和记录。

在这个过程中，我们要学会不带偏见地进行观察，不给学生的行为贴标签，而是仔细观察学生的行为，从中寻找学生可能出现问题的线索。这些蛛丝马迹会为教师提出问题，而不是立即决定如何对待学生。这项作业的另一个关键目标是让教师通过学生的眼睛观察世界。另外，一个至关重要的因素是实习教师要在一整天的学校生活中追踪学生。事实证明，这往往是一次非常有意义的经历，因为教师们会意识到高中是多么令人疲惫和紧张；一些教师是如何与学生打成一片，而另一些教师则不然；他们的学生可能一整天都不会与任何成年人说话，或者他们与同学的关系可能会引发焦虑或不安。许多实习教师说，这种观点改变了他们的教学方法，并在他们的职业生涯中一直影响着他们。

每周的课程都重点关注青少年发展的一个核心组成部分，它最终会影响学生的学习和动力，比如身体发展、认知和道德发展、社会和情感发展，或不同的环境（包括家庭、同伴、学校、社区）。实习教师把他们从关注的重点学生和指定阅读材料中收集到的信息归纳到反思日志中，为案例研究做出贡献，并反过来影响课程中每周的主题和阅读材料。该课程涵盖所有发展领域，包括认知、社会、情感和身体发展，以及文化身份的发展。

在旧金山教师实习项目的一堂青少年发展课程上，实习教师们学到了一种特殊的课堂活动方式：他们需要制作一张实体纱网去总结学生的发展潜力，包括一系列技能、经验、关系和行为，以及学生发展成为成功和有贡献的成年人的潜能。首先，实习教师学习了关于发展能力的内容后，大家站成一个圆圈，描述他们经历过的发展过程，并使用一串纱线来编织出一个实例化发展网络。然后，他们根据自己确定的学生案例，为学生的发展潜力编织出一个可见的纱网。很明显，学生的纱网更小一些。最后，实习教师需要讨论他们如何为每个独特的学生创建一个更强大的发展能力网。

能力发展参考框架

参考框架贯穿于这些项目的多门课程中，而不仅仅存在于一门关于发展或差异化的课程中。例如，阿尔维诺学院项目的一名实习教师指出：

> 每个学生都有自己的特性，我认为阿尔维诺学院在这方面做得很好，我在那里上的每一堂课都能很好地体现这一点，尤其是编号为611的课程（人类学习与发展）。通过课程学习，我们了解了哪些因素会从外部影响学生，哪些是他们可以控制的，哪些是不可控的。我们还了解了在学校里影响他们的各种事物，更加明

白每个学生都有自己的特性。

了解孩子的特性不仅能让教师发现孩子的需要，还能让教师发挥孩子的长处。当被问及如何评价自己的老师时，一名被诊断为有行为障碍的学生这样回答她来自阿尔维诺学院项目的实习教师："我的老师让我感到平静……她把我当作一个聪明的孩子。"这个学生的回答反映了这位老师是如何运用发展和学习理论来识别学生的优点和需求，然后运用她的教学知识来帮助确保所有学生都能得到支持并茁壮成长。

威斯康星州的一个学区主管描述了她所在学区的阿尔维诺学院项目的实习教师是如何在课堂上出色地开展适合学生发展的教学和差异化教学，以满足所有学习者的需求：

> 我们期望阿尔维诺学院项目的实习教师早点来到我们的学区，因为他们使用的不是一刀切的教学方式，不让所有孩子都必须按照同样的方式学习阅读，这不是我们的期望……不是机械的：你们先听讲座，再做练习题，我们的工作就结束了。明天再来的时候，我们会要求你们重做练习题，多讲一点，然后你会得到一张新的练习题。阿尔维诺学院项目的实习教师不会这样做，但有时其他实习教师却会这样做，很明显，这些教师还没有准备好应对本地区的多样性。

在阿尔维诺学院项目的实习教师的课堂上，这种多样化教学策略是显而易见的。经常可以看到学生以小组为单位合作学习，参与一个具有现实意义的项目，而实习教师则在小组之间穿梭，为学生提供支持，并通过提出关键问题推动学生学习。为了满足学生个体的学习需求，实习教师开展了一系列活动，包括根据学生的兴趣进行分组，允许学生使用电脑或平板电脑，而不是只能使用纸和笔进行学习，以及为学生提供机会，让他们通过各种渠道展示自己的学习成果，包括展示、可视教具和写作。

同样的做法出现在泰德所在银行街教育学院的合作课堂上，贾罗德也在学习如何教学，以帮助学生以对他们最有效的方式学习。这包括在学生学习困难时想办法解决问题。贾罗德指出："如果你的教学计划对那些学生不起作用，那么你就必须思考：我现在该怎么办？"贾罗德还描述了他的合作教师在帮助他在具体课程中对学生进行差异化教学方面所起的关键作用，以及实习教师不仅应当阅读关于差异化教学的图书，更应该尝试教授那些具有各种不同的社会、情感和智力优势和需求的学生的重要性："你可以在课程中侃侃而谈，但我认为只有在课堂上你才能看到它的意义。"

同样，蒙特克莱尔州立大学项目的一名城市实习教师，与一名资深教师一起工作了整整一年，他描述了"如何进行差异化教学，如何以一种别出心裁的方式满足所有学生的需求，而不让人看出我是在为某个学生做这件事"的价值。学生们不知道差异化教学正在进行，因为每个学生都乐在其中。差异化教学就蕴含在其中："满足学习者的需要，并从他们的需要出发，将他们培养成他们所能成为的优秀的人。"

与其他项目一样，蒙特克莱尔州立大学在关于儿童和青少年发展的多门课程中融入了强有力的发展框架，帮助实习教师更深入地了解学生。此外，蒙特克莱尔州立大学还开设了其他以发展为基础的课程，如"家庭和社区的文化与社会背景""与多元化家庭合作""满足英语学习者的需求"和"中小学全纳课堂"等。这种在文化和家庭背景下研究学生发展和学习的方法，以及关注具有不同语言背景或学习需求的学生的方法，是这些项目共同关注的。

建立与家庭和社区的紧密联系

满足学生学习需求的能力建立在了解每个学生的家庭背景和社区背

景的基础上。科罗拉多大学丹佛分校项目的一名实习教师描述了这一知识基础对她的实践有多么重要："在这个项目中，我们被教导要明确地尊重学生，无论他们在年级中处于什么位置；每个人都带着不同的经历和知识来到课堂中……尊重学生意味着把他们看作一个个独立的人，他们身上有我们可以利用的优点……作为教师，我们可以将其作为教学的最终资源。"

开发这种知识的策略之一是在学校以外的社区中实习，比如课外活动、娱乐中心或社会服务机构。科罗拉多大学丹佛分校项目的一位实习教师现在是一名小学干预教师，她回顾了自己在实际工作中学到的知识，也是该项目关于文化多样性和理解社会环境课程的一部分：

> 我把我们的工作看作特派员，要深入"战壕"，试图找出所有可能的信息，努力为学生和家庭提供支持。我们必须了解——我的意思是，真正了解孩子的全部，深入到整个家庭、社区、文化中去……知道走在社区的道路上是什么感觉，窗外响着什么样的音乐……只有这样，你才能有针对性地提供不同的干预和支持。

在高科技高中项目，了解学生及其生活的过程得益于以下事实：在学校工作中，实习教师既是学生顾问，也是教师。顾问们被分配到一个由15到20名学生组成的小组，小组中的学生来自多个年级：例如，一名顾问负责6到8年级的学生；另一名顾问负责9到12年级的学生。顾问会跟踪学生在社会、情感和学业上的表现；他们是其他教师和家庭的联络人；他们是学生的倡导者、指导者和支持者。他们带领的常规咨询班是学生们分享经验、学习应对策略的地方，也是学生们在从家庭作业、项目到大学申请等各个方面获得帮助的地方。这种关联有利于了解学生，并将他们的校外生活与校内经历联系起来。正如高科技高中项目的一位主管所指出的，“这对于建立与家庭的联系，对孩子们的背景产生共鸣或理解，非常有帮助”。

这类咨询关系为学生及其在家庭和社区环境中的发展奠定了更坚实的知识基础，也存在于与其他项目合作的合作学校中，包括旧金山教师实习项目和三一大学教师教育项目。

家访和家庭协作之夜（Family Collaborative Nights）是帮助高科技高中项目的实习教师们进一步了解他们的学生和家庭的另一种做法。家庭协作之夜是教师与家庭会面以讨论为学生提供其他支持的晚间活动。中学实习教师需要在学生进入高科技高中的第一年对所有新生进行家访，而小学实习教师则主要依靠家庭协作之夜来更好地了解学生家庭。除了传统的“返校之夜”（back-to-school nights）和家长会之外，家访和家庭协作之夜也是必不可少的。顾问和家庭协作之夜的实习教师们通过家访，可以更好地了解学生，包括学生所面临的特殊挑战，同时让实习教师更好地设计反映学生及其经历的项目。在许多情况下，家访和家庭协作之夜是家庭最早了解高科技高中及其教师的途径。一位第一年教学的实习教师说，家庭协作之夜是一个“倾听家长心声、教育家长如何获得图书、如何在家与孩子一起阅读的机会。我认为，和家长交流的时间肯定有助于你了解他们的想法；你可以从与家长的交谈中了解一个孩子，听听他们的生活是怎样的”。

实习教师在家庭协作之夜与学生和家庭密切合作，担任顾问角色，并选修诸如健康环境等课程，掌握根据学生兴趣开发适当的任务、体验和项目的手段和知识，同时了解学生的已有知识并推进新知识，所有这些都有助于开发更深入、更吸引人的学习体验。

了解学生及其社区的工作不局限于实际体验、学校活动和课程，在高科技高中，实习教师还可以参与学校的专业发展经验和问题解决会议，与同事不断合作，支持学生学习。

在我们到访期间，一位校长举例说明了实习教师开展的专业发展工作。实习教师们与他们的教学搭档聚在一起，查看学生花名册，重点关注学习有困难的学生。实习教师从每个小组选出两名学生，通过走访他们居住的社区，了解他们的情况。这位校长告诉我们："带着'我们如何利用这个社区作为明年项目的资源，以及这个社区如何成为学生工作的受众'的问题，实习教师们走进了这些社区。"这些都是高科技高中教师项目的重要目标，因为高科技高中旨在使学生工作具有相关性和真实性，拥有真实的主题和真实的项目受众。他接着描述了两名9年级实习教师是如何走访一个学生所在的社区的，那里有很多难民：

> 这是其中一个学生的住址，离这个公寓一个街区外的地方，有很多人在闲逛……于是他们就去和这些人交谈，了解他们是谁、他们的理想是什么，他们是否有孩子、孩子是否在上学，他们对孩子们有什么期望。走访的教师们明年想做一个项目，记录他们的故事，让学生们去那里记录这些故事……以最好地满足他们所服务的这些社区的学生们的需求。

"隐性课程"：以个性化和发展为基础的教师教育

正如所有的教学理念一样，这些项目的导师教授实习教师的方式正是他们期望以后实习教师教授学生的方式，这也就是银行街教育学院创始人芭芭拉·比伯所说的"隐性课程"。事实上，它并不那么"隐性"。所有的项目都以实习教师的发展为框架，规划他们的学习轨迹，站在新手教师的初始视角，支持他们成长为一个准备充分的新教师，拥有更复杂的理解和技能。

这一过程是通过项目构建的咨询系统来实现的，即小型督导小组，通常包括四到八名实习教师，他们将每周向他们的导师汇报并解决问题。发展视角还体现在导师关注实习教师同时作为教师和个体的发展和需求，以及项目使用的以学习为导向的评估系统，以支持实习教师在明确传授的知识和技能方面的发展。

例如，银行街教育学院项目的教学方法强调"因材施教"，尊重和利用学习者的兴趣和经验，关注学习者个人和社区。项目导师在培养实习教师和传授正式教学课程的过程中，都认真地体现了这些理念。指导教师不仅教授课程，每周还与实习教师单独或分组会面，他们对实习教师的了解就像实习教师希望有一天能了解自己未来的学生一样。教师们希望向实习教师示范以学生为中心的教学实践，这种实践也有助于教师们学习如何定制他们的教学、指导和关系，以便为每一位实习教师提供最佳服务。正如银行街教育学院项目的一位导师所解释的：

> 当我第一次见到我的实习教师时，我的主要目标是与他们建立融洽关系，了解他们的个性、支持他们，而不是告诉他们这样做是对还是错……与学生的相处过程也是如此。我们会告诉实习教师，你要做的第一件事就是观察学生，认识并发现他们的优点，因为这就是你与他们相处的方式。

通过这种"隐性课程"，实习教师看到自己的发展得到了支持，自己的兴趣和爱好得到了尊重和扩展，他们会直观地学习如何与学生建立同样的关系。

无论是在K-12年级的课堂上，还是在教师教育项目中，观摩专业教师的发展都是学习过程的关键部分。例如，阿尔维诺学院项目的实习教师在学习如何创造"适合学生发展的学习环境"，以及如何"促进积极的社会互动、主动参与学习和自我激励"时，一部分会通过观察实际教学中的模范教师，另一部分会通过在自己的课堂上亲身体验。一位实习教师指出，“了解所有学生”和“将人格特质融入课程”是阿尔维诺学院项目实习教师的强项。

实习教师在考虑如何为学生创造同样的体验时，会审视自己在高度支持性、个性化环境中的经历。阿尔维诺学院项目的小班教学使得指导教师能够与实习教师建立充满关爱的关系，从而支持实习教师的社交和情感发展。指导教师们了解每位实习教师的兴趣、目标和家庭状况，这有助于他们确定如何才能最好地支持每位实习教师成为一名优秀教师。

阿尔维诺学院项目组在社会和情感价值观方面的示范作用为实习教师说明了这种意识能够如何支持学生的成长，并为他们打下批判性思维和问题解决等更深层次的基础。例如，许多实习教师都表示，项目使用绩效评估来证明掌握程度和能力，而不是用分数来衡量进步。这可以减少竞争感，鼓励整个学院的团队合作。这个例子有助于实习教师考虑如何在自己的课堂上创造协作学习的环境，让学生学会如何与他人积极互动。

我们注意到，要想实现以学生为中心的教学，教师必须对发展以及发展如何发生在社会环境中有深刻的理解。在下一章中，我们将介绍实习教师如何学会利用他们对学生的了解，将学习情境化，从而将学生已有的知识与他们学习的新知识紧密联系起来。此外，我们还将介绍这些教师教育项目是如何同样地将实习教师的学习情境化，从而为他们的深入理解和发展提供强大的保证。

第 6 章 情境化学习

> 我们不是教你们如何在不存在的乌托邦泡沫中教学，而是在帮助你们学习如何在真实的情境中教学，这样当你们离开项目时，将会知道如何驾驭这些情境。从实习教师说“我对这个感兴趣”开始，到本科实习教师升入高年级时，或者对研究生实习教师而言，在他们与我们共度的一年中，我们始终在明确这种观点。
>
> ——科罗拉多大学丹佛分校院长
>
> 丽贝卡·坎托（Rebecca Kantor）

情境化学习是我们深度学习教学的第二个维度，它植根于我们在第1章简要讨论的深度学习理论。在皮亚杰观察到儿童根据他们原有的经验和理解来解释世界之后，认知研究者发现，当人们把新的信息与他们原有的知识联系起来时，他们最容易学习——他们依靠已有的概念框架或认知地图来组织信息并且认识到概念之间的关系。而当人们遇到一组不相关的事实或对离散的技能非情境化的介绍时，学习任务会困难得多。

维果茨基、科尔（Cole）、萨普（Tharp）、莫尔（Moll）、纳西尔（Nasir）、罗戈夫（Rogoff）、古铁雷斯（Gutierrez）等社会文化研究者已经认识到，原有的知识和既存的心理认知不只是“空谈的理论”。人们在理解世界和他们在其中的经历时，也依赖文化工具、符号和认识方式。情境化学习的概念认为人们一直在学习——他们将新的经历与自身原有的知识联系起来，观察、思考和解决问题。孩子们在公园里看国际象棋比赛时、帮助他们的父母时、打篮球时，或是沉浸在媒体或电子游戏中时，他们会学到多种多样的观念和技能。

那么，学校面对的挑战之一就是将这种有机学习与学校学习的知识、技能和概念联系起来——将课堂教学与学习置于有意义的机会和应用中，让学生将新知识与他们原有的知识和既有模式联系起来，以加深他们的理解。这意味着，基于学生已经理解他们所要学习的主要内容，教师可以利用学生个性的、文化的和语言的知识来推动他们的深度学习。

学者们强调了社区、家庭和学校相互联系的重要性，深入研究学生的“知识储备”，从而将教学与学生原有的知识联系起来，而这些知识嵌入学生的日常生活经历中。因此，为学生提供情境化学习的核心是认识和了解学生的生活、社区和家庭，从而知道如何更好地教他们。这就要求教师对学生的文化背景有深入的了解，并与家长、看护人、社区组织和学校以外的世界保持不断的联系与沟通。

这七个教师教育项目都将实习教师的学习情境化，并教他们如何为自己未来的学生开展情境化的学习。它们都力图将实习教师所需要学习的新信息与技能和他们自己原有的知识、经验与社会定位（种族、经济地位、语言背景）联系起来，有些项目还纳入了更广泛的考量。这种情境化学习不仅保证了实习教师自己有深度学习的经历，而且提供了一个情境化学习的模型，这样他们在学习如何教学时就可以应用该模型。

在本章中，我们首先要介绍实习教师为学生提供情境化学习的例子。然后，我们会描述教师教育项目是如何为实习教师开展情境化教学，为他们进入学校和社区从事自己的职业做准备。最后，我们会更深入地探讨这些项目采用的一些策略和结构，用以帮助实习教师学习收集和使用与学生相关的知识，从而使课堂学习情境化。

当我们深入研究情境化学习这个维度时，五个维度之间的相互联系就变得清晰了。第5章讨论了以学生个体发展为基础的学习，其中，个性化的焦点将被情境化学习的社会和文化因素所扩大，这些因素会在本章中加以讨论。由于情境化学习将抽象的概念与现实生活中的体验联系起来，因此它也与学习应用有关，也可以被转移到其他情境中，这一点我们将在第7章讨论。这些重要的情境也包括第8章所讨论的实践学习社区。当情境化学习发生在富有成效的学习社区中、在学术概念和学生的文化知识之间建立联系时，它也会增强社会公平性，这一点将是第9章讨论的重点。

为学生提供情境化的学习

使课堂学习情境化的一个方法是将课程和教学法与学生的已有经验联系起来。例如，在科罗拉多州奥罗拉的辛克雷高中（Hinkley High），科罗拉多大学丹佛分校项目的一位实习教师和一位经验丰富的指导教师共同教授10年级和11年级学生的生物课，该是全美少数几个位于低收入少数族裔社区高中的国际文凭课程之一。国际文凭课程为学生提供进行实践研究的机会，而不只是在纯理论层面学习。因此，课程用了整整一个月的时间来了解进化论的基础，重点关注诸如这些基本问题：什么是自然选择的进化理论？有什么实践证据支持这一理论？

老师们找了许多方法来帮学生们将生物学与他们的日常生活和兴趣联系起来。在一节课上，一位实习教师了解到她的学生们在肤色问题上有许多经验和关联。于是她让学生们参加了一个关于肤色和自然选择的苏格拉底式讨论会——这种方法使科学课程情境化。她以肤色为例来阐释进化过程，其科学目标是加深学生们对自然选择的理解。她还希望他们能有一个有趣的基于文本的对话。他们需要先观看一个关于肤色生物学的视频，并阅读一篇深入研究该主题的一位人类学家的文章，而正是因为“这是每个人都能注意到，但没人愿意谈论的一件事情”，这位人类学家才能对其进行深入的研究。

在活动中，实习教师记录了学生的参与情况，并等待合适的时机介入，向他们提出问题。在她的计划中，她决定“从科学问题开始，然后抛出更多的个人问题，以便在讨论中能听到所有人的声音”。对话结束后，她要求学生们互相反思讨论的情况，他们是否尊重对方的意见，以及他们在对话中可能遗漏了什么，这样就在教授元认知的同时也教授了话语技巧。

另一种使学习情境化的方法是创造情境，提供可资借鉴的新经验。高科技高中项目的实习教师迈克尔（Michael）在他的环境科学单元的教学实践中使用了该方法，具体内容见下文“创造深度学习的情境”的展示。迈克尔没有让学生在课堂上通过背诵知识点来学习科学概念，而是通过与他的高年级学生一起创建一个花园，来将这些概念情境化，从而发展出一个可以解决现实生活中的问题的共同背景。他还以多种方式将这项工作与学生的生活联系起来，并通过邀请当地厨师对学生的成果给出反馈，让更多的社区参与进来，这为他们的工作提供了真实的受众。迈克尔基于项目的教学方法与在传统课堂上占主导地位的抽象概念学习截然不同，它提供了深度学习的机会，学生们在实践中得以深度学习。

创造深度学习的情境

高科技高中的春季学期即将结束，实习教师迈克尔正在教12年级的环境科学课。迈克尔拥有生态学硕士学位，曾在多个教育机构工作过，包括西雅图的一个非营利组织，并在当地公园开展实地活动。迈克尔还在加利福尼亚州的一个拥有可持续农业认证项目的农场工作。迈克尔分享了他是如何结合自己的热情，为他的学生创造一个情境化、体验式的学习项目：

> 我对食品和农业、食品系统以及人类如何与环境相联系非常感兴趣，人类与环境大都是通过食物来联系的，这也是一种思考人与自然关系的简单方法。它也为其他学科打开了许多大门，因为拥有一个学校花园，我们能够谈论土壤、营养循环以及所有这些我有经验的事情。

他的实习项目使他能够与学生一起探索这些想法。在这个特殊的日子里，这个班级正在为该项目准备最后的展示。这个项目源于迈克尔在上个学期开始的工作，当时环境科学课引导学生在高科技高中花园里动手重新耕种了一块四千平方英尺的土地。这是一项艰苦的工作，遇到了一些挫折。有一次，学生们不得不重新耕种花园，所有的水果和蔬菜都被破坏了，因为有人在花园里喷洒了某种化学药品，但迈克尔相信那个人是无意的。

迈克尔报告说，这次事故也产生了积极的影响，它让学生有机会亲身了解化学物质在食物上的使用以及它们在花园中的相互反应。这一挑战给他们上了一课，让他们知道如何在逆境中坚持下去。

项目的最终设计将在花园里展出，类似一个食品展览。迈克尔是这样描述的：

> 我们将在户外花园……有点像顶级厨师风格的晚会，像博

览会一样，为前来的客人提供一些食物。这些食物体现了我们在本学期环境科学课程中所研究的一个概念或一个主题。例如，我们有一些学生在做堆肥，如何真正做到这一点，就体现在这一口食物中。我们另外一位学生正在谈论那些在一起种植生长良好的植物或应季生长良好的植物，而这也体现在一口食物中。然后他们有这些配套的信息图表海报，将其与食物搭配，告诉参观者他们吃的是什么、来自哪里，还有他们想要传达的任何信息。

一个由20名学生组成的多元化班级（13名男生和7名女生；9名少数族裔学生）被分成几个小组，围坐在一张桌子旁。迈克尔正在帮助这些小组准备他们最后展示的一口大小的供品尝的食物，并给予形成性反馈。在这个项目中，学生们已经进行了两轮烹饪练习，第一轮由专业厨师进行点评和反馈，第二轮由高科技高中的其他老师进行点评和反馈。他们试图作为一个团队决定哪些食物将成为最终汇报的一部分。为了帮助学生做出这个决定，迈克尔在教室前面投射出最近一次品尝的食物的图片，并开始对每个进行品评，与全班同学分享他的印象，全班同学都在认真听他对他们的劳动成果进行的公开评论。他投射出第一组提供的食物的图片，并评论道：

我认为他们有一点做得非常好，就是使用各种不同类型的原料并把它们结合在一起……对于那些品尝到它的人来说，这种金橘果酱太美味了（金橘是应季的），这些金橘来自一位学生爷爷家的后院，他们一起做出了这个果酱。他们还使用我们花园里的金莲花做出了金莲花酱。

迈克尔很了解他的学生及其生活，并能够联系到金橘来自一位小组成员的家里，这使得家庭和学校之间产生了联系。迈克尔分享了他对该食物的质量和组成的想法，接下来描述了这个食物如何满足任务的要求，以及它如何传达了小组研究所遵循的原则：

> 所有的东西都用了……温室里的微型蔬菜，并且对于使用的所有原料，他们真的使用了应季的东西，使用了被列在那个清单上的东西。他们讨论的是："我们可以用这些原料做什么？它怎样能符合我们节水的需求、应对干旱和低水位的情况？"因此，我认为此处传达了一个令人敬畏的信息，也充分体现了我们的挑战。

他对他们的展示也有一些看法，他补充说："唯一的不足之处嘛，我认为展示可以更华丽一点。"但他以较高的评价收尾，告诉学生："这个味道让我很难忘。"

对于第二组，他也根据同样的标准发表了对其供品尝食物的评估：

> 他们把所有这些原料考虑得很周到……并做了一些新的、不同的东西。他们将这些要素分解成肥料，而且同样有一个清晰的故事和一些明确的信息。教育和科学的概念通过食物得到了很好的体现！

最后，他转到第三组，评论了他们的食物从最初的情况发展到现在的改善过程：

> 这个草莓……从他们第一次制作到第二次，我认为这是一个巨大的转变……从最初的模样到现在的成果，其间他们接受了批评，并进步飞快……他们用草莓来装盘，里面的所有东西都是搭配草莓的。我认为，从概念上、艺术上、味道上来说，这是一道非常有特色的菜。

然后，他向全班同学总结了他的评论，重点在于他在修改和完善过程中所见证的同学们的成长："我认为我可以对这里的每个人的工作表示赞扬。你们从第一周到本周所做的事情……从第一轮到这一轮的转变是完全令人震惊的。"

学生们现在有一个半小时的小组时间，来弄清楚他们在展览当天将展示什么，迈克尔告诉他们，“现在，我希望你们在小组里工作，制作你们的信息图表。我将四处走走，看看大家的情况”。在他们开始之前，他提前告知他们接下来要做的事情：

> 如果你们觉得花园里有东西需要照料，我们明天将会在花园里待一整天。这可能真的是我们待在外面的最后一整天，也许下周二也可以。但实际上，到了明天，我们就会对这些菜肴和我们要做的事情有一个想法，我们要能够团结起来，开始行动。

正如迈克尔的教学单元所表现的，高科技高中的基于项目的教学方法以多种方式使教学情境化。学生的身份、兴趣、经历、原有的知识和发展水平，以及教师自己的知识和身份，都是创造学习体验的因素。在这个案例中，迈克尔通过将环境科学的概念嵌入到种植、收获和制作食物的过程中，将其作为一个学习共同体，从而使得环境科学情境化。他让社区成员作为真实的受众，给予学生反馈，而且他创造了一个常见的、真实的环境，在这个环境中，所有的学生共同经历了一些任务和活动，这些任务和活动随后会与环境科学的概念联系起来。

所有教育项目的实习教师都为他们的学生提供了情境化教学，通常是进行像这样的项目式学习。在高科技高中项目，所有接受学习政策研究所调查的实习教师都表示，他们在课程学习和教学实践中都体验过项目式教学。在所有项目中，92%的实习教师表示在他们的课程学习中经历过这种类型的教学，65%的实习教师表示在他们的教学实践中经历过这种类型的教学。实习教师在大学课程中比在中小学中更有可能体验到项目式学习，这表明深度学习实践在中小学非常少见，以及这些项目特别重视它们在实习教师课程学习中的示范作用。尽管这些项目努力为他们的实习教师找到可以实践深度学习的地方，但仍有三分之一的实习教师在他们的教学实践中没有体验过项目式学习。

在另一项相关调查中，高科技高中项目95%的实习教师表示，该项目帮助他们“设计有效的项目式教学，让学生开展调查并产生想法、提出解决方案或有自己的成果”；阿尔维诺学院项目、银行街教育学院项目、蒙特克莱尔州立大学项目和三一大学项目也突出强调此类教学实践。

其他项目利用他们对学生的文化经历和知识的理解，为学习可能非常抽象的概念提供有意义的背景。总的来说，这些项目中92%的实习教师在调查中表示，他们觉得自己已经准备好去“理解校外环境中的因素如何影响学生的生活和学习”，87%的人觉得他们已准备得很好或非常好去做这件事了。所有项目中有98%的实习教师表示，他们感觉准备好了“将课堂学习与现实世界联系起来”。无论他们强调哪种方法，很明显的是所有七个项目都在向实习教师提供一种情境化的经验，这种经验在迈克尔课堂的展示中显而易见。

情境化学习的第三个策略是在家庭、学校和社区之间建立明确的联系。这是蒙特克莱尔州立大学“艺术背包计划”（Art Backpacks Program）的核心前提，具体内容见下文“联结家庭、社区和学校”的展示。

联结家庭、社区和学校

“艺术背包计划”是一个旨在联结家庭、社区和学校的合作项目，重点是学生在视觉艺术方面的学习和通过视觉艺术而进行的学习。该项目设在本杰明·富兰克林小学，这是一所位于新泽西州纽瓦克的双语学校。富兰克林小学三四年级的学生参与了艺术背包计划，该计划包含了一些聚焦当地艺术家作品的活动，通过这些活动让学生们参与到艺术创作、阅读和写作中。在学生把“艺术背包”带回家之前，家长要完成一项计划前调查，了解他们对艺术、家庭作业、阅读、写作、学习和学校教育的看法，帮助确定哪些作品将被放入背包。

在家里，学生与他们的家人一起完成活动，积累家庭合作学习的经验。学生与其父母讨论他们画的画，并且父母阅读学生在社区日志中所写的内容。学生以给父母写感谢信的方式来结束活动，进而反思他们的学习经历。

艺术背包计划是蒙特克莱尔州立大学项目本科生和研究生实习教师的教学实践，对已经申请或没有申请教师教育项目（Teacher Education Program）的实习教师都是开放的。该课程的目标之一是帮助蒙特克莱尔州立大学的实习教师深入了解“教师的肖像”（见第2章），更清楚地了解教学的要求，确切地说是在多元城市环境中教学的要求。

项目导师多萝西 · 赫德是蒙特克莱尔州立大学的一名教师，同时也是富兰克林小学的志愿客座艺术家和教育家。蒙特克莱尔州立大学的实习教师在艺术背包计划中担任教学助手，在学生带“艺术背包”回家之前与他们一起预览艺术背包的活动，并在活动完成回到学校后开展复习，与学生进行一对一的合作和小组合作。实习教师在一学期中有四次与三四年级学生一起沉浸在艺术课堂中，并每周在蒙特克莱尔州立大学上一次课。多萝西邀请当地的少数族裔艺术家参加课程，通过艺术将蒙特克莱尔州立大学的学生和社区成员联系在一起——艺术是双方共同的热情，可以创造跨越差异的桥梁。

在艺术背包计划中，通过文章、作业和课堂讨论，多萝西创造了这样一个环境，将未来的教师介绍给家长、当地社区成员和学生，并支持实习教师学习如何将学习情境化以及制定一个以公平为中心的教学法。通过这项工作，教师了解了学生、家庭和社区，而学生和家长也由此对他们的家庭和社区环境有了进一步了解。

艺术背包计划以多种方式促使教学和课程与学生的生活产生联系。首先，教师通过调查联系学生的家庭，打造她为学生开发的项目。其次，部分作业利用了当地艺术家的作品（其中大部分是少数族裔的艺术家），这使课程与更大范围的社区联系起来，并与学生自己的文化频繁联系起来。最后，学生在家里和他们的家人一起进行艺术创作，因此，他们的家庭情境成为学习过程的中心。

通过将教学和学习情境化，艺术背包计划帮助未来的教师了解富兰克林学校的学生和家长，帮助他们超越对学生和社区的先入为主的观念，这支持了更公平的教学。艺术背包项目教学实践的一个关键组成部分是学习如何创造一个公平的环境，让所有的学生都能深入地、隐喻地思考。多萝西是这样阐述这个项目的目标的："这是一种公平的形式，让学生有机会接触自己。作为实习教师，你可以帮助他们了解他们的身份。"她继续补充说：

> 30年前，我被反复告知的一件事是，非裔美籍的学生不能进行隐喻或抽象思考。我的老师告诉我说："不要浪费你的时间和他们谈论这个问题。他们永远不会明白。"但关于少数族裔这种不足的叙述，从过去到现在都不曾与"人类拥有相同的大脑结构"这一事实相吻合。除非有什么器官上的缺陷，否则每个人都有可能进行隐喻和抽象思考。我们应该为每个学生提供公平教育，支持他们依靠我们作为人类的全部智力和创造力，来进行学习、思考、感受和行动。只是，少数族裔学生接受的教育要求他们进行死记硬背式的学习，我们要求他们学习此内容并通过那个测试。
>
> 我在蒙特克莱尔州立大学项目的工作正是持续开阔和发展实习教师对社会正义感和文化反应的理解。在这门课程中，我们讨论了很多关于如何帮助三四年级的学生提高元认知能力的问题，

思考孩子们是如何思考的，为什么他们会这样思考，以及考虑并尝试新的或不同的思考方式。这是一个关于深度学习的特别重要的着眼点，因为对于我们的一些实习教师来说，这是他们在自己从幼儿园至中学的学校教育之外第一次有这样的课堂体验。而对大多数人来说，这是他们第一次在城市公共教室里，与少数族裔的学生一起上课。

为了使这项工作取得成功，将实习教师的学习置于社区中并与学生和家长联系起来至关重要。这种方式超越了大学课堂上的抽象概念，甚至超越了学校里的传统活动，在那些活动中，刻板印象往往会暗暗发生并被默默接受。多萝西十分有意地与她的实习教师讨论种族问题。她承认，这一直是一个挑战："我们的本科生和研究生实习教师倾向于在LGBTQ[1]问题、特殊教育、妇女问题或性别歧视方面进行批评，他们很少触及宗教和种族问题，他们不敢触碰那些问题。"然而，多萝西要求她的学生"勇敢起来"。

她创造了一个环境，让实习教师可以比较轻松地发表关于种族的声明或提出有关问题。她让他们讨论进入项目时有什么期望，他们自己的经历以及这些经历可能如何影响了他们的期望。她为实习教师提供资源并组织课堂讨论，来帮助他们理解种族主义以及它是如何在学校和学习场所出现的。然后，通过她的教学和与三四年级学生的互动，她为蒙特克莱尔州立大学项目的实习教师树立了以公平为中心的教学法。

教师教育的情境化

所有七个项目都为实习教师提供了情境化的教师教育，帮助他们让学

[1] LGBTQ是英文单词lesbian（女同性恋）、gay（男同性恋）、bisexual（双性恋）、transgender（跨性别者）、queer（酷儿）或questioning（性别存疑）的缩写。——译者注

习教学成为一次深度学习经历。其中的重要理念是，人们会在特定的情境中发展他们经常使用的知识和技能。这些知识和技能是他们的工具，他们在最终使用这些工具的环境中，学习、完善并测试这些工具，更深入地理解并更好地应用它们。

本章前面描述的由高科技高中实习教师迈克尔创建的花园教学，体现了这些原则的应用。该案例还体现杜克大学巴罗尼·恩（Barohny Eun）教授关于如何最好地将学习情境化的理念：

> 在教学中实现情境化的最有效方法之一是，让学生沉浸在解决现实生活问题的情境中。在这些情境中需要学生直接应用在学校获得的知识和技能。通过参与现实生活中遇到的问题解决情境，学生们也会明白，知识的获得不是为了知识本身，而是为了将其用于现实生活中。

这些话对实习教师来说是真实的，对中小学学生来说也是如此。而且，值得注意的是，每个项目都为其实习教师提供了情境化的学习，同时要求他们也为自己的学生提供这样的学习。要做到这些，首先需要将实习教师安排在一些他们可能最终会被聘用的学校和社区，以及一些他们可以应用自己正在学习的深度学习知识和工具的学校里。

这些项目利用合作学校、教学实践与课程学习的结合，通过各种方式使得学习情境化。图6.1的双向箭头连续体展示了教师教育项目所能承担的情境化范围。

这个双向箭头连续体的最左边代表“普遍化、理论化”。也就是说，七个项目为各种可能出现的教学情境培养教师。更广泛、更普遍的项目的潜在特征包括提供广泛经验的多种教学实践基地，其提供的经验包括农村、郊区和城市教学实践基地的地理多样性。这些项目中的课程设计使其能够适应一系列的教学场所，尽管在理想情况下仍然要保持理论和实践相结合。

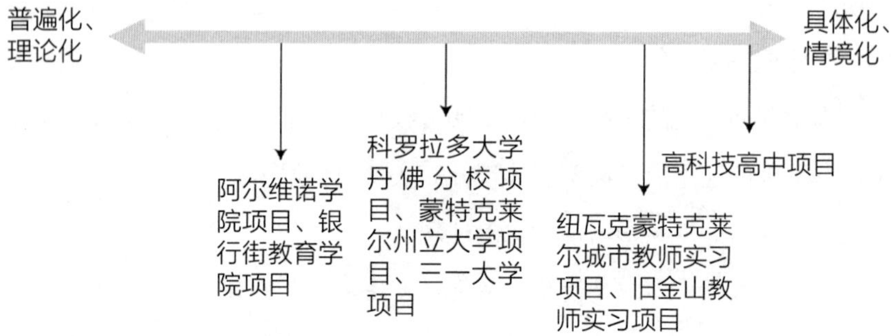

图6.1　教师教育的情境化连续体

来源：原图为斯坦福大学教师教育项目中学阶段负责人彼得·威廉姆森于2018年绘制。本图有修改。

在这个双向箭头的最右侧是“具体化、情境化”，代表为特定地区甚至学校培养教师。它们包括一些项目，类似于在高科技高中进行的项目，通过使用在特定学校里实施的特殊教学法来培养教师。还有一些教师实习项目，实习教师在他们将被聘为永久教师的学校和地区进行学习和实践。

我们也可以把“自我成长”项目放在连续体的右边，因为它们有时会发展出一条教师追溯到高中的通道，有时甚至追溯到初中，帮助这些年轻人在他们成长的学校里做好当教师的准备。支持从学校教职人员到班级教师这一职业过渡的特定项目，也可以包含在高度具体的情境化教师教育项目中，这些教师在他们以前工作过的学校里接受培训并返回这些学校。

本研究中的七个教育项目属于连续体的右侧的实习项目有旧金山教师实习项目、纽瓦克蒙特克莱尔城市教师实习项目、科罗拉多大学丹佛分校教学实习项目，其中高科技高中的实习项目是最具体化和最情境化的。这些实习项目在它们的策略中有意且明确地将实习教师的学习置于他们所处的学区情境中。对于这些项目来说，至少一整年的实习实践的环境是在某个地区的某所学校（小学实习教师即使是在实习期，通常也要在一所或多所学校的低年级和高年级教室中各培训一个学期）。因此，实习教师要了解他们的学校、学区和学校社区，就像他们了解他们学生的背景和经验一样。表6.1说明了旧金山实习项目如何确定项目实习教师在实习经历中学习和发展的关键的教学实践能力与特性。

表6.1 旧金山实习项目的情境化学习

作为内容的情境：为旧金山特定的城市学校培养教师			
地区和学校的人口统计、政策和实践	**学生和社区背景**	**教学实践和策略**	**特性或立场**
地区数据： • 成绩 • 健康和父母满意度调查 • 学校教学责任报告卡 地区政策： • 公平教育计划 • 包容性 地区组织： • 人力资源 • 教师工会	旧金山： • 社区 • 社区资源 • 创伤 • 移民和移民经历	地区实践： • 恢复性正义 • 复合式教学 • 课程模板 • 初级教师支持和评估 • 均衡阅读写作教学 • 实施共同核心州立标准	• 与学生建立关系 • 教学的协作性 • 把社区作为财富 • 反思性实践 • 相信所有学生都能学习

来源：2013年5月，彼得·威廉姆森、艾克诺姆·埃皮德、克里斯托弗·托马斯在加利福尼亚州旧金山举行的美国教育研究协会年会上发表的论文：《旧金山教师实习项目的情境化教师教育》。

旧金山教师实习项目的教学负责人介绍说，许多课程在应用于许多不同的环境时要遵守普遍化原则，虽然受到这样的制约，但实习教师的实习课程仍起到了将想法和实践置于具体情境中的作用：

> 在我们所做的一切中，我们都试图关注情境。我们不是在谈论它在教学中是如何发挥作用，或者它是如何广泛地发挥作用。我们谈论的是它在旧金山是如何发挥作用的。它从学习旧金山的学校教育历史开始，从阅读文本、观看视频或了解来自这个空间的东西开始。我们有很多实习教师都是来自该地区或来自一些学校。我们有一个家长小组，所有家长都是来自我们实习教师工作的学校。一切都与这个地缘政治空间有某种联系。
>
> 我们努力思考该区关心的事情，并试图帮助实习教师了解这些举措。无论是关于家长和家庭参与的标准，还是恢复性实践和它的实施方式，或者它是如何在本区发生的。我们也帮助他们更广泛地了解这种做法：使用恢复性实践的好处是什么？同时，它是如何作为一种来自原住民的做法而被采纳的，以及它是如何被用作权宜之计的？我们正试图使社会正义教学复杂化，而不是让它看起来像一个公式化的东西，或者是以任何方式都容易理解的东西。

这种情境特殊性对于旨在为严重缺乏教师的地区培训教师的实习项目是有意义的，但同样程度的特殊性并不适合所有的教师教育项目，因为大多数项目必须为各种不同的地区培训教师。同时，为了进行深度学习，实习教师必须在特定的环境中应用他们的所学，就像医学生在实习期间做的那样。因此，他们必须了解一般原则和一系列的应用，以及如何在特定的环境中有效地工作；他们还必须学会如何辨别一些因素，这些因素可能与应用这些原则的不同方式相伴相随。

教师教育项目必须回答的问题是，相比于为特定环境或特定类型的环境培育教师，它们能在多大程度上为所有环境培育教师？在我们研究的所有项目中，实习教师都有共同的课程，这些课程跨越了许多地区，强调普遍原则，并探索其在特定环境中的具体表现（甚至在高科技高中项目中也是如此，该项目包括高科技高中网络以外的合作学校）。此外，实习教师也有机会深入调查特定的环境。像科罗拉多大学丹佛分校和蒙特克莱尔州立大学这样的大项目在规模上有优势，能够提供各种教学环境下的多种途径，同时也都明确承诺以特定方式为城市学校培育教师。

有几个项目（蒙特克莱尔州立大学、三一大学、阿尔维诺学院）在合作地区的学校现场举办教师教育课程，而不是在传统的学院和大学大楼里。银行街教育学院项目的课程与银行街儿童学校在同一栋楼里，大学课程经常在这些教室里进行，包括与学校教师的互动，有时还有学校里的学生。同样，高科技高中的课程和旧金山教学实习项目的实习课程也经常在合作学校举行。就像前面描述的“艺术背包计划”尝试模糊家庭和学校之间的界限一样，在幼儿园到12年级的教室里举办大学课程也模糊了理论和实践之间的界限。实习教师看到墙上的学习成果，并可以近距离地探索学生和教师的工作。此外，许多同样的项目利用合作地区教师的专业知识和技能，来教授或共同教授传统上被认为属于“大学”的课程。这些教师往往被大学教师所熟知，因为他们自己在合作学校花了大量时间。

这些项目还试图通过优先考虑在为低收入的少数族裔社区服务的学校中进行教学实践，使实习教师的学习情境化，从而帮助所有学生进行深度学习。教学环境的性质很重要：这些项目不仅想要在某些类型的社区为实习教师提供环境，而且还想确保他们的实习教师可以在一些特定的地方学习，在那里他们将看到强大的、有效的、深入的学习实践在十分注重公平的学校中开展。

因此，这些项目都致力于发展与合作学校的关系，这些学校可以提供各种合适的学习环境，以帮助不同的实习教师进行深度学习。例如，旧金山教师项目在旧金山建立了一系列的教学学院，在低收入社区进行深度学习实践。我们之前描述过的一个学校是琼・乔丹公立高中，这是一所小型的多元化高中，它为77%的低收入学生服务，并且在旧金山的高中里，其四年制学生的大学入学率排名第二。另一所是米慎高中（Mission High），这是一所大型的综合性高中，这里的教师实行了复杂的教学、小组工作和表现评估（比如毕业作品集）。克里斯蒂娜・瑞兹加（Kristina Rizga）的一部著作描述了该校更深层次的学习实践，书名为《米慎高中：一所专家们试图让它失败、学生与教师却让它赢得胜利的学校》（*Mission High: One School, How Experts Tried to Fail It, and the Students and Teachers Who Made It Triumph*）。博伟贺拉斯・曼学校（Buena Vista Horace Mann K-8）是一所为不同学生群体服务的西班牙语和英语沉浸式双语学校，它是旧金山教师实习项目的小学教学学院之一。

科罗拉多大学丹佛分校项目最近重新调整了它的合作学校群，以确保其实习教师有更为情境化的实习基地。处于更有利的社区中的学校被移出这个关系，而处于低收入社区的学校则被添加到这个群组。对教与学的一致承诺和方法仍然是一个核心标准。例如，最新的合作学校之一辛克雷高中就与之明确匹配。辛克雷高中的校长马修・威利斯（Matthew Willis）将这种关系描述为：学校和科罗拉多大学丹佛分校的项目都认同一种对严格的定义，这种定义不仅仅取决于考试分数或数字标识，还取决于学生深入了解自己社区的能力，用多种语言与不同选区选民沟通的能力，以及采取行动促进自己生活中的正义的能力。两者都坚持认为，教师应注重将学术严谨性、关系、文化相关性和对抗一些教育不公的决心结合起来。该项目与学校之间的书面协议规定，学习关系必须建立在社会情境观点和相互信任的基础上。

以公平和社会正义为重点的情境化教学实践超越了实习教师在学校和

教室的实习工作。银行街教育学院项目委员会促进了实习教师与更大的社区之间的对话。该委员会通过各种活动和倡议来完成其使命，如银行街反种族主义联盟，该联盟每月举行一次学生和更大范围的社区之间的对话，“以解决特权和偏见的问题，并支持社区范围内关于种族正义的对话和行动”。

2016年冬天，临近马丁·路德·金纪念日，委员会举办了一场同银行街教育学院的实习教师和社区成员的对话，这场对话关于在课堂上讨论种族问题。该小组考虑了马丁·路德·金的理念如何“涉及性别刻板印象、贫穷和特权等问题”，以及“什么都不说、不承认问题远比解决一个可能不便讨论的问题带来的伤害更大”。为了支持银行街教育学院的实习教师和更大范围的社区，引导实习教师与其学生进行关于推进正义的对话，委员会分享了图书和资源，来推动这项重要的工作。

阿尔维诺学院项目利用其在威斯康星州密尔沃基市周边环境的多样性，与当地的组织合作，提供有助于实习教师情境化学习的实践，并帮助他们思考作为教育工作者如何推进社会正义。例如，阿尔维诺学院项目的一位指导教师和一位实习教师与当地警察部门合作，为警察部队的成年人和城市学校的学生开设了一门行为管理课程，目的是提高他们彼此共情的能力。诸如此类的经历使实习教师沉浸在社区环境中，帮助他们考虑当地人的视角，并使实习教师在为学生开展包容性的、相关的教育实践方面积累经验。

以学生为中心的学习情境化

在本章的开始，我们首先举例说明了在实习教师的课堂上，情境化学习是什么样子。接着，我们描述了实习教师自己的学习是如何被情境化的。现在，我们来谈谈这些项目采取了哪些策略，帮助实习教师将自己的教学和学生学习情境化。教师如何充分了解学生并利用了解到的知识使学习情境化，是贯穿深层学习各领域的共同主题，也是本书从始至终讨论的内容。在下面的章节中，我们将描述这些项目如何帮助实习教师发展为情境化学习提供信息所必需的理解和技能。

了解学生和他们的社区

正如本章开头迈克尔的花园课程所表明的那样，高科技高中向实习教师强调了情境化作为教学和学习的一部分的重要性。高科技高中项目的两个重要原则——个性化和真实性，要求教师对他们的学生和他们所在的社区有深刻的了解。对学生充分了解使高科技高中项目的实习教师能够知道每个学生的优势领域以及他们需要帮助的领域。此外，高科技高中的教学方法基于这样的信念：项目式学习应该反映学生的兴趣和热情，而且这些项目应该通过向社区做展示而对社区做出贡献。高科技高中项目的真正性质、项目与学生和社区的联系以及项目中的个性化，都是深度学习教学的重要方面，深度学习已融入高科技高中实习项目。

了解学生及其社区的工作超出了教学实践、学校活动和课程学习的范围，这是高科技高中学校文化的一部分。实习教师参加学校的专业发展实践和问题解决会议，这样使他们与同事不断合作，以支持学生为重点。在我们的访问中，一位学校负责人举了一个例子，讲述了他所在的初中部的实习教师所从事的这种专业发展工作。实习教师们与他们的教学伙伴一起为下一学年努力，并查看他们的学生名册，重点关注那些在学校有困难的学生。他们从每个小组中挑选出两名学生，然后开始以访问的方式，来了解更多关于他们居住社区的情况。这位负责人解释说："因此，他们带着'我们如何利用这个社区，把它作为明年项目的资源，以及这个社区如何成为学生工作的参与者'的问题，走进这些街区与社区。"

这些都是高科技高中教师项目的重要目标，因为高科技高中项目使学生工作具有相关性和真实性的两种方式是：有一个真实的主题和一些真实的项目工作受众。学校负责人接着描述了九年级的两位实习教师如何访问一个学生的社区，那是一个有许多难民的社区：

> 这是其中一个学生的住址，离这个公寓一个街区外的地方，有很多人在闲逛……于是他们就去和这些人交谈，了解他们是谁、他们的理想是什么，他们是否有孩子、孩子是否在上学，他们对孩子们有什么期望。走访的教师们明年想做一个项目，记录他们的故事，让孩子们去那里记录这些故事……以最好地满足他们所服务的这些社区的孩子们的需求。

高科技高中项目的实习教师花了大量的时间去了解他们所服务的学生、家庭及其居住的社区，这在他们对学习政策研究所的调查的答复中可以显示出来，所有的实习教师都表示他们已经准备好“作为合作伙伴与家庭通力合作，从而更好地了解学生并支持他们的学习”。同样地，阿尔维诺学院项目、银行街教育学院项目和三一大学项目都与高科技高中项目一样，100%的实习教师表示已经准备好这样做了，而且在所有的项目合作学校中，93%的实习教师都报告了同样的情况。

本研究中的教师教育项目都有助于实习教师了解真实关系的价值，并且帮助实习教师如何认识且更好地了解他们的学生。这些工作的实现方式多种多样，包括向实习教师介绍对学生的调查和案例研究的使用、社区访问和家访以及在教室和学校之外与学生接触的方式。

许多项目中有一些包含学习机会的课程，挑战了实习教师对学生和社区的看法，特别是对那些在城市地区得不到充分服务的学生的看法。此外，各项目中的多门课程要求实习教师花时间在学生的社区上，以了解学校环境之外的学生，及其所处的邻里环境。

例如，在蒙特克莱尔州立大学硕士项目中，实习教师需要在暑假期间完成一个社区内的教学实践。蒙特克莱尔州立大学项目的一位实习教师回忆起项目的暑期工作时，认为该实践帮助他更好地了解学生的身份：“我们在暑期项目中工作真正看到孩子们是怎样的存在、我们将为谁服务、这个地区是什么样的。你可以更好地理解他们正在处理的事情，并成为社区的一部分。”

在蒙特克莱尔州立大学项目的“基于学习的教学”课程中，实习教师的第一项任务是对他们在课上与之合作的一个学生进行案例研究（这是第3章和第4章中提到的常见策略）。这项作业有几个目标，包括了解一个特定的学生以及他在不同环境中的经历。实习教师需要跟随他们的学生上不同的课，并积极参加一个社会活动（例如，一场比赛、一个课外活动，甚至是与学生在食堂的午餐之约），这样便可以看到该学生在不同的环境中的表现，从而了解学生有多种身份，他们会因为环境的不同而发生变化。实习教师还通过应用理论来帮助自己理解案例研究，并开始了解在他们的计划和教学中可以使用这些理论知识。“基于学习的教学”课程的指导教师分享道：“对实习教师来说，这就像是对一个学生的人种学研究，他们必须有时间来收集一些关于学生的‘知识资源’，也就是对学生的了解。我们认为，他们与学生建立的关系对于他们促进学生进行深度学习至关重要。”

如果不了解学生，不与他们建立真实的关系，教师可能会因为对学生及其背景、生活和经历的假设而“不能达到预期的目标”，导致课程最好的结果仅是平淡无奇，最糟糕的结果则是令人不快或者只是对学生群体的刻板印象。正如路易斯·莫尔（Luis Moll）和他的同事所提出的，“文化是一个动态的概念，而不是类似于‘墨西哥粽子、成人礼、五月五日庆典’这些静态的只存在于书中的抽象概念”。在传统陈旧的教育体系中，融入学生的文化和背景经历的教学形式往往只被认为是所谓“主要”课程的补充，而且这些补充往往是庆祝性的，缺乏批判性思维，比如“英雄和节日”“舞蹈、服饰和餐饮”或“墨西哥玉米卷”：

> 如果仅仅将弱势文化体验视为一种庆祝方式来填补常规或规定的课程，那么教师便无法应对弱势文化学生的真实经历，而只关注到少数英雄人物的成就。这种策略往往意味着，所有的学生都可能学会将弱势群体的贡献仅仅视为边角料，而非他们对世界的整体理解中的重要知识。

实习教师可以通过多种方式超越这些活动的浅层次性质，可以深入了解他们的学生、家庭和社区，然后将这种复杂性纳入他们的课程和教案中。

旧金山教学项目的实习教师在实习课上完成的一项“班级网络”学习活动是实习教师遇到的将有关学生的知识转化为相关课程和教学法的一个例子。它旨在帮助实习教师更多地了解学生的需求和兴趣，而不是将其简明化，这样他们便能够满足他们的这些需求，并在此过程中为学生提供情境化的学习体验。这项任务不仅解决了实习教师对他们的学生有何了解的问题，还包括如何了解学生的问题，其目的是让实习教师发展如何建立一个关于他们的学生的整体认识的想法，并使用该认识来构建有意义的课程。

活动开始时，实习教师在便条上写下他们学生的名字，并在上面写下有关每个学生的三件事，然后把它们都贴在一张大纸上，在上面建立起“班级网络”。这些网络由这些关于每个学生的信息和学生之间的联系组成。在实习教师创建了班级网络后，他们根据克里斯·艾姆丁（Chris Emdin）的著作《给在当地教书的白人和其他人：现实教学法和城市教育》中的一个方法来发展它们：

> 现实教育者对待学生并不将其等同于他们的文化身份，而是把学生看成受其文化身份影响的个体。这意味着教师不会把他或她的教室看成是一个由非裔美国人、拉丁裔美国人或贫困学生组成的群体，因此不会基于那些先入为主的观念对他们的兴趣做出假设。相反，教师会形成对学生作为独特个体的理解，然后开始制定适合那些个体的教学和学习方法。

在班级网络创建之后，实习教师会测试他们的网络，检验他们关于学生的信息是否未经证实，是否包括局限的信息、预测性信息或假设。他们也会问自己，他们对学生有什么不了解的地方或者有什么重要的事需要他们了解。然后，实习教师需要思考他们是如何获得这些信息，思考这些信息的质量并思考他们还需要知道什么。最后，在实习教师们分享他们“非常想在本周进行的”更多了解学生的想法之后，这个活动将以实习教师们的实际行动作为结束。

了解学生如何看待自己和他人能够使实习教师与他们的学生进行更健康的互动。了解学生是实现更深度学习的关键。帮助实习教师培养同理心，意识到他们一起工作的学生和家庭的不同背景，使他们能够更好地发展真实的关系。这反过来又使他们能够设计出反映学生兴趣和背景的教学和项目，从而使其更有可能做到既有相关性又有吸引力。

学习政策研究所的调查提供了证据，证明这种对学生个体的关注正在被实习教师所接受，所有项目中有96%的实习教师表示，他们已经准备好“开发建立在学生的经验、兴趣和能力之上的课程”。深度学习教学要求教师具备这样的知识，并努力将教学设计与学生的经验、需求和身份联系起来。此外，深度学习的公平性要求教师努力接触所有的学生，使他们都能够获得学习的机会并参与其中。传授这些经验的课程促使实习教师公平教学，真正让所有学生参与进来，特别是那些背景与大多数学生不同的学习者。

利用有关学生的信息来进行情境化学习

如前文所述，仅仅知道学生来自哪里是不够的，即使这是了解他们的生活、经历和社区的重要一步。了解学生、他们的背景以及他们的社区，可以让教师在学生原有的知识和经验的基础上提供相关课程。各个项目的指导教师都致力于帮助实习教师学习如何利用有关学生的知识来创造丰富的、有吸引力的、文化相关的学习活动。在所有项目中，96%的实习教师表示，他们在项目课程学习中经历了“文化响应性实践”（带来学生的经验和/或社区知识），94%的实习教师对他们的教学实践也有同样的评价，这表明这些项目对提供这类活动的重视。下面我们来看一些例子。

挖掘学生的经历和原有知识。从教学法的课程学习中以及指导教师的示范课中，科罗拉多大学丹佛分校项目的实习教师了解到，教师的工作是通过挖掘学生自身的经验和已有的知识来提供相关的课程，从而创造出易懂且有趣的学习任务、活动和项目。

一位实习教师谈到她带的七年级的科学课，学生需要写一篇关于农业环境中水资源浪费的论文。鉴于她学校的实际情况，她意识到这个任务对她的大多数学生来说意义不大。她询问她的导师能否重新布置作业，让学生研究本校的水资源浪费问题。她的导师对这一修改十分肯定，鼓励实习教师进一步拓展该项目，让学生有机会采访学校管理人员和地区运营人员，并制定一个关于节约用水策略的提案。该实习教师解释说，她从科罗拉多大学丹佛分校项目中获得的信心，使她能够跳出条条框框来制定策略并将所有的内容标准结合起来，以实现更合适的绩效目标和学习目标，从而确保学生的高度参与。因此，学生的兴趣和现实中的应用是课程开发的核心，而不应该是主课之后的附加想法。

同一项目中的另一位实习教师也谈到做了类似的事情，那是在一个四年级的班里上的关于写信的系列课程中。学生们可以自由地就自己选择的主题给任何人写信。在完成了一个类似作家研讨会的修改过程、收到了同学的反馈和撰写多份草稿后，教师们把最后完成的信件寄了出去——许多学生觉得这“太酷了”。还有一位实习教师谈到她和她的指导教师如何在英语课上重新设计了一个关于《罗密欧与朱丽叶》的故事，包括讨论凯普莱特家族和蒙太古家族之间的争斗如何能够简单转化为现代的一场冲突。学生在这个文学课上的“讨论根本停不下来”，并认为莎士比亚经典作品中的核心冲突在现代转化中以不同的方式“活了起来”。这位实习教师解释说，“如果你能挖掘出学生真正感兴趣的东西，并能与之产生联系，你就能得到更有意义的学习”。

与学生共建学习活动。当实习教师从他们的学生那里了解学生、学习学生，与学生发展真实的联系时，他们就能更好地设计出情境化、以学生为中心的学习机会。从以教师为中心的教学转变为以学生为中心，需要学会与学生共享学习体验，将学生的声音和选择融入课程。正如高科技高中教学方法课程大纲所表述的：“我们相信，学生应参与到帮助教师改进教学实践的过程中，我们将尝试一些方法，将年轻人的声音融入我们的课堂。”

高科技高中项目的一位实习教师对重视学生的声音表示赞同：

> 我们经常谈论我们的设计原则。有一条原则是“教师作为设计师”，我真的觉得我们需要把它改成“教师和学生作为共同设计师”，因为我们在项目中真的倾听了许多学生的声音……我的一个同事会在他的班上做民主课堂。项目发生了改变，因为学生不仅参与进来，而且他们在项目的评估和实践中都有发言权。

这对实习教师来说是有挑战性的，特别是因为这不符合大多数课堂环境的结构或文化。实习教师以前的学习体验可能更符合以教师为中心的实践，这是他们在自己的K–12教育阶段中曾经历过的。高科技高中项目的主管珍妮·格里斯沃尔德（Janie Griswold）和罗伯·赖尔登（Rob Riordan）在他们发表的一篇文章中指出：

> 我们的目标是颠覆传统的权威观念、课堂实践和课程来源。教师需要适应以各种方式与学生共享权力——从帮助设计课程到上卫生间不必得到许可。在一个互动项目环境中，学习如何平衡学生的产出效率和社交时间，也会让一些教师感到不适应，因为他们习惯于教师严格地把控课堂。让学生对他们的学习内容和学习方式有发言权，一开始会让教师感到不适应。但是，实习教师们学到的计划和管理的方法与技能，将在传统的环境中给予他们很多帮助。

除了帮助实习教师了解儿童和青少年外，高科技高中项目的课程还帮助他们“反思和处理他们与自己的学生之间的人际互动，人际互动会对他们之间的关系产生影响，并影响对学生行为和成就的解释和反应”。培养两者健康的关系对于帮助教师使以学生为中心的学习情境化是至关重要的，这种学习情境化包括设计相关的且有吸引力的项目。

弥合学校与社区的鸿沟。让我们用最后一个例子来结束本章。这个例子是关于实习教师如何在接受情境化的教师教育之后为学生提供情境化学习。它体现了教师教育项目如何支持实习教师进行情境化教学以促进深度学习的关键原则，以及这些努力的结果如何产生多种涟漪效应。

在圣安东尼奥的杰克逊中学（Jackson Middle School），三一大学项目围绕“理解为先”的课程框架进行了教职员培训，所有教师都接受了培训，了解这种模式的核心理念。拉马尔小学是该项目中两所小学阶段的专业发展学校之一，自2013年以来一直是以专业发展学校的形式与三一大学进行合作，进一步促进学生参与对社区有意义的真实工作。三一大学项目小学部主管和拉马尔小学校长开展了密切沟通，支持拉马尔小学的所有教师围绕项目式学习和体验式学习开展实践，使用“理解为先”的教学设计框架。拉马尔小学校长对这一理念对学校工作的影响给予了热情的回应，并发表了对未来机会的看法：

> 我们希望孩子们重视他们的学习，相信他们的学习。我们希望他们的成长能够讲述一个故事，不仅是关乎成绩高低的故事，而且关于他们的学习如何与自身以及与圣安东尼奥联系起来。我们希望孩子们以后成为思考者和梦想家。七年后，孩子们离开这里时，他们会因做了一些了不起的事情而骄傲。如果我们把合适的机会摆在他们面前并且事先做好计划，那么我们就可以扫清障碍并促进他们的学习。我们现在处于这一领域的前沿并取得了部分成功，但仍然有巨大的进步空间。

在拉马尔小学，三一大学项目的实习教师一直在积极引导社区变革，并在课堂上提供深度学习。一位实习教师与她的班级一同开展了一个校园回收计划。另一位实习教师了解到本州选民参与率低的情况后，在她四年级的班级里开展了一个项目式的投票活动。他们制作了公共服务公告，鼓励家庭成员登记投票，甚至在当地举办了“摇滚选举”活动。还有一位实习教师与指导教师合作，开发了一个关于种族关系的教学单元，他们把这个单元分享给了三一大学项目未来的实习教师。

这些例子表明，在合作学校开展的活动旨在为实习教师提供情境化学习，这些活动的合作性质并没有随着活动的结束而消失。这样的合作建立了一个专业社区，也建立了专业发展学校与大学之间互惠互利的关系。长期且持续与合作学校接触有利于双方形成共同的理念和做法，以此为学习背景来促进深度学习教学。这也使得一些知识和理念在实践中得到强有力的应用，我们将在第7章中对此展开论述。

第7章 知识的应用和迁移

在阿尔维诺学院，我们认为只获取和储存知识是不够的。除非学生将知识应用于实践，否则学习是不完整的。

——乔尔·瑞德（Joel Read）

正如阿尔维诺学院前院长乔尔·瑞德所指出的，深度学习依靠的是让学生将概念知识应用并迁移到复杂且新颖的问题上。在我们深度学习教学的第三个维度中，抽象和理论性的想法通过真实的活动与现实生活中的问题和环境紧密相连，这些活动促进批判性思维的发展和知识的掌握。

从某种程度上说，学校学习的全部意义在于能够将知识迁移到校外的各种情境中。然而，将课堂上的信息和想法迁移到其他场合的能力并不是天生的。很多时候，死记硬背学到的信息如果没有得到应用的话，它们往往不会被带入其他环境中。例如，学生可能为一次小测验而背单词，但他们可能无法在写作中应用这些词汇。学生可能学会了一些数学知识，但当他们在学校外遇到非结构化问题时，却不知道如何应用。学生可能会学习在第二语言中变换动词形式，但在对话中却忘记如何正确使用它们。

在教育学家用术语描述这些现象之前，约翰·杜威就指出了“惰性知识”与“可迁移知识”的区别，前者不能被学习者使用，后者源于沉浸式的教育体验，这种体验支持深度参与和理解。正如杜威所言：

> 几乎每个人都曾回顾自己的学生时代，并试图知道他在校园生涯积累的知识如今变成了什么，为什么他必须换一种形式重新学习他已获得的技术技能，以便使他处于有利地位……其中的一个问题是，有关知识是在孤立的情况下学习的；它可以说是被放在一个防水的隔间里。那么，当有人问，它变成了什么、它去了哪里，正确的答案是，它仍然在最初存放它的那个隔间里。如果有与获得它时完全相同的条件，那么它也会重新出现并且可被使用。但在获得它时将它隔离，因而与经历的其他部分完全脱节，那么在实际生活条件下便无法使用它。

人们在工作环境中学习不同于在学校的学习，这些环境往往强调在实践中学习，强调合作而不是单独工作，强调使用工具和技术来帮助完成工作而不是完全的脑力劳动。其理念是，为了进行有效的知识迁移，学习的展开应围绕着在校外更常遇到的那种真实的问题和课题。理解性学习不是简单地记忆事实或程序，它通常被称为主动学习，包括与他人合作共同处理一些原则和想法，探索新观点的意义、与其他观点建立联系，以及将所学应用于真正的任务并在其中使用工作工具来确定模式并练习新技能。

中国有一句古老的谚语，它概括了这一思想：“听而易忘，见而易记，做而易懂。”教育学家发现，主动学习时学生的理解结果明显好于学生听课时的理解。主动学习让学生参与阅读、写作、讨论、解决问题，并将他们的所学应用到其他情况中。

由于知识的建构性，主动学习模式最终对于知识的深度理解和迁移更加有效。根据让·皮亚杰的见解，心理学家认为学习者是他们周围世界的积极探索者，他们试图根据现有的知识、技能和发展水平来解释这个世界。让学习者参与富有成效的探索并帮助他们将观察到的东西与他们已知的东西联系起来，这样的经历会帮他们产生更有力的学习。相比之下，脱离更广阔的情境、给学生提供互不相连的知识，会降低他们以后能够记住和应用这些知识的可能。获得的信息如果从未被应用或付诸实践，就会降低以后知识迁移的可能。

最后，学习能力是通过获得刺激大脑的丰富经历而得到发展的。早期对于环境影响大脑发育的研究将在两种环境中饲养的老鼠的大脑进行了比较，一种是饲养在含有玩具和障碍物的“复杂环境”中的老鼠，一种是单独饲养或饲养在没有玩具的小笼子里的老鼠。研究人员发现，在复杂环境中饲养的老鼠在各种任务中表现更好，它们喜欢学习在迷宫中玩耍，并且在视觉皮层中每个神经元的突触会多出20%到25%。这项工作和此后的数百项研究表明，大脑发育是“依赖于经历”的。

支持大脑发育的“丰富的环境”为社交互动、与环境的直接接触以及不断变化的探索对象提供了许多机会。同样，丰富的课堂环境提供了与教室和社区中其他人的互动、对现实世界的亲身体验，以及对学生所做和所想的经常性的信息反馈。

为了发展可迁移的理解或熟练程度，人们必须以综合的方式运用技能，而不只是在不相干的地方回忆信息。研究人员发现，学习对个人越有意义，知识的获得、检索和以后使用的可能性就越大。当学生合作探究一些现象并解决问题时，他们对概念的理解会得到加强，他们对自己所经历的过程的思考也会更加清楚。如果在一个社会环境中，学生有机会分享自己的想法、接受他人的指导并向观众作展示，那么这个环境就可以帮助学生学习意识到自己的想法、检验自己的想法或假设、利用反馈并提供解释——所有这些都会加深他们的理解并促进知识迁移。

在我们所研究的教师教育项目中，实习教师致力于学习创造有意义的任务和课题。这些任务和课题考虑到了知识的探究和应用，用熟练的支架式教学法来支持并引导学生学习，并用真实的评估来对学习进行评测，而这些评估揭示了知识应用的结果并要求进一步的学习。学生的探究并非随意进行或缺乏指导，因为这些策略发挥有效作用的前提是：学生接触到的材料要具有结构性、能够阐释重要概念及概念间的联系，并且要确保教师始终提供详细的教学支架和战略性的直接指导。

为了实现这些重要的课程目标，这七个项目组为实习教师安排的工作是：一是围绕“关键问题”展开调查；二是教给学生“逆向规划”，在有意义的评估中反思目标，从而开展一系列将会实现这些目标的任务和活动（第3章中有关于这种课程规划方法的详细论述）。在本章接下来的章节中，我们将阐明实习教师如何利用这些过程，来为学生创造应用和迁移知识的机会。这种沉浸式的“边做边学”不仅是实习教师最终课堂的目标，也是项目导师们自己使用的方法，这样实习教师就能体验到他们将用来创造积极的、以学生为中心的课堂的各种教学法。在本章的最后，我们将会介绍这些项目如何为实习教师创造这些机会。

将知识应用于实践

在所有七个项目中，实习教师会学习和体验一些教学策略，促使学习得以应用和迁移。事实上，在接受我们调查的实习教师中，98%的实习教师认为他们已经准备好“使用这些教学策略来促进学生主动学习”，88%的实习教师表示他们已经准备得很好或非常好来这么做了。

正如第3章所指出的，这些项目强调了一种探究式的教学法，可以促进学生批判性思考，提高他们解决问题的能力。同时，考虑周到的差异化教学、支架式教学以及与文化相关的教学法，可以确保所有学生都能参与其中。实习教师对学习政策研究所调查的答复体现了一致的重点，这些项目中97%的实习教师表示他们已经准备好“帮助学生进行批判性思考并解决问题”，也准备好“深入学习书中的内容”了。在这两种情况下，超过80%的人都觉得已经准备得“很好”或“非常好”了。正如第6章所述，这些项目中92%的实习教师表示他们已经准备好去“设计有效的基于项目的教学，在此过程中，学生可以展开调查并产生一些观点，提出解决方法或拥有自己的成果”。

课堂上的探究式教学可以帮助实习教师学习如何提出问题，这些问题可以引导学生在各种情境中进行深入理解。基于本章开篇乔尔·瑞德的建议，阿尔维诺学院项目的一位实习教师描述了她如何在四年级的实习中，在关于电能转移的单元支持探究式教学。为了帮助她的学生理解物体具有绝缘或导电的属性，她在该系列课程的第一天带来了七件物品，并让她的学生猜测哪些是绝缘体、哪些是导体。接下来，她展示了如何检验他们的猜测。第二天是学生主导学习的过程，由他们确定要检测的对象。这位实习教师解释了她如何通过提问来支持这种探究式教学法：

> 第一天，我向学生们提出了许多问题并给了很多提示，来帮助并支持他们的学习。第二天，我减少了这样的教学支架，而且支持力度较小，因此学生们必须在自己的环境中寻找材料来进行检测，验证他们第一天的预测是否正确。但是我会回答他们的问题，并且会来回走动看看他们做得如何，以及是否需要帮助。

这位教师显然已经内化了探究式教学过程。此外，她还认真思考了学习的顺序，以及如何根据学术要求适时提供并移除教学支架，来更好地引导学生完成探究过程。

就像阿尔维诺学院项目一样，在蒙特克莱尔州立大学，指导教师在他们的课程上示范了探究式学习，然后要求实习教师创建一个教学单元，来展示他们对如何将这种学习应用于自己课堂上的理解。指导教师会帮助实习教师修改他们的教学单元，来加深他们对批判性思考和探究的关注。蒙特克莱尔州立大学项目的一位指导教师这样解释她的目标："我们阅读杜威的著作并且……我们大多数的理论工作都是探究式的……我的目标是进行这样的示范：我们如何共同探讨一节课？实习教师的问题如何推动课堂的进程？我一直在我们的课程中示范着这些。"

实习教师会学习如何创建以探究为导向的单元，涵盖他们自己的学生的问题和关切，同时也帮助学生们以多种方式应用他们所学的知识。具体案例见下文"以多种方式应用概念"的展示。

以多种方式应用概念

"同学们，地球需要我们的帮助！我们所有人都需要保持地球的清洁与安全！我们所有人都需要出一份力来帮助保持地球清洁！"随着这样的句子，实习教师简妮（Janine）带的幼儿园班级的课程开始了。这个课程属于为期一周的系列综合阅读和写作活动，这些活动是为了周末的地球日庆典做准备。教室里挤满了来自不同种族的22名学生，他们可以选择坐在地板上、椅子上或站着听课。简妮是蒙特克莱尔州立大学的一名本科生实习教师，她说，"现在请大家放松"。然后她开始播放一个两分钟的视频，内容是介绍如何保护地球。

当视频结束时，简妮打开灯，让学生们坐到地毯上，每人占据地毯图案上一个大圆的位置。她请一名积极发言的同学复述了苏斯博士（Dr. Seuss）的《罗拉克斯》（*The Lorax*），他们前一天读过这个关于自然保护的故事。这样做有双重目的，一是将视频的主题与他们之前的学习联系起来，二是让缺席的学生补上这部分知识。简妮用肯定的语气回应着孩子们飞舞的小手和叽叽喳喳的发言，并温柔地提示关键概念：“脏，对吗？”“还记得那个‘p’开头的单词吗？……污染（pollution），回答正确！”她一边大声地讲，学生们一边回忆着以往学过的单词。她提醒学生回想世界地球日，并介绍了一张展示了以保护地球为主题的“回收、节俭、再利用”图像，图像上是地球的轨道运行图像，她还要求学生们举一些他们曾观察到的再回收、节俭和再利用的例子。一个微弱的声音打破了这片刻的停顿，这个最初的回应引发了学生分享经验的连锁反应。简妮肯定了每个例子，并把它们添加到有图像的那张纸上。前一天缺席的一个学生举起手来，告诉大家他在家里进行回收。简妮抓住这个机会，让他加入进来，她大声说道：“真是太棒了！你回收了哪些东西呀？”

然后，她从同学们分享的这些经历转到当天的朗读书目《美丽的意外》，这是一本关于将涂鸦和打翻的颜料转化为工艺品的书。当简妮讲述这本书时，她在文本和课堂之间建立了联系：“竖起大拇指——你们中有多少人曾经有一张被撕破的纸？我们每个人都有。”在展示了故事中的手工艺品后，她举了一个自己的例子：她用纱线和纸巾做了一棵树，就像《罗拉克斯》中主人公种植的真心树一样。班级的兴奋情绪达到了顶点，简妮引导学生们沿着地毯边缘坐下，让他们安静下来。

这一过渡标志着这一天的最终活动即将开始：学生们面临的挑战是利用回收的材料创造一个属于他们自己的工艺品。简妮让学生们回到他们各自的小组，小组成员能力不一，在接下来的10分钟里，他们要合作利用回收的废料制作各种动物、人物和其他形状。简妮在教室里巡视，蹲在每张桌子前兴奋地说着：“看这个！”“这是哪一部分？”“你还需要什么？”“非常聪明！”

简妮的课堂体现了学生深度学习的许多要素。她的课堂强调知识的应用和迁移：最初的活动建立在提前一天阅读《罗拉克斯》的基础上，是一个关于保护地球的多媒体演示。随后她在课堂上讨论了“回收、节俭和再利用”的概念，接着朗读故事《美丽的意外》。她在课堂上为学生提供了一个体验减少浪费的机会，让学生们重新使用在教室中回收的材料制作自己的手工艺品。这些活动都是有计划进行的，她让孩子们理解了概念的应用，并在班上做了概念应用的示范。

这一系列的学习活动适合这个年龄孩子的发展，是专门为他们设计的。这些活动通过一些例子，来支持他们对更多概念性知识的学习（回收、节俭和再利用）。这些例子来自短片和他们自身的经历、一本解释这些概念的故事书，以及最后回收材料再利用的具体任务。整个课堂依赖于学习团体，团体成员一起思考和行动，体现了社会性与协作式的学习。这个教室是为小组互动而设计的（例如，学习地毯、带有小组座位的桌子），并且学生们在分享关于“回收、节俭和再利用”的例子时，他们互相汲取对方的观点和想法。他们一同工作，分享材料来制作他们自己的手工艺品，然后在课堂结束时与其他同学分享他们的作品。

简妮把学习内容与学生们保护地球的意识联系起来，以此使课堂情境化。她邀请学生分享他们在生活中观察到的或经历过的回收利用的例子。这对学生们的经历表示了承认和尊重，使得课程与学生们的生活联系起来。最后，学生们参与了一项实践活动，制作自己选择的手工艺品。简妮请学生重新讲述《罗拉克斯》是她注重公平的体现，这样可以确保前一天没来上课的同学了解到他遗漏的知识。最重要的是，我们可以看到这样的课堂组织模式可以支持多种方式的学习，包括朗读、多媒体演示、教师提问、实践活动和独立练习。这种多样的学习活动为拥有不同知识和技能的学生提供了多种参与机会，这是公平教学的一个特征。

逆向规划：将探究学习的重点放在概念理解上

简妮之所以能够制定强有力的课程环节，并且成功应用在她的课堂上，原因之一是运用了蒙特克莱尔州立大学项目教授的逆向规划，这种方法也在其他大多数项目中得以运用。正如我们在第3章中所描述的，“理解为先”是几乎所有项目的核心内容，它关注单元从目标出发的逆向设计，目标以基本问题的形式呈现，并在表现评估中加以概括。逆向规划，或者说关注学生在一个学习单元结束时应知道什么并能做什么，有助于实习教师理解规划和教学的范围和顺序。除此之外，从学习目标出发的逆向规划，确保了学生学习的知识和技能是有意义的、相关的和连贯的。

在第4章和第5章，我们列举了三一大学项目实习教师的例子，他们以“理解为先”为框架进行逆向设计教学来发展学生真实的学习经历。从实习教师对我们的调查的回复中，可以明显看出三一大学项目在教学设计培训方面的优势：所有完成调查的实习教师都表示，他们已经准备好开展有助于学生深入学习知识的课程，能在新的情况下应用这些知识；也已经准备好开展基于学生经历、兴趣和能力的课程。94%的实习教师表示他们已经准备得很好或非常好了。

在秋季学期，三一大学项目的所有实习教师必须设计一个“理解为先”的单元，他们将在春季学期教学的第一周开展这一单元的教学。这个教学单元必须包括课程设计规划和单元概述，使用“理解为先”的模板、课程计划、评估和在教学中所涉及的学生资料。在我们的访谈中，小学实习教师谈到了他们如何在展开这个教学单元的过程中发展各种教学策略，包括学生们共同参与知识构建的方式以及如何将知识应用于现实生活中的问题、如何在小组讨论中运用提问策略。一位实习教师解释道：

> 我们总是受到鼓励来开展项目式学习，尤其是以“理解为

先”为核心的课程，以此来记录我们的成长。我们被教导要先思考基本问题和基本理解，就像学生不仅要能理解书本上的知识，而且要能将知识应用于真实的世界中——这是教学开始的第一步。在开展这样的教学过程中，我们要基于班上的学生对教学做出调整、修改和区分。项目中关于“理解为先”的培训和更广泛的教学单元设计，使我们为开展项目式学习有所准备，因为在项目式学习中，我们必须首先解决所有基本的问题和理解。

另一位实习教师表示：

一场数学讨论不是只有师生之间的互动，还是许多学生之间的互动。那么，我们该如何让学生们一起互相学习，对彼此的答案提出质疑、同意或反对意见呢？学生们完全可以促进教学，这样一来，教师可以起到督导和促进作用，我们并不直接给出答案，而是让学生自己去探索并厘清概念。

通过“理解为先”的课程设计，实习教师内化了与深度学习一致的教学策略。这些策略将学生摆在学习的中心位置，而教师则是起到促进作用。项目的指导教师指出，“理解为先”的价值在于支持探究式的学习，正如一个小学项目导师评论道：“学习开展‘理解为先’，可以帮助你提出基本问题。比如，我不会告诉你什么是诗歌，相反，我会向你展示一些材料，最后你会自己理解什么是诗歌。”另一位小学导师举了一个标点符号课上的例子，在告诉学生标点符号使用的目的之前，她会让他们在课文中寻找标点符号，或者给他们一个句子，让他们弄清楚缺失了哪些标点符号。为了解决一个基本问题——标点符号如何帮助读者理解文章的含义，该课程设计的重点在于让学生们检查文章中标点符号的运用，以及标点符号如何促进他们的理解，而不是教给学生一套标点符号的应用规则并让他们背诵。对标点符号的理解研究促进了深度学习，也帮助学生记忆了应用规则。

海伦（Helen）是拉马尔小学的三年级教师兼项目导师，也是三一大学硕士项目的结业实习教师，在她的课程中，我们观察到了探究式的教学策略（见下文案例“杂货店中的数学应用”）。在课堂上，她让学生们在杂货店挑选水果并称重，在给定的预算内确定花销，从而在此过程中教给学生许多数学技巧。同时，这个关于称重的应用课程培养了学生的团队协作和坚持不懈的精神，还教会了孩子们如何在杂货店里进行消费。

杂货店中的数学应用

海伦坐在椅子上，学生们围着她坐在地板上，她在开始上课时提出了一个问题："你们在现实生活中是如何进行称重的？今天你们将要在卢卡斯杂货店购物并称重。在你们购物结束时，我希望你们能够解释如何测量公制重量。我们讨论过重量单位‘克’与‘千克’，现在让我们学习一下这个活动的内容。"海伦打开放映机，让学生学习工作表和活动指南。

工作表上写着："欢迎来到卢卡斯杂货店！你们将要购物并制作你们自己的水果沙拉。水果沙拉必须包含各种水果（吃各种颜色的水果有益身体健康），重量尽可能接近350克，但花费不能超过14美元。先在店里随便看看，然后决定用哪些食材来做水果沙拉吧。"该工作表里包含一份水果清单、数量以及价格。比如，一片猕猴桃1美元。除此之外，该工作表还为学生们提供了一份评分标准，供他们进行多方面的自我评估，包括他们在杂货店里的礼仪、团队协作精神、坚持不懈的精神以及称重技能。工作表的背面有一个表格，学生们可以在上面标记他们的购物清单，并记录每样水果的种类、数量、重量以及价格。

在学习了活动指南后，海伦补充道："你们需要记住：你们必须选择各种水果。记得我们去博物馆时，他们说如果你吃了许多不同颜色的食物，你的饮食就很健康。你们要吃到各种颜色的水果，就像彩虹一样。你们要获得尽可能接近350克的水果。现在回答我，你们的水果沙拉要接近多少克？"学生们回答："350克。"海伦继续说："你们必须清楚水果的价格，总花销不能超过14美元。"然后她说："如果你们能听到我的话，就摸摸自己的脑袋，然后转身告诉你们的同伴你们要在杂货店买些什么。"学生们转身讨论，教室里人声鼎沸。为了重新引起他们的注意，海伦说："看这里！如果能听到我的话，就摸摸自己的鼻子。"

学生们安静下来。然后海伦做了补充性的说明：这次活动的评分标准包含了四个方面，分别是杂货店礼仪、团队协作精神、坚持不懈的精神和称重技能，学生们必须在这四个方面给自己打分。她说："你们必须注意到的第一件事是你们在杂货店的礼仪；下一个是团队协作精神，我马上会告诉你们谁是你们的伙伴。接下来是坚持不懈的精神。伊利斯（Elise），坚持不懈是什么意思？"伊利斯举了一个例子来回答这个问题，她说小宝宝虽然总是跌倒，但仍然不断努力学习走路。

海伦之所以有意将坚持不懈的精神纳入到评分标准中，是因为它是拉马尔小学的学生正在学习的成长型思维模式的五大要素之一。海伦补充说道："所以你们在努力拿到350克水果时，如果做不到，你们会放弃吗？你们的目标是拿到尽可能接近350克的水果，这一整节课都是关于称重的……这里有一些诺曼博士提供的工具，当我叫到你和你的同伴时，你们要起立，拿上你们的工具，然后选一块你们要去的地方。我会确保容器是打开的，每个人都会有一个碗。那么，我们要开始了。第一组我选的是克里斯蒂娜（Kristina）和艾普尔（April）。你们拿到工作表和容器了吗？"

海伦又叫了其他几对学生出来，学生们分散开来。然后她停下来，要求学生们认真听她给出的新提醒，她说："我会给认真听的同学发碗。"海伦来回走动，给每对学生发下碗具。他们要从房间的后面挑选水果，并用桌子上的天平进行称重。一些学生在房间后面挑选水果，这里有很多水果供他们选择，包括红提、柑橘、猕猴桃、菠萝片、苹果片、香蕉、黑莓和草莓。海伦向学生们展示了如何使用天平，这些天平型号都不相同。由于没有足够的天平，有几对学生需要共用一架天平。此次活动中，学生们的参与度很高。

海伦与一个小组进行讨论，她提醒他们不能将天平放在裂缝处或一本书上，并问道："天平会保持平衡吗？"她四处走动，检查各组学生的情况，帮助了他们几分钟后，海伦说："如果你们能听到我说话，请把手放在脑袋上。"学生们逐渐安静下来，她说："我注意到有许多碗放在天平上。可能我之前没有提到这个，你必须单独对水果称重，把碗放上去是不行的。"学生们开始继续称他们的水果，并想办法实现本课的多个目标，也就是挑选多种水果、重量尽可能接近350克、花销不超过14美元，而且在这个过程中需要注意团队协作、坚持不懈。

虽然学生在这个关于数学和团队合作的应用学习中十分投入，但海伦后来还是告诉我们，她忘记了在学生们开始前给他们示范一下如何使用天平。这个例子提醒我们，这种在现实生活中的探究式教学需要重视提前规划和准备，包括预测学生们的反应和问题，为学生在参与活动过程中可能出现的困难做准备。

为探究式学习寻找多种途径和支架

要实现探究式学习的巧妙设计与管理，不仅需要对任务进行认真策划，使之成为深入理解所学概念的好地方，还需要精心地设计进入教材的路径，来满足不同学习者的需要。学习者的学习建立在不同的原有知识上，并有着独特的方式获取和处理信息，他们往往通过多种模式进行学习，并依赖于不同种类的支架和强化措施。这些项目强调教师要能够执行这些设计任务，就像我们的调查所显示的：97%的实习教师表示他们在自己的课程学习中经历过“实施差异化教学以满足不同学生的需求”，95%的实习教师表示他们在自己的教学实践中设计了同样的经历。除此之外，96%的实习教师表示他们觉得已经准备好“用合适的教学技巧来确定并解决特殊的学习需求”。

乔迪（Jody）是一名来自旧金山大学与斯坦福大学合作项目的实习教师，她在下一个案例“在海洋生态系统中应用科学知识”课程中，阐述了在一个高中生的融合班级（班里一半的学生被认定为要接受特殊教育）使用各种教学法和课程构建技巧。这个高中大多数学生是贫困生，在乔迪以“理解为先”的教学课程上，我们可以看到她是如何支持引导式探究，检查学生是否理解并且按需调整教学，为学生提供多种方式学习课程内容，实行差异化教学。

在海洋生态系统中应用科学知识

三月的一天，阳光洒满了旧金山的琼·乔丹公立高中。乔迪·德阿劳霍（Jody DeAraujo）是来自旧金山教师实习项目的一名实习教师，她正在一节生物课上为一个由九年级和十年级学生组成的多元学生班级讲授有关pH值对生态系统影响的课程。今天班上的16个学生中有8个被认定为需要接受特殊教育以及个性化的教育计划。

今天的课程重点在于通过一个现实中的例子来教授pH值的概念，即二氧化碳（CO_2）如何与海洋中的水分子（H_2O）结合，使海水变得更酸从而降低其pH值。课堂开始时，全班进行了热身活动。乔迪带着大家回顾了上节课讨论过的“容差范围”图，并问道：“如果海水的pH值从7变成6，那么生态系统将会发生什么？”学生们分享了他们的答案，她又追问：“如果海水的pH值改变的话，现实世界中会发生什么？”一个学生回答：“全球变暖。”

这节课的节奏很快，下一环节是让学生们合作探索关于海洋酸化的系列问题，从而帮助他们理解海水的pH值怎样变化、为什么变化。乔迪让学生们组合成对并给他们提供了两张图片，她提醒学生们在他们将要做的测试中有与之相似的图片。其中一张是时间序列图，显示了1958年到2012年北太平洋的CO_2水平和海水的pH值。另一张图片则显示了大气中的二氧化碳和水如何生成碳酸。学生们结对合作，花了15分钟弄明白他们面前的图片，并且回答了有关海洋酸化的问题。乔迪和她的指导教师丽诺尔·肯尼（Lenore Kenny）在教室里来回走动，给有需要的学生提供帮助，给分心的小组重新提供方向。

然后，乔迪带领全班同学参与了一系列简短的活动，加深他们对海洋酸化的深度理解。乔迪提供了不同的切入点，来帮助对此概念仍感到困惑的学生。首先，乔迪放映了一个有关海洋酸化的五分钟短片，之后她向全班同学提问，以此来估量他们对海洋酸化的理解。接下来，学生们结成伙伴，阅读两篇文章（一篇关于海洋酸化，另一篇关于珊瑚礁），做注释然后回答问题。接着，乔迪带着全班同学做一份阅读后的测试，她不给测试进行打分，只是以此来评估学生们对文章的理解。

这节课的最后30分钟由指导教师丽诺尔负责，她与学生们一起进行生态系统的数据收集，这是一项他们正在进行的为期两周的课题。在稍晚时候的一堂课上，乔迪仍然会独立负责课堂。她和丽诺尔采用了一种合作教学模式：在与乔迪合作教学时，丽诺尔先示范一节课，然后乔迪在第二天自己负责的时间内独立教学。错开的课程可以帮助乔迪最大限度地从丽诺尔的示范中获益，反思她看到的示范和自己开展的教学，然后根据自己的风格进行调整。

丽诺尔让学生们拿出他们生态系统课题的工作表。每组学生都有一个容器，里面有两条鱼，这构成了他们的生态系统，是他们自己设计的。她让学生们观察鱼儿的情况，并利用线索来确定他们的鱼儿为什么还活着或者已经死去。学生们非常投入地观察他们的鱼儿，并努力弄明白鱼儿是否已经死亡以及为什么死亡。丽诺尔说："我想让你们把详细的观察写下来。此时此刻，一些细节性的变化正在发生。有同学看过《法律与秩序》这本书吗？里面的主人公努力通过观察线索来查明真相。你们要查明的是为什么鱼会死亡。"然后她提醒大家，一个名叫克里斯蒂安（Christian）的学生说过一些大家都应该记住的话。她又补充道："有时你们需要把所有线索都整合起来，才能找到一个确切的原因，有时鱼儿是死于一些致命的东西。你有15分钟的时间来观察，并需要全程记录。"

15分钟后，学生们回来集合。丽诺尔让他们大声读出自己的观察记录。她叫了一名学生："艾伦，请你说一下你的观察结果，大声读出来，让大家都听到。"

艾伦回答道："我观察到鱼儿死了，它们浮在水面上，眼睛呈白色。"

丽诺尔追问："在水中是否有其他东西在它们身边？有没有其他鱼在啃食它们，还是说它们都死了？它们的尾巴和鳍看起来怎么样？我想让你们做得细致一些。好，再来一个。"

另一位学生说："有一些植物在生长。"

"有什么可以证明吗？"丽诺尔问。

"它们长在瓶子的顶部。"学生回答道。丽诺尔继续问问题，该同学回答并描述了他收集证据的方式。

"它们长了有多长？"丽诺尔问。

"三英寸。"

"你是测量的还是猜的呢？"

"我测量的。"

"用的尺子吗？你怎么知道上次测过之后该从哪开始测量？"

学生回答说："上次测量，它们只有两英寸。"

丽诺尔问了该学生最后一个问题："你从土壤的顶部还是底部开始测量的？"然后，她向全班同学解释了她不停追问的原因："大家都明白什么是深入观察了吗？"丽诺尔接着说，"请给我一个可能会导致你们的鱼儿死亡的原因，管子是插在水中的。"

她等了一会儿，然后补充道："管子的一端在水中，另一端在植物生长的地方，所以鱼儿是生活在有二氧化碳的水中，水的顶部二氧化碳并不多。乔迪老师上课时，告诉了你们人类产生了许多二氧化碳，污染了空气，也许有一些二氧化碳是在水中产生的。"

最后，丽诺尔让学生们对他们自己的微生态系统做进一步的全面分析，并提醒他们记得测量植物和观察鱼鳍鱼鳃。

课后，乔迪和丽诺尔做了汇报，反思了作为同事他们是否实现了教学目标、是否考虑到了所有学生，以及这节课是否让学生参与深度学习。乔迪和丽诺尔构建了良好的合作教学关系。除此之外，该活动中的实习教师显然既是老师又是学生，他们有机会像自己的学生一样，将所学应用于实践，而不仅仅停留在理论层面。乔迪独立完成了课程的第一部分，然后有机会观察她的指导教师对探究式练习的示范，也就是让学生们观察自己构建的生态系统，具体描述他们观察到的内容，并为最终的结论提供证据。

课堂的最后环节是一个为期两周的较大课题的一部分。该课题让学生们构建一个微生态系统，观察并猜想发生了什么，然后验证猜想。这个课题为学生们提供了一个学习学科知识的机会，即影响生态系统的因素，同时培养了他们的科学分析能力和写作技能、与同伴合作的能力以及坚持进行为期两周的活动的毅力。知识的应用和迁移是每一步探究的核心。

乔迪得到了与她的指导教师共同设计这个课题的机会，并观察导师示范这个课题，然后在自己每天独立负责的课上应用这种教学模式之前她曾与丽诺尔合作教授相同的内容。乔迪认为，她的课堂受到了斯坦福大学项目的“科学课程与教学”这门课的启发。在教学活动中，她之所以让学生们看了二氧化碳使海洋酸化的图表，其原因是：

> 我认为这样……是指导性探究。这是我从我的一个老师那里学到的，他叫布莱恩·布朗，教授“科学课程与教学”这门课，他非常了不起。我从他那里学到的另一件事是“验证性阅读”。我们不应该通过阅读来教学生语言，阅读应该是最后一步，所以这也是我让学生们在上完三节探究课后，再最后做阅读的原因，这三节课分别关于pH值、海洋酸化和容差范围。我觉得我们应该是做一个阅读来证实学生所知道的东西，这个时候学生对阅读内容便会很熟悉了。

乔迪补充说道，她用形成性评估来检查学生们对材料的理解，以及他们将之应用于其他环境的能力。例如，在这节课上，她在一系列学习活动之后，做了一个多项选择的形成性评估。她发现这个选择评估起了作用，因为她据此了解到一些同学对pH值变化仍有困惑。她进一步解释，尽管这个图表于学生们而言是新的，但这节课的很多内容都是在巩固以前的知识。她解释说，“我不确定他们对容差范围图的理解有多牢固、他们是否能看懂图表，所以我想放在一起检测”。

乔迪在她的课上增加了播放视频这一环节，以支持学生从多个切入点学习，这是她和她的同事在其课程学习中曾讨论过的。她注意到并非所有学生都可以轻易理解一些阅读内容，因此她用了一些不同来源的信息。同样，为了支持以公平为中心的教学法，乔迪来回走动并与学生们交谈，检查他们的理解情况。她注意到一些学生可以阅读图表并快速理解，但有些学生却不能，因此她需要做更多的一对一的引导。乔迪对这节课进行了反思：

> 有很多时候，我意识到实行差异化学习会有更好的效果；一些人已经准备好去做下一件事了，但另一些人却并没有准备好。总的来说，我希望在一个活动进行到下一个活动时，我没有让任何一个人掉队……我认为这些活动帮助学生巩固了知识，尤其是最后的形成性评估和最初的热身活动。相比于课程最后做的有关容差范围图表的阅读活动，我在最初的热身活动上做得更好，我对此感到很满意。虽然没有很多新信息，但我觉得他们能够抓住他们所知道的东西，并将课上所有的知识都弄明白。

在旧金山实习教师项目中，其他实习教师也进行了类似的教学，在实践中既是教师又是学生。有81%的实习教师表示他们在教学实践中实现了“让学生们研究和调查想法和事件的机会”和“让学生们修正工作以回应反馈的机会”，更多的实习教师表示他们在项目课程中有过这样的经历（百分比分别是87%和90%）。除此之外，97%的实习教师表示他们在课程学习中体验了“让学生提问、讨论和辩论的机会”，并且90%的实习教师说他们曾在自己的教学实践中进行过这样的教学。

以基于表现的评估支持知识应用和迁移

在探究式课程中，教师的重点在于学生们对知识的理解，这一点切实体现在与单元学习相联系的基于表现的评估：用回收材料制作手工艺品的能力；在一定的重量和花销范围内挑选并称水果的能力；创造一个生态系统并了解其对生物的影响的能力。这些评估的设计是逆向规划的一部分，在进行评估时，教师们参与设计了一些既动手又动脑的活动，以实现他们的课程目标。

在进行活动时，实习教师需要将学生的知识考虑在内。逆向规划和评估学生学习重要的一点是了解学生们原有的知识和技能，基于其童年和青少年时期形成的知识促进其发展，并了解学生的背景、经历、喜好和兴趣。教师要根据以上要素来设计符合学生发展规律的逆向规划学习，设计有趣且有激励性的评估活动。

上面案例中的实习教师使用了形成性评估的做法来决定他们在课堂上的教学步骤——检查学生们的理解情况，通过倾听与提问来了解并指导学生的学习，引出一些可以支持班上每个学生的观点，并且偶尔纠正错误认识、提供可以帮助学生们进步的新信息。

这种评估学生的能力对探究式实践十分重要，有这种能力的教师可以确保学生进行深度思考，从而使他们进行知识的应用和迁移。正如我们在第3章讲到的，所有项目都大力支持实习教师学习如何进行这样的教学，在完成学习政策研究所调查的实习教师中，97%的实习教师表示他们已经准备好“使用包括观察、论文、作品集或表现性任务在内的多种评估，以此来确定优势和需求，从而为教学提供信息”。

例如，蒙特克莱尔州立大学的实习教师有很多机会在一些专门的课程中了解学生评估的范围和程度，这些课程包括从本科生项目的内容整合和幼儿课堂评估或学习评估，到研究生项目的“教与学”等课程。实习教师的课程覆盖了从形成性评估到总结性评估以及基于项目的评估和更多传统测试。正如一个指导教师指出：“我们努力帮助实习教师的评估匹配他们的学习目标并满足学生的需求，这是一个巨大的反馈循环。我们做了阅读、讨论了概念，要求他们创建一种适合的评估。然后，他们在自己的课堂上分享讨论、得到反馈、修改评估并重新提交。他们可以不限次数地重新提交评估。”

这种深度学习策略包括：阅读和分析理论、在课题中应用理论、在实地实习中使用该课题，并进行反思和修改。这种策略是一种常见的学习模式，蒙特克莱尔州立大学项目的实习教师在他们的教师教育项目中体验过这样的模式，这种模式为实习教师示范了他们需要为自己的学生设计的学习循环。

另一位指导教师强调，她十分注重帮助实习教师理解真实性评估：

> 我们花了大量时间思考“真实性评估意味着什么？”。实习教师必须设计一个真实性评估和（或）一个基于表现的评估……他们必须将每个评估与学习目标联系起来……他们必须说明什么评估服务于哪一块知识、哪一处理解以及哪一种技能……他们应该有足够多的评估策略，从而照顾到所有目标；否则，拥有这些评估就没有什么意义。

实习教师提交他们的评估后，指导教师会想办法来修改和完善它们，并提出这样的问题：“你怎样使评估变得更具真实性？”指导教师解释说，这样做的目的是让实习教师理解“真实性”体现在一个连续的过程中，他们需要努力使评估更具真实性。

实习教师对深度学习理念的评估有着相似的评价。在参与调查的蒙特克莱尔州立大学项目的实习教师中，99%的实习教师表示他们觉得已经准备好“使用包括观察、论文、作品集或者表现性任务在内的各种评估，来确定优势和需求，从而为教学提供信息”。86%的实习教师表示他们已经准备得很好或者非常好去这样做。一位实习教师在一个学习小组里开玩笑地说：“我们对评估进行了评估。”他继续描述了评估过程：

> 在这个过程中，我们需要对这种评估前所教授的所有内容进行评估，也需要评估有关此评估的每个问题背后有什么目的。然后我们会采访几名学生，并且在他们回答问题的时候追问他们的思考过程。如果我们选择重新提交的话，那么就可以据此反思和修改原来的评估，然后再次提交。

当被问及他们追问学生什么类型的问题时，这位实习教师说："主要是……关于孩子们元认知能力的问题：情况进展得如何？你觉得简单还是困难？有什么问题你们觉得不正常吗？"通过这样的方式，蒙特克莱尔州立大学项目的实习教师不仅学习如何评估学生们的学习，而且学习如何发展学生的元认知能力以及他们对自己学习过程的理解能力。这也反映在我们的调查结果中，有96%参与调查的蒙特克莱尔州立大学项目的实习教师表示，他们已经准备好"帮助学生们学习如何评估自己的学习"，而86%的实习教师表示他们已经准备得很好或非常好来参与此次评估实践。

一位实习教师在结业后，仍在使用他在蒙特克莱尔州立大学项目中学到的教学方法。他指出，问题意识是这个项目的核心：

> 我认为这个项目的许多内容是围绕着有关提问技巧的教学法展开的。这是一个起点，我从这里开始为成为一名教师做准备，并发展深度理解以及深度的学科知识学习。我们从夏天开始，用了一夏天的时间来准备如何向学生和老师提出这些问题，最后在指导教师的帮助下，我们获得了成功。我认为这真的对我帮助很大。

这个过程不仅具有建构主义的性质，而且这个项目的多位实习教师都指出，探究式学习帮助他们更彻底地理解概念，支持学生们的学习，同时也深化了自己的学科知识学习："通过提出这些问题，我收获了深度理解和深度的学科知识。"

同样地，在三一大学项目“理解为先”理念的培训中，实习教师接触到了各种形式的评估，包括课前评估和课后评估、基于表现的评估、形成性评估和总结性评估。与蒙特克莱尔州立大学项目的实习教师一样，三一大学项目的实习教师表示他们曾使用过各种评估，93%的实习教师表示他们已经准备得很好或非常好。指导教师同实习教师在评估方面紧密合作，这也会拓展他们自己的能力。一位导师谈到，她带的实习教师促使她对三一大学项目中的学习进行预评估。她补充说道，他们谈论了许多有关评估与课程一致的问题，并指出了逆向设计对于促进这个过程的价值。

一位小学指导教师指出，她与实习教师讨论评估学生们在幼儿园时期的表现时，会留意那些错误的先入观念。小学实习教师在小组中对学生进行评估，要先进行预评估和形成性评估，然后再进行整组评估。这位指导教师描述了她在班上进行形成性评估的复杂过程：“在幼儿园，我们快速地做了许多形成性评估。进行正常的评估非常困难，因为孩子们还不会写字。所以我们会进行许多采访，让孩子们把知道的东西画出来。这应该与教师们在书中了解到的评估方式十分不同。”

另一位小学指导教师说明了她如何带领实习教师发展形成性评估技能，她们一起研究如何对学生的学习情况进行即时的判断，并对判断做出反思：

> 每天的最后是我们的反思时间。我会谈到我对课堂的观察评估，然后在她讲课时，我会提出一些问题：“你注意到了什么？哪些学生能抓住课堂所学？哪些学生不能？”我会完成这样的评估，她也是。通过这些，我发现她在观察细节方面进步了许多。一开始是我主导观察与了解，然后在我把接力棒传给她时，她必须根据对孩子们的持续评估与他们的表现来调整自己的课程。

实习教师和他们学生的元认知都是这类评估实践的对象。我们在前面的例子中可以看到，让学生们详细阐述他们的思考过程，可以帮助他们意识到自己的理解和误解，为他们提供帮助同伴的机会，并且带给教师启迪和见解，以支持并帮助学生们的学习。我们的调查可以证明这些例子的普遍性，三一大学项目的所有实习教师都表示，他们已经准备好“给学生们提供有效的反馈来指导他们的学习”，90%的实习教师表示他们已经准备得很好或非常好了。这些结果也同样反映在其他六个项目中，所有项目的97%的实习教师都体验到了这样的教师教育。

从以上例子可以看出，不论是指导教师还是实习教师，都可以帮助学生们清楚表达自己的推理与设想，从而使其思考变得更加明晰；可以让学生们在解决问题时边想边说，或同他人讨论关于同一问题不同的解决方法，以此来反思自己解决问题的策略。其中，每个活动都有助于使学生和实习教师的掌握过程更加清晰可见。这样，当学生想将所学知识应用于新的情景中时，他们就可以更有目的地调动这些策略。

在教师教育中体验应用学习

我们注意到，这些项目也让实习教师自己参与到一些应用学习中，它们希望这些教师可以在他们的课堂上开展类似的应用学习。我们所讨论的学习、教学和迁移，不仅与K-12阶段的学生有关，而且与培养教师也有关系。简单地让实习教师记忆有关如何教学的知识点，就像简单地让学生死记硬背科学家发现的事实一样，都是有局限性的。学生们在学习科学时，需要经历探究性的过程，并在其中发现和检验有关科学的观点。同样的，未来的教师也需要体验在与学习和发展的原则相适应的环境中学习是什么样子的。事实上，实习教师站在学生的角度，根据他们将要实行的教学方式进行学习，这可能是教师教育最有力的形式了。大多数教师往往会按照他们受教育的方式来展开教学。如果我们想改变教师的教学方式，那么，我们就需要改变他们在教师教育项目中的教学经历。

例如，在银行街教育学院项目的“深度学习实验室”，实习教师常常在沉浸式体验中学习。同时他们也是实验室的研究员，他们会调查并分析深度学习能力习得的因素和条件。在下文“学习通过应用体验来教授语言”的案例展示中，我们可以了解到，实习教师是如何通过沉浸式体验来学习针对于英语学习者的教学策略的。在这种沉浸式体验中，他们通过两种方式来探索这些教学策略，一是体验在课堂上用非母语教学，二是体验一些教学策略，帮助他们以第二语言学习者的身份来学习。

学习通过应用体验来教授语言

周三晚上八点，指导教师路易莎·科斯塔（Luisa Costa）正在教授课程“多元化社会中的语言习得和学习”。虽然已经很晚了，但是房间里仍然充满活力，由许多23岁的实习教师组成的多元种族小组依旧十分活跃。一位实习教师通过Skype网络电话参与，通过电脑屏幕可以看到她的脸。在这节有趣的课上，实习教师们可以将电脑移动到房间的每一个角落。路易莎指出，她很乐意为同学们提供这样的便利，这可以帮助他们平衡个人生活和职业要求。路易莎理解她的学生们的个性化需求，并且会调整她常规的做法，为学生们提供便利。她也鼓励实习教师为其学生实行这样的教学。

这是本学期的倒数第二节课，路易莎正在做示范讲课，体现了对所有学生尤其是对英语学习者进行的有效教学。路易莎用西班牙语授课，尽管有许多学生只会说英语。在这节课上，她想要强调这学期在课上讨论过的教学法、实践法以及思维模式。这并不是路易莎第一次用英语以外的语言给实习教师示范讲课。在本学期，她曾用波斯语和西班牙语做过示范讲课。路易莎指出，“我会让他们站在学生的角度在实践中学习”。让实习教师上一节非母语的课程，会促使“他们采取一些他们的学生会在课上采取的策略”。

实习教师围坐成一个圈，路易莎对着实习教师们唱起了优美的西班牙语歌谣：“你最喜欢的水果是什么？我最喜欢的水果是香蕉啊，香蕉。”她边唱边指着黑板上写着的西班牙语短语，也指着水果图片旁边用西班牙语写下的水果名字。路易莎又唱了几次这个歌谣，然后鼓励整个班级参与其中，她不断指向黑板上写的短语和水果的图片，所有的实习教师跟随着这些视觉信号参与进来。

接着，路易莎让几名实习教师回答了歌谣中的问题。其中一些实习教师用一口流利的西班牙语回答了他们最喜欢的水果。路易莎在一个实习教师最喜欢的水果旁边做了记号，是一个苹果。全班又开始唱起来歌谣中的问题，另一个实习教师做了回答。然后，路易莎用西班牙语解释道，实习教师需要问班上其他人其最喜欢的水果是什么。为了给予他们帮助，路易莎给了每个人一张纸，纸上印有水果的图片，图片旁边用西班牙语写着对应水果的名字。纸上还有用西班牙语写出的问题和回答，为有需要的实习教师提供额外帮助。实习教师们起身跳出围坐的圈子，兴奋地在教室走来走去，用西班牙语互相提问对方最喜欢的水果，然后回答并做标记，这也帮助他们练习西班牙语。因为这是一节小课，路易莎几分钟后就让实习教师坐回自己原来的位置。她让他们用西班牙语分享有多少实习教师列出了他们最喜欢的水果。香蕉是最受欢迎的水果。路易莎在课堂的最后重新问到西班牙语歌谣中的问题：“你最喜欢的水果是什么？”实习教师们愉快地回复道：“我最喜欢的水果是香蕉啊，香蕉！”

在这节示范课后，路易莎让实习教师反思这节课和他们自己的经历。一个实习教师对一件重要的事发表了评论：“如果不考虑班上的语言多样性，可以采取一些策略让学生们接触到更有挑战性的内容，比如通过提供可视图表、放慢讲话速度、重复自己的话或别人的评论。这样，即使一个孩子不具备某种语言与技能，他也可以了解到关键的课程内容。”另一个实习教师说：“对学生而言，坚持和韧性是有用的武器，这可以帮助他们在语言发展阶段按自己的节奏独立处理问题。”最后，另一位实习教师强调，“要根据学生们所处的发展阶段进行安排，并利用他们已有的知识进行深层次学习和探索”。

路易莎在课后进行了反思：“我的示范课堂展示了如何在课堂调动学生的积极性、指导性实践和独立实践，独立实践不一定意味着学生的个人实践，也可能是小组实践或有合作关系的实践。我的目标之一是帮助实习教师使用有效的策略来进行教学……关于水果的这节课比较简单，但它体现了开展课程的一个重点，那就是将以往以教师为中心的活动转移到学生身上。”

路易莎的课堂体现了银行街教育学院项目的教学方法：将实习教师置于学习者的位置。银行街教育学院项目十分重视这种教学，它基于一种进步的教育理念，即个体需要通过“实践”来学习，只有“在学生主动接触到许多材料、观点，并与人互动的时候，学习才会发生”。对实习教师而言，体验式学习意味着他们可以有像学生一样的体验，并且有机会参与一些活动来练习个性化的、基于项目的教学法，把在项目中学到的知识应用到自己的课堂中去。因此，课程学习和教学实践为实习教师提供了主动学习的机会，给他们提供时间以及其他方面的支持，让他们进行自我评估并从此次经历中反思其意义及所学。

在银行街教育学院项目，所有参与我们调查的实习教师都表示，他们已经准备好“使用促进主动学习的教学方法”“设计有效的项目式教学”，并且“教授来自不同种族、语言、文化背景的学生”。

同样的理念也体现在其他项目的教学中。比如，在科罗拉多大学丹佛分校项目，实习教师普遍认为，该校的教师教育项目使用的教学模型可能是最有用的学习方式之一，因为实习教师可以“以学生的身份体验课程”。一位实习教师在反思她的经历时说，在大学环境里站在学生的角度，让她发现“这种教学方式可能产生的影响……有一些任务我并没有做好，但教授们仍然认为我取得了进步，这让我很受触动”。之后，她有意将这种情感策略迁移到她的课堂上，尤其是在学生们因获取新知识和技能而受挫的时候。

下文的“实习教师在科学探究中的知识应用”案例描述了“基础科学方法”课程中的一节课堂实践，说明了实习教师参与的活动如何通过概念应用和教学对话促进其深度学习，以及指导教师的评论如何为实习教师提供教学支架，让他们理解并做好准备应用他们正在体验的教学策略。

实习教师在科学探究中的知识应用

一个周二的下午三点，在科罗拉多大学丹佛分校的一节科学方法课上，九位实习女教师被分成三组，分别围坐在三个矩形桌子旁，这是在K-12阶段的科学课上希望看到的座位布置。沿着教室的后墙是一组玻璃门储物柜，里面装满了各种各样的科学用具，有烧杯、电池、解剖托盘、放大镜，还有零星的几本教科书。这些物品摆放比较散乱，拿放物品时需要注意。

桑德拉（Sandra）教授是该课程的指导教师，她对接下来将要进行的活动进行了介绍，实习教师也可以在电路课上为他们的学生开展这个活动。首先，她要求实习教师在开始调查前先做一些假设，并提醒他们，可以对学生们对下个问题的回答做一个预评估。这个问题是：一个灯泡、一块电池和一根金属丝需要如何连接，才能让灯泡发光？在实习教师回答过这个问题后，桑德拉鼓励他们与同桌分享自己的答案，也鼓励他们分享给整个班级。

这节课的下一个环节要求实习教师动手操作，用一块电池、一个小灯泡和一根金属丝来确定点亮灯泡的所有方式。小组成员分工明确，一人在白板上画线，一人负责按顺序解读，剩下一人计时。所有人都要贡献自己的想法，并且要在自己的“调查日志”上记录他们尝试点亮灯泡的不同方式。

每张桌子旁的实习教师都围在一起，尽力弄明白电路，一个人先试着操作，然后换另一个人。教室里到处都可以听得到讨论声：

实习教师1：那么我们怎样做才能行得通?

实习教师2：我们可以试着这样做……

实习教师3：哇！好酷！成功了！

实习教师1：等等，为什么之前试过的那种方式不行?它明明跟我们刚刚试过的一样。

实习教师2：不，跟刚刚的不一样；铜丝既要接触到电池正极，又要接触到其负极。

讨论持续进行着，桑德拉在教室来回走动，旁听各小组在讨论什么并追问一些问题。她停在一个小组旁，问道：“你们的推论是什么?”听了他们的回答后，她又问：“你们有什么证据呢?”她一连串的问题引导着实习教师解释说：“我们的推论是灯泡和电池必须形成一个回路，这样使得电可以传导。嗯，我觉得这样的表述是恰当的。”桑德拉指着他们桌子上的装置，继续追问说：“给我讲一下为什么你们认为这是一个完整的回路。”

像这样做实验并发现错误、提出问题并加以阐述，持续了20分钟有余，与此同时，学生们根据他们工作表上的不同提示继续认真研究。在这个实践活动的最后，教授让所有人停下手中的工作，并让他们参与到元认知活动中。

桑德拉：大家停一下，我们来向全班同学分享一下自己的观点。

实习教师：我们了解到导线最终应该接触到电池的两极——无论装置中是用到一根导线，还是两根。

实习教师：我们学到了灯泡需要置于电池和导线之间。

实习教师：在经过几次试验后，我们发现金属丝必须接触到灯泡底部银色和黑色的部分，而不只是银色的部分。

桑德拉：我们今天的重点是在调查中写作，你们会注意到我要求你们就课上的探索进行讨论并记录，这样的过程对你们而言是否有帮助？

实习教师：对我来说是有帮助的，因为最初我并不知道任何有关电路的知识，所以我可以与同伴一起讨论来学习一些知识。

实习教师：我喜欢的环节是在调查日志上画图并做记录。因为我们还不知道这个实验背后确切的科学原理，所以这么做是有用的。事实上，我觉得这些方法即使是在英语语言学习的课堂上也是有用的。

实习教师：是的，我也喜欢画图的环节，因为在我学习相关术语之前，它能先帮我用自己的话把我正在学习的东西表达清楚，并且可以帮助我记录我们正在做什么。

桑德拉：这些都很好。关于小学生，大家需要记得一件事：你必须为他们提供不同的选择，来追踪他们的想法。

实习教师：的确如此，当孩子们经历了这个过程时，他们也许会使用或创建一个词库，然后他们会学到与之有关的真正术语。

这个案例展示的是实习教师在项目中参与的课程，这对他们来讲是一种示范，他们要在自己的实践中进行这种教学。从这个例子中，我们不仅能学习如何教授科学知识，而且还解决了另一个问题——如何将学术语言及其读写能力的发展应用和迁移到探究式的科学教学或探索中。

在这节课上，实习教师也可以看到，战略性地安排学习环境可以促进理解。研究人员发现，体验式学习结合结构化测试会更有效果。在探究式体验中，实习教师可以对材料或数据进行调查研究，随后通过一节课或一场指导性讨论来对教学实践做结构化解释，就像这节课的指导教师做的那样。探究式体验加上结构化解释，比单独的体验或解释更有助于学习。结构化解释之后会有结构化反思的机会，这样可以巩固学习，使学习更深入。

这种教学并不只局限于这个班级，在接受我们调查的科罗拉多大学丹佛分校项目的实习教师中，有92%的实习教师表示他们在自己的课程学习中体验过“为学生提供的调查研究观点与事件的机会”，93%的实习教师表示他们已经准备好让学生们参与到主动学习中去，95%的实习教师觉得他们已经准备好“将课堂学习联系实际”，所有七个项目的98%的实习教师都选择了这个选项。

这些经历有助于实习教师鼓励学生应用所学知识，使其理解更具灵活性和可迁移性。实习教师通过这样的方式学习如何安排自己的课程，促进学生们的深度学习。在教师教育项目中，实习教师围绕实际应用来安排教学实践，同时也学习设计一些合作情境，在这些情境下学生们可以进行更积极的学习探究，这一过程我们将在下一章进行详述。

第 8 章

在实践社区中学习

我们一直努力促进学生合作——学生们几乎没有安静的时候……他们互相分享观点并得到反馈。我们专注于建立师生之间、学生之间的关系，创造一个课堂社区，对学生们而言这是一个可以畅所欲言的安全空间。为实现这个目标，我们采取了一些方法，比如每天我们围成一个交流圈，在圈子里传递发言牌，这为学生们提供了相互联系以及创造这个安全空间的机会，而且他们知道“这个活动就在真切地发生”，他们可以真实地感知到。

——科罗拉多大学丹佛分校项目的一位实习教师

一个多世纪以前，约翰·杜威提出，学习是一场主动的体验，学生们在与他人的互动中学习这个世界并理解他们在人生中的经历。1876年，他在《我的教育信条》中写道：

我认为唯一的真正的教育是经由对孩子能力的刺激而来的，这种刺激是他自己感觉到的社会情境中的各种要求引起的……

通过别人对他的各种活动做出的反应，他便知道这些活动用社会语言来表示是什么意义……我认为教育过程有两个方面：一个是心理学的，一个是社会学的。它们平列并重，哪一方面也不能偏废。

学习在本质上是社会性的，这一观点批判了长期以来的一个教学观点——教学就是知识传递。后者主要是通过教师（也就是“专家”）把知识灌输给学生来实现的，而学生就像中空的容器一般被动地等待填充。

在20世纪20年代，列夫·维果茨基与杜威一样，描述了社会经历与心理过程是紧密联系的，他强调学习与问题的解决发生在学习者与他人之间。他注意到，人们在表达自己的思考时，会对一些概念产生更深刻的理解，也会形成一些新的且更复杂的观点。在过去的百年间，来自许多不同领域的科学研究者逐渐认可了这一观点，包括心理学、语言学、神经科学和人类学领域的研究者。维果茨基很重视教师在组织活动和社群方面起到的作用，认为这可以帮助学生更有效地延展学习。

心理学家罗兰·萨普（Roland Tharp）在研究了夏威夷儿童在家庭和社区环境中的学习后，着重提到教师对于促进学习作为一个社会和文化过程的重要性。在20世纪20年代，萨普和他的同事提出了一系列教学标准，这也是他们对深度学习理念的凝缩：

1. 师生共同参与创造性活动：教师和学生就一个课题组共同努力，这样的合作活动有助于学习。

2. 语言和读写能力的发展：教师为学生们提供机会，让他们参与到阅读、写作与表达的活动中去，从而帮助他们在课堂上提高语言和读写能力。

3. 情境化教学：教师把新信息与学生们在家、学校和社区里已经学到的知识联系起来。

4. 挑战性活动：教师设计并开展具有挑战性的活动，且有清晰的标准和表现反馈，以此来促进学生们的复杂认知的发展。

5. 教学对话：教师让学生参与目标导向的对话，并且通过提问、倾听和回应来引导学生讨论，从而评估并帮助学生们理解。

萨普曾担任教育多元化和卓越化研究中心（CREDE）主任，以上这些标准也是该中心的核心教育理念。这些标准为科罗拉多大学丹佛分校项目奠定了基础，为全体教师、教职员工、合作伙伴和实习教师提供教学指导。它们的基本原则正是七个项目中教学方式设置的核心基础。

其中最关键的标准应该是“师生共同参与创造性活动”。师生一起讨论和研究，从而促进学习。教师需要创设一些情境，在这些情境中多样的学习活动使社交互动成为学习的基础，这些活动包括让学生们结成搭档，或在一个小组或大组里讨论。学生们通过语言来交换观点、以往的知识和校外的经历，这样他们可以学习新的更加复杂的知识与技能。在这样的情境中，教师们对学生们不同的背景与经历加以利用，因而差异成为学习的垫脚石而不是障碍物。在这个过程中，课堂变得活跃、有社交并且多维。

如今，这些观点成了深度学习理念的第四维度“实践社区”的核心基石。学习是一个主动的、互动的、建设性的和反复的过程。在人们从他们的行动中获得有关他们想法的反馈时，学习这一行为会发生在人、问题、想法和工具的互动之间。教师和学生一起参与工作和讨论，从而促进学习。为学生精心设计的互动可以让他们支持彼此的学习，使他们不同的知识、能力和经历与深度的知识和技能联系在一起。教学支架是来自教师和同学的助力，它帮助学生们在主题学习中从边缘移向中心。

这些深度实践要求一种建立在关爱与信任基础上的课堂关系，这种关系要有助于社交和情感的发展，从而维系安全有效的学习社区。这类实践利用小组合作的优势，如果设计和实施得当，可以深化学生们的学习。小组合作是数十年来多次研究发现的教学方式。但是，体验过小组合作的人都知道，这种方式不总是奏效。因为教师有时并没有足够的能力来设计任务以及指引学生的实践过程，让他们公平地参与其中并且互相学习。因此，还有许多教学上的难题需要解决。

深度教学作为一个社会性的过程，意味着在学习过程中考虑教学对话、学习环境的设计，以及可以促进学习的师生互动方式。这其中的每个领域都会产生一些问题，在教师们努力使课堂环境有利于社交互动时，他们可以提出这些问题。在考虑对话交谈的作用时，教师可以关注：是谁在提问？是谁在引导讨论？哪些声音可以听到，频率如何？如何促进学生之间的交流？在考虑学习环境的重要性时，教师可以关注：这些活动的真实性与目的性如何？合作与团体对任务的完成起着什么作用？反馈和批评机制是什么？最后，在考虑师生互动的构建中，教师可以关注：课堂上是谁作为专家以及知识源泉而受到重视？在学生学习专业知识时，教师的角色如何改变？教师如何促进学生专业知识的学习？通过社会过程促进深度学习，从而帮助教师回答以上这些问题，这是七个教师教育项目共有的重要目标。

在所有项目中，我们都发现教师在设计课程时，把学习设计成了一个以教学对话为指导的师生共同参与的创造性活动。教师为学生们提供了在小组和大组内与同学互动的机会，让他们结合彼此的知识，构建自己的知识体系。教师以问题和给予学生们的支持为教学支架，从他们当前的能力出发，来呈现更高层次的技能。

每个项目都支持实习教师在他们的课堂、实习经历，以及项目本身的结构和文化中，认识学习的社会属性并以之为基础继续发展。从前几章的案例中可以清楚地看到，在高效的社区中学习与深度学习的其他维度有广泛交集，比如，学习是怎样合理发展以及情境化，学生如何将其所学应用并迁移到学校内外的各种情境中。我们在第9章将会了解到，在高效的社区中学习是使学习变得公平并促进社会正义的重要一环。

在本章接下来的部分，我们将列举一些案例，来展示实习教师如何在K-12学校中开展教学实践，并促进学习成为一种社会性活动。然后，我们将描述教师教育项目帮助实习教师学习这种教学方式的策略。

师生共同参与创造性活动

莎拉（Sara）是科罗拉多大学丹佛分校教师教育项目的实习教师，她的合作导师金姆（Kim）是科罗拉多州奥罗拉市拉雷多小学的一名教师。她们在为共同教授的五年级学生设计课程时使用了上文提到的五条标准。拉雷多小学是科罗拉多大学丹佛分校的一所专业发展学校，拥有531名K-5（从幼儿园到五年级）教育阶段的学生。这些学生构成了一个多元小组，61%的学生是西班牙裔，19%的学生是非裔，10%的学生是白人，4%的学生是亚裔，约1%的学生是夏威夷或太平洋岛民和美洲原住民。其中，4%的学生被认定为属于两个或多个种族，几乎一半的学生是英语学习者，11%的学生有特殊的学习需求，84%的学生有资格享有免费或减价的餐食。

在她们的课程中，莎拉和金姆让学生通过社交互动来参与情境化学习——在这个过程中，学生们彼此分享各自的经历，并使用丰富的感官细节来发展他们的写作能力。具体内容见下文“师生共同参与创造性活动”展示。

师生共同参与创造性活动

清爽的风和温暖的阳光打在精心修剪过的草坪上，草坪上有一条小路通向拉雷多小学。在随风飘扬的美国国旗和科罗拉多州州旗下，学校入口上方，几个加粗的蓝色字映入眼帘："拉雷多雄狮"。周三上午9点15分，在绿草如茵的庭院边缘的一个活动教室中，金姆的课堂正在如火如荼地进行。

19个西班牙裔或非裔的五年级学生坐在教室前面的毯子上，这样他们容易看到屏幕。附近的一个投影仪把学生们的作品投射到屏幕上，金姆站在那里，热情地带着学生们观看他们前一天交上来的作品样本。莎拉坐在附近，她是这场对话的重要参与者。

该课程着眼于如何为写作注入感官细节，以使读者可以看到/听到/感觉到/品尝到/闻到学生作者正在描述的事件。课堂上的任务要求学生从他们的生活中选取任意一个可以唤起他们强烈情感的难忘时刻。一个女孩写了有关她在一次足球比赛中摔断了腿；另一个女孩写了她从埃塞俄比亚移民过来后，到美国学校上学的第一天；第三位女孩写了在她姐姐流产期间，她一直陪着姐姐。

金姆：路易斯（Luis）在写作方面取得了如此大的进步，让我们为他鼓掌！（学生们热情地鼓掌）昨天路易斯告诉我们说他去参加元宵节活动，我希望你可以向大家展示一下，比如，那里的灯笼是怎样的？（学生们开始七嘴八舌起来）等一下，我们给他一些时间。（停顿）

路易斯：灯笼在摇动，噼啪作响，发着光。

金姆：你最喜欢哪种？（停顿）

路易斯：（耸肩）

金姆：好，这样试一下——闭上双眼。你可以想象到它吗？

路易斯：想象到了！闪闪发光的灯笼！

金姆：很棒！这个词用得更具体，像你看到的那样，现在我们也能看到它了。

另外两个学生继续着这个过程，他们的写作需要再具体一点。在这节小课的最后，金姆说："我们会不断变得更好。在你们创作今天的作品时，我期待在所有人的故事中都可以看到这样的感官细节。我希望我可以真正地想象到你们所描述的事物——我想从你们那里获得这样的体验，今天如此，明天也是，十年后也是。"

这时，莎拉开启了这节课的下一个活动：学生们进行小组合作，他们要在看到物品之前，对其进行感官上的描述。

莎拉：你们可能注意到了每个小组的桌子上都有一个棕色的袋子。袋子里装着神秘的惊喜。你们知道，我有多爱神秘的东西！（学生们笑了起来，有的人说"对"，"她真的喜欢神秘的东西！"）现在大家面临的挑战是，你们要在小组内合作，描述袋子里的物品，并分享给全班同学。我会来回走动，听一下你们在讨论什么，我希望你们能让每位小组成员都要对此次任务负责，也就是说如果注意到谁没有讲话，这个时候就可以互相提问。

学生们立即散开，四人一组围在桌边——显然他们之前经常这样分组，因为这个过程迅速且精准。学生们很快开始了讨论并投入到任务之中。有的人坐在桌子上，有的人站着，有的人晃动着身体用手比画着，闭上眼睛，努力找到一个最准确的词语来描述与这个物品有关的感受。当莎拉让全班同学重新聚集在一起时，每个小组开始轮流分享。

莎拉：告诉大家你的感觉如何，用一句话来描述你们袋子里的物品。

小组1：它闻起来像周一早上经历暴风雨后的向日葵。

小组2：这个东西的中心光芒耀眼，像夏天的星星。

莎拉：你的意思是晚上的星星？

学生：不，是白天。老师，太阳也是一颗星。（微笑）

小组3：袋子里的爆米花是咸的，有黄油味，而且很脆。

小组4：这些棉球像泰迪熊被拆开缝线后露出的填充物，也像枕头里的填充物。

莎拉：（提问了一个女孩，她在该小组分享时没有发言）你想补充一些什么吗？（该学生摇了摇头，表示没有）现在没有吗？好，我会在你的写作中寻找答案。

小组5：硬币相互碰撞，发出恼人的声响。

莎拉："碰撞"？你还可以用什么其他词语吗？

学生：叮当作响或者叮咚作响。

莎拉：我不打算接受简单的词，你们的写作需要体现出你们的能力在不断提升。如果你们可以使用"叮当作响"或"叮咚作响"，我就不会接受使用"碰撞"这个词。

然后，金姆引导学生们进入今天活动的最后一部分。她给学生们一些时间，让他们根据需要进行独立写作、在小组中写作或搭档写作。她说"开始"，两名学生立即开始分发笔记本，五名学生走到教室前面，在地毯上坐下和莎拉一起讨论。莎拉问了他们一些细节问题来引出更多描述性语言，比如：有什么与之相关的例子吗？还有其他吗？你可以怎么写？

与此同时，金姆在教室里来回走动，看一看学生们的进步。她停在一处，问了一个学生一些探究式的问题："当你抱着小妹妹在医院的时候有多害怕……好，非常好，把这些加到你的写作中。"在另一张桌子旁，金姆隔着一个学生的肩膀看过去，说："你的方向很对，我希望你继续下去。"随着课程的进行，有关学生作品的个别对话也在继续。有一个例子，一个学生正考虑增加另一层细节来描述她母亲哭泣的声音。

学生（照着笔记本念）："她哭泣着，发出大象一般的声音。"

莎拉：好，放下你的本子。给我解释一下，让我听一下，大象般的哭泣是什么样的。

该学生试图进一步解释"发出大象一般的声音"想要表达的悲伤程度。莎拉随后说："请再读一遍你写的内容。好，因为你是作者，所以必须由你来判定增加这个细节是使画面变得更好还是会分散读者的注意力。"学生点点头，然后用手指抓住铅笔，埋头书本，继续写作。

课后我们对莎拉进行了采访，她坦率地说明了她的教学方式如何反映了一个原则——学习从根本上来说是社会性的。在科罗拉多大学丹佛分校项目的课程中以及拉雷多小学，这一原则始终都在被强调。莎拉说道：

> 我们通常在课程开始时进行示范，这样孩子们可以了解到我们将会让他们做什么，如此一节课便开始了。然后，我们分享学生的作品，重点是让学生们互相交流，说出自己的想法，以此来测试"教学重点"，这项工作常常在教室前面的地毯上展开。接下来是小组合作，我们会在教室里来回走动。如果发现一些重要的事情，我们会把它分享给全班同学。课程的最后，我们会回到地毯上总结学习成果。

莎拉强调了社交互动（比如这节课上的互动）的另一个优势，那就是"使学习内容与学生相关"。她解释说，她和金姆"总是试图让在课堂上做的事情与学生的生活相连"。让学生们讲述自己的故事不仅能描述他们的生活经历，而且能通过将这些新的写作技能应用于他们最熟悉的内容（即他们自己的生活经历）上，来帮助他们学习这些写作技能。

这次教学实践，连同实习教师和她的导师如何精心设计学习体验的解释，完美体现了如何通过师生共同参与创造性活动促进学习。整节课下来，互动使得教学专家和新手教师一同工作（就像他们在家或在社区做的那样），并讨论他们的作品。这种教学环环相扣，教师先提供最初的框架，然后学生们在教师的指导下工作，接下来由他们自己或与其同伴一起来完成一项有挑战性的且有意义的任务。

师生共同参与活动也意味着教师与学生共享权力，两者共同决定话题的选择并为课堂如何进行而负责。拉雷多小学的教师能够认识到并尊重学生之间的差异以及他们的偏好。当我们问到为什么一些学生独自工作、一些学生与搭档一起工作，还有一些学生以小组的形式工作时，莎拉解释道，教师需要“考虑到有些孩子可能想更有个性，有时会想单独工作，但如果他们需要合作，他们就会参与其中。如果他们不想，也可以不参与”。师生共同参与创造性活动要求师生之间的对话、协商和互让。

接下来的部分，我们将探索师生共同参与创造性活动的四个方面，分别是：教学对话、同伴互动、教学支架和课堂社区。这四个方面是我们在这七个项目的课堂中观察到的。

教学对话

萨普和他在教育多元化和卓越化研究中心的同事用了“教学对话”这个词来描述课堂上的动态，呼吁教师支持学生互动来实现教学和学习：

> 要想真正地教学，就必须进行对话；真正的对话就是教学。教学对话有着与传统课堂完全不同的假设。像父母在自然教育中一样，参与对话的教师会假设：相较于成年人头脑中的“已知答案”，孩子会有一些其他的话要说。他们偶尔也会从孩子那里得到一个“正确”答案，但是想要理解孩子的交际意图，父母和教

师需要认真倾听，来猜测孩子要传达的意思（基于情境和他们对孩子的兴趣以及经历的了解），并且调整自己的回复来帮助孩子进行表达——换句话说，就是参与对话。

教学就是进行对话，这不只是教育多元化和卓越化研究中心的观点。威斯康星大学的一个团队花了五年的时间研究了数百节课，观察到一些方法可以提高学生课业的智育质量，他们用“实质性对话”一词来指称其中最有力的方法。他们用这个词指称学生与老师和他们的同学就有关主题进行延展性的对话交流，这样他们便可以对一些想法建立共同的理解。他们强调这些主题突出的对话胜于对事实、过程或定义作报告；他们也注重做出区分、应用观点、形成概括以及提出问题。

对话教学不是照本宣科，也并非全由教师控制。相反，当参与者努力去理解一个概念或完成一个课题时，他们通过对话来分享观点。教师通过使用教学技巧和艺术，并利用他们对学生的了解以及他们对有关主题的知识储备来指导对话，将其与学习目标结合，并提供重要的主题和原则。虽然这样的对话更多要求学生的兴趣及其参与的意愿，但这并不意味着单靠学生活动就可以顺利进行，教师的作用也尤为关键。教师会照顾到很多因素，包括个体的贡献、小组的意义构建以及这些因素就学生们的理解（或误解）揭示了什么。他们也做了很多决定，例如，是否以及何时跟着对话流程走，何时插话或重新引导。教学对话是任何年级和任何学科的教师都可以应用的教学策略，但是教师自身的知识、经历以及关系将会对学习质量产生很大影响。

教学对话是我们上文提到的拉雷多小学课堂成功的关键。在大小分组的布局中以及与学生一对一的互动中，两位教师巧妙地抛出问题，让学生们在写作中产生越来越鲜活的感官细节。附近的辛克雷高中也是科罗拉多大学丹佛分校的专业发展学校。在这里，我们看到了另一位实习教师在数学课上的教学对话。具体内容见下文“数学课上的教学对话”展示。

数学课上的教学对话

一个春日下午，科罗拉多大学丹佛分校项目的实习教师玛丽亚·桑切斯（Maria Sanchez）和她的指导教师琼·茜蒙丝（Joan Simmons）一起，为辛克雷高中十年级的一个学生多元小组授课。在为期五周的概率知识学习中，玛丽亚和琼一直在帮助学生学习“写出并回答一个事件发生的可能性”以及“用乘法法则证明两个事件是否相互独立”。

8个男生和11个女生坐在事先安排好的三人小组或四人小组中，每一组都有一份数据集和一张海报纸。开始上课了。按照教师说的，学生们两人一组站立，相互摆动手臂，以“唤醒”午餐后的同伴。然后，为了让学生对即将到来的任务有一定的了解，教师向他们抛出了一些问题，并就两个事件是否相互独立举了一些大家都熟悉的例子，比如，作为一个女孩和穿运动鞋之间的关系。

在教师提醒他们将在小组中扮演的角色后，学生们逐渐进入工作状态，来弄明白他们面前的数据。学生需要提出至少五个问题，从而在使用数据集的时候可用以提问并回答。然后，在海报纸上，他们至少要写两个简单概率、两个条件概率以及小组选择的第五个概率。每个小组还需要用乘法法则来证明在他们给定的数据集中的事件是否独立。两位教师在教室里来回走动、对学生进行追问、通过回答问题引出更多问题以及给出提示——以上做法为小组工作提供了支架。

学生们完成本组的海报后，放松地走入教室外空阔的走廊，并将他们的海报贴到墙上。他们讨论着自己的作品，并迫不及待地观看其他小组的作品。他们进行了一个“画廊漫步”活动，利用计算器和图形组织器来辅助他们书写和回答海报上提出的问题，并解释海报上列出的两个事件是否独立。

这个活动后，他们返回教室，就此次经历进行深入对话——提出问题、汇报所学以及夸耀他们今日的成就。

课后，玛丽亚和琼对这节课程进行回顾。作为合作教师，她们一起探讨教学目标是否实现，更确切地说，这节课是否让学生们参与了深度学习。琼解释说，“学生问我问题的时候，我尽可能把自己最深层的理解讲出来，而不是用简单的回答告诉他们要做什么，我不希望他们直接获得答案，而是希望他们能从对话中进行思考”。玛丽亚对课堂效果感到很满意，因为她认为这节课让学生参与了精心设计的教学对话：

> 我们想给学生一些个人推理时间（阅读、理解、尝试思考），然后让他们进行合作，给他们时间讨论。我们让学生成为倾听者并知道需要听什么，再交换角色，然后统一回到小组桌前，确保所有人的声音都能被听到。这给了那些自己没有得出结果的学生接触到同伴数学推理的机会，这在数学课上并不常见。

在很多方面，这节数学课都打破了人们对综合性高中课堂学习的刻板印象，包括位于贫困聚集和种族隔离地区的辛克雷高中。在这节课上，对话式问题的提出和解决是教学的主要方式，课堂上的主要活动包括：提出问题、产生困惑、做出假设以及草拟观点。学生们应用数学原理并构建复杂的知识网络，而不只是机械地背诵。课堂氛围友好、热闹且融洽，大家非常专注于自己的任务。

我们上面展示的科罗拉多大学丹佛分校项目中的两节课堂实践，是我们在该项目以及其他项目中观察到的典型案例。正如一名实习教师解释的那样，教师在课堂上是引导者，而不是主导者。在大学课堂上以及在

K-12教育阶段的合作学校里，我们观察到实习教师、合作教师和指导教师在回答学生的问题时，会提出更多的问题来引发学生思考，并消除他们可能存在的误解。

我们得到的调查数据也可以体现出这些实践。所有项目中，97%的实习教师表示“他们在课程学习中体验了作为学生在课堂上提问、参与讨论以及观点辩论”，94%的实习教师表示他们在教学实践中有过这样的经历。除此之外，所有这些参与调查的实习教师中，98%的实习教师表示他们已经做好准备来“培养学生们的提问和讨论技巧”，“鼓励他们去观察、去质疑并从多个角度来阐释观点”。93%的实习教师表示他们在课程学习中体验了作为学生来研究并调查一些观点或事件，90%的实习教师表示他们在教学实践中有这样的体验。所有项目中，98%的实习教师表示他们已经做好“让学生参与小组合作以及独立学习”的准备了。

总的来说，课堂上的“繁重任务”应该由学生来完成，而不是教师。教师的主要任务不在课堂上，而在于精心设计课程并在课上认真倾听学生们的声音，评估他们的学习进展，并持续为其学习提供支架。一位实习教师说，这种教学法真正“关注学生的学习，这意味着教师是引导者……教师促进学生合作，提出批判性问题来帮助他们深度学习”。另一位实习教师解释说，“学生们在讨论的时候，也是在学习……我们必须确保，相较于老师的声音，学生的声音得到更多的关注”。事实上，在所有项目中，教学对话都是一个关键策略。有几位实习教师使用了苏格拉底式问题研讨法，这是一种特殊的对话技巧，可以帮助学生深度参与到师生之间的教学对话中。我们会在下一章讲到有关这种技巧的例子。

通过同伴互动来组合、迭代和建构知识

在我们迄今为止所讲到的课程中，教师使用了多种形式的社交互动来

创造高效的学习条件，其中也包括结构化的同伴互动。学生们叽叽喳喳地进行着富有成效的同伴对话，他们在对话中学习。小组内的同伴互动增加了学生们社交学习的机会，远比只有师生之间的互动提供的机会要多。同伴互动中，学生可以是专家，也可能是新手，通过提问和提供建议来帮助其同伴提高他们当下的理解水平和技能水平。

为学生们提供交流想法和互相学习的机会，体现了维果茨基的理论：个体在参与团体合作的过程中学习。通过精心组织的小组合作，学生们参与到现实生活情境下的共同实践小组项目中，这一点在案例“通过同伴互动促进学习”中得到体现。

通过同伴互动促进学习

莉莉（Lily）是阿尔维诺学院项目中的一名实习教师，这是她在这个项目中的最后一学期。目前，她在沃克学校（Walker School）担任实习教师，该学校位于密尔沃基市郊的工厂小镇，学校里半数以上的学生可以享有免费或减价的午餐。这所创新型学校以学生为中心，科技含量高，并以混龄小学课程为特色。这种课程跨越多个年级，由多名教师共同授课，许多教室打通了墙壁，成为开放式的协作空间。今天，教室里共有60名学生和3位教师（莉莉和她的两位指导教师）。莉莉正在与20名四年级的学生共同开展协作式的数学活动，每个学生都拿着一台平板电脑。

通过帮助学生了解定量思维如何解决现实生活中的科技问题，莉莉帮助学生建立数学思维。由于学生经常使用科技产品，莉莉将这节课的重点放在平板电脑用户常见的一个数学问题上。学生们围坐成一个圈，莉莉对她的学生解释说，“莉莉女士的iPad内存已用尽，她需要删除157MB的内容来上传最新的解题课程”。她使用了一些辅助工具使问题具体化，包括一个装有图片的盒子、一本课程规划书、一个DVD和几张试卷，从而确保学生们在讨论科技产品时能理解“内存”是什么。她解释说，在她的iPad上，一个图片占10MB，一节旧课占47MB，一个视频占171MB，一个谷歌文档占5MB。她的课程设计也体现了课程与学生生活的相关性。

莉莉提供了一个名为CUBE的框架，来帮助学生积极地讨论问题：

C = 圈出对问题重要的数字（circle）

U = 划出问题（underline）

B = 框选出数学词汇（box）

E = 评估（evaluate）

莉莉让她的学生们相互合作，互相分享他们的想法和策略，以解决iPad的内存问题。学生们两人一组阅读iPad上的问题，并使用了CUBE策略。他们用食指在上面圈圈画画并框选词汇，然后在完成阅读后对问题加以评估。几分钟后，莉莉把全班同学叫到一起：“同学们，请把iPad的苹果亮出来。”（指iPad背面的苹果标志）学生们把平板电脑放到地板上，屏幕朝下，以免分心。莉莉首先问学生们她的iPad出了什么问题：

“它内存满了！”一个学生大声说。

另一个学生喊道：“你需要删除157MB的内容。”

学生们继续分享问题中的关键数字和数学概念。学生们在分享时，莉莉综合了他们的见解，在黑板上画出了该问题的直观图。她画出了iPad，一个箭头从她画的课程规划笔记本指向iPad，然后又有一个箭头从iPad指向她可以删除的所有东西，比如DVD、图片和以前的课程。她按四人一组把全班分成若干小组，这样不同水平的学生可以就该问题进行合作，结合团队的知识和策略，在iPad上的谷歌共享文档中记录自己的解决方案。

在对学生们进行分组前，莉莉问：“在小组中工作意味着什么？我们在小组中需要做的一件事是什么？”

“团结协作。”艾玛迫不及待地回答。

莉莉问道：“团结协作意味着什么？”

艾玛解释说：“要保持安静，并尊重他人。”

坐在艾玛旁边的迪伦补充道：“艾玛说得对，但团结协作还要求每个人都参与进来，不让任何一个人掉队。”

莉莉总结道，“要确保每个人都有机会来补充自己的想法”。莉莉继续说：“你们所有人都要为自己的思考负责，因为你在谷歌文档中分享自己的想法时，我就可以看到是谁补充了信息。你们也要为自己小组的想法负责。今天余下的时间你们就可以做这项工作。明天的任务是在小组内分享自己的解决方案，因为不是每个人都会用同样的方式来解决问题。”

然后学生们就开始一起工作，共同解决问题。

在整节课上，莉莉做到了确保所有学生都有机会为小组做出贡献，也可以让他们自己的答案得到他人的欣赏。她解释说，小组解决问题的方式有很多，并强调了解决问题重要的是过程而不是正确答案。虽然（或者说由于）学生之间有很多互动，任何一个学生的长处和短处都不必成为拿来比较或引起尴尬的素材。在与他人合作时，学生们可以安心地观察并学习他人是如何取得成功的。此外，精心设计的同伴互动任务提供了多种通往成功的途径，因而能够照顾到学生之间的差异。

课后，莉莉告诉我们，协作式教学是她和她的指导教师在共同教授的学生群体中采用的核心策略。需要注意的是，除了让学生们通过同伴互动参与到数学学习中去，莉莉也把有关学习过程本身的知识教授给学生。在她问到“团结协作意味着什么？”时，学生们的回答反映了他们对社会行为的认识，这种认识有助于创造一个协作式的、充满关爱的环境，滋养他们的学习。莉莉解释道：

> 对孩子们来说，交流与合作对他们的学习十分重要，同样也对学校的教学标准十分重要。你会注意到，当我问到“团结协作”的含义时，他们能够回答出来。当然，他们才10岁、11岁，未必能够做到团结协作，但他们是理解这个词的，那就是每个人都要有一定的发言权，大家必须为了同一目标而共同努力。

我们会在下文进一步解释，莉莉对同伴互动的精心设计并非偶然。

教学支架

教师通过社会过程来促进学习的第三种策略是教学支架。正如我们在第1章所讲的，维果茨基的社会文化学习理论指出，学习者的能力有两种水平：一种是现有水平，即学习者独立理解并完成任务的能力；另一种是学习者的可能水平，即在有针对性的帮助（“学习支架”）下理解并完成任务的能力。维果茨基将这两种水平之间的区域称为学生的“最近发展区”（zone of proximal development）。

因此，教师的主要职责之一就是为学生提供支持或搭建学习支架，让他们在有针对性的帮助下，掌握他们无法独自学会的知识和技能。教师可以提供多种学习帮助：教师可以为学生做示范，也可以通过实操或讲述专家知识，向学生展示一个过程或技能。教师也可以将一个任务拆解为小的单元，或者对复杂任务进行重新排序，来为学生提供帮助。教师和同学都可以通过提问、解释、反馈、鼓励和赞扬来提供帮助。

相比于在某一领域有更多经验的学生，那些在该领域缺乏经验的学生更需要教学支架。他们可能需要更多有针对性的支持、更多的尝试和更多修改的机会，来发展自身的专业知识。能力更突出的学生、教室里的资源、互联网、软件以及图书都可以为学生提供帮助。教师的职责是确保学生能获得符合其要求的各种资源，并且帮助他们了解如何使用这些资源。教学支架概念的内在观点是随着学生对知识的掌握越发熟练，教师的支持也会逐渐消失。

在上面提到的课程案例中，莉莉通过多种方式为学生们的数学学习搭建支架，包括把课堂问题与熟悉的经历相联系、回顾所需技能、为学生提供辅助工具，以及在学生寻找解决方案时为其提供支持。莉莉巧妙地把科技工具用作一种支架。我们通常认为技术辅助学习是一种个性化的活动，然而，把相同的技术运用于真实的、主动的学习社区中，它们同样可以为学生们在其现有知识范围之外进行集体探索搭建支架。莉莉的课程体现了她对科技的有效利用，在学生们参与解决实际问题的过程中，培养他们相互合作和交流的能力。如果运用得当，科技可以为调查研究、概念获得、个人和集体的意义建构以及社区建设提供支架，这只是其中的几种可能。

支架式教学最重要的形式应该是适时提问，它可以起到多种作用。提问可以确定学生何时准备学习以及学习的内容。这些问题可以推动学生们深入思考，为他们提供表达和反思自己想法的机会。这些问题还可以引导学生完成逻辑思考过程，促使他们用新的方式来思考问题。就像在第一个案例中讲到的，金姆和莎拉在询问学生有关他们的观点和看法的问题时，帮助他们想象生动的语言。

金姆和莎拉的课堂体现了支架式教学是一个评估和协助的迭代过程，它要对学生的需求及其准备状态十分敏感。这节课并不是莎拉和导师金姆最初设计的课程，但在对学生前一天完成的作业进行评估之后，她们决定再做进一步探究，然后再开始该单元下一部分的学习。学生的作业可以反映出他们目前的理解能力和技能，教师对此做了评估，并决定让学生在能力更强的教师和同学的帮助下，参与到更复杂的工作中去。根据学生的表现和需求来做出教学选择，这种灵活应变是莎拉课堂的基本操作。

上述这些教师意识到支架教学的过程是非线性的。事实上，最好将其比作一个螺旋式上升的过程，在这个过程中教师可以预判学生何时有能力独立工作，也做好准备重新介入来帮助还没有准备充分的学生。有能力的教师并没有指定一个明确的时间来把控制权交给学生，而是意识到他们一直在努力使学生变得更加独立，并随时为他们提供所需要的帮助。尽管教师给了学生更多空间去自主学习，但他们也会留意何时学生能够有效向前发展、何时需要教师重新介入。如果撤回支架可能为时过早，教师会随时准备提供额外的支架；而当挑战升级时，教师也会随时准备重新介入。

艾米（Amy）是蒙特克莱尔州立大学硕士项目的结业实习教师，目前在新泽西州纽瓦克市的富兰克林小学教四年级学生，下面这节数学课（“通过问题搭建支架”）是她的教学案例。这节课提供了另一个通过问题搭建支架的例子，这次是学生之间的互相提问，因为他们已经学习了在合作学习空间参与有效的教学对话。值得注意的是，艾米在这节课的最后问了学生们一些元认知问题，这为学生在此次社交活动中反思自己的学习情况搭建了重要支架。

通过问题搭建支架

“现在请大家转向你们的同伴，告诉他们一些你们知道的有关面积和周长的知识，开始！”学生们兴奋地分享着自己的想法，叽叽喳喳声填满了整间教室。在新泽西州纽瓦克市的本杰明·富兰克林小学，今天又是忙碌的一天。学生们的作品绚丽多彩，装饰着走廊的墙壁和二楼艾米的教室。艾米是蒙特克莱尔州立大学硕士项目的一名结业教师，这是她在这里教书的第九年了，同时她也是一名教学指导员。她的整个职业生涯都在这所小学度过。

在学生们完成“结对—分享”（Pair/Share）后，他们组成合作小组共同攻克一些应用题。四年级的学生四人一组坐着，每个学生打开平板电脑，小组周围纸张散布。艾米在教室里来回走动，在一名学生的桌子旁停下来，弯腰回答了一个数学问题。然后艾米站起来，表扬了这名学生，夸赞她的思路正确。学生微笑着自信满满地回到小组讨论中。这节课被称为“数学大会”，各组学生正在求解一些包括误差分析的数学应用题。电子白板上展示了一个问题：

> 题目：一名学生用一块边长为一英寸的方形瓷砖来测量一个矩形的面积。她的推理如下：“我在该矩形的上下两边各放了7块方砖，然后在左右两边各放了3块方砖。将所有用到的方砖面积相加便可得到矩形的面积为20平方英寸，因为7加7加3加3等于20。”
>
> 要求：请找出该学生推理中的两处错误，并回答如何正确地使用方砖来测量该矩形的面积。

该问题综合应用了学生前一天复习过的多个概念：面积、周长、整数的乘除法、分数和整数的乘法、因数和倍数以及应用题的解题策略。每位同学在解题过程中都扮演着明确的角色：数据收集员、小组长、鼓励者兼计时员以及材料管理员。

艾米继续在教室里走动，听一听小组内的对话并询问每个小组的问题解决情况。电子白板上有一个数字计时器，学生们可以知道自己还剩多少时间来完成解题。计时结束后，各小组在线提交作业，因此在白板上可以看到他们的作答情况。

在全班同学完成数学题后，所有人都集中在白板前，这样每个小组便可以展示、论证并阐明他们小组的答案。格林小组率先发言，一名小组代表解释了他们小组的解题方法。做完展示后，一名同学向格林小组提问：“为什么你们选择这种策略？还有更好的解题方法吗？”为了回答这个问题，该小组里的所有学生都讲述了他们选择这个方法的原因。另一名学生也提问："你们如何利用方砖来解题？"另一名学生问："你们是如何通过加减法来得到最终的数字的？"然后，格林小组中的一名学生演示了解题的每一个步骤。

然后艾米让全班同学给该小组提建议，并提出不同的解题方法。大家纷纷举手提建议，艾米把一个毛绒玩具轻抛给一个学生（这是一种轮流策略），这名学生建议该小组"下次可以通过建模来阐述他们的工作"。艾米问班上的学生："建模有什么好处？"一名学生回答后，艾米加以重复并肯定："建模可以通过画图，使数学应用题可视化。"

艾米重新回到最初的"结对—分享"活动，总结了该小组的应用题解答："在格林小组做展示前，你们都与自己的同伴分享了自己了解的一些有关面积和周长的知识，对吗？想一想你们给自己的同伴分享的一些想法，在格林小组展示和分享过他们的想法后，你们是否有任何理解或误解得到改变？"

建立课堂社区

通过师生共同参与活动来进行课堂学习的第四个方面是课堂社区建设，其特点是关爱、信任关系并对合作与分享有明确的规范。在我们的调查中，96%的实习教师表示他们已经准备好"为建立一个高效的课堂社区设置标准"。这样的课堂对学生而言是安全的空间，他们可以自我表露，也可以勇于冒险，这两点正是小组学习所需要的。创造这样的课堂要关注发展和情境化教学，这些我们在前面的章节讨论过。

在科罗拉多大学丹佛分校项目，建立相互支持和相互滋养的课堂关系被认为是为学生提供深度学习的教学基础，对城市环境里的学生尤为重要。一位实习教师就课堂关系的中心地位表达了自己的看法：

> 如果一个孩子昨晚看到母亲被捕入狱了，他还会关心数学学习吗？你可能会说这涉及成长型思维模式或者勇气和毅力的话题，但这些概念太虚无缥缈。如果我们认真思考，我们可以理解为什么一个九岁的孩子会发自内心地说，“我真的想当一名宇航员，我要努力学习数学知识”。这更多与课堂关系和创造一个他们需要的地方有关。有些孩子的动力源于内在动力，但我不指望所有孩子都是如此。所以问题是，作为一个老师，我如何在课堂上重新吸引那些没有这样的“勇气和毅力”的孩子？对我而言，课堂关系非常重要。

我们与科罗拉多大学丹佛分校项目的一位实习教师交谈时，他提到了课堂关系对调动学生们的积极性和鼓励他们参与课堂的重要作用。就像我们在第3章讨论过的以及第9章将要讨论的，许多教师教育项目要求实习教师开展关系导向的实践，比如恢复性的纪律实践，以此发展每个学生对社区的责任感。在教学实践中，建立和培养这些关系始终非常重要。对于过去服务不足的学校和社区的贫困学生而言，牢固的和信赖的关系更为重要。可以说，在有些社区更难发展这样的关系，在这些社区，警察以貌取人，一些社会问题是年轻人日常生活中绕不开的一部分。当然，就算最好的关系也无法弥补这些社区面临的结构性和政策性的伤害，但这些关系还是可以帮助学生们应对这些伤害，并且帮助他们即使面对这些伤害也可以进行学习。所有项目中实习教师的课程都明确以社会正义为重点，因此他们能充分认识到这一现实问题。

教师通过社会过程学习深度教学

在本章的前半部分，我们提到了一些通过社会过程进行深度教学的例子。回想一下艾米在协作与探究式的学习中为她带的四年级的学生搭建支架（并让他们为彼此搭建支架）的能力，她让学生们互相合作并与她一起解决复杂数学题的过程显得自然又轻松。她是如何做到这一点的呢？她娴熟的引导技巧并非偶然，也并非仅凭她的个性。相反，在她的教学实践中包含了许多设计和意图，这些都是她在蒙特克莱尔州立大学教师教育项目的课程和实践中学习的。下面，我们会讲述项目采取的三种方法，帮助实习教师认识到教学是师生共同参与的活动，并帮助他们体验这种教学。

有关把学习作为社会过程的理论和实践教学

实习教师金姆和玛丽亚的教学（前文讲过的两个案例）反映出科罗拉多大学丹佛分校项目始终把合作、关系和互动作为学习的中心。科罗拉多大学丹佛分校项目一贯坚持学习是一个社会过程，无论是在K-12阶段的教育中，还是在教师教育的过程中，丽贝卡·坎托院长都十分明确地指出了这一观点的中心地位：

> （在课堂上）我们并不要求实习教师在教学过程中让学生在100%的时间里都进行合作，但是，对于大量我们需要帮助的第二语言学习者，如果实习教师不能为课上的孩子创造机会，让他们能利用70%到80%的课堂时间来进行合作，那么这些语言学习者将不会有所进步。因此实习教师必须这样做，学习是一项社会性工作。
>
> （在科罗拉多大学丹佛分校项目中）协作式的教师教育在每一个层次都贯穿项目始终。我们承认实习教师是一个团队，在我们项目的任何课程里，课堂上始终存在协作式的学习活动和师生共同参与的活动。我们把实习教师分成更小的校园团队，每周在他们的学校举行研讨会，我们称之为集体学习社区研讨会。这条主线贯穿了我们所做的一切工作。

因此，在科罗拉多大学丹佛分校整个项目的课程学习和教学实践中，实习教师明确地学习并经常体验到学习是通过师生共同参与的活动发生的。当他们有机会把新知识和以往在家庭、学校和社区中获得的知识相联系时；当他们的指导教师通过目标导向的对话参与到他们当中，并且他们学着以此参与到学生当中，通过提问、倾听、回应评估以及帮助学生理解来引导学生交谈时，学习这一行为就会发生。科罗拉多大学丹佛分校把教育多元化和卓越化研究中心（CREDE）的五条标准当作自己的行动指南，所有内容、教学法、评估结构和实践都指向这些标准，因此项目教师、合作学校和实习教师都需要摆脱教学只是掌握知识再把知识灌输给学生的简单观点。

学习是一个社会过程，这种理念在其他项目的课程中也有体现。例如，三一大学项目以“有原则的实践发展的核心理念”为指导，该理念也是美国教育部概念框架的一部分。这一套核心理念重视学徒制、参与探究、持续练习和专业的学习社区，培养实习教师有原则的实践。在这些理念中，有一些阐明了学习的社会属性以及在互动的、支持性的社区中学习的重要性：

- 实习教师需要在高级教师的悉心指导和支持下学习技术知识。
- 实习教师需要同伴社区来检测实践问题并评估学生的学习情况。
- 实习教师通过群组模式学习参与专业对话并且体会协作的力量。

这些理念强调了学习作为一个社会性过程的基本要素，为三一大学项目的实习教师提供了指导，帮助他们明白应当学习些什么并做些什么才能成为该大学要培养的教师。这些理念构成了为期一年的硕士项目的框架，以及与专业发展学校、学校教师和管理者的合作。

正如我们在第3章指出的，所有项目内容的核心都是学生如何发展和学习。每个项目都有一些课程，帮助实习教师深入体会学习是一个社会过程，并体会设计课程以及发展以学习互动和学习关系为中心的课堂文化的意义。这些课程任务的重点在于观察学生在学校环境中学习以及参与学习社区的情况。另一些课程关注课程设计策略（比如“理解为先”和苏格拉底式研讨会），这样可以使课堂变成师生共同参与的创造性活动。还有一些课程教给实习教师一些概念和技巧，比如教学支架，通过提出一些更高层次的问题来引导学生进行深度学习。例如，阿尔维诺学院项目要求实习教师在教案中列出他们要向学生提出的所有问题。

这些项目也教授了一些行之有效的方法来促进高效的小组合作学习。斯坦福大学项目经过研究，提出了“综合式教学法”，并将其作为项目课程“异构班级中的教与学”的核心。在我们研究的这些教师教育项目中，以及在我们观察的实习教师的课堂上，我们也可以发现同样或类似策略的使用。

在这些项目中，建立课堂社区是一个明确的教学主题。课堂管理被视为构建学习者社区的过程，而不是一套控制学生行为的技巧，比如说设立有后果的规则。实习教师学习制定合作、尊重和参与的规范，其核心是为教师与学生建立关系，以使学生相互理解、相互尊重并进行良好的合作、建立团体意识和共同责任感。

在科罗拉多大学丹佛分校项目，核心课程（见附录B）要求实习教师制订一个“课堂社区行动计划”，作为对该项目中两个基本问题的回应。这些课程假定，每个成功的社区学习的基础是一个安全的、有吸引力的并能获得支持的课堂社区——以师生之间有意义的关系为特征，学生和教师互相了解、互相支持，他们既作为人进行人与人之间的互动，又作为学习者进行师生间的互动。在课堂社区中，学生们的多元背景不仅受到欢迎并得到肯定，而且教师和学生可以此为出发点来进行学术学习。在核心课程中，实习教师对这种课堂社区的核心指导原则有了综合性的理解，他们还有很多机会来发展、实践、反思以及完善构建并维持这种课堂社区的技术和方法。

在实习教师自己的教学实践过程中，他们同样听到过“学习就是一个社会过程”的论述。例如，辛克雷高中校长马修·威利斯（Matthew Willis）坚定地表示：深度学习是协作式的、社会性的以及个性化的。辛克雷高中是科罗拉多大学丹佛分校项目的合作学校。威利斯校长摈弃传统教学法，坚持认为“认知参与”课堂是互动的、协作式的，他明确地解释了他希望在课堂上看到什么：

> 你绝不会看到那种“教师只顾讲课、学生乖乖坐着记笔记”的传统教学课堂。这所学校相信严谨性、相关性和课堂关系，这是整个教学的关键。课堂关系是最重要的，然后才是如何充分利用关系来获得知识的深度以及严谨性和相关性。你会看到我们用师生话语规范、认知水平提升以及课堂关系构建来实现互动的、协作式、独立的工作。课堂关系对教学和课程管理尤为重要……所有的学生都需要参与其中，尤其是少数族裔的男生。

威利斯校长用一个缩略词“RARE”[1]来描述他希望聘用和培养的教师——有亲和力的、实干的、善于思考的和注重公平的教师。

体验作为社会过程的学习

所有七个项目都使用了结构化、实践性、关系型的教育策略，帮助实习教师持续参与到社会互动和师生共同参与的创造性活动中。例如，三一大学项目的一个重要理念是让指导教师示范以学生为中心的教学实践、反思、合作以及指导性探究。通过示范，指导教师将这些做法付诸实践，为

[1] “RARE”是四个英文单词的首字母缩写：relational（有亲和力的），achievers（实干者），reflective（反思的），equity focused（注重公平的）。——译者注

实习教师学习教学提供支架。例如，一位小学实习教师指出，教授“总会为我们示范做阅读时必须遵守的规约以及我们结业作品的内容，并向我们展示让学习者互相讨论而不是仅仅听老师或教授讲课这种重要方法。我们总是围坐成一个圈，一切都以讨论为基础”。

在蒙特克莱尔州立大学项目，指导教师有意在实习教师的课上为他们示范协作学习和小组活动，明确地描述如何组织开展学习活动，以及小组合作为什么对学习最有意义。蒙特克莱尔州立大学项目的一位指导教师解释道：

> 我们每周都思考一个不同的小组合作策略，然后做一些元认知活动，反思“我使用了哪些策略？如何与学生一同使用这些策略？这些策略是否合适？”……有些反思会在课堂上进行：“看一看我在做什么，看一看我是如何为你们分组的。你们注意到我是怎么做的吗？”然后接着反思：“我做的哪些事情是正确的，哪些是错误的？”

为K-12阶段的学生设计有意义的小组合作不只在于形式，小组合作的内容必须是“值得进行小组合作的”。一位指导教师指出了让实习教师为小组合作设计有意义的任务的重要性：

> 对我而言，真正重要的是让实习教师明白小组合作需要的不止是一个学生的智慧。许多人对小组合作的理解都很肤浅，就是把孩子放到一个小组中就可以了……因此每当我进行示范时，我们会讨论为什么要进行小组合作、什么任务需求需要学生们进行合作，而不是随意进行结对合作或者单独工作。

另外，所有项目课程都由指导教师团队来教授。这些团队将会帮助实习教师分析他们自己的教学过程，这是实习教师把在课堂上亲身体验到的做法应用到自己的教学实践中的重要一步。正如导师珍妮·格里斯沃尔德

（Janie Griswold）谈到的，高科技高中希望指导教师可以帮助实习教师从多角度来看待教学实践：

> 我们希望指导教师要做的一件事是暂停教学活动，花一些时间从各种角度提问实习教师。例如，刚才实习教师进行了一个小组活动，那么会涉及类似如下的问题：你刚刚观察到了什么？在活动框架方面，哪些地方对你来说效果很好？或者说，你是如何实际参与其中的？你认为指导教师哪里可以采用不同的方式做得更好，或者你有哪些问题？

旧金山实习项目的指导教师也清楚地示范了协作式教学，向实习教师展示了与其他教师一同为学生创造深度学习的机会意味着什么。他们示范了课堂结构，以真实复杂的任务为中心，促进学生们的小组合作学习。

科罗拉多大学丹佛分校项目的导师使用教育多元化和卓越化研究中心的五个标准作为教学指导，示范并详细解释了他们是如何设计课程以及如何组织各小组来实现他们的学习目标的。这种透明的教学方式为实习教师提供了丰富的学习机会，让他们了解为什么以及如何将在项目课堂上所学的内容迁移到他们自己在K-12学段的教学实践中。

例如，指导教师为帮助实习教师准备核心课程的评估而进行的课堂教学本身就是一个学习社区的典范，他们提出了课堂社区行动计划。根据计划，实习教师进行分组合作，并将在项目课堂、教学实践以及自己反思中获得的资料汇集在一起。实习教师反思自己的教学并学以致用，与导师和同学进行有支架帮助的教学对话（见案例“实习教师的课堂社区学习”）。

实习教师的课堂社区学习

一个风和日丽的周二下午，在丹佛市中心科罗拉多大学丹佛分校的混凝土与玻璃结构建筑的六楼，25位实习教师四人一组坐在教室里。虽然这个房间没有窗户，但粉刷一新的青绿色墙壁、紫色软垫旋转座椅还有组合式课桌上摆放着的一盘盘大颗的裹着巧克力的草莓（由玛丽亚·乌里韦教授慷慨提供）营造出一个欢快的、益于协作的学习环境。玛丽亚·乌里韦（Maria Uribe）教授与她的同事约翰·麦克德莫特（John McDermott）站在房间前面。

今天这堂课的目标是让实习教师练习展示他们的项目水平评估，为下周的“实战”做准备。为了让实习教师们有真实观众的感觉，教授们把他们的班级合在一起。这些实习教师有本科生，也有研究生，大部分是女性（80%）和白人（88%）。为了活跃氛围，麦克德莫特和乌里韦引导实习教师们进行了一个“大家互相认识”的站立活动。学生们结对站立，有点像生产流水线，他们要进行一分钟的简短对话，回答诸如“你会用什么词来形容自己？”之类的问题。简短的热身活动过后，实习教师进行报数并被分到混合的四人小组中（按照项目领域和大学层次来分），然后开始了他们今天的工作。

约翰·麦克德莫特引导实习教师以小组为单位思考他们如何在自己的课堂上创建学习社区，然后教室里开始了热烈的讨论。小组讨论后，教授鼓励实习教师给大家分享他们讨论的重点。

一位实习教师谈到他想在他的课堂上创建一个类似足球队的学习社区，在这里，学习过程是协作性和社会性的：

> 我想培养学生们的个人责任感和主动性，因此在我的课堂上，我希望每个学生都可以关心他人，这样他们就能像团队一样进行

合作了……我反思了我生命中的一段时光，那时我是一支足球队的一员，足球队是一个非常多元化的团体。我希望我的学生也可以成为团体的一部分，我的意思不是要当一个冲着学生喊叫的教练，而是希望我们的团队可以共同努力、互相促进、互相帮助。我们可以拥有一个有集体精神的课堂，有不同知识储备的学生都可以成为老师，所以学生的声音总能被听到，他们也会感到很愉快，因为他们知道每个人都可以为团队提供不同的东西。所以作为老师，发现他们的长处是我的责任。他们的长处不仅局限于文化知识，还包括有利于团队成长以及成员互相学习的其他方面。

另一位实习教师说："在学年的开始，我们将创造一个安全的环境，让学生们有机会在课堂上提供反馈并反思自己的学习。"麦克德莫特回应并提醒她，这"需要和学生们进行对话并且有意识地与他们建立关系……如果你不在学年之初就这样做，那么它就不会神奇地发生"。

另一位实习教师在这些评论的基础上，强调了有意识地在课堂上建立学习社区的重要性。她说："设置课堂规范和预期将会产生很大的不同……我们必须教给学生如何在小组中合作并及时回到班级整体中，这样他们就可以用不同的方式来分享他们的看法，并获得他们所需要的关注……我们当然可以在自己的课堂上开展我们今天进行的活动，尤其是有关如何在小组中给予反馈。"

正如最后这位实习教师所说，她参与的这次课堂社区活动让她有所思考，如何在来年的课堂上使用类似的策略来进行高效的同伴反馈。

我们采访的一位实习教师解释说，科罗拉多大学丹佛分校项目的教授会在课堂上建立良好的师生关系作为示范，这也印证了我们在这节课上的所见所闻。她还认识到，教师的核心任务是负责"建立一个课堂社区：一个学习的地方，也是每个人都受到重视的地方”。

成为实践社区的成员

这些项目通过把课程学习和教学实践相结合，为实习教师创造了许多通往教学领域的途径。教学支架的支持帮助他们从教学的边缘进入教学的核心，他们的教学理解、教学知识和教学技能得到发展，同时也获得了专业教员的身份。

正如教育学家和人类学家琼·莱夫（Jean Lave）和埃蒂纳·温格（Etienne Wenger）在其他场合描述的那样，实践社区是专注于同一门技能或职业的一个团体，团体成员共同努力来获得有关他们特定领域的知识。通过以小组的形式分享信息和经验，成员们可以互相学习，并在个人和专业方面都得到发展。

就像温格描述的那样，实践社区有几个相互关联的组成部分，这些部分使学习成为一个社会过程，吸引成员参与师生共同参与的创造活动，发展共同的规范和合作关系。为集体事业做出贡献的成员会产生归属感，并共享一套定义他们工作的做法。通过参与实践社区，成员会学习和共享一些做法，并逐渐成为该领域的一员，获得有关该专业的身份——在我们讨论的教育领域，他们成了教师。

除了指导教师对“教与学是协作式实践”的明确教授和示范，这七个项目还进行了一些精心安排，促进实习教师进入到教学实践的专业社区中。这些安排不仅为教学带来益处，也影响了实习教师对教学工作的理解。在所有项目中，接受调查的98%的实习教师表示他们已经准备好“与同事合作，一起解决学生的需求并改善教学”。

大多数项目从一开始就使用团队合作模式在实践社区中安排教师教育工作。例如，在大型的蒙特克莱尔州立大学教师教育项目中，团队模式对于多途径构建深度学习体验非常重要。团队不仅为实习教师学习教学提供支持，还让他们有机会体验学生的角色，学习在合作中遇到困难时如何前进，并且练习给予和接受反馈。通过这种基于团队的支持和协作，实习教师学习了如何在自己的课堂上开展这一方面的深度学习。

实习教师表示，这种团队合作对于他们学习与学生一起实现目标很有价值。一位实习教师回忆：“我们在团队中的关系非常密切。我们在团队中进行了许多工作，也会与来自蒙特克莱尔州立大学的指导教师进行合作，他们会来到我们的教室，观察课堂情况并给出反馈，我们的指导教师也在这个社区中。”

一位指导教师解释了团队合作的目的和结构如何来支持深度学习：“这又回到了课堂关系的概念上……我们设计的体验在班级规模或与学生的纵向关系方面越细微，我们的教学就可以进行得越深入。这是必然的。”

因此，团队合作不仅是支持实习教师学习的组织结构，也向实习教师们展示了与学生建立真实的关系以及在课堂上发展学习社区的重要性。

在这些团队中，关系更密切的小组也会进行更深入的合作。在大部分项目中，大学的导师会与实习教师进行一对一的谈话，而且每周会同他们的督导小组或会议小组开会，每个小组由四到八名实习教师组成。这些会议为实习教师提供了机会来讨论在教学实践中遇到的问题。小组合作为解决问题和反思提供了场所，这有助于实习教师学习进行个人探究和集体探究，以改进实践。

作为学习教学的一种方式，共同授课模式也有助于实习教师发展协作和支架关系。关于学期开始时就建立这种模式的重要性，蒙特克莱尔州立大学项目的一位指导教师指出：

> 项目在九月份开始，在实习教师踏入教室之前，我们会为他们开展一下午的专业发展活动。我们会讨论共同授课实践以及思

考共同授课的不同方式，因为我们想摆脱传统教学的模式——不是说你坐在教室后面听一学期导师的课，然后你就摇身一变成为真正的教师了。这是一个责任逐渐下放的过程：进行共同授课有许多方式，这些方式对实习教师及学生而言都是合理有益的。

在旧金山教师项目中，实习教师的教学实践被安排在旧金山联合校区的学校中，称为教学学院或专业发展学校。与科罗拉多大学丹佛分校项目的情况类似，这些学院把自己视为大学的合作者，与其共同培养下一代教师，并将这一过程视为它们建立学校专业社区的过程。

旧金山教师项目的主管在讲述教学实践选址所要考虑的因素时表示，校长是一个成功的实践选址的关键：

> 我认为我们首先要寻找……这样的领导：他们认为实习教师会促进学校发展，他们明白他们的教师通过担任导师的角色将会得到专业发展，他们的学生将会因为两位教师的持续合作而受益。共同授课模式以及让学生见证教师共同思考与合作的理念，蕴含着无穷的力量。

正如第4章所描述的，旧金山教师项目致力于发展强大且稳定的教学学院，这拓展了学校各部门之间以及学区学校之间的合作实践。

科罗拉多大学丹佛分校项目的指导教师也依靠专业发展学校来建立专业社区，社区成员共同遵循项目的承诺、教学理念和教学方法。我们走访的两个专业发展学校的确做到了这一点，这两所学校位于科罗拉多州奥罗拉市的低收入、少数族裔移民区。在拉雷多小学，经过七年的合作，学校的教师队伍中包括了科罗拉多大学丹佛分校项目的许多结业教师，这在一定程度上巩固了学校和项目之间的紧密配合。这些结业教师有丰富的教学经验，她们可以担任指导教师，为实习教师的教学态度和教学方法做示范。

在辛克雷高中，马修·威利斯校长把与科罗拉多大学丹佛分校项目的关系看作可以支持学校实现公平这一目标的助力，而不认为学校只是帮了大学一个忙，为其项目实习教师提供了一些教学实践场所。他解释了成为专业发展学校的双重益处：一方面，他和学校的教师团队可以培训并聘用出色的新教师；另一方面，学校的教师也可以从大学合作伙伴的现场支持和专业发展中获益匪浅，这有助于学校自身的改进工作。

辛克雷高中为将要来学校进行教学实践的实习教师写了一封信（见“辛克雷高中欢迎科罗拉多大学丹佛分校项目实习教师”），清楚地表明学校会认真对待其作为专业发展学校的责任，学校的教师会将科罗拉多大学丹佛分校项目的实习教师视为志同道合的教师成员和他们实践社区的正式参与者。

辛克雷高中欢迎科罗拉多大学丹佛分校项目实习教师

我们希望所有的实习教师在实习期都可以过上“教师的生活”。随着你承担起越来越多的责任，我们希望你能提前到达工作的地方或者晚些离开，与你的指导教师一起计划、打印资料并为你们设计的课程准备教室。辛克雷高中的所有教师都在专业学习团队中与其他教师密切合作，共同设计并且开展课程。我们希望实习教师可以成为更广阔的学校社区的一笔财富，以尽可能多的方式来帮助学生取得成功。

在辛克雷高中和奥罗拉市的其他学校，我们特别强调所有教师的专业发展以及这方面的培训。校长马修·威利斯、副校长布兰登·罗兰和苏珊娜·艾奇逊、校区协调员汤姆·委拉奎兹在教师发展方面投入了大量的时间和资源。实习教师将会充分参与到专业发展活动……和家长会中。我们希望这次经历可以帮助我们的实习教师做好准备，将教师职业视为一个成长和学习的过程，这个过程在项目结束后仍会长期持续。

最后一点也很重要，为了让你在实习期间有所成长，希望你带着积极的学习态度和主动性来到辛克雷高中。我们致力于为辛克雷高中的学生提供要求严格的学习机会，并保护辛克雷高中的校园社区。你要将自己视为一名专业的教师，将自己视为支持学生学习的一笔财富，同时也要尊重学生健康和安全防护工作人员的要求和专业知识。

实习教师成为辛克雷高中教师队伍中的“正式成员”也有非常实际的体现：比如，在开始教学实践时，他们会拿到教学楼的钥匙。

实习教师从实践社区的边缘向中心的发展，并不会因为从项目中结业而止步。一些项目还有可以让结业教师参与到学习社区中的安排和实践。例如，三一大学项目为结业教师开展了每月一次的“诤友小组”活动。这个小组使用一些规约来考查并探究教师实践中的困境，给结业教师再次参与三一大学专业学习社区的机会。每月一次的“诤友小组”活动是三一大学在项目期间发展的学习社区的延伸，可以让结业教师继续与同事合作，参与到三一大学项目的教学反思中。一位“诤友小组”活动的参与教师说：

> 我们通常认为教师是一个职业，但三一大学想要给你传达的理念是……它不仅仅是一个工作，它是一门不断进化的技能，你必须不断努力才能做得更好。如果你从不反思，你怎么能有专业发展？怎么能够大方地与人讨论你做对了什么、做错了什么，以及哪些可以做得更好？三一大学项目可以让你更自如地应对以上这些问题。

除了为结业教师提供机会，帮助他们进行反思教学探究之外，“诤友小组”还能帮助他们在项目结束后直接进入全职教学。结业教师通常会在一些学校任教，而这些学校的教师可能没有他们在实习期经历过的合作、共事和反思的机会。能够回到三一大学社区重新参与项目活动，这可以为他们提供所需要的支持，让他们继续遵循这种教学模式。莎丽·奥尔布莱特（Shari Albright）描述了结业教师如何“回到心灵港湾，跳出日常学校的纷争，与作为他们教育驱动力的目标和原则重新建立联系。这是一个安全之处，他们可以分享自己面临的挑战，获得新的观点和策略并带到自己的课堂与学校”。

一位参与教师这样描述“诤友小组”的影响：

> 我想，如果我没有来到三一大学，我将会是另外一个人。我觉得这一年改变了我，也觉得自结业以来我对教学的想法发生了一些改变。我本以为这一年我可能会变得非常疲惫和沮丧，但我没有……这很大程度上与我每个月都回到这里，提醒自己为什么要做自己所做的事情有关。

对于参加这个活动的结业教师而言，“诤友小组”是一个继续与三一大学项目保持联系的机会，他们可以利用这种联系来巩固自己在教师项目中学到的东西，并继续发展自己作为教育工作者的实践能力。

我们所研究的这些教师教育项目都强调学习是一个社会过程。教师需要在课堂上精心设计，把学习变成师生共同参与的创造活动，并确保为教学对话和同伴互动提供支架，从而促进学生进行深度学习。在我们的调查中，实习教师对他们在自己的课堂上建立学习社区充满信心，这反映了这种理念的影响。我们在前文中介绍过这样的调查结果，但深入研究本章案例会带来新的启示。

在科罗拉多大学丹佛分校项目，我们观察到实习教师使用感官细节来教授写作，在数学课上进行教学对话，并在创建课堂社区的支架讨论中进行合作。接受我们调查的92%的实习教师表示，他们已经做好准备“为创建一个高效的课堂社区制定标准”。90%的实习教师表示他们已经做好准备“鼓励学生从多种角度来理解、质疑并解释观点”。92%的实习教师表示他们已经准备好学习“培养学生们的提问和讨论技能”，并让学生们进行“小组合作以及自主学习”。

在阿尔维诺学院项目的案例中，一个实习教师让她的学生进行合作，用数学思维来解决现实问题。在调查中，阿尔维诺学院项目的实习教师表示，他们在帮助学生“批判性思考和解决问题”方面很有信心，其中90%的实习教师认为他们已经准备得很好或非常好。阿尔维诺学院项目的导师、实习教师以及实习基地的合作教师都表达了同样的看法——由此可见，该项目发展出了一个合作社区，为项目所有的成员深度参与课程学习和教学实践提供了必要基础。我们采访的所有实习教师都认为，他们经常在课程学习中体验协作式学习，他们也已经准备好“与同事合作解决学生们的需求并改善教学”。在我们对阿尔维诺学院项目现有的实习教师开展的调查中，他们也都表示已经准备好“为建立高效的课堂社区制定标准”。

最后，在蒙特克莱尔州立大学项目中，我们观察到一位实习教师在四年级的课堂上和学生小组一起解决数学问题。该项目中，接受调查的99%的实习教师表示，他们已经准备好“让学生进行小组合作以及自主学习”。同样，99%的实习教师表示他们曾在自己的课程学习中“体验过协作式学习和小组合作”，他们已经准备好“培养学生的提问和讨论技能”。实习教师还有机会学习为合作活动做准备，98%的实习教师表示，他们正在准备为“建立高效的课堂校区制定标准”。

这些结果也反映在其他项目的案例中，我们曾在前文其他章节讨论过。接下来，我们将介绍这项工作如何为学生带来更公平的机会和结果，以及如何为学校中的公平正义实践赢得更多的关注。

第

9

章

促进社会公平正义的教育

作为一名追求社会正义的教师，在我的课堂里，我希望能够针对所有学生的学习风格、知识水平和文化背景进行教学。正如在……课堂上讨论的那样，我们不存在成绩差距，但存在“教育债务”：作为有理想的教育工作者，我们欠学生一个公平的课堂和教育体系。

——旧金山教师项目的一位实习教师

今天的美国公立学校处于社会的前沿，它们必须在增强文化以及语言多样性的基础上巩固民主、发展经济。今天的教师是先锋，他们不仅要教育年轻人如何生活与工作，还要教育他们如何为构建一个更加公平的21世纪做出贡献。美国联邦《每个学生成功法案》（*Every Student Succeeds Act*）旨在帮助所有学生上大学和就业，为我们所提到的七个项目提供了强大动力。如果教师要做到以上两点，他们就必须要学会为促进深度学习和公平而开展教学，但还有许多问题等着他们去克服。

尽管人们曾无数次宣称教育是这个时代的民权问题，但过去我们在减少教育机会差距和缩小成绩差距方面进展甚微，而正是这些问题加剧了社会不平等现象。2013年，联邦公平与卓越委员会（Equity and Excellence Commission）对美国教育发出了严厉控诉："没有哪个发达国家的不平等现象像美国一样如此根深蒂固且影响深远；尽管美国的确做出了一些改善，但仍没有哪个发达国家像美国一样忽视儿童的发展。可悲的是，那些我们认为并不应该出现在美国的现象却总是出现在美国。"教育问责制时代下对关键领域的改革只会加剧现有的问题，最终导致许多教育工作者离开这个行业，缩减学生接受教育的机会。

正如我们在前面的章节中所描述的那样，深度学习有利于扭转这一消极趋势。以学生为中心、以探究为基础的教学模式比死记硬背更有利于加深不同学生群体的学习和理解，尤其是对于那些忍受着贫困和社会不公的学生而言，但我们在这方面还有很长的路要走。传统观点认为，深度学习是精英学生和顶级学校的专属。几年前，哈佛大学教育学院的贾尔·梅塔教授在一篇发人深省的文章中探讨了这个问题，他指出，"深度学习面临着种族问题"，这主要是由于美国的课程分配方式是不同的：

> 深度学习曾一度被认为是富人阶级的专利——这些人有能力把孩子送到最好的私立学校，居住在最优越的学区。关于学校之间和学校内部不平等现象的研究表明，学生在富裕的顶级学校能够接受到问题解决式教育，这更加适合未来的管理阶层。而在贫困的低水平学校，学生接受的则是墨守成规的传统教育，这对应的是大多数工厂和工人阶级的工作。某种程度上，种族反映阶级，在深度学习方面的不平等正在使非裔和拉丁裔学生遭受损失。

梅塔表示，许多人对深度学习有以下两个流传甚广的误解：第一，学生必须先掌握“基础知识”，才能进行深度学习。第二，“探究式教学只适合那些已经掌握了‘基础’或‘核心’知识技能的学生，但对缺乏这些知识的学生来说几乎是无效的，并且这对于培养他们的基础知识技能也毫无作用”。

梅塔说道，要想解决这个问题，教育工作者需要采取两项措施。一是帮助人们确信深度学习是提供公平学校教育的关键，因为“加入公平文化意味着自己可以独立开展实验，而不仅仅是学习别人做过的实验；这种学习模式为弱势学生提供同样的学习机会，让他们也能够加入到那些最具有优势的学生长期以来所拥有的真实学科世界中去”。二是“让深度学习这个概念变得更加多样化”，使深度学习本身更具有包容性。这就需要人们认识到，“每个身份团体都有一些传统，人们可以通过这些传统进行深度学习”，并将它们纳入教学中。

与梅塔的建议一致，七个教师教育项目都致力于帮助实习教师了解美国种族和不平等现象所包含的社会、历史和政治背景，以及它们是如何反映在学校和教室里。正如在前几章中提到的，有一些项目课程强调了这类基础知识。这些项目还将公平/社会正义和深度学习视为相互促进的关系，并将这两个概念融入到课程内容、课程操作以及教学实践中。还有很多项目主要让实习教师在合作学校里开展深度学习教学，这是因为这些合作学校主要接收贫困学生、少数族裔学生，以及主要语言不是英语的移民家庭学生。通过与教育工作者合作，加强这类学校的深度学习教学，这些项目既能实现他们对于高质量教学的要求，又能坚定他们为公平和社会正义而努力的决心。

但是，这些项目并不认为教学公平只适用于那些打算在落后地区教学的教师。对于最终可能在城郊任教的实习教师，它们也会提供类似的教学策略。在城郊地区，由于分班制度的存在，不平等现象经常会在学校内部出现。此外，项目对于公平的关注还延伸到了性别、宗教以及其他导致边缘化和不平等待遇的社会标签上。

前面几章在讨论深度学习的前四个方面时，已经描述了这些项目是如何致力于帮助实习教师创造学习机会，并不断优化基于研究的学习方式。本章则讨论最后一个方面，旨在说明这些项目通过社会公平正义的教师教育，"纠正"广泛存在于社会和教育领域中的不平等和不公正。这些项目的"内容"和"方式"（结构和做法）是为了让那些饱受不平等和不公正现象摧残的年轻人有机会接触到那些能够提供学习机会的优秀教师，而这种机会在过去往往为特权阶级所独享。

通过说明两个重点——为深度学习而教学以及为公平和社会正义而教学——之间的互补性，这些项目得以调和对二者的关注。高科技高中的教务处长本·戴利（Ben Daley）阐明了这种联系："我们认为，建构主义、渐进式、基于项目的学习……本身就是一种公平……这就是为什么我们希望打造一种高质量的项目，以便让所有的学习者都参与进来。这就是我们一直在做这件事的原因。"

完全理解学习的教学需要知晓并适应学生的发展需要，同时提供个性化的、可转移的、情境化的以及社会化的学习机会，这些机会建立在学生自身知识的基础之上。正如我们在前几章所描述的那样，学生的学习过程与已有知识与语言、文化以及生活经历密不可分，对所有学生来说皆是如此，不论家庭背景好坏和社会地位高低。然而，当面对带有边缘化特征的贫困学生时，我们的课堂要意识到种族、阶级以及其他构成学生在社会以及学校"地位"的特征。为了确保这些学生能够获得大量深度学习的机会，教师必须将学生的独特身份视为优势和学习资源进行利用，而非视为缺陷。他们必须帮助学生，使他们在原有知识基础上构建新的知识。

本章首先描述了实习教师以及结业教师的所做所想，以及他们将深度学习、公平和社会正义融合在一起的教学实践，接着讨论了这些教师教育项目的内容和实践将如何帮助他们应对教学工作。

融入深度学习、公平和社会正义的教学实践

案例“关注公平、促进公平的苏格拉底式研讨会[1]”描述了三一大学项目实习教师玛莎（Martha）的南非种族隔离情境历史课，这不仅体现了深度学习的教学实践，也体现了对社会正义的坚守。玛莎将公平教学放在首位，她采用的教学方法能够使不同种族的学生理解美国大学预修课程世界历史的高位知识内容。这种公平的教学方法能为课堂上的所有学生提供机会和帮助。

关注公平、促进公平的苏格拉底式研讨会

李高中（Lee High School）美国大学预修课程世界历史班的新生们围坐成两个圆圈，外圈有9名学生，内圈有11名学生。他们都来自不同的种族；其中，大多数是拉丁裔和白人，少数是非裔美国人。玛莎要求他们事先写下令自己疑惑的种族隔离制度问题。

玛莎首先讲述了研讨会的主题，强调每位同学都是交流的中心：“只要准备好了，你就可以提出问题。”

一名学生说，“我觉得我们还没明白您的意思”。

玛莎解释道，只有外圈的学生可以提出问题，而内圈的学生只能回答问题。

[1] 苏格拉底式研讨会是一种小组讨论的方法。它以苏格拉底的学习和教学方法为基础，关注学生自主的探究和讨论，目的是所有在场的人讨论一个特定的主题，而不是教师向学生灌输信息。——译者注

外圈的一名学生率先举手，玛莎将他的手机屏幕投射至屏幕上，显示出一组政治漫画。其中，第一张是纳尔逊 · 曼德拉（Nelson Mandela）在1962年第一次被捕并被关进监狱时的情景。第二张是曼德拉在1990年被释放，从监狱里出来时的情景，曼德拉在第二幅图中比在第一幅中更加高大。这位学生要求内圈的同学解释这幅漫画背后的含义。

学生们需要几分钟时间来熟悉这个过程，因此没有人立即发言。最后，内圈的学生开始斟酌他们的答案，例如，“他被逮捕的经历使他变得更加强大”。他们又讨论了一会儿，之后又安静下来。

玛莎问外圈的同学是否还有问题要向内圈的同学提问，接着她示意一位提前安排好的学生提出问题，这位学生问道：“种族隔离仍以不同的方式出现。那么，有哪些种族隔离现象仍旧存在，为什么它们会存在？”

内圈的同学提供了很多答案：“社会阶级”；“富人和穷人之间的隔离。前1%的人很富有，但世界上绝大多数人是十分贫穷的”；“举一个现实生活中的例子，我见过一个人，他住在一个巨大封闭式小区的大房子里。但我住在一个小小的房子里”；“法律视种族群体而定，比如南非”；“昨天，演讲嘉宾说，非洲的人们已经被划分为无数个小部落。这在今天仍然是一个巨大的问题——冲突的观点、不同的语言、刻板印象，这些问题与肤色无关。”

一个外圈的学生接着问道：“如果曼德拉没有站出来反抗政府，世界会怎么样？”

内圈的学生们回答：“其他人若有同样的想法，也可能会站出来。如果没有他人的帮助，曼德拉就不会有影响力。”“社会压力。”“假设没有人像他一样站出来，也许就不会有那么大的社会压力，事情可能就不会更糟。”

最先提出隔离问题的外圈学生又提出了一个后续问题：“你认为隔离现象在未来会再次出现吗？”

内圈的学生们回答：“肯定还会有其他形式。”“人们隔离是为了制造矛盾、自我满足。这的确奏效；人们被隔离，但我们不应该这样做。因为我们都是美国人。"

讨论了几分钟后，玛莎说："我会重新计时。如果你之前在外圈的话，就到里圈。如果在里圈，那就到外圈。"

学生们交换了位置，动作迅速而安静。外圈的学生继续提出与南非种族隔离和隔离制度有关的问题，内圈的学生则需要思考并给出答案。尽管有一小部分同学一直在发言，但学生们还是互相尊重彼此的想法。

玛莎不参与，也不指导学生们的问答，除了偶尔鼓励比较安静的学生参与进来。她说："你可以提出你想要了解的问题。"

在课堂的最后五分钟，玛莎希望大家给出最后的评论。要是没有人愿意发言的话，她就会说："给大家三分钟左右的时间，你需要在反思页上写出你的意见，回顾一下整个研讨会的过程以及你是如何做的……你要花点时间反思一下。"

在学生们开始写反思之前，她问道："你对苏格拉底式研讨会有什么看法？如果你喜欢它，就竖起大拇指；如果不喜欢，就拇指向下。"总的来说，学生们都非常积极，似乎很喜欢这个过程，尽管他们发现要回答这些问题十分困难。

一直到下课铃响起，学生们都在进行他们的反思任务。

这堂课的重点是美国学生们非常感兴趣的社会历史话题——种族隔离，这与他们在圣安东尼奥的真实经历相关，那里推行种族隔离制度、充斥着不平等现象。在上课的前一天，玛莎为这一主题创设情境，让副校长分享他在南非种族隔离时期的成长经历，使该话题更能引起共鸣。苏格拉底式研讨会上的主要活动是教学对话，这可以让学生参与到构建知识的社会过程中。

围绕学生所提出的问题与各自的经历来开展研讨会，玛莎使学习过程变得充满个性化。她鼓励学生们独立创作高中生已经熟悉的文化产品（即政治漫画），还把学生们安排在同一间教室里（将能力和自信心不同的学生混在一起），关注他们之间的差异。但她不会干扰活动进程，也不会将他们的差异视为优点或缺陷。她鼓励所有学生参与，并以此展开对话。

课后，玛莎和她的指导教师丹尼斯（Denise）进行了反思。玛莎表示这堂课总体上进行得很顺利。她说，一些学生提出了机智的问题，并参与到讨论中，这可以与他们的现实生活联系起来。玛莎和丹尼斯还指出，苏格拉底式研讨会能够让那些不爱说话的学生也参与进来。丹尼斯说："今天发言的学生当中，有一个孩子甚至平时在饭店点餐都觉得很困难。今天发言最踊跃的那个学生，也许你都想不到他以前很难表达自己。"三一大学教师专业发展学校的协调员艾琳娜（Ileana）也在现场，她问玛莎是如何挑选内圈和外圈的学生的。玛莎解释说，她原本打算让学生自己决定坐在哪里，但是，考虑到学生的差异，她觉得让学生们自由选择可能难以产生良好的交流效果。所以，她进行了干预："我把一部分喜欢发言的同学安排到了外圈，同时我知道有些学生会选择坐在内圈，所以我就干脆安排他们坐在外圈。"她不希望那些侃侃而谈的学生在交流中占主导地位，也不希望那些缺乏自信的学生认为自己能力不够。

玛莎也很高兴看到支架式教学法能够鼓励学生参与进来："第一轮给了我一些经验。我害怕他们会因为教室里没人说话所以自己也不敢说话，还担心他们会感到紧张。因此等到第二轮时，我就在教室里走来走去，然后鼓励他们说：'这是个好问题，你可以问这个。'这种方式很有用，因为这让学生们觉得我认为这个问题很好。"

丹尼斯还提出了批判性的反馈意见，她称之为"冷静的反馈"，希望能够帮助玛莎改进未来的教学实践：

学生可能需要提前调查一些关于此主题和苏格拉底式讨论的背景资料，也许还需要支架式教学法的帮助。如果在接下来的学期中，你还有进行小型苏格拉底式研讨会的机会，我觉得你可以说一些“好的，我们今天的热身活动有三分钟时间准备，并会在三分钟之内结束”之类的指示，然后再继续追踪，那么他们就会对这种活动更有经验了，这将十分有用。我认为就主题而言，学生们如果对于事实和历史有更深的了解那就更好了：美国究竟发生了什么？在美国正在试图解决民权问题时，南非陷入了种族隔离制度危机，世界上其他国家在经历什么？然后再延伸到第一次世界大战以及第二次世界大战。所以，如果他们有更丰富的知识库来提出问题的话，那就太好了。总体上，我很开心见到一些高水平的学生，他们思路开阔，能够提出非同凡响的问题。

此次对话清楚地表明，玛莎自己正在实践深度学习，希望在教学中同时促进深度学习和公平。

玛莎讲的是世界历史，所以她通过讲解南非种族隔离制度来关注社会正义似乎是一个显而易见的选择。但是，我们也注意到，有许多教授科学或数学等不大相关科目的教师也会涉及与公平正义有关的话题。第6章中提到的生物课就是一个例子，教师利用肤色主题，为自然选择这个抽象概念创设情境。

并非只有高中教师关注社会正义话题。在第5章中，我们讲述了一位名叫泰德的银行街教育学院项目的实习教师，教授四年级的数学课。重温泰德和贾罗德的课堂，我们会发现，除了让学生感受有利于个人发展的深度学习以外，泰德和贾罗德还积极鼓励他们加入关于不平等、正义和公民参与的讨论。

泰德的课堂说明了学生在尝试解决社会正义问题的同时，也会获得许多发展基础知识和技能的机会。美国历史——其中包括批准第十九条修正案和赋予妇女投票权的1929年，以及内战爆发的1861年——不断提醒学生美国历史上的不平等，并且让他们意识到他们需要同这些不平等作斗争，进而继续创造历史。此外，他的课堂还展示了学生们代入奴隶视角所写下的批判奴隶制的文章（这是一个极具挑战性的复杂话题，尤其是对美国四年级学生而言）。这样的课程要求泰德和贾罗德深入了解学生的智力、社会和情感发展的水平，因为他们让学生接触的是一个十分复杂的历史话题。他们还将包容式的信息融入日常课堂中，这有利于打造一种具有归属感的文化。书架上以及房间里贴有标签的桶里有许多书，有一些书的名字大都具有不同的文化背景特征，还有一桶书是非裔美国人的自传。这也是一种注重公平的举措，因为许多少数族裔学生认为他们在学校和班级中的归属感很低。现在让我们重新回到泰德的“通过文学促进深度思考”课堂中。

通过文学促进深度思考

四年级学生花了45分钟完成数学作业后，又收拾好自己的作业并把文件夹放好，而泰德一边小声地唱着非洲歌曲，一边摆放着点心。学生们分批领取饼干，然后回到自己的座位上。泰德又开始唱英文歌：“我们所做的事，所说的话，都表明你我今天正在创造历史。”这向学生们表明，他们所做的事情是意义非凡并且也是十分重要的。同时也令学生们注意泰德在他们周围放置的历史参考资料，这是一条在天花板上用线悬挂着的历史时间轴，学生们可以在上面夹上记录历史事件的卡片。

吃完点心后，学生们聚集在地毯旁，准备与贾罗德一起开启故事时间。

贾罗德准备朗读他们正在学习的《兰德里新闻》的第六章。这一章讲的是一位名叫卡尔·拉尔森（Carl Larson）的老师，他冒着受纪律处分的风险发布了一份由学生撰写的报纸，其中包括一些董事会成员反对的内容。因此他要么选择辞职退休，要么就得接受纪律处分。这篇报道引出了言论自由、对学生的奉献以及社区要有勇气解决学生所提到的社会问题等内容。为了让学生们继续思考，伴随着情节的展开，贾罗德停下来问道："这里发生了很多事情。那么发生了什么呢？"有几个学生回答了这个问题。接着，贾罗德又问道："那么拉尔森先生的选择是什么？"这个问题被解释清楚之后，泰德又提出了一个更为复杂的问题："当你在听故事的时候，想一想卡尔·拉尔森是如何改变的？"

贾罗德读到本章的结尾后，泰德说道："让我们花一分钟时间，从头来谈谈拉尔森先生是如何改变的？"学生们立马就这个问题相互交流起来。这对他们来说显然再熟悉不过了，他们沉迷于谈话之中。泰德只好倒数"4、3、2、1"才把他们的注意力拉回来，他接着说道："我听到了一些有趣的想法。那么，你认为拉尔森先生是如何改变的？"学生们纷纷举起手来，对这个问题做出了详细的回答。他们开始相互对话，而不是给老师提供各自的"正确答案"。泰德鼓励他们在彼此想法的基础之上继续提出新问题，例如："你还想再补充些什么？""谁能进一步解释一下？"由于对本书的集体阅读，所有学生得以拥有一个公平的竞争环境，他们可以进行深入的对话，并对阅读的内容进行分析和推理。

泰德和贾罗德的课堂推动了社会正义的进展，为学生提供了公平的机会，让他们能够学习比较困难的四年级课程内容。泰德演唱的非洲歌曲将另一种文化和语言带入课堂，这有助于打造一个文化开放的集体，同时促进学生的兼容性发展。课堂讨论重点涉及了言论自由等问题。贾罗德深奥的问题让学生之间合作思考，培养他们对公平等重大问题进行批判性思考的能力，以及学会有效地向别人传达自己的看法。

三一小学项目的实习教师同样也将社会正义活动融入到他们的教学之中。正如我们在第6章中所描述的，合作学校拉马尔小学的一位幼儿园教师让她的学生们发起了一项全校性的回收活动。还有一位四年级的教师对该州的低选民参与率感到担忧，因此他创建了一个项目式的活动，学生们需要制作公共服务公告、鼓励选民登记，还打造了“摇滚投票”活动。三一大学项目的一位实习教师和同事设计了一个关于种族关系的活动，他们目前与三一大学教育硕士项目的实习教师们合作开展这一活动。

与此同时，在其他学校任教的三一大学项目结业教师仍继续发挥他们的影响力：一位结业教师在高中时就成立了反霸凌俱乐部；一位结业教师正在与教育硕士项目的一位教师合作，共同打造一个以种族为主题的咖啡馆诗歌活动；一位结业教师为《得克萨斯教育评论》写了一篇文章，回顾了他在达拉斯独立学区的一个具有种族和语言多样性的校园里的教学情况；圣安东尼奥学区总监也是三一大学项目的结业教师，她在她的学校和学区内提出了一项健康饮食倡议；一位结业教师参与了城市学校教育计划；一位结业教师同她的导师一起和三一大学进行合作，创立了“科学界的女性”项目，每年邀请一百名女学生来校园，用一天时间参观实验室并与女性科学教师一起工作。不管是在这七个培训项目的课堂之上还是课堂以外，这样的活动都十分常见。

融合深度学习、公平和社会正义的项目实践

这七个教师教育项目各不相同，其中有公立学校也有私立学校，项目规模有大有小，分为传统型和创新型两类。这些项目虽然分布在各个地区，但它们也有一些共同特征，这为实习教师将深度学习与公平融入在一

起进行教学提供了基础。每个项目都清楚表明了它们对于社会正义、深度学习以及项目基本原则的承诺。

这种承诺就是这些项目的设计构思、课程活动以及教学实践的基础所在，同样也是选择合作地区与学校的标准之一。每个项目都可以让实习教师加入到关注公平和社会正义的深度学习活动中，其中包括围绕自己的身份和社会地位进行自我反思，帮助学生了解自我身份和社会地位。这有利于实习教师为英语学习者和特殊需要学生制定文化响应式教学策略和非缺陷型的适应措施，并极力反对教育不平等和不公正现象。我们将在下面的章节中举例说明。

对平等和深度学习所做出的明确承诺

虽然项目之间的表述稍有不同，但它们都明确展现了追求公平和社会正义的决心，比如项目负责人的声明、任务说明、项目描述以及关于改进项目的连续对话皆为例证。

旧金山教师项目的表述十分明确，其目标是培养一支致力于促进公平教育的旧金山教师团队，并且通过“变革性教学”使学校成为一个更加公正的地方，这与深度学习教学有着紧密的联系。该项目网站上的文字解释得十分清楚：

> 旧金山教师实习项目致力于为有志向的教育工作者提供机会，希望利用教师行业为旧金山的生活和社会带来变化。简单来说，我们肩负着维护社会公正的使命。旧金山教师实习项目通过招募、培训以及支持高水平教师的方式达到实现社会公平的目的，希望提高旧金山公立学校劣势学生的学习成绩和社会情感发展水平。

这些并非空话。“变革性教学”有四大关键支柱，用于指导旧金山教师实习项目的职业训练和实际教学。它们为实习活动提供督导与指导，规定了项目成功标准，其中第一个就是引领公平和社会正义。该项目希望培养的教师是“将自己定位为学生的学生和学区的学生的教师，并且能够打造人性化的庇护所”，他们能够“通过系统分析了解教室、学校和学区的故事，作为盟友、倡导者和领导者来采取行动，最终发现并阻断压迫的力量”。用项目执行董事的话来说就是：

> 让人们能够在文化多样性的社区、在那些过去接收边缘化的学生和高需求人群的学校里取得成功，这与我们所做的任何事都一样重要。如果我们不这样做的话，或者说如果我们未能在该领域取得重大进展，未能持续关注我们一直在做的这件事情的核心问题，那么，我们就无法吸引教师到旧金山市来教书。

三一大学项目以原则性实践的一系列“核心信念”为基础，将深度学习和公平并列其中。其中，“道德责任”包括提升人们对于教学公平问题的认识，并且鼓励实习教师解决政治和系统不公平的根源。“文化响应式教学”使教师考虑到教学的背景，包括学生先前的知识、经验以及社区环境。

无独有偶，高科技高中共有四个项目设计原则，第一个原则也是公平。其他三个分别是个性化、实践和协作，这表明该学校的项目认为公平和深度学习教学法之间是相辅相成的。

第2章和第3章所提到的科罗拉多大学丹佛分校项目是由四个“关键问题”所启发的，这四个问题关乎实习教师的整个实习活动，在设计课程和实际教学时也影响着他们的决定。这些问题侧重于询问实习教师如何看待这些内容与个人对公平教学的构思、行为和反思之间的关系。课程专家格兰特·维金斯和杰伊·麦克泰的课程开发指南《理解为先》要求规划者从引导学生探究基本问题开始。科罗拉多大学丹佛分校项目的四个问题之所以是“关键”的，是因为它们是开放的、发人深省的，并且还会随着时间的推移反复出现，这些问题要求更深层次的思考，重视可转换的想法，还需要提出更多的问题，辅以例证和合理解释。我们在此重复提及这些问题，是因为它们明确了该项目对融合深度学习和社会正义的决心。

- 基本问题1：在更广泛的社会背景下，我应该了解和相信关于自身、学生、学生的家庭和所处社区的什么内容？
- 基本问题2：我如何根据这些信念采取行动，从而创造具有包容性和响应性的学习机会，并改变教育中的不平等现象？
- 基本问题3：我应该如何在教学实践中贯彻社会正义和公平、包容性、文化和语言响应性、学习理论和特定学科教学法等原则，以此来对课程、教学和评估做出计划、修订和调整，确保所有学生都能取得成功和进步，并始终作为一名批判性城市教育者支持我的学生？
- 基本问题4：我应该如何在教学实践中反思社会正义和公平、包容性、文化和语言响应性、学习理论和特定学科的教学法等原则，以进一步计划、修订和调整课程、教学和评估，确保所有学生都能取得成功和进步，并始终作为一名批判性城市教育者支持我的学生？

科罗拉多大学丹佛分校项目将社会正义原则纳入到美国教育多元化与卓越化研究中心所提出的五项教学标准之中，用于指导他们的教学计划。这项原则被称为“批判性立场”（Critical Stance），要求实习教师鼓励自己的学生质疑世俗观点和做法、反思其后果，并且以民主和公民参与的视角，努力尝试改变不平等现象。

银行街教育学院项目对社会正义的公开承诺正是其百年来取得进步的坚实基础，正如我们在前几章提到的芭芭拉·比伯——20世纪中期银行街教育学院的杰出领导人——所说的那样：

> 当教育家约翰·杜威把革新教育经验作为重构社会的一种手段时，他为我们这些生活在本世纪初期的年轻人提供了一种方法，关于如何把社会变革的一般理想转化为一种强有力的社会工具，即学校系统的变革……如果教育最终想要影响社会变革，我们就必须把世界是如何运作的事实带入课堂；如果我们期望孩子们意识到民主社会的优势，我们就必须让他们在教室这种社会环境里去体验民主，真正参与到以平等的人际关系为特征的合作模式中。

如今，这一承诺体现在项目的意图中上，即把社会正义贯彻至整个项目文化之中，银行街教育学院院长塞西莉亚·特拉夫（Cecelia Traugh）分享了一个例子："我们的教师做了一件事，就是对会议小组（每周由教员和至多7名实习教师参加的会议）进行为期一年的调查。我们围绕着三个问题进行，其中一个重要的问题是会议小组和受督导的教学实践如何成为社会正义学习的场所。"特拉夫指出，为期一年的调查有助于加强教师对工作的探究兴趣和他们的公平立场，并使社会正义成为她与教师交谈的一个主线。

蒙特克莱尔州立大学项目和阿尔维诺学院项目同样公开了他们的承诺。价值观和承诺信念的明确阐述是所有项目工作的基础，正如我们在接下来的章节中所描述的那样，正是这些价值观和承诺使得项目实践得以实现。

目标明确地招募实习教师

作为精心设计的招募和选拔活动的一部分（在第4章中有所描述），这些项目将对社会正义和公平的承诺作为选择申请人的关键标准。例如，高科技高中选拔实习教师的关键——称之为"幸运日"——是让申请人参与各种活动，这些活动部分是为了评估他们对教育公平问题的看法。在考查潜在参与人是否适合做教师的过程中，他们对以公平为中心的教学法的兴趣以及对公平的大致看法是此过程的重点内容。

旧金山教师实习项目对变革性教学的想法指导着其招募实习教师的方式。该网站要求申请者“为社会正义而教学”，并说明了他们在未来教师身上所寻求的四种价值观，包括“对社会正义的热情；改善旧金山儿童和青少年的公平处境的愿望；提升旧金山儿童和青少年入学机会的心愿；在旧金山高需求学校教学的承诺”，从他们最初接触该项目开始，就需要努力实现该项目的使命和价值观。

这些项目还有一个明确的目标，就是招募不同身份和语言的实习教师。最直接的两个原因是：首先，利用不同实习教师在不同的学校和教室学习如何教学的这一教育优势；其次，使社区的教师队伍多样化。七个项目使用各种策略来实现这一目标。例如，旧金山教师实习项目有意从南加州大学本科双学位（学士以上的证书）课程中招募母语人士，以增加南加州大学双语授权的申请人数量。为了评估所有双语授权申请人的语言能力，他们用西班牙语进行面试。斯坦福大学教师教育项目将其工作定义为“为社会正义而学习教学”，它从斯坦福大学的本科生主题校区（乌贾马校区、埃尔森特罗校区等）招募新成员。旧金山教师实习项目在很大程度上成功完成了它的招聘目标，让教育工作者变得更加多元化。在2016—2017年的项目中，有三分之二的实习教师是少数族裔，超过一半的实习教师除了英语之外还会说另一种语言，有一些实习教师本身就是旧金山联合学区的毕业生。

阿尔维诺学院项目致力于让密尔沃基市的教师队伍更加多样化。其中，近一半的本科生申请人是少数族裔，他们有的来自低收入家庭，有的是家中第一个大学生，他们希望能在他们长大的密尔沃基社区教学。一位项目导师指出："开始上课时，我会询问实习教师的背景。他们的背景总是不尽相同的，有家庭困难的，也有英语不是母语的。"另一位项目导师解释说，阿尔维诺学院项目的许多实习教师平衡了教育和经济需求：

> 我们的实习教师在本科和研究生阶段的特别之处就在于，他们在上学的同时还做了许多其他的事情——比如他们部分时间学习，部分时间照顾长辈、自己的孩子以及家人的孩子。他们更像是社区大学的学生，而不是四年制大学的学生，因为绝大多数人每周工作超过20个小时，还有很多人在进行全日制学习的同时，每周工作还能超过30个小时。

与其他项目一样，阿尔维诺学院项目认为拥有一个多元化的实习教师队伍非常重要。这样不仅有利于提升密尔沃基市的教师水平，而且还有另外两个关键原因。首先，它使学校可以采用能够满足所有学习者需求的教学方法，特别是对那些在传统教学系统中不占优势的学生来说，为其灵活安排课程。其次，阿尔维诺学院的多元化社区也为实习教师提供了与拥有不同背景的人交流和合作的机会。在日益全球化的社会中，实习教师需要帮助自己的学生发展这些重要技能。

科罗拉多大学丹佛分校项目也同样希望该城市的教师队伍更加多元化。该校在传统教师认证方式中增加了"培养下一代项目"（NxtGEN），对实习教师欠缺的种族和文化多样性做出了改善。该项目旨在吸引和支持本科生实习教师，他们需要经济或其他方面的帮助来完成大学学业并获得资格认证。这种独特的做法将全日制本科生层次的实习教师与丹佛公立学校每周20小时的教师辅助人员职位相结合，为申请人（其中大多数是少数族裔、低收入学生和移民）提供了攻读大学学位所需的资金。这是帮助申请人的双重策略，同时也使丹佛地区的教学队伍更加多样化。

将教育和社会不平等联系起来的课程

正如我们在前几章所描述的，这些项目希望实习教师学习的主要内容集中在以下三个方面：学生的学习和发展；学生的家庭、社区和社会背景如何影响他们；教学可以提供哪些帮助。我们还注意到，这些项目十分重视美国的教育要为民主社会服务这一观点。因此，学校既要帮助年轻人充分参与政治、公民和经济生活，也要帮助他们能够公平进入这些社会领域。为了加深教师对这个目标的理解和教学能力，包括基础课程在内的培训项目可以让学生们研究学校教育与社会不平等之间的关系，特别是种族、文化和语言的作用方面。

所有项目的课程不仅关注历史和社会模式，同时也关注导致不平等现象持续存在的学校和教室里的日常行为。在大多数情况下，这些课程在项目早期开设，因为培训教师认为这些知识能为实习教师提供一种新的视角，通过这个视角，他们能看到自己作为教师的工作。这有助于实习教师了解课堂之外的环境，正是这些环境塑造了他们的学生、他们的学校以及他们服务的社区。这也确保实习教师的教学方法在文化上适合学生，并且使多样化的民主制度努力实现公平公正。

高科技高中的实习项目也让实习教师沉浸在这些基础知识当中，这与许多只关注构建课程和管理教室技术的备选项目形成了对比。例如，高科技高中的“教育哲学”课程对过去150年的社会趋势进行了深入研究。该项目的“公平与多样性：社会和文化基础”课程就建立在这一历史基础之上，还讨论了“加州学校的当代问题，涉及文化、文化遗产、种族、语言、年龄、宗教、社会经济地位、性别认同/表达以及所服务个人的能力和残疾状况”。课程还强调了如何将恰当的教学法应用到教学实践中，旨在提供广泛的课程机会，为实习教师在课堂内打造一个公平的社区。实习教师将从不同的角度研究教与学，考察各种教育理论，发现美国教育领域学术成就的不平等现象，同时也思考教师和学生的期望如何影响学生的成绩。

传统结构的项目也认为这类课程可以让人们了解那些接收边缘群体学生的学校的教学情况。旧金山教师项目的实习教师将在夏季开始他们的课程学习，在此期间，他们要学习两门关于公平的基础性课程——斯坦福大学教师教育项目的“公平与民主教育”和旧金山大学的“多样性和社会正义教学”中的任意一门，这两门课程将为他们以后的工作奠定基础。同样，科罗拉多大学丹佛分校项目的两门课程对许多白人实习教师产生了巨大影响，很多人认为这些课程甚至改变了他们对于整个社会的认识。在“城市教育中的社会基础和文化多样性”课程中，实习教师将研究学校如何反映并加剧与种族、社会阶层、性别、民族、性身份、政治以及权力和特权的社会动态相关的不平等问题。在第二门课程“共同发展文化响应型课堂社区”中，实习教师将探讨了解学习方式的教学如何能使学校教育更加公平。第二门课程的教学方法让实习教师在共同构建的文化和语言响应型课堂中获得第一手经验，并培养他们在自己课堂上创建这种社区的能力。

科罗拉多大学丹佛分校项目的这两门课程也都鼓励实习教师支持减少不平等现象。一位社会学的实习教师认为这些课程使他下定决心给学生一个“批判性的视角”来看待世界。他经常要求学生们解决社会研究课本中的“主叙事”问题，并提出一些探索性的问题，例如：“我们为什么要学习这些内容？你认为是谁拍了这些照片？你认为这个故事为什么要以这种方式叙述？”他希望学生们能对课程内容提出质疑，并对课堂以外的新闻和信息来源进行深刻思考。

这些基础知识体现在所有七个项目的课程内容之中。

通过反对不平等而获得的教学经验

正如本书中的教学案例所展示的，这七个项目都希望提供一线教学经验，帮助实习教师学会如何让低收入家庭的学生以及少数族裔学生都参与到高质量的深度学习中，从而履行他们对公平和社会正义的承诺。七个项目都希望这些经验能够和教育工作者和培训教师都认可的项目价值观和最佳实践方式融合。在大多数情况下，这些项目和学校建立深厚的合作关系，就像我们在书中所描述的，项目实习教师和学校教职工一起工作和学习，携手践行他们的社会正义价值观。

关于个人身份和社会地位的深度学习

这些项目重点关注了个人种族、文化和语言在塑造个体发展和学习中的关键作用。作为文化和语言反应以及能力实践的基础，这正是此类项目希望实习教师习得的核心内容。但是，除了让实习教师们了解这些内容之外，这些项目还让他们参与到个性化的、情境化的深度学习活动当中，将这些概念带入到他们作为个体和学生的双重身份和地位之中。这些活动贯穿于课程、教学实践以及实习教师在项目中建立的关系之中，并且已经取得了成果；我们的调查结果显示，97%的实习教师表示已经准备好“从多元文化的角度来教育学生”。

三一大学项目的种族自传作业借鉴了辛格尔顿（Singleton）和林顿（Linton）于2006年出版的《关于种族的勇敢对话：实现学校公平的实地指南》。论文作业要求实习教师写出自己对于种族的感受，描述他们如何随着此项目的开展发生变化。这项作业旨在帮助实习教师更全面地了解个人种族身份的发展。此外，该任务的目的不仅仅是帮助实习教师更好地了解他们自己，更是深入了解与他们一同参与项目的学生。正如任务指南中所描述的那样："三一大学教育硕士项目建立在这样一个信念上：如果你不了解你的教学内容和学生，那么你就不可能成为一名好教师。我们只有了解自己，才能了解学生。"

在课程结束时，实习教师将分享自己的全部或部分种族自传，开展自己的"勇敢对话"，并在同伴的陪伴下探寻自己的身份。评价标准包括写作质量和自传内容质量，重点关注自传中描述的经历、对这些经历意义的分析以及在写作过程中对这些经历的理解。实习教师对种族自传作业的效果进行了评价。一位在小学实习的教师告诉我们："我们开展了很多关于特权的勇敢对话，比如外表对别人来说意味着什么。"

在实习开始前的夏季，三一大学项目的实习教师还参加了一个长期的多阶段项目，该项目有三个目标：自我探索、与他人相处的经验和文化能力的变化。这是为了让实习教师能够有机会深入研究自己的身份，并探寻各种影响因子是如何塑造自己与他人以及周围世界的互动的。尽管他们在秋季学期以前就已经开始研究这些颇具挑战性的课题，但这些概念在这一年间仍会被反复提及。

除此之外，三一大学项目的实习教师还需要研发一个图形组织器，用于反映他们的价值观和世界观，并通过审美再现的方式，整合并表达图形组织器中的想法。在这之后，实习教师需要以数字形式演示审美再现，并写一份反思，目的是让他们意识到当教学实践开始时，他们自己的偏见会影响个人以及专业上的互动。在反思过程中，实习教师必须要善于发现自己身上那些有助于他们与学生之间建立双向联系的文化特征、那些自己身上学生不太熟悉的身份或文化特征，以及那些学生身上自己不大容易意识到的文化特征。我们对三一大学项目实习教师从多元文化角度进行的调查也印证了这点。三一大学的所有实习教师都表示在这方面已经做好了准备，其中80%表示准备得很好或非常充分。

在进行访谈时，我们十分鼓励实习教师提出他们的想法和问题，所以这些对话被称为是“勇敢的”。正如一位实习教师在反思这一过程时所讲的那样，通过对教学实践的持续反思和探究，她表明了自己工作的深度以及在种族认同发展教学法方面所做的努力：

> 我是一名白人中产阶级教师，所以我更加理解我的白人身份和白人种族特权，并明白这如何使我成为一个白人盟友，或者这如何使我继续延续我们原有的种族成见和优越感，这些课题都是我们努力的重要方向。通过深刻了解自己的种族身份发展、建立种族能力、撰写种族传记，然后在课堂上分享、阅读其他人的传记并且思考种族如何影响我们生活的方方面面，我们就能更好地思考种族是如何影响课堂以及学校生活的方方面面的。

与三一大学发展文化能力的方向一样，这位实习教师的评论说明了社会正义价值观（种族对学校教育系统的影响）与实习教师对自己以及学生身份的探寻过程是相联系的。

互相尊重的对话模式是三一大学的教职工、指导教师以及实习教师使用的师生互动方法。正如一位实习教师所指出的：

> 我们有穆斯林学生，也有一些犹太血统的学生。我们能够实事求是、互相尊重地进行教学，并且分享对世界历史和时事的看法。我们共同的主题是通过了解与你谈话的人，从而帮助自己成为一名更加优秀的世界历史系学生，这样你才不会感到太惊奇。我们要做到对事物敏感、懂得欣赏、充满兴趣，还要做到不先入为主……最近几周，我们对所有这些都进行了示范。

前面讨论的四个“关键问题”构成了实习教师在项目中所经历的方方面面，通过讨论这些问题，科罗拉多大学丹佛分校项目使这种学习方式成为项目的核心内容。第一个问题是“在更广泛的社会背景下，我应该了解和相信关于自身、学生、学生的家庭和所处社区的什么内容？”。这个问题旨在帮助实习教师在不同的社会背景下按照不同的身份维度定位自己，包括种族、阶级、性别、能力、语言、移民身份、文化、国籍、宗教、年龄和外表各个方面。通过职业训练和反思任务，实习教师应该认识到社会背景下权力和特权的分配方式，并将自己的身份与学术文献中的主题联系起来。此外，在教学实践中，他们应当认识到教师身份影响教与学的多种途径，并将自己的理解应用于教学中。我们对从多元文化角度进行教学的调查结果显示，93%的科罗拉多大学丹佛分校项目实习教师表示自己已经准备好以这种方式鼓励学生，80%表示准备得很好或非常好，与三一大学项目实习教师的结果基本一致。

阿尔维诺学院项目的实习教师也将反思个人的不同身份作为他们职业训练的一部分。他们要分享自己如何在家庭、学校和社区中长大，然后思考如何将他们的经验应用于教学实践。实习教师意识到自身背景以及同龄人的多样性，有助于他们发现课堂上的丰富经验，并将多样性视为课堂中的优势。事实上，我们的调查结果显示，阿尔维诺学院项目的实习教师们均表示他们已经为多元文化教学做好了准备。一位目前准备参加阿尔维诺学院项目的实习教师描述了她在准备最重要的反思任务时，发现自己可以从学生的不同经历中学习：

> 我最好的教学时刻是……我知道我在哪里、我是谁、我的长处以及我的弱点……我必须得让自己知道在课堂上我也是一个学习者……所有这些都是为了去了解一个孩子，并努力找到你们之间的共同点。你要把自己和学生放在同一个位置上——“我在向你学习，你也在向我学习。”

莫妮卡·泰勒（Monica Taylor）是蒙特克莱尔州立大学项目的指导教师，她的课堂就是将身份认同融入课程教学的一个优秀案例。她在“鼓励批判性思维的被压迫者剧场”课堂中体现了“为深度学习而教学”的理念。这种课堂帮助实习教师利用批判性视角来反思自己的教学经验，并用他们的身体和思想来审视他们自己的身份在课堂上所带来的影响。

鼓励批判性思维的被压迫者剧场

圆圈式的座位排列代表一个民主的课堂，这是莫妮卡·泰勒老师喜欢的一种方式。开始上课时，莫妮卡先简单询问了11位实习教师：实习进行得怎么样？是否有任何问题或担忧？你是否开始承担起教师的角色？那是什么感觉？

简单询问过后，莫妮卡表示，实习教师们正处于教师教育阶段（四月中旬），这时，他们需要在情感上更好地理解自己的学生。

莫妮卡要求实习教师确定学生的“社会位置”，并意识到自己作为教师和学生的“位置”是至关重要的，这是为了吸引学生并鼓励他们学习。她还强调了个人的“位置”、教师的“位置”，以及在班级中的社会角色这三者的重要性，这有利于实习教师了解学生的环境是如何影响他们的学习的。

所有实习教师都参与到课程中，并看着站在圆圈中心的莫妮卡。为了帮助他们理解在城镇教室里的教学经验，莫妮卡介绍了“被压迫者剧场”，并将其作为在教学实践中进行批判性反思的方法。

莫妮卡邀请一名志愿者来展示这个活动。一位年轻人举起了手，和她一起走进了圈内。这位年轻人开始移动，莫妮卡跟着他。莫妮卡会模仿他做的每一个动作，最终形成了他行为的镜像。他们两个是面对面的。当莫妮卡不再模仿他的动作时，便问他：“看到自己的动作被别人模仿，感觉如何？”他回答说：“看到别人模仿我的反应是不一样的，但这最终促使我更多地展现自己的动作。”

思考过后，莫妮卡邀请另一位实习教师走进圈子，加入他们两人的行列。随着活动的开展，越来越多的人也开始加入模仿动作。活动继续进行，莫妮卡找到了一些新人继续做动作，最后她问实习教师领导和模仿的感觉分别如何。一位实习教师说，她认为“领导别人有一种巨大的责任感，因为知道人们在跟随我的动作，当看到我的动作在其他人身上展示时，我感到这些动作的力量是如此的强大”。

一位实习教师指出，随着越来越多的人加入，活动变得更加困难。另一位实习教师说，她感到十分失望，因为领导者未能考虑到每个人的动作。此时，莫妮卡向全班提出了一个问题：“你认为这个活动对课堂教学有什么启示？”一位实习教师回答说：“我知道了，如果教师没有考虑到学生的社会属性对课堂的影响，学生可能会感到不被理解或失望沮丧。”谈话继续进行，实习教师开始深入反思他们在课堂上的“动作”将如何影响学生。反思结束后，他们分散开来，回到各自圈内的座位。

在课堂汇报时，莫妮卡向大家解释了她为实习教师选择这项活动的原因。她注意到，很多实习教师对不同学生的叙述方式感到不知所措，因为学生的叙述和他们自己的叙述方式有很大不同。她表示，我们的终极目标是让实习教师能够以更有活力以及更加公平的方式来回应学生。这个目标似乎已经体现在整个项目中，我们的调查结果显示，蒙特克莱尔州立大学项目96%的实习教师都表示他们将从多元文化的角度进行教学，多元文化正是学生们叙述的一个角度。

这些基于个体身份的深度学习活动强调学生的身份和社会地位，以及个体影响。例如，银行街教育学院项目认为实现公平的第一步是以非评判性的方式考虑学生或成人的背景，因为只有在这种视角下，教师才能在他们的课堂上实现公平公正。塞西莉亚·特拉夫院长从这个角度描述了前面提到的观察和记录任务：

> 对你的工作和学生，你应该采取探究的态度。这是一个近距离观察学生的机会，也许他们并不是你原来认为的那样，但这时可以看到他们的真实情况。如果你要与别人合作，尤其是与和你完全不同的人合作，这种心态是非常重要的。如果你做不到，那么带给你的只能是刻板印象。这些刻板印象或许是慷慨的，也可能是可怕的，但这就是你所做的。除非你真的能停下来仔细观察，集中注意力，然后把一些观察结果转化为语言和描述。

和其他几个项目一样，旧金山教师项目让实习教师从旧金山的学生那里亲自体验学生身份和社会地位的影响。下面的案例描述了关于旧金山公立学校移民学生（包括无证移民）的一次研讨会。

从学生身上了解他们的故事

时间来到4月下旬的某个周五，研讨会将在下午一点钟举行，旧金山教师项目的实习教师从全市各地的学校赶来参加这场三小时的实习研讨会。研讨会在位于旧金山市西区中心的非裔美国人文化中心举行，这里曾经是全国爵士乐的中心。琼·乔丹公立高中是旧金山联合学区的一所小型高中，也是旧金山教师实习项目的一所教学学院。今天，10名来自该学校11年级的学生和32名实习教师将共同参与此次研讨会。本次研讨会的主题是“帮助无证移民学生”，更重要的是，传统的角色分工在这里被颠倒了：不是老师教学生，而是学生教老师。

这些学生都是少数族裔，共同参加了这所高中开发的同伴互助课程，培养青年的领导能力。今年早春，他们给学校的教职工讲授了同样的课程，将其作为学校教师专业发展课程的一部分。这节课受到了教职工的热烈欢迎，其中，旧金山教师项目的一位实习教师听说后，还邀请学生们在他们的实习会上发言。在这里，同伴互助课程的老师、同伴资源课程的执行主任以及琼·乔丹公立高中的校长都十分支持鼓励学生。

罗尼（所有学生都是化名）是琼·乔丹公立高中的一名学生，他先带领老师和其他学生进行五分钟的冥想，开始了这堂课。他引导老师们把开学第一天的烦恼抛在脑后，清理思绪，以便能够全身心地投入到这次研讨会中。五分钟后，当罗尼把大家的注意力重新拉回到课堂时，大家明显放松了，并且都能够集中注意力。

温迪也是这里的一名学生，在开始上课时，她先在墙上投影出这所高中的使命宣言——帮助学生进入大学，培养学生成为一个为更加公平的世界而奋斗的领导者。为了让老师们参与到课程中，她请一位老师阅读了宣言并做一个简短的总结。温迪随后分享了她认为学校未能履行使命的原因，并阐述了今天这一课的重要性："我们甚至不知道我们的无证学生都有谁，他们连社会安全号码都没有。如果我们都不认识他们，又怎么能帮助他们上大学？等到他们升入高三进入申请程序时，我们才发现他们是无证的，这时候再去争取"童年抵美者暂缓遣返"计划（DACA）和AB 540非居民豁免政策的保护可就太晚了。"

琼·乔丹公立高中的学生们为老师们示范了鼓励积极参与的教学方法。例如，哈维尔（Javier）带领老师们进行了一项"强制选择"的活动，该活动要求老师们必须站起来，根据他们对一系列问题的答案，然后选择走到房间的"是"或"否"一侧。每个问题之后，哈维尔都会要求老师们解释他们的答案，让他们参与到讨论中来。第一个问题是："你是否认为无证学生愿意分享他们的故事？"大约一半的老师走到房间"是"的一边，另一半选择了“否”。随着讨论的进行，一位回答“是”的老师说：“作为老师，我们的工作是在与学生建立关系的过程中了解他们的故事”。另一名回答“否”的老师不同意，他说：“我的学生不会真的谈论这种事情——应该是家长来找我谈论这些事。”讨论结果表明，教师能否和学生谈论移民身份取决于他们是在上小学还是高中。

接下来，约瑟林（Joselin）分享了同伴互助课程在学校里开展的一项行动研究调查数据。学生们发现大约10%的学生是无证移民，这个数字让许多本校教职工和实习教师感到惊讶。数据分析过后，约瑟林让老师们开展讨论，她问道：“你在学校里遇到过无证学生吗？如果有，那么你是如何应对的？”一位老师表示了他的担忧，他带的是三年级学生，有几个学生就在教室公开透露了自己的无证身份。他担心，学生在这么小的年纪就愿意公开披露这些信息，是否会给他们以后带来麻烦。伊莉莎（Eliza）提到了与父母加强沟通的重要性。高中生可能不会透露他们的移民身份，因为他们的父母告诉他们不要这样做。

另一位学生玛丽亚（Maria）邀请教师分享今天的研讨会给他们带来了哪些不同，这个问题可以明确课程理论与教学实践之间的联系。一位在中学实习的教师提出了这样的想法：

> 我始终认为，如果他们愿意，他们就有权利要求对（移民身份）保密……但现在，根据这些数据和你们所说的，我的想法发生了变化。也许有一种方法可以让全班同学都知道我是他们的盟友，这样学生们就可以得到他们需要的信息来和我交流。也许我可以张贴海报告知学生们这点，我还可以告诉全班同学，或者用一些其他方法，使我和学生之间的关系更加开放，让他们来跟我交流。

另一位小学实习教师描述了这些数据是如何让她想要接触和了解资源，

有了这些，她可以帮助无证学生和他们的家人。同时也坚定了她对建立社区的想法。有两个学生过来跟她谈论他们的移民身份，她希望能够保持这种沟通。还有教师指出，他们现在想向管理人员咨询学校帮助无证学生的政策。还有位一年级教师说道："我正在弱化社区安全的重要性。我希望学生的家长在我们的教室里感到安全。"

另一位教师说："我认为重要的是我们每个人都应该有权利。我不用担心会被警察拦下。如果我想坐飞机去墨西哥，我也可以做到。"听到这里，温迪——那名在墙上投影宣言的学生——哭了，她之前分享了自己的个人故事，她的父母和哥哥都是无证移民。温迪哭着说："我是家里最小的。我的父母告诉我，等我上了大学，他们就会离开美国，因为他们是无证移民，他们得回到自己的国家……这对我来说真的很痛苦。一旦我上了大学，我的父母就不能和我待在一起了。说到权利，我们需要考虑到一点：不是每个人都能拥有自己的家庭，并和家人在一起。"

许多人的眼眶都湿润了，接着，屋子里响起大家的掌声，向温迪表示支持。

同学们以"童年抵美者暂缓遣返"计划作为他们演讲的结束内容，这是奥巴马总统签署行政命令推行的一项移民改革计划，为符合条件的年轻人提供工作许可证明并且保护他们免于被驱逐出境。雅思敏（Yasmine）将这一政策与她的个人故事结合起来，讲述了她如何因为晚到美国三个月而错过了该政策的截止日期，以及这对她的大学入学意味着什么。

这场研讨会结束时，学生们带领大家围成了一个圈，并且进行了总结性的讨论。一位教师说："这场讲座比我参加的其他任何讲座都更吸引人，也更有力量。"另一位教师鼓励这些高中生和南加州大学的无证移民大学生联系，因为他们也正在关注类似问题。洛德思（Lourdes）给了这些老师积极的反馈。她表示，她的学校的一些教师在以往的此类讨论中曾表现出了抵触心理，她很感谢这些老师没有这样做。

在这次研讨会中，高中生、实习教师以及项目导师都在为追求公平和社会正义进行深度学习。研讨会结束后，教师们对许多情况都有了更加全面的了解，包括旧金山联合学区的无证移民学生人数、这些学生的需求以及教育工作者都可以做哪些工作来帮助这个边缘化群体。在我们对旧金山项目的实习教师的调查中，所有人均表示要“从多元文化的角度来教育学生”，这就是此次会议取得的成效。或许更重要的是，教师直接向高中生学习的这种模式提供了一种真诚的情感联系，这无疑会促使这种课程继续进行下去。同时，这也印证了从学生身上了解他们自己的故事是多么重要。

此外，这类课程还令实习教师认识到在适当的支持下学生也可以成为领导角色，也让他们发现学生在参与此类项目式学习时所获得的知识与技能。同伴互助课程重点关注青年领导力与社会变革相关内容，鼓励学生选择他们想要解决的问题，本次研讨会就是这些学生在琼·乔丹公立高中进行为期一年的行动研究和实践所取得的成果。对于学生们来说，给实习教师讲课就是一种基于表现的评估形式。此次研讨会说明旧金山教师实习项目从课程理论以及教学实例两方面为实习教师展示深度学习方式。

同样，高科技高中项目的社会环境课程“反思社会地位和特权的影响”也让我们看到了指导教师鼓励实习教师思考个体身份发展的过程。此课程探讨了教师带入课堂的态度、偏见和观点，以及学生个人校内外的经历是如何影响并塑造学生身份的。

反思社会地位和特权的影响

课堂开始的时候，指导教师让两位实习教师分别朗读了标题都是《蜜蜂》的两首诗，这两首诗从两只蜜蜂的角度描述了它们各自的一天（两首诗分别写在下面的左右两侧）：

《蜜蜂》	《蜜蜂》
做一只蜜蜂，是一种痛苦。 我是一只工蜂，我乐意展开讲讲。	做一只蜜蜂，是一种幸福。 我是蜂王，我乐意展开讲讲。 我在黎明时分起床，皇家侍从给我喂食，
我在黎明时分起床，守护着蜂巢狭窄的入口，	我美美地洗个澡，然后梳妆打扮，
清理蜂巢里清晨的垃圾，再花一个小时做蜡，连坐下来休息两分钟的时间都没有。	接下来的安排都很简单：我要产卵，数以百计，
然后我会从北面三英里的田地里采集花蜜，也可能要照顾幼虫，我要哺育巢室中的幼虫，我希望我仍旧虚弱无力。	我被爱，被赞美，没有人能超过我，
然后我把花粉装进蜂巢，当然这不是我的乐趣所在，	等我产够了卵，我就休息，
我很疲惫，我要努力补上蜂巢里的所有裂缝。	剩下的所有时间都用来休息。
然后我开凿新的蜂室，努力扩大这个炼狱，我害怕另一个日出的到来，我想知道蜜蜂们为什么都不联合起来。	
真的，蜜蜂的生活太糟糕了。	真的，蜜蜂的生活太美好了。

朗读结束，指导教师问实习教师他们认为这首诗谈论了什么。一位实习教师大声回答："阶级！"

然后，实习教师开始了一场关于收入不平等的讨论，以及它体现在现实生活中的哪些方面，包括食物、交通以及大学申请。一位实习教师显然对这个话题十分有兴趣，她说她的一些学生认为高科技高中"给了他们一个虚假的承诺"。她解释道，因为高科技高中承诺学生们要帮助他们上大学。但是，家庭收入限制了他们的选择，甚至在某些情况下，他们根本无法上大学。

另一位实习教师谈到了食物选择，即学生缺少可以定期带到学校的健康食物选择。另一位实习教师补充说，她知道有一些学生需要多次换乘公交，花很长时间才能到达学校，即使他们最后迟到了。

指导教师问大家知不知道为什么他要求大家读这首诗。几位实习教师齐声回答："为了让我们理解贫穷。"指导教师补充道："在我们的教室里，这两只蜜蜂也同样存在。"

实习教师们四人一组，思考并讨论社会、同伴、家庭和学校如何影响学生的态度、信仰以及自我认知。指导教师要求实习教师从实践中吸取教训，思考个人视角和身份如何影响他们自己和学生，还要求他们在学校和课堂上定期把这些内容"付诸实践"。

课堂结束后，指导教师呈现了更多关于本课内容以及以公平为中心的教学法的背景知识。两只蜜蜂之间的对话旨在强调视角和身份的重要性；一只蜜蜂认为她的生活美好且幸福，另一只蜜蜂却厌恶日出，因为日出代表一天繁重工作的开始。指导教师指出，"我们与孩子及其家庭沟通的方式往往是一个享有特权的白人文化视角……我们在沟通时真的需要考虑到这点"。他解释说，对实习教师来说，理解身份和认知的差异是很重要的，尤其是在和背景各异的各种年轻教师一起工作时。

高科技高中对公平的广泛关注似乎取得了成效。我们的调查结果说明，该校实习教师都已准备好从多文化角度进行教学，96%的实习教师表示准备得很充分或非常充分。

尊重差异的公平教学

这些项目还鼓励实习教师将学生之间的差异视为需要认可以及回应的优势，而不是缺陷。所有项目都拥有同一个主题：让实习教师发现深度学习可以为身处不同教室的学生提供丰富的学习机会。这一点体现在我们的跨项目调查中，结果显示，在所有七个项目中，98%的实习教师表示已经准备好"教授来自不同身份、语言和文化背景的学生"，87%的实习教师表示他们准备得很好或非常充分。

适应不同学生的差异。蒙特克莱尔州立大学项目的实习教师认识到差异化教学是一种促进公平的教学策略。正如一位实习教师所说的："社会正义教学的原则之一是严格学习。因此，关心学生……这意味着你要对他们提出很多要求，对他们要抱有很高的期望，但这并不意味着你要以同一种视角看待他们的不同需求。"

在将类似承诺转为现实时，旧金山教师项目的一位实习教师在她的《有效教学设想》作业中写下了本章开篇的那段话，表达了她对公平教学的看法：我们要提供有效的教学，让不同的学生都能参与到深度学习中。她写道："作为一名追求社会正义的教师，在我的课堂里，我希望能够针对所有学生的学习风格、知识水平和文化背景进行教学。正如在……课堂上讨论的那样，我们不存在成绩差距，但却存在'教育债务'：作为有理想的教育工作者，我们欠学生一个公平的课堂和教育体系。"

另一位实习教师展示了一系列用来吸引学生的教学方法，包括互动式、亲自动手式、读者工作坊以及圆圈冥想时间法。

高科技高中的一位管理人员将他们的项目称为“公平项目”，他认为“如果所有学生都在一起上学、一起上课、共同分组，和那些在外貌上不像他们的同学一起学习，那么学生们就能得到最好的教育”。正在培养实习教师的高科技高中，他们的学生是通过邮政编码抽签选出的，目的是让学生们代表当地社区的多样性，学生们一旦入学，学校便不再考虑他们过去的学业成绩。当被问及这个项目的“特点”时，高科技高中教师发展中心主任珍妮・格里斯沃尔德首先谈到的就是公平：

> 我们想要的是实习教师可以随时准备好进入不同的教室，能够使用公平的方式来满足教室里所有学生的需求，不论是社会经济方面、种族方面还是学习情况方面，不论是已经生成个性化教育计划的孩子还是尚未生成个性化教育计划的孩子。我们的重点是努力传授尊重学生的教学结构和思维方式——尊重所有学生的声音——尊重与所有学生见面的机会。

正如项目材料所指出的那样，高科技高中的实习教师有机会“熟知并习得教学策略和最佳实践方式，用以开发适合具有不同优势和不同教育环境的个人的差异化课程和教学顺序”。这要求实习教师要完成特定的任务，比如他们要设计出能够在不同课堂上促进公平的课程或活动。该项目认为，这些技能使教师能够为所有学生提供丰富而有吸引力的课程。我们关于教授不同学生群体的调查也同样印证了这点，高科技高中的所有实习教师都表示自己已经准备好教授不同的学生群体，95%的实习教师表示自己在这方面准备得很好或非常充分。

这七个培训项目以复杂多样的方式处理学生的多样性，不仅关注文化和社区的多样性，而且关注语言多样性以及学生课堂上的广泛学习需求。在这些项目中，92%的实习教师表示，他们为“以支持英语学习者的方式进行教学”做了充分准备，96%的实习教师认为他们为“用适宜的教学策略发现并满足特殊的学习需求”做了充分准备。

高科技高中开展了为期六周的在线英语语言学习基础课程，课程一开始就向实习教师介绍了一种有效教学策略，用于在教室里解决一系列有关英语流利度和熟练度的问题。一位进行了一年实习的实习教师对这门课程给予了高度评价：

> 今年年初，我们所做的第一件有意义的事情就是开发了能够帮助英语学习者的在线课程。这里有许多场景：假如你有一个不太会说英语的学生，你会怎么办？你会如何安排你的课程让这个学生参与到课堂上来？这让我立刻想到了那些阅读和写作能力较差的学生，我必须要为他们打造一个切入点，这便是我们这一整年的主题。

高科技高中的所有实习教师都表示他们准备好“以支持英语学习者的方式进行教学”，90%的实习教师表示他们准备得很好或非常好。

旧金山大学项目的“双语学生教育”课程也让旧金山教师项目的实习教师有机会从语言学的角度思考促进社会正义的教学方式。教授该课程的萨拉·卡皮特利（Sarah Capitelli）是斯坦福大学教育学院的毕业生，也参与过斯坦福大学教师教育项目。他对我们说：

> 对我来说，这些项目最有影响力的地方是它们体现出非常强烈的社会正义导向。我们的对话通常是从种族开始的，但更要让实习教师意识到社会正义问题不仅仅事关种族，也同样事关语言，我认为要让他们理解这点是十分困难的。在上我的课之前，他们都已经学过有关社会正义的课程，我觉得他们肯定都是这样想的：“我们已经做了与社会正义相关的工作，那现在就开始我们的教学吧。或者，我们之前已经讨论过了相关问题，现在让我们开始教学吧。”我认为反馈日志就是纠正这些错误观念的地

方。方法很简单，我会使用实习教师给学生写日志的方式给实习教师写日志。有些话他们不会在课堂上当面对学生说，但会写在日志里。同样，有些话我也不会在课堂上对他们说，也会写在日志里。

通过使用西班牙语授课，萨拉让实习教师像学习语言的学生那样可以体验学校教学。她描述了整个教学过程：

即使整个教室里都没有会讲西班牙语的人，我用西班牙语讲课这件事也是颇有意义的。对西班牙语一窍不通的实习教师表示他们非常害怕被提问，害怕参与到课堂中，担心那种笼罩在教室里的紧张感。他们对我接下来要做的事情感到疑惑，但是实际上这些事能够帮助他们理解我的意思。我先读了一篇非常简单的文章，然后我们一起分析文章内容、预测文章主题，之后我把他们分成小组，方便做一些小组工作，我们最后完成了很多有意义的任务。

通过这种方式，萨拉教授为实习教师们演示了体验式学习的效果，以及体验式学习如何指导教学，最终使英语学习者不仅能够收获课程的核心内容，同时又能享受到多样化的服务。在教授的示范和其他项目经验的支持下，接受我们调查的旧金山大学项目实习教师中有94%都表示已经准备好“以支持英语学习者的方式进行教学”。

同时，这些实习教师也表示已经准备好“用适宜的教学策略发现并满足特殊的学习需求”。这一成果应当部分归功于“特殊学生教育”这门课程，在这些项目开始之前的夏季，旧金山大学项目就已经开设了这门课程。在这门课上，实习教师会了解不同学生的学习需求，学习如何满足这些需求的方法。一位实习教师在描述这门课时告诉我们说：“这门课有助于发现不同学生的学习方式，我们会思考接下来是该调整还是接纳学生原有的学习方式。”她还展示了这门课布置的一项作业是如何应用于教学实践的：

> 在“特殊学生教育”课程中，指导教师花了很长时间讲解特殊教育。因此，最后的作业是……指导教师为我们每个人都分配了一个学习障碍问题，我们必须要了解有关这个问题的所有内容，其中包括：这个学习问题在课堂上意味着什么？这个问题在一个综合班级里和一个单一班级里，分别意味着什么？为促进教学成果，我们都能做些什么？我们可以互相学习，思考这些问题在课堂上是如何呈现的。

这份重要的作业强调体验与合作，深刻影响着实习教师，因为它能够让教师们更好地理解普遍存在的学习差异（通常称为“学习障碍”）如何在多元化的课堂里被接纳与融合。

同样，银行街教育学院项目课程“通过观察记录对正常和特殊学生的研究”也重点关注在多样化的课堂里以公平的方式教育学生。正如我们在第3章中所描述的，实习教师会观察并记录学生在学校环境中的行为与状态，这是为了加深教师对学生发展的理解。他们重点关注学生典型与非典型两种发展模式，思考这两种发展模式在教室中所呈现的学生多样性。

银行街教育学院项目还开设了一些课程，重点关注学生之间的差异如何影响他们的学习方式，以及哪些教学策略可以帮助非典型发展学生和其他学生一样享有学习核心课程的机会。例如，“语言多元化社会中的语言习得与学习”课程旨在帮助实习教师更好地理解单语和多语学生的语言发展，并且鼓励他们思考语言和方言层次的政治、教育、社会和情感问题。值得注意的是，这门课重点讲授了在用英语授课的课堂上，教师不仅要吸引那些将英语作为第二语言的新兴双语者，同时也要促进英语母语者的语言发展。

我们的调查结果显示，银行街教育学院的所有实习教师都表示他们已经准备好“教授来自不同民族、种族、语言和文化背景的学生”，“从多元文化的角度进行教学”，以及“用适宜的教学策略发现并满足特殊的学习需求”。还有一份早期研究指出，2000年至2012年间银行街教育学院项目的结业教师大多在从业前三年内就已经准备好教授来自不同种族、语言和文化背景的学生，他们准备好的概率是纽约其他教师的两倍。银行街教育学院项目的大部分实习教师都表示他们已经为教授英语学习者做了充分准备，但其他项目中的实习教师只有不到四分之一的人认为自己准备好了。

阿尔维诺学院项目致力于帮助实习教师适应有特殊学习需求的学生，同时让他们熟悉威斯康星州数量虽少但不断增长的英语学习者人数情况，以此制定全州通用的教学设计方案。该项目的目标是让实习教师了解不同学习者的优势和需求，最终掌握能够发扬学习者优势、满足学习者需求的教学策略。

阿尔维诺学院项目的多名实习教师和指导教师都表示了他们对于个性学习的重视，能够针对课堂上的每个学习者（包括英语学习者、有天赋的学生以及学习吃力的学生）分别制定他们的课程。该校开设了一门专为英语学习者制定教学策略的课程，任课教师有时会用西班牙语授课，以帮助实习教师体验作为第二语言学习者的感受。在课堂上，指导教师会展示一些教学方法，帮助实习教师和他们未来的学生跨越语言差异理解课程内容。

阿尔维诺学院项目的一位指导教师讲到，在观察实习教师的过程中，她会问这位教师的学生是如何向班上的新同学描述这位老师的，或者要求他们说出这位老师的一些特别之处。一个被诊断出有行为障碍的学生回答说：“我的老师让我感到平静。”当这位指导教师问这位实习教师做了什么时，这个学生回答道：“她把我当作一个聪明的孩子。”这位学生的回答体现了阿尔维诺学院项目的承诺：通过教授学生学习与发展理论，帮助实习教师发现每个学生的独特需求，最后运用他们所学的教学理论确定能够促进所有学生发展的最佳方法。

一位正在参与阿尔维诺学院项目的实习教师描述了她准备教授不同学生时的感受：

> 每个学生都有自己的特性，我认为阿尔维诺学院在这方面做得很好，我在那里上的每一堂课都能很好地体现这一点……通过课程学习，我们了解了哪些因素会从外部影响学生，哪些是他们可以控制的，哪些是不可控的。我们还了解了在学校里影响他们的各种事物，更加明白每个学生都有自己的特性。

我们对阿尔维诺学院项目的调查结果显示，所有实习教师都表示已经准备好“以支持英语学习者的方式进行教学”，90%的实习教师表示已经准备好“以适宜的教学策略发现和满足特殊学习需求”。

蒙特克莱尔州立大学项目98%的实习教师表示他们已经准备好“用适宜的教学策略发现并满足特殊的学习需求”。蒙特克莱尔州立大学项目的一位实习教师分享了他本人与其合作教师开展苏格拉底式研讨会的一次经历。研讨会发生在一个充满包容性的课堂上，有很多学生都需要接受特殊教育。这位实习教师将这次经历看作是他们重视深度学习、促进结果公正的教学策略之一。他还提到了为学生准备活动时所需的支架方法，其中有些支架方法是在复盘时出现的——学生们录下了他们在研讨会上的第一次发言，观看自己的表现，然后教师会问：“同学们，你们要如何改进？”尽管有的教师会认为第一次的失误就意味着学生可能接受不了这种严格的教学方法，但是这些教师懂得要逐步支持学生的改进，因为只有这样才能使他们体验乃至最终掌握深度学习。正如杜威所说，教师不仅要把孩子带入到课程中，同时要把课程带到孩子身边。

与文化相关的课堂管理。这些项目不仅让实习教师学会根据学生的语言、学习天赋与学习需求的差异对教学方法进行调整，它们还十分重视文化响应式教学。正如银行街教育学院项目的一位实习教师说道："通过文化响应式教学，教师和学生都能够学会换位思考和深刻思考，这样他们才能和来自不同背景的人进行深度交流。"银行街教育学院的文化、种族和公平中心会为该校的实习教师以及社区人员举办研讨会，帮助他们消灭潜意识的文化偏见，最终成为更具包容性的教师。通过举办研讨会，该中心"从个人、专业和机构三个层面解决公平问题"。

银行街教育学院项目的指导教师路易莎·科斯塔认为教师即学生的支持者。他所提倡的一种方式是教师要认可学生带入课堂的"语言和文化资源"。"我的目标是让我们的实习教师为所有学生服务。民主权利也指学习与思考的权利"，这就意味着"教师需要认可教室中的所有语言，即使他对这种语言一窍不通。教师还要利用好报刊类的印刷品，或者学生语言的视觉呈现，努力让他们觉得自己就是社区的一分子"。

科斯塔还指出，教师有责任"把家长带入课堂"，邀请他们讲故事（这种做法对所有家长都奏效，甚至包括那些文化水平较低的家长），并让家长为自己的孩子读书。科斯塔的教学方式给实习教师们树立了榜样，身体力行地告知他们教师要尊重每个学生带入课堂的优势与经验。世界上根本不存在一种完全正确的语言、思想或学习方式。相反，通过课堂来展示学生过往经验的这种方式使教师逐步把课堂看作是一个公正社会的缩影，这里崇尚多样性，能够为所有人提供学习和展示自我的机会。前文展示的一些项目案例说明了实习教师在学习针对英语学习者的教学策略时，沉浸式教学将更有助于他们掌握这些教学策略，因为他们能够亲身体验用非母语教学的感受。

文化响应式教学使许多项目开始重视恢复性实践，并将其纳入课堂管理之中。恢复性课堂管理方式在任何情况下都不失为一种有效的深度学习策略。在少数族裔以及贫困学生集中的学校中，这种管理方式更能反映出对公平和正义的追求，因为它反对学校过去带有惩罚性质的规定，这种规定通常是极其严苛而且不公平的，最终甚至导致许多年轻人走上了“从学校到监狱”的道路。

在旧金山，恢复性实践的影响力已经扩展到了全区范围内，许多学校以及旧金山联合学区的卓越学习扩展协作课后项目都采用了这种管理方式。旧金山教师实习项目也同样帮助实习教师掌握这一课堂管理方式。为了保证恢复性实践课程能够和社区以及各地区专家的做法衔接，项目第一节课就是与旧金山联合学区的项目协调员以及恢复性实践的指导教师进行沟通交流，正是他们要向实习教师讲授有关恢复性实践的基本知识。社区司法青年研究所的谢丽尔·格雷夫斯（Cheryl Graves）说道：

> 恢复性司法（实践）的本质在于，我们不再关注违反法律的行为本身、谁违反了法律或者该如何惩罚违反法律的人。我们现在关注的是：我们应该如何解决由违法行为导致的伤害、分歧、争议以及冲突，从而修复人们之间的关系，提高社区的幸福感。这是一个截然不同的想法，是一个重大改变。

接下来，实习教师将参与到恢复性实践的教学之中，他们要利用一个特定的课堂事件思考以下问题：发生了什么事，事发时你在想什么？事情发生之后你都想了些什么？谁受到了事件的影响，他们又是如何被影响的？你认为整件事里最困难的是什么？你认为需要做些什么才能保证事情顺利进行？这些问题与恢复性实践的基本准则是相符合的。

本章提到的很多课程都是旧金山教师实习项目与其他项目之间思想交流的成果，它们充分展现了各项目之间交流合作的有效方式。例如，家庭电话活动最初是斯坦福大学教师教育项目的创意，现在，这项有趣的活动已经被纳入到旧金山教师实习项目当中。不仅如此，斯坦福大学教师教育项目也同样借鉴了旧金山教师实习项目中关于创伤性经历的一些内容，并将这些内容融入到自己整个项目之中。

一位实习教师讲述了她是如何将恢复性课堂管理融入到课堂以及学生成长过程中的：

> 学校的规章制度应该为学生的需求而制定，并非为了学校方便管理而存在。这正是恢复性实践的意义所在，它能够帮助学生有效表达他们的想法。我希望学生们能够利用这些知识为自己解决难题。在教学过程中，我始终认为教学和恢复性实践是非常重要的两项内容，因为它们对学生方方面面的成长都十分有帮助。他们可以与自己的兄弟姐妹、朋友甚至是父母共同学习这些知识，并且随着年龄的增长，这些知识会更加具有实用性。恢复性实践在帮助学生们明确自己需求的同时，也让他们考虑到别人的需求。

七个教师教育项目都坚信深度学习与公平之间的关系不仅是相互包容的，更是相互促进的。这个共同点正是七个项目的突出之处，是这些项目的设计构思、课程活动以及教学实践的基础所在，也是选择合作地区与学校的标准之一。每个项目都确立了关于教师教学与学生学习的明确目标，并在该目标的指导下进行工作。此外，这些项目中都涉及关于种族、文化以及其他社会特征的基础知识，同时还穿插了美国国家历史的讲解，以及当今边缘化和教育不平等问题的探讨。这些项目还要求实习教师反思自我身份与社会地位、了解学生的身份与社会地位、为英语学习者和特殊需要学生制定文化响应式教学策略和非缺陷型适应措施，并坚决反对教育不平等和不公正现象，从而鼓励实习教师开展关于公平和社会正义的深度学习教学实践。

实习教师们表示，他们十分认同将公平问题置于项目的核心地位。一位来自旧金山教师项目的实习教师说道："感谢旧金山教师项目给了我这样一个机会，让我能与志同道合的伙伴们共同完成实习课程。在这段时间里，我们学会了关注教育公平问题，了解学生需求，并围绕这些内容进行交流对话。"

第
10
章

构建支持性结构

> 教育与公共事业学院是蒙特克莱尔州立大学的核心。
>
> ——蒙特克莱尔州立大学校长

> 我们建立了密切的合作关系……大家共同规划项目成员们的事业发展，讨论预算问题……改变了我们的愿景。这不仅提高了我们对未来的期望，还把我们的注意力从考试成绩转向了教学过程中的收获。如果没有三一大学教师项目的支持，这些可能永远也不会发生。
>
> ——三一大学教师专业发展学校校长

我们提到的这些教师教育项目都希望自己的实习教师们能够掌握与深度学习相契合的价值观、文化知识与教学实践，同时还希望帮助实习教师创新课堂学习方式，不断积累关于学习方法的理论知识，最终使深度学习教学理念深入人心。因为贫困学生在学校里一般很少有机会接触到深度学习，所以这些项目的重点就是促使实习教师帮助这类学生体验深度学习。这不是空话，七个项目在帮助贫困学生方面的确做了非常多的工作。

这些项目的目标和具体做法总体相同，但在组织结构上却各有特点。例如，规模差异大：三一大学教育硕士项目约招收30名实习教师，而蒙特克莱尔州立大学每年招收超过1000名实习教师。运行模式差异大：其中包括传统的本科生和研究生教育项目、在职教师教育项目以及以学徒制和教育实习为特色的其他项目（各机构之间的运行模式会有所不同，但某些情况下，机构内部也会出现不同的运行模式）。分布范围广：在城市和农村、公立学校和私立学校都有所涉及。组织机构差异大：某项目的最初定位是一个研究儿童学习与发展的组织，还有一个项目根本不是由高等教育机构牵头开展的。

这些组织差异为希望实施深度学习的教师教育工作者提供了鼓励和挑战。一方面，深度学习教师教育项目可以有很多种不同的操作形式。当教师要想一一学习本书中所提及的所有项目时，很有可能会发现自己的工作环境同某些项目有相似之处。另一方面，尽管这些差异给教师带来了一显身手的机会，但很容易让他们忽视最重要的东西——项目的“深层结构”，即项目特色和运作方式表层差异背后的共同基础，正是这一概念构成了深度学习教师教育项目中最基本、最核心的课程内容。我们在第1章提到过这个概念，但是由于上述差异，我们很难确定每个项目的“深层结构”。

为了找出项目之间的共同基础，确保项目的顺利进行，我们不应该只关注诸如项目规模、运行模式以及机构类型这类表面特征，相反，更值得我们关注的是这些项目如何基于深度学习和社会公平确定自己的使命目标，项目结构如何体现这些使命目标以及领导者应该如何确定项目结构的优先级，并以此为参考分配项目资源，最终确保项目的流畅性。这些关注帮助我们明确组织结构和机构支持的四个关键组成部分。这四个关键结构为实习教师提供学习经验，促使他们为推动深度学习和社会公平进行教学：

1. 明确真实的价值观：每个项目都拥有一套与深度学习和社会公平主题紧密相关的核心项目价值观，并通过项目文化、组织结构以及教学实践充分展现出来。

2. 重视教师教育项目的领导者：机构领导指导并支持实习教师工作，使教师教育工作成为机构最重要的事务。

3. 强有力的资源支持：根据时间和金钱投入的多少，我们可以了解各项目的价值观以及领导优先事项。项目的投资主要用于维持实习教师、项目组以及指引教师之间的密切关系上面，这主要是为了深化各方合作，从而帮助实习教师掌握深度学习教学。项目目标的完成需要经过规划、查询、反思以及更新等一系列过程，而对组织结构以及相关人员进行投资能够使这一过程更加明确流畅。

4. 与K-12学校系统建立合作关系：教师教育项目和K-12学校学区建立保持友好的交流合作关系。这种合作关系是协调项目课程和教学实践的关键，有利于拓宽实习机会，促进双方共同发展。事实证明，与K-12学校系统建立合作关系能够保证实习教师参与到以深度学习和社会公平为主题的教学实践中，还有利于他们参加教育社区的教学实践。若是没有良好的合作关系，这些项目就不可能顺利开展。

这四部分为本书中所涉及的实习项目提供了相关的制度背景。每个项目都拥有十分明确的价值观、使命承诺、组织结构以及合作关系，这既是保证项目顺利开展的前提，也是开展深度学习教师教育项目的重要组成部分。项目组和相关管理人员经过慎重思考之后，决心将深度学习和社会公平同教师教育项目融合起来，但是这种融合若想长久，各方必须要做大量的工作，并且持之以恒地坚持下去。那些之后想要效仿这一模式的教师实习项目不仅要考虑什么样的组织结构是最适合自己的，更需要考虑那些最终构成组织结构的幕后工作。

明确真实的价值观

每个项目都事先设定了明确的价值观，并公开表示希望实习教师能够掌握学习的本质、教师及其教学实践对学生的影响，以及教育、公平和社会正义之间的联系等内容。这些内容不是泛泛而谈，正是它们构成了项目的实践、文化、结构以及过程四大方面。

首先，这些价值观体现在项目的各个方面。价值观先指导教学课程设计，再由项目组教师在教学实践中进行示范，最后从实习教师评估、现场督导、项目结构以及合作伙伴关系等方面体现出来。其次，这些价值观暗示了对实习教师的期望，即作为教师应该学习什么，能够做些什么，这和他们从申请实习到实习结束这段时期的学习经历是完全匹配的。最后，不论是项目结构的调整还是培训教师的筛选，这些价值观也同样指导着项目管理方式。总的来说，项目价值观、使命目标以及项目规划的内容都是切实可行的，这些教师教育项目致力于通过其组织结构、教学实践以及目标承诺向公众展示它们所提倡的价值观。

为了让实习教师对项目价值观以及各项标准有更加深刻的了解，这些项目从教学、学习以及实践的基本概念入手，因为这些概念与深度学习和社会公平主题是相互联系的。此外，这些项目用到了许多不同的方法来阐明其价值观，其中包括未来设想、原则制定以及概念规划。正如第2章中所指出的，每个项目对于价值观的表述不是千篇一律的，而是根据自身的发展历程量身打造：

- 阿尔维诺学院项目在全校范围内提倡发展七种素养，以及教育学院之后补充的四种素养。

- 银行街教育学院早在一百年前就倡导的以儿童为中心的教学理念如今仍然受用。此外，该校还规定了“教师教学的基本原则”。
- 科罗拉多大学丹佛分校项目提出的四个基本问题构成了实习教师的全部实习经历，同时反映了该项目的概念规划以及美国教育多元化与卓越化研究中心所提出的教学法标准。
- 高科技高中的四项课程设计原则。
- 蒙特克莱尔州立大学项目的“教师的肖像”愿景以及项目的概念规划。
- 旧金山教师项目关于“变革性教学”的畅想。
- 三一大学项目关于原则性实践及其发展的核心观点。

阿尔维诺学院项目在全校范围内所提倡的七大核心素养以及教育学院所补充的四种素养用于评估实习教师的综合表现。所有的课程内容以及教学实践也都是为了培养实习教师的这些素养，使他们成为有判断力、有思想、有道德的教师，懂得如何设计课程、整合学习经验并且与人进行有效沟通。之后，项目将通过一系列方式来评估实习教师的整体表现，例如：观察实习教师本人，观看教学视频或者检查教案和学生作业。学院的评估标准代表着对实习教师的要求，鞭策他们在项目实践以及学习中取得更大的进步。

银行街教育学院项目所倡导的价值观贯穿于整个项目设计之中。该校的一位管理人员说道：“只要是对学生有益处的项目，我们都会努力尝试，这就是银行街教育学院。”基于教师对学生学习与发展方面知识的了解，以及对自身发展的不懈追求，该校的教师教学原则主张采用情境化教学方式唤醒学生对社会公平正义问题的关注，这也同样体现了它们所提倡的价值观。教师教学原则是银行街教育学院项目课程以及教学实践的基础内容，也是这里所有指导教师和实习教师一直以来认真践行的原则。

银行街教育学院项目的儿童通识教育项目开设了移动实验室，将其所提倡的价值观付诸实践。该实验室的教学内容涉及职业训练、培训指导、教学督导以及关键绩效评估模式（对象为银行街学区学前班至八年级阶段的学校以及全市范围内的合作学校）。此外，该实验室十分关注家庭和社区对学生及成人发展的影响、体验式学习以及社会公平和正义等基础知识。通过促进指导教师和实习教师之间相互尊重的合作关系，鼓励双方进行探究实践，该项目致力于帮助实习教师掌握以学生为中心的探究型教学法。

在银行街教育学院项目的经历让实习教师从日常课程与实践中收获成长。该项目的实习过程从衡量实习教师的教学能力开始，之后运用探究型教学法观察并记录教学实践，并且依托多学科背景批判分析教学实践，最后通过反思整个实习经历，得出实习教师在未来不同教学背景下均可使用的教学方法。此外，通过多种学习环境的展示，该项目的培训课程帮助实习教师快速融入到某一特定的课堂环境之中。因此，当之后成长为能够独当一面的教师时，他们也可以使用这种注重发展与公平的体验式教学法，就像他们作为实习教师时在银行街教育学院的移动实验室中学到的那样。

在银行街教育学院的深度学习实验室内，实习教师不仅是沉浸式学习的学习者，也是深度学习的研究者，主要分析促成深度学习所需要的要素和条件。灵活性和个性化是银行街教育学院项目的两大突出特色，该项目的课程规划方式也同样体现了这两大特色。例如，项目持续时间和活动顺序均可根据实际情况随时做出调整，努力贴合实习教师的学习风格及其个人需求。这一做法主要是为了帮助实习教师日后根据学生的需求及时调整自己的教学方法。

蒙特克莱尔州立大学项目的“教师的肖像”活动也发挥了多重作用，

包括项目组织和教学方面，有利于实习教师掌握深度学习教学的能力。该活动规模庞大，面向本科生、研究生以及学士后群体，因此，这项活动可作为一个十分重要的申请考核标准。“教师的肖像”描绘了一个清晰、全面且连贯的目标，用于指导该项目的政策与发展方向。与银行街教育学院的教师教学原则一样，该项目也以发展、学习和学习者的基础知识为核心内容，强调课程、内容型教学法以及表现评估等专业知识，旨在打造一种普惠性的文化响应式教学。“教师的肖像”活动还对教师提出了“学会领导与合作”的新要求。

“教师的肖像”是在教学理论的指导下，把控实习教师的录用以及评估等环节。除此之外，该活动还对合作教师以及各级主管的表现进行评估，现已被纳入蒙特克莱尔州立大学的初级教师标准项目。教育与公共服务学院院长塔玛拉·卢卡斯（Tamara Lucas）博士指出，“等到实习的最后一学期，所有实习教师都要根据‘教师的肖像’表现接受评估”，这就意味着该活动成了整个项目中的重点任务，指导项目的整体路径与政策选择。

高科技高中项目的四项“课程设计原则”——公平、个性化、实践作和协作——塑造了高科技高中合作学校网络的教学方式，更重要的是，它们将K-12学校系统以及教师教育项目的教学方法和组织结构联系了起来。这些原则同样规定了该项目的课程教学内容以及管理模式，通过为实习教师划定一个范围，帮助他们把这些原则运用到真实的课堂上。在规定范围之内，学生和教师之间可以进行交流合作，并且双方的良好互动发生在一个充满个性化的小型教学环境之中，在这里，学生在现实世界中的发展得到了重视，由学生主导的项目使学生和教师双方都可以参与到丰富而有趣的课程当中。

项目的指导教师很多都是最近或目前在高科技高中任教的教师，他们培训实习教师的方法和教育K-12阶段学生的方法是一样的。因此，高科技高中的K-12教学和教师实习项目之间存在着许多相似之处。不论是实习项目的班级规模、与导师的交流模式还是基于项目的学习方式，这些内容都体现了高科技高中的四项课程设计原则。总而言之，所有做法都是为了培养教师以公平的方式进行个性化教学，最终帮助学生掌握深度学习的能力。

三一大学项目致力于让教育工作者为深度学习和社会公平进行教学，这一理念体现在该项目的“关于原则性实践的核心观点”之中。三一大学的教育硕士项目也同样印证了这些“核心观点”，即通过课程培训和教学实践两大方向强调教学理论知识、道德、领导力以及文化响应。此外，该项目还拥有“关于发展原则性实践的核心观点”，这套核心观点主要用于指导教师培训项目应当如何设计，重点关注实习期对于新手教师的重要意义，鼓励教师参与探究过程，重视教学实践的连续性，还表达了对建设专业学习社区的期盼。

这两套核心观点帮助实习教师明确自己应该学什么、做什么，才能成为三一大学项目理想中的一名优秀教师。此外，这两套核心观点不但规定了一年制教育硕士项目的组织结构，还促成了该校及其教师专业发展学校、培训教师和行政人员之间的合作。在培训教师的示范下，实习教师们通过紧密结合的课程教学和教学实践，在一次次的教学演练中充分感受到这些核心观点。教学是一个了解自我和了解世界的过程，是培养文化能力的过程，是敏锐捕捉学生需求的过程，更是向他人传授知识的过程。因此，我们可以说三一大学项目的核心观点影响着该项目的方方面面，甚至影响到实习教师自己的学习经历。

旧金山教师项目的使命目标也同样与它们的实际做法相关。该项目明确表示要为促进社会正义而教学，这种理念渗透到每门课程之中。此外，该项目以变革性教学为指导，将学生置于学习的中心，鼓励教师在枯燥的文化课教学基础之上打造有趣的课堂氛围，并且还要满足学生的不同需求。该项目十分重视教育者对当地环境的了解、对学生家庭和社区的参与程度以及对社会公平正义事业的领导力。变革性教学愿景体现在该项目的组织结构之中，与实习教师招募、课程学习、教学实践、教师督查以及实习后的入职培训等内容息息相关。

该项目还根据以上目标对指导教师的选拔标准做出了相关设计。彼得·威廉姆森（Peter Williamson）博士过去在旧金山大学工作时，曾为旧金山教师实习项目挑选过指导教师，他目前担任斯坦福大学教师教育项目二级项目的主任，工作内容和之前一样。他向我们解释了教学目标如何影响大学对指导教师的挑选，进而影响课程内容：

> 我们要深刻了解教学内容，还要及时记录在高等教育和K-12教育阶段的教学实践。除此之外，我们还要确定合适的教学方法，比如以学生为中心的课堂、对话式课堂、建构主义课堂等等。我们希望指导教师能够将社会学习理论看作是课程开发的关键要素，并且利用社会学习理论指导课程开发；他们还要帮助实习教师意识到，不论是教授数学还是科学，教师都是读写能力的开发者；另外，还要帮助实习教师找准定位，教师不是去拯救儿童的社会工作者，而是学生的盟友，与他们共同进步。

最后，科罗拉多大学丹佛分校项目也同样将价值观融入到项目结构、内容以及实际操作之中，并且和旧金山教师实习项目一样，该项目也对指导教师选拔标准做出了明确规定。美国教育多元化与卓越化研究中心提出的五项教学标准深刻说明了他们希望学生的学习行为是整个社区的共同生产活动。另外，该校提出的四个关键问题则用于指导实习项目以何种方式开展，为所有课程以及教学实践的开展提供了一种注重公平的教学方式。

科罗拉多大学丹佛分校项目的概念规划为一个学习周期，此模型用于帮助实习教师设计课堂教学方式。另外，当实习教师为教学实践设计学习方式时，概念规划同样能起到指导作用。对于正在接受K-12教育的学生以及正在学习教学的实习教师来说，教与学是一个循环过程，它们以学习理论、特定学科教学法、文化响应式教学法、合作探究教学法以及社会公平正义价值观为基础。该项目理想中的教师需要具备研究和实践两方面的专业知识，他们需要跨越大学的理论界限，在现实生活中为促进社会正义而教学。

这七个项目的价值观都围绕着教学、学习和发展、领导力和培训以及社会公平正义而展开，它们共同指导着项目结构、内容以及实践等各个方面。这些价值观不仅体现在各个项目的目标愿景和概念规划上，更体现在各项目的实际做法上，从教学标准、教学指导和教学评估，到课程培训和教学实践，再到项目特色和人员招募标准，都充分说明了价值观的指导作用，它们使实习教师感受到一种强大而凝聚的力量，迸发于各项目活动的深层结构之中。

重视教师教育项目的领导者

七个项目的第二大共同点就是各机构的领导者都十分重视教师教育工作，特别是关于深度学习的教师教育工作。在我们研究的大多数机构中，教师教育项目是众多任务中的一项。高科技高中主要专注于运营学校，教师教育项目与其主要使命交织在一起。银行街教育学院项目的独特之处在于，教师教育项目是整个机构的重点，因此在设计上是优先考虑的。

对优质教师教育的承诺是银行街教育学院成立的原因，也是该机构项目不断取得成功的原因。值得我们注意的是，即使是政治风向更加偏向于对立的意识形态时，银行街教育学院的领导以及教职工也不曾放弃以学生为中心的独特教学方法。同样，高科技高中提倡一种基于项目的体验式教学方法，还为这种教学方法的应用开展了专门的教师教育项目。

在五所将项目嵌入多方组织的机构中，各方领导为教师教育项目提供多方面支持。从学校校长到学院院长，再到项目主任，他们都为教师教育工作付出了许多，不仅将教师教育看作是机构职能的展现，还十分认同项目对公平学习的关注。不仅如此，各级领导还致力于提升教师教育工作在不同学科中的地位，同时号召校内外合作伙伴重视这项工作，为工作顺利开展提供必要支持。

阿尔维诺学院项目、蒙特克莱尔州立大学项目以及三一大学项目都用实例说明了领导者应该在组织机构层面重视教师教育项目。阿尔维诺学院一直以来都十分重视教师教育工作，在修女乔尔·瑞德担任阿尔维诺学院院长的35年间，这所学校不仅在创新学校教学设计以及教学评估方面做到了全国领先，还在创新教师教育工作方面有独特创新。阿尔维诺学院提倡以学生为中心，重视社会公平正义，致力于为所有学生提供与自身能力相匹配的教育，更重要的是，该校希望通过教师教育项目，使密尔沃基地区处于K-12教育阶段的儿童和青少年都能够享受到他们所提倡的教育。

阿尔维诺学院项目十分重视实习教师之间相互学习和合作的机会，因为这有助于开发课程，使实习教师真正感受到具有挑战性的深度学习实践。尽管阿尔维诺学院的师资规模较小，但也正是由于这点才使得所有教职工有机会一起工作，共同致力于为实习教师打造个性化的、有趣的课堂，使他们感受过往从不曾有过的课堂体验。另外，虽然这个团队已经具有十分牢固的关系，但团队合作也同样会使他们的工作效率倍增，比如他们每周都要专门分配时间解决同一学科以及跨学科的共同问题。学院不会在周五下午安排课程，这样教师就可以参加各部门的会议，也可以选择参加“关于课程、教学、学习和教学评估的研讨会”。

阿尔维诺学院教育学院还为实习教师另外安排了时间，他们可以在周二下午开会讨论各自的课程内容，并且设计之后的课程内容，以便与其他课程以及教学实践相衔接。此外，教育学院院长还与指导教师进行交谈，帮助他们梳理课程内容以及授课顺序，这样一来，指导教师便可了解实习教师的知识基础，并能根据他们先前的学习经历来设计课程。

蒙特克莱尔州立大学是一所拥有众多院系的大型公立大学，教育与公共服务学院是学校的核心院系，教师教育工作得到了校方的大力支持。该校校长将教师教育项目定义为“大学的重点项目”，他们也同样用行动证实了这点。在2005年，当蒙特克莱尔州立大学开始对校园进行建设改造时，教育与公共服务学院的大楼是最先动工的，而这座大楼时至今日也还是全国最高建筑标准。教育与公共服务学院院长塔玛拉·卢卡斯本人也是一名教师教育工作者，她在大学担任各种要职20余年。她谈到，即使过去蒙特克莱尔州立大学只是一所普通学校，学校也十分重视与支持教师教育工作。她还说道：“这十分振奋人心，尤其是考虑到……在许多地方，教师教育工作根本不受重视。”

蒙特克莱尔州立大学还鼓励其他学院的教师加入教师教育工作之中，为这项工作的顺利开展保驾护航。通过设立教育学研究中心（本章后面会有更详细的描述），蒙特克莱尔州立大学将教育与公共服务学院的教师、艺术和科学学院的教师以及当地公立学校的教师聚集在一起。项目负责人将这种安排称为“三方合作”。正如该中心网站上所说的，“任何参与教师教育工作的人都是教育学中心的成员”，并且三方中的任何一方成员都为教师教育工作的政策安排和实际开展做出了贡献。

三一大学的教育硕士项目同样得到了校方领导的大力支持，因为他们认为教育硕士项目是学校以及实习教师接触圣安东尼奥当地社区的一个主要途径。此外，三一大学的前两任校长以及董事会成员都十分重视教师在社区的参与度，正是这点推动了教育硕士项目的开展。

和蒙特克莱尔州立大学一样，三一大学教育硕士项目使不同学科的教师们有机会接触到未来的新手教师。三一大学于1989年把四年制教育硕士项目调整为五年制，希望未来从事教师行业的学生在获得教育硕士学位之前可以主修该校的任一专业，并获得相应学位。随着该政策的全面推行，项目希望学生未来都可以从事教育行业，这就使得各部门共同承担起培养优秀教师的责任。这种现象十分罕见，但很令人欣慰，因为学术界一般认为教育学与其他学科相割裂，没有肯定其应有的地位，但三一大学的做法却打破了这一传统观点。除了上述做法之外，该校的教育学院还为来自所有专业的本科生提供指导，使这些未来的教师也能够增加相关专业知识。一位教职工说道："创始人把教育项目从本科专业升级为硕士专业，是非常高瞻远瞩的……在课堂上，你根本判断不出来哪个是教育专业的学生，因为三一大学的所有学生都需要学习教育学相关知识。"

科罗拉多大学丹佛分校教育学院的领导也十分支持教师教育工作。教育学院院长丽贝卡·坎托以及副院长芭芭拉·赛德尔（Barbara Seidl）本身都是教师教育工作者。她们都明确表示"教师教育事关所有人"，认为教师教育项目是大学在教育领域的中心任务，鼓励所有教师参与其中，并在项目教学、指导以及研究等方面为研究型教师提供大力支持。此外，该校还将教师教育项目的领导工作"等同于"教师为获得终身教职、谋求晋升而展开的程序化教学，这点和其他大学有所不同，这是该校为实现其使命目标所做出的重要努力。

旧金山教师实习项目向公众展示了一种跨部门式的领导方式，这种独特的领导方式不仅得益于斯坦福大学和旧金山大学的校领导对教师教育工作的大力支持，还得益于旧金山联合学区区长理查德·卡兰萨（Richard Carranza）的鼎力扶持，他为许多教师教育项目提供了资金支持。此外，旧金山教育工作者协会同样发挥了十分重要的作用，该协会不仅为实习项目规划培训内容、寻求资源支持，同时还致力于招募优秀指导教师。

旧金山教师项目除了利用好实习教师的个人力量以外，还协调好各机构（包括斯坦福大学和旧金山大学、旧金山联合学区以及旧金山教育工作者协会）之间的工作安排以及侧重点，保证项目的顺利进行。因此，项目组成立了实习项目咨询委员会，并将其看作是整个项目的领导核心，委员会成员包括旧金山联合学区的副区长和人力资源部主任、教师专业学习部的领导、旧金山教育工作者协会的主席和副主席，以及各大学教师教育项目的负责人。此外，实习项目咨询委员会每季度至少要召开一次会议讨论旧金山教师实习项目的预算问题，并且确定项目负责人。四个合作机构各派两名代表参加，每个机构都拥有一张投票权。

旧金山教师实习项目的这种合作形式使实习教师能够把在旧金山大学和斯坦福大学所学的课程理论同教学实践紧密结合起来，进而将教师教育工作与旧金山联合学区的当地情况结合起来。这并不是一件容易的事，因为这样做不仅要协调好两个大学教师教育工作的项目内容，还要协调好整个学区、教育工作者协会以及旧金山教师实习项目所有工作人员之间的关系。但是，该项目所有的合作机构都十分理解工作上的协调和调整，也十分认可社会环境对于教师教育工作的重要性，这正是该项目得以顺利开展的基础，一心一意致力于实现目标的领导组织结构也由此应运而生。旧金山联合学区人力资源部主任强调了咨询委员会的重要性，他表示，咨询委员会为我们“提供了一个场所，在这里，我们可以讨论我们的最终目标是什么，我们应该如何满足学区、教育工作者协会以及所有实习教师的需求”。

斯坦福大学教师教育项目的负责人补充道，咨询委员会是一个进行友好交流的地方，我们能够感受到“两所大学都在为了同一个目标共同努力”。

对于致力于培养深度学习能力的教师教育项目来说，领导者的支持是必不可少的，所有合作机构、项目部门以及学校或社会上的合作伙伴都认可这一观点。领导者的支持力度不仅体现在各机构对于项目的重视程度上，更体现在对于组织结构以及各种资源的具体投资上，这可以推动项目进一步的发展。

强有力的资源支持

教育机构以及教师教育项目需要将更多资源向教师教育工作倾斜，这样做有助于内部组织体系的升级，从而进一步支持教师教育事业的发展。有许多学校领导以及其他机构负责人投资支持建设教师学习社区，因为在这里教师们不仅可以与其他同伴达成合作，提供有价值的反馈意见，还可以规划教学内容，从而满足实习教师的个性需求。各教师教育项目十分重视组织体系的作用，希望能够通过项目升级进一步带动一线教学实践的提升。这些项目使用了许多方式来加强组织体系建设，例如：加大对项目组的资金支持，保证他们能够尽心尽力指导实习教师；提高指导教师以及合作教师的工资水平；帮助项目组、督导员和指导教师之间达成密切的合作关系；建立激励机制，鼓励大学以及中学的相关教师开展教学研习，并积极参与到各教学基地的活动之中；为指导教师、合作教师以及教学基地的其他工作人员提供支持和培训。

例如，科罗拉多大学丹佛分校项目将学校资源用于创建高水平的社区合作办公室，为其挑选配备员工上面。如果某个终身教职员工决定领导某个项目，这个办公室就可以为他们提供课程经费。值得注意的是，很多大学一般会把行政领导工作分配给非终身教职员工，但该项目却把这一工作分配给了来自不同团队的终身教职成员。这就意味着终身教职的“研究型”教师和非终身教职的“实践型”教师之间的界限在很大程度上被打破了，因为这两类教师都充当着教育者和管理者的角色。这又反过来表明：在强有力的资源支持之下，对高质量的教师教育目标的追求甚至可以影响各项目长期以来所遵循的规则。

科罗拉多大学丹佛分校的教师教育项目拥有大量资源的支持，因此项目组在开展教师教育工作时十分顺利，研究型教师也“放弃”了一些教学任务，参与到教师教育工作中。项目领导团队将来自不同课程的成员聚集在一起，其中包括终身教师、一线教师以及教师专业发展学校的代表，他们代表不同的项目内容和侧重点。团队工作是保证团队凝聚力与一致性、高质量成果、及时回应发生变化的需求和条件。研究型和实践型教师合作开发规范化课程内容以及通用式教学大纲、课堂任务和评估方式，这种做法实现了另外一种效果。科罗拉多大学丹佛分校非常看重学术自由和教师自由，但这不利于在教学社区中达成统一的实践形式，而上述做法很好地解决了这一问题。这种做法能够确保项目之间的一致性和连续性，同时将课程理论与教学实践深度融合，但是它动摇了教师等级制度，导致教师之间偶尔会出现分歧。不过幸运的是，强有力的领导方式以及学校对此项目的重视淡化了这些分歧，使教师们继续投入到项目之中，不断更新项目任务，提升课程质量和教学实践水平，并且确保各课程之间的连贯性。

我们所说的资源主要用于帮助这些项目招募足够多的督导员以及指导教师去建立咨询小组，这样他们就可以直接在课堂上进行辅导，并及时解决问题。我们在这里所提倡的教师教育方式是困难且复杂的，因为实习教师需要努力克服在过去实习观察期中所形成的旧有观点，以及第2章中提到的行动性和复杂性问题。

正如上文所说，阿尔维诺学院的项目领导十分重视指导教师的合作，因此他们意向招募导师是那些有助于合理安排合作时间并且能够提升深度学习体验的指导教师。该项目中的每个指导教师每学期需要负责观察4至12名实习教师，但一般不会超过6名，每观察3名实习教师他们就可以获得两个教学学分。阿尔维诺学院项目的指导教师与实习教师之间的配比很高，因此指导教师对实习教师的观察可以说十分细致，这也代表了项目资源的一种分配方式，每个实习教师的实习细节都能够被关注到，这有利于他们在实习以及教学工作中参与到深度学习之中。

同样，银行街教育学院项目利用教学实践督导、咨询解答以及小组会议等方式也打造出了一种频繁接触式的教学体验。该校所有教师都担任教学顾问，并且顾问工作占到了他们工作总量的40%，而两到三学分的课程教学工作才占到15%。不仅如此，每个教学顾问要督导5到7名实习教师，每个月至少要花半天时间观察每位实习教师的实习情况。他们还要时常与实习教师见面，帮助他们制订学习计划并听取他们汇报学习情况。除了要和每位实习教师进行一对一交流之外，教学顾问每周还要和所有成员一起进行一次小组会议，实习教师可以在“小组会议”中一起讨论自己作为教育工作者在实习工作中所遇到的问题。

当然，项目组需要为此投入大量的时间、金钱和精力，银行街教育学院院长描述了后勤保障工作中遇到的挑战，例如，他们需要协调指导教师的课程安排以及教学基地的使用。这种教学方式需要耗费大量的成本，实施起来也十分具有挑战性，但银行街教育学院丝毫没有退缩，相反，他们的鼎力支持恰恰反映了该校十分重视教学督导以及教学顾问在教师教育工作中的地位。

三一大学项目同样为了提升教学质量而投入了许多资源，该校挑选的项目组都与教师专业发展学校保持着密切的合作关系。一位项目负责人指出，三一大学的一大理念就是助力项目组在学校开展工作：“因为他们在学校里的培训工作要多于其研究工作。”为了确保实习教师可以拥有一个多样性的学习环境、体验高质量的实习生活，项目组必须要与所有指导教师以及专业发展学校的其他教师站在一起，合作实现这一目标。此外，当三一大学的本科生在准备教育硕士项目考试前的教学实践环节时，项目组也可以为这些同学提供建议和帮助，教育专业研究生也可以向项目组咨询相关问题。

以上做法表明了三一大学项目的组织结构不仅影响着项目组的职责，也同样影响着教育硕士项目的实际运作形式。三一大学项目组为专业发展学校包括实习教师在内的所有教师提供专业发展机会。事实上，学校每年向各种中小学项目捐款2万美元用于扶持专业发展，内容包括为实习教师和指导教师创造合作的机会、资助暑期培训、提供其他学习项目、改善校园环境使其得以承办各类活动。另外，当教师参加专业发展学习时，教育硕士项目需要承担寻找代课教师的费用。

蒙特克莱尔州立大学项目组在社区参与以及社区合作方面得到了校方的大力资助。他们明白若想实现项目使命，拥有一支目标明确、经验丰富的教师队伍是至关重要的，因此加大对教师职业发展的投资力度很有必要。在雄厚的资金支持下，蒙特克莱尔州立大学项目可以通过教育学中心的可持续性来保证行政事务的一致，因为教育学中心这种独特的组织结构能够为所有的教师教育项目展示大致流程。该中心成立于1995年，主要负责协调教师教育和教师专业发展工作，还负责维护合作伙伴关系以及筹措项目资金等工作。为了保障中心工作的多维度开展，该中心通过“三方合作”模式将教育和公共服务学院、艺术与科学学院以及其他合作学校的教职员工联系起来。此外，该中心也拥有自己的行政项目以及办公室，由主任和副主任共同督导工作，其中包括蒙特克莱尔州立大学教育复兴计划网络（MSUNER）、招生办公室、实习办公室、教师教育宣传中心以及纽瓦克蒙特克莱尔城市教师实习项目。

旧金山教师项目与全国各地的其他教师实习项目一样，十分支持教师教育项目的开展，它们将资源直接用于实习教师本身，致力于为他们提供高质量的实习项目，内容从入职前准备到两年在职指导，应有尽有。此外，该项目还受到了多方支持，学校方面为项目实习教师提供学费资助、生活补贴、医疗保险、食品券以及住房援助（仅针对项目结业教师）；政府方面拥有美国志愿团队、联邦与各州卫生和食品援助等项目为实习教师提供支持与保护；地区方面加大投资力度，提供更好的实习基地以及培训工作。

这些福利主要是为了留住实习教师，希望他们在实习期结束后还能在本区任教至少三年，这点也是旧金山学校能够招募并最终留住实习教师的一个关键因素。当旧金山教师项目的实习教师初入教师行业时，这些来自不同方面的资金支持使他们比其他新教师拥有更高的教学水平，并承担更少的债务。许多实习教师认为这种强大的财政支持是他们选择此项目的一个关键原因。

旧金山教师项目所涉及的两所大学也对其合作教师和督导人员进行了投资。例如，斯坦福大学的督导员需要督导4至6名实习教师，除了小组讨论以外，还要与他们进行一对一交流以向他们提供帮助。旧金山联合学区需要支付合作教师2500美元津贴，这笔钱用于补偿他们在指导实习教师方面所花费的一整年时间。此外，旧金山教师实习项目也十分支持合作教师的专业学习，让他们能像实习教师一样体验到深度学习。合作教师与指导教师还需要在一学年以内参加三个专业发展日活动，由此产生的代课费用由项目组承担。

旧金山教师实习项目的指导教师需要定期到教学驻地与实习教师和合作教师进行会面，每周还要开展一小时的小组督导会议，这都是为了让实习教师在实习结束后能够成为一名合格的新手教师。该项目的指导教师都是旧金山各个学校的正式教师，他们每人将会被分到大约14名实习教师，这个数字可能会因实习教师与新手教师的比例而产生变化。指导教师和督导员所拥有的资源不仅能够吸引当地有经验的教育工作者，而且还能够提高教师教育工作的质量。

培养深度学习教学能力需要对项目所有参与人员进行投资，包括项目组、督导员、指导教师以及合作教师。在领导者的大力支持下，各项目对许多人事资源都进行了投资，有了这些资源投资，指导教师之间能够定期展开交流合作，共同保证项目价值与项目实操之间的一致性；他们还可以拥有充裕的时间与实习教师沟通交流，并以此获得十分丰厚的报酬；这些项目还配备了大量的工作人员，以保证指导教师与实习教师之间的高配比；此外，这些项目十分重视作为教学基地的K-12教育阶段的学校与学区，这些投资可以帮助他们积极维护双方之间的伙伴关系，以此来确保项目重点与做法之间的一致性。

与K-12学校系统建立合作关系

相比于一般的教师教学项目，培养深度学习能力的项目对与K-12学校之间的合作关系要求会更高。这种合作关系对于双方来说都是十分有益的，并且对项目所需的结构性支持来说也是十分重要的，因为实习教师不会轻易地学会他们从未经历过或见过的教学方式，并且这些项目希望教师教授的东西是21世纪真正需要的技能，但许多学校都忽略了这点。因此，就像医学的教学医院一样，教育项目也需要开发一些教育基地，实习教师在这里可以见识到最先进的教学实践，并且与教学理论相联系，亲身参与到教学实践之中。

在教育领域中，这种合作形式几十年前就已经在各大学附属的实验学校里屡见不鲜，但这种学校一般是私立学校，主要为教授子女提供优质教育，同时还对教师进行相应的培训。20世纪80年代和90年代，霍姆斯小组提出可以在教师专业发展学校建立公立学校之间的合作形式，致力于帮助所有学习者与机构建立关系并且积极开展教学实践。不仅实习教师可以在专业发展学校得到培训，正式教师也可以在这里提升自己的教学理念，他们希望通过合作研究，对K-12与高等教育阶段课程进行改进，最终提升学生以及教师的学习行为。

科罗拉多大学丹佛分校、三一大学以及蒙特克莱尔州立大学不仅是最早一批采用这种合作形式的学校，而且还加入了全美教育革新计划网络，这个组织在20世纪80年代和90年代一直支持霍姆斯小组。不仅如此，它们与教师专业发展学校之间的紧密关系甚至可以追溯到很多年以前。银行街教育学院项目和阿尔维诺学院项目也有许多十分紧密的合作伙伴，有的已经维持了很长时间，有的是最近发展的。旧金山教师实习项目提出了一些创新举措，它们将合作学校发展成为自己的教育学院。高科技高中项目则将学校内部工作视为核心内容。

这种互惠式合作项目以及地区间的合作关系使团结共赢成为可能。这样，各项目不仅可以更好地培养实习教师深度学习的能力，而且还提升了学校的水平。坚实的合作关系同样有利于各项目实现其关于社会公平正义的价值观，因为它们通常把实习地点选在极度贫困的社区，并且在那里为实习教师提供实习机会，让他们有机会接触到完全不同的学习者。教师专业发展学校这种模式虽然很普遍，但合作关系的结构以及目标承诺都会因每个项目的侧重点以及当地情况而有所不同。大多数项目都拥有自己的合作学校网络，并且会据此调整项目人员以及组织结构，包括把实习教师与大学教师安排到当地学校开展实习工作，或者安排K-12阶段的教师担任项目指导教师以及督导员等职务。总之，不论对实习教师来说，还是对领导者、指导教师以及其他教师来说，这种合作关系都十分有利于深度学习这种学习方式以及教育公平的主题。

高科技高中拥有自己的教学实验室，包括11所特许学校以及一些同一类型的学校，这些学校与教师教育项目进行合作，致力于在全校范围内开发基于项目的学习方法，并让所有学生都能体验到这种学习方法。

银行街教育学院的儿童学校就在学院里面，尽管这里的学生大多都是背景各异的城市学生，但它最初所规划的模式与早期的实验学校类似，并且这种模式至今也未曾改变。此外，教育学院与纽约市其他学校的关系都十分牢固，因为该市许多学校的校长都曾在这里的教师教育项目或校长学院接受过培训，并且这些学校的教职工几乎也都是银行街教育学院项目的实习教师，所以这些学校里普遍使用银行街所提倡的教育方法。曼哈顿西公立学校就是这样一所学校，我们之前提到的泰德·波伦的课堂小故事（详见第5章）就发生在这里。

三一大学项目的特别之处在于项目组教师与教师发展学校的教师之间建立了十分密切的合作关系，这是由于该校十分支持教师教育工作，并将其列为了自己的发展目标之一。如果教师想要获得终身教职或者谋求晋升，他们必须要在当地的合作学校开展教学工作，这与项目组、指导教师、专业发展学校教师以及实习教师都有很大的关系。这种合作关系和其他任何一种亲密关系一样，都需要时间以及双方的共同努力才能够发展起来。帕特里夏·诺曼博士（Dr. Patricia Norman）是一位副教授，同时也是教育硕士项目合作小学的协调员，她根据自己的工作经验描述了如何与教师专业发展学校建立关系：

> 我在教师专业发展学校工作的时间比在三一大学的时间还长。今年秋天，我指导一个班的本科师范生在一所小学进行教育实习。我觉得我和该校校长的想法非常合拍，我们进行了密切合作，共同规划职工的未来发展。我在教室里亲眼观察实习教师工

作，可以理解为我就是校长的眼睛与耳朵。一所学校在刚刚成为教师专业发展学校时，由于对自己的新角色不够了解，第一年往往都是一个慌张的过渡期。因此，我在第一年时就努力与大家搞好关系，希望能够赢得他们的信任。最终结果证明，我们之间已经建立起了深厚的信任关系，这对我来说无疑是一个好消息。当我的学校宣布要与其他学区建立合作关系时，这里的一位老师问我："帕特，你要去新学校吗？"他的语气中充满了不舍，这在一年前是根本不可能发生的。这都是令人欣慰的成果，表明我们正在打造一种互相信任的文化，并且建立了十分牢固的合作关系。

与伙伴学校建立合作关系的好处还体现在人员配置方面。三一大学聘用了教师专业发展学校的两名协调员，他们都来自当地北东独立学区，在自己的初中和高中站点工作。学院会为这两个职位提供补助，学区能得到大约6万美元的资助（每个协调员3万美元），每人还能拥有半天的休息时间。这种独特模式不仅说明了大学是如何让自己的教师参与到教师教育项目之中的，还说明了项目组人员是如何同时参与到多个K-12阶段的学校合作。协调员同项目指导教师以及实习教师在实习基地一起工作，并且由于协调员与学校之间的合作关系，他们在挑选指导教师方面也发挥着重要作用。

科罗拉多大学丹佛分校项目同样与K-12学校建立了友好合作关系，并打造教师专业发展学校模式。在过去的20年里，教师专业发展学校与大学教师之间建立了深厚且牢固的合作关系，这种关系建立在双方平等的基础之上，对双方来说都十分有益，因此在新教师培训以及学校水平提升等工作中，他们会一起为实现目标而努力。在教师专业发展学校，实习教师、指导教师、现场团队以及其他教师都需要了解教师专业学习知识，并不断提升自己的教学水平。专业发展学校和教育学院的教师们一致认为，他们的首要任务就是要确保在合作学校学习的K-12学生能够提高学习成绩，并且自身得到成长。为了实现这一目标，他们需要合作：(1)培养实习教师的教学能力，使他们可以教好这些学生；(2)通过合作研究掌握新的知识；(3)鼓励正式教师主动学习，通过调研提升学校办学品质。和许多教师教育项目一样，科罗拉多大学丹佛分校本科师范生以及研究生师范生在专业发展学校实习期间收获了一整套的教学经验，他们可能会选择继续在这所学校教学，也可能会重新选择另一所学校。

与三一大学一样，科罗拉多大学丹佛分校的教师专业发展学校也得到了人员配置方面的支持，并且学校员工还抱有一种合作的意识，将项目组与K-12学校联系起来。该项目由合作关系办公室领导，并由社区合作关系处主任辛迪·古特雷斯(Cindy Gutierrez)主管。这种人事安排不仅具有象征意义，也十分具有现实意义，因为这既体现了对项目嵌入学习的重视，也为该项目争取了大量的支持资源。

实习基地的主要管理人员包括一名现场督导员(由区政府聘用，代表学校来督导教师的培训工作)和一名现场教授(由大学聘用，对教学实践进行督导)，他们需要共同负责实习教师的学习情况，还要确保学校各项措施实施的一致性。每周四是“全员上岗日”，在这天，现场督导员和现场教授可以相互协调自己的工作，以随意或者正式形式与实习教师个人、实习小组(包含5至12名实习教师)以及指导教师分别进行见面交流。此外，他们还需要负责提升学校教学质量以及教师专业发展水平等各方面工作。这两个职位虽然都是兼职，但对人际关系、协调配合工作等方面来说都至关重要，因此学区和大学都投入了大量资源来支持他们开展工作。

科罗拉多大学丹佛分校项目和其他采用学徒制的教师实习项目一样，要求指导教师对实习教师进行细心的教学示范并加以指导。项目团队需要安排所有教师每学期至少进行两次会议，通常是每月一次。在会议上，项目团队主要讨论如何帮助所有实习教师实现教学能力的均衡性以及一致性。此外，项目主题还包括：确保每个实习教师都可以拥有属于自己的“空闲时间”，能够自发参与到教学实践之中；解决共性问题，为指导教师提供教学策略与工具；讨论组织结构上的问题。该项目还打造了一个供指导教师交流观点的线上平台，他们可以从其他专业发展学校的同行那里获取建议。

旧金山教师实习项目与其合作学校（称为“教学学院”）同样采用了教师专业发展学校这种模式。教学学院的目标是通过牢固的合作关系，最终使实习教师享受到高质量教学培训，学校教职工得到个人高质量发展，而学校则可以在实习项目、斯坦福大学以及旧金山大学的支持下提升学校水平。

旧金山教师实习项目之所以选择与这些学校进行合作，是因为它们的学生都是渴望教育的高需求群体，并且这些学校十分讲究团结协作，不论是工作人员还是行政部门都致力于为培养下一代教师而努力奋斗。旧金山教师项目始终致力于寻找那些同样认同深度学习的教学学院，这说明了他们不仅为支持合作伙伴而进行投资，而且还在努力寻找那些最适合实习教师学习的合作学校。正如第4章所述，和其他大学的教师发展学校一样，旧金山项目不仅注重实习教师的个人成长，也十分注重与合作学校的教师展开密切合作。

尽管上述项目的合作形式或组织结构可能会有所不同，但合作共赢是永恒的主题。蒙特克莱尔州立大学项目实施了上面提到的许多做法，希望同那些能够进行互相投资的学区建立正式的合作关系。为此，该校打造了蒙特克莱尔州立大学教育复兴计划网络，对所建立的合作关系进行管理，目前该网络共包含30多个合作学区。正是基于这样密切的合作关系，蒙特克莱尔州立大学才得以与其他伙伴学校共同开展如此大规模的教师教育项目，不断改善项目内容以更好地适应纽瓦克以及其他合作学区内学校的需求，同时利用资金支持大力改善这些学校和教室的环境。

对于蒙特克莱尔州立大学来说，“合作学区”不仅仅是一个称号，“合作关系”也不仅仅意味着为教师提供一个实习学校那么简单。合作学区的申请需要经过一系列过程，包括该校教师的现场考察，这是为了确保申请学校的教学实践与深度学习理念相一致。申请成功之后，这个学区就成为该校教育复兴网络中的一员，之后便可以获得一系列的资源。每个学区加入教育网络之前都需要缴纳会费，并且承诺优先安排蒙特克莱尔州立大学项目的实习教师，督促他们的学习和成长，同时也帮助本校教师提升教学水平。来自蒙特克莱尔州立大学项目的一位指导教师这样描述道：

> 我们与学校或者学区之间是一种动态的合作关系，我们的指导教师是真正的教师教育者……另外，我们与学校之间也是一种对等的关系，这意味着他们不仅要为我们提供合作教师，而且我们自己作为教师也要追求进步。这种合作关系既包括合作学校的老师，也包括我们自己的老师。这是我们的一个工作特点。

蒙特克莱尔州立大学将来自各课程的实习教师安排在教育复兴网络中的合作学校内进行实习，体验教学活动。项目组希望合作教师运用合作教学模式对他们进行指导。

为了维持良好的合作伙伴关系，蒙特克莱尔州立大学十分重视各级领导的力量，并与学区领导以及各校校长展开密切合作，旨在增加指导教师和实习教师的学习机会。

这种由大学、学区以及学校领导组成的多层次支撑结构有助于激发实习教师的凝聚力，尤其是当遇到与项目价值观以及课程内容相一致的教学实践时。教育复兴网络为指导教师提供合作机会的同时也充分培养了他们的技能。在工作中，指导教师需要和现场督导员展开密切合作，并以他们为榜样，学习如何促进实习教师的学习与成长。此外，所有教师和领导都需要参加各种各样的专业发展活动，只有这样他们才有资格获得资助参加某些特定的短期项目。

蒙特克莱尔州立大学项目组主要服务于各大学委员会以及工作小组，重点关注教师教育工作的更新与发展。整个教育复兴网络中，有超过1.1万名教师与领导有机会参加蒙特克莱尔州立大学教育学院以及艺术和科学学院专门提供的专业发展活动。此外，该网络学校中的正式教师参加三门必修课程就可以成为一名项目组教师，这些课程主要集中在培训与指导、批判性思维教学以及文化响应式教学这些方面，超过一半的合作教师现已正式成为一名项目组教师。

由于当地环境差异，阿尔维诺学院项目建立合作关系的过程与其他学校有所不同。威斯康星州的密尔沃基市出台了集中实习政策，因此阿尔维诺学院主要由学区安排实习教师。如果实习教师被安排至这里的公立学校开展实习，学区可以决定哪些学校可以成为教师实习点，并且还要决定哪些教师可以作为指导教师，这就导致阿尔维诺学院项目无法像其他学校一样建立合作关系或者教师专业发展学校网络。尽管这种模式会带来一些挑战，但校方可以选择创新实习方式，确保实习教师能够接触到那些将深度学习教学法付诸实践的课堂。为了做到这点，阿尔维诺学院与密尔沃基学区的领导以及学区教师展开了密切合作，共同为实习教师保驾护航，同时致力于维持与密尔沃基学区内各学校的关系，为实习教师提供丰富的教育实习经历。

阿尔维诺学院的创新性方式深刻体现了其做出的承诺，即教师可以在不同的实习学校内感受到并且亲身实践深度学习教学法以及处理方式。这项承诺是一项“系统建设”工作，该校希望通过自己的方式，真正帮助到那些对深度学习感到困惑的教师以及学校，并促使他们不断学习，直至为所有学生创造深度学习环境。除此之外，阿尔维诺学院项目还与密尔沃基郊区的学校建立了合作关系，方便教师实习工作的开展。

阿尔维诺学院项目的一个创新性方法是开展针对学校领导的教育项目，并从中选出那些支持深度学习教学的校长，通过与他们建立友好关系的方式为教师带来实习机会。

为了更好地与校友、指导教师以及学区建立合作关系，阿尔维诺学院项目还向合作学校传授相关专业学习经验，与他们携手创建更加个性化以及更加公平的学校与课堂。譬如，它把实习教师安排在附近的一个合作学区内开展实习工作，这样便可以帮助该学区以学院课程为参考，开发基于能力的课程。正如该学区的课程与教学主任所说："现在我们已经确定了五种能力，我们正在想办法来凸显这些能力，并将它们纳入到我们的课程设计之中。"这种合作关系不仅为该学区的学生提供了深度学习指导，而且为实习教师提供了深度学习教学实践，这说明即使是在当地环境有所欠缺的情况下，合作目标也可以实现。

对于教师教育项目来说，与当地K-12学校和学区（实习教师在这些地方开展实习工作，未来也很有可能留在这里任教）建立牢固共赢的关系十分重要，这不仅有利于确保实习教师将自己在项目中所学到的深度学习教学法付诸实践，而且也有利于让当地的更多教师了解到这些教学法。即使是在未达成合作关系的情况下，像阿尔维诺学院这样的项目也能够找到其他创造性的解决方案来确保实习教师在课程理论与教学实践之间的连贯性，为他们开展深度学习教学做好准备。

我们所需要的深度学习教学能力是一致的、系统的，而非单一的、独立的，因此我们必须关注项目的深层组织结构，正是深层结构塑造了项目的特点以及开展方式。本书中提到的所有项目都切实履行了自己的承诺，它们明确自己的价值观，并将其付诸实施。此外，各级领导对深度学习教师教育工作的重视不仅体现在机构以及项目层次上，也体现在学校内部以及外部合作伙伴对项目的认可上。项目领导致力于为团队以及实习教师创造深度学习教学环境，付出了大量时间与金钱用于实现项目目标。各项目积极与K-12学校建立合作关系，确定有利于深度学习教师教育工作的事项。机构组织以及基础设施方面的工作是一切项目得以顺利开展的基础，这不仅是项目组以及管理人员深思熟虑后的决定，也是他们持之以恒努力后的成果，对于项目选择以何种方式开展深度学习教师教育工作具有十分重要的意义。

第 11 章

大规模教师教育政策

除非深度学习普及到所有学生，否则它对我们的经济发展和民主制度作用十分微小。贫困生往往不得不依靠大量基础技巧教学指导学习，几乎没有机会培养学术思维以及自我引导的学习习惯，而这些却正是他们未来取得成功的必需品。实现高品质的平等公共教育需要美国的学校系统做出重大转变……更为重要的是，教师扮演的角色必须得以转变。

——卓越教育联盟，2011年

正如前文所讨论的那样，为了成功开展教学，满足21世纪的社会需求，教师必须学会如何使用以发展为基础的教学方法，这些方法既要满足学习者个人的需求，又要结合学习者的经验；既要学习知识，又要将知识应用于解决现实世界中的问题；既要在富有成效的社区中开展合作，又要创造公平的教育实践，为学生提供更多公正的机会和成果。

本书涉及的项目对有效的教师教育工作至关重要，但是它们在国家层面的教师教育项目中却相对罕见。第一，这些项目并不是各自为政，支持不同的教学观点。相反，这些项目打造了一套连贯课程，积累了一系列教学实践经验，聚焦教学愿景，尤其关注旨在促进深度学习和教育公平的复杂性教学实践。

第二，这些项目的指导教师摒弃了传统的讲课模式和枯燥的课本学习，向实习教师展示应该如何以最适合学生的方式进行教学——在合作社区教学实践中，将所学知识应用于现实，并提供培训、反馈和实践机会。

第三，这些项目并不期望实习教师在学习一套不连贯的课程后，再在与现实脱节的课堂上短暂实习，就能将理论和实践联系起来，而是期望通过将组织周密、督导密切的教学实践与精心设计的课程相结合，建立起理论和实践的紧密联系。教师通常可以在大学的合作学校中获得此体验。在这些合作院校中，实习教师能够了解各类教学，有机会深入了解不同的学习者和家庭，规划和教授课程，评估和支持学生的学习，并不断反思如何改进自己的实践，深化学习。

第四，这些项目并非主要依据纸质作业和测试来给学生评分，而是将绩效评估作为参考。绩效可以帮助实习教师将所学知识结合起来，并开展教师实践，还可以帮助指导教师了解实习教师的能力。指导教师、督导员和合作教师可以确保实习教师的学习得到关注，并提供适当的支持。

这些项目在教学和支持实习教师方面，与他们期望实习教师与学生沟通的方式相同，且包括以下特点：连贯的教学愿景、一套综合经验、有效教学示范、丰富的教学实践经验，以及绩效评估。这些特点与在早期研究中发现的培养有效教师的特点相似。

但是，如何将这些实践拓展到教师教育的整个领域，是一个显而易见的问题。这其中包含几个非常重要的政策杠杆，它们对教师教育质量和教师队伍均能产生影响。这些杠杆包括：界定教学和教师教育目标的标准以及评估这些标准的程序；为提高教学质量以及为实习教师寻求并获得高质量教育而制定的激励措施和机会；可用于项目和实习教师的资金；劳动力市场。

在这一章中，我们会详细探讨这些政策杠杆及其运作流程，并对政策框架提出建议，以支持高质量的教师教育，并且增加教师获得开展良好教学所需知识的可能性。我们的建议如下：

1. 提高各州教学标准，使其能够反映本书所述的知识和技能基础，从而使教学能够促进深度学习和社会公平。

2. 采用反映这些教学标准的绩效评估，将其作为获得初级教师资格证的条件，以促进实习教师学习和项目改革。

3. 颁发以绩效为基础的教师教育项目合格证明，以便项目审批专注于实习教师的知识面和能力，而不是修了多少课程或学分。

4. 投资于专业发展学校的伙伴关系，其功能类似于教学基地，以确保为实习教师提供先进的教学实践培训。

5. 在高需求社区选拔实习教师，这是一个重要的公平举措。用高质量、高留任率的方式终结教师短缺问题，使实习教师能够教好不同的学生，并继续留在教学岗位上。

6. 像其他国家经常做的那样，为进入高需求领域或地区的实习教师提供资助，方便高质量的实习教师能够在不负债的情况下选择教学。

7. 将教师教育视为一种教学实践，给予充分的资金支持，在强化督导的过程中学习如何在实践中教学。

定义高质量实践

我们研究的七个教师教育项目表明，能够成功帮助不同学生深入理解挑战性科目的教师具有一些共同做法。他们构建适合学生发展的学习机会，将知识应用到现实世界或与文化相联系的情境中，使学生能够在富有成效的实践社区中学习，从而以多种方式支持公平的结果。

- 教师会让学生参与学科中有意义的任务，比如：组织历史调查；分析文学作品；创作并发表（出版）诗歌、图书、报纸；研究科学问题；用数学来解决现实问题。
- 教师设计的任务为学生提供了很多选择和不同的切入点，并在学生获得新的理解和技能的过程中，以学生自身优势和兴趣为基础，为学生提供支架、反馈和修改的机会。
- 教师制定“双向教学法”，通过聆听和观察来理解学生的想法和感受，把学生的经历引入课堂，并与家庭相联系，以便教师围绕学生的兴趣和需求进行教学规划。
- 教师对学生进行评估，以帮助学生学习并调整教学。此外，教师会巩固学生成绩，并以此为基础，培养学生的成长型思维模式。
- 教师通过培养学生的社交情感技巧，帮助培养学生的自信心、积极性和勇气，以确保学生在学校内有归属感，并找到自己的才能。

这些项目的实习教师通过对学生和学习、主题、课程和教学的了解，将学科教学知识和教育知识结合在一起，最终实现学科和学生之间的互联互通。他们知道如何依据其教学目标、高难度内容的需求以及特殊学生和班级的需求，在不同的环境中开展不同的教学实践。他们将约翰·杜威的社会教学视为标准：教师对学生成功做出的明确承诺支撑着学生对知识的追求。

新教师可以开展这些先进教学实践的原因与其学习教学的方式有关：在教师教育课堂和合作学校的环境中观察教学实践；学习与教学策略有关

的基本理论，以便根据学生的学习方式和社会性、情感和认知的发展来开展课堂活动；有机会规划课程、实施课程和评估学习；提高自身素质以满足所有学生的需求，并从学生所处的社区中了解学生需求再采取行动；明白如何与学生父母接触；学习如何在工作中妥善处理社会公平正义问题。

专业标准的作用

改变行业内教学实践的一个方式是发放强有力的专业许可证，制定项目合格标准，这些标准能够反映教学实践。如今，这些标准在医学、法律和其他专业教育领域中成为一个强有力的标杆。1901年，亚伯拉罕·弗莱克斯纳（Abraham Flexner）开展的著名研究最终引起了医学教育的全面改革。然而，这一领域并没有严格的标准。这些项目涉及范围很广，从在为期三周的研究课程中，医生记忆一系列与“疗法”有关的症状，到约翰斯·霍普金斯大学在医药科学方面专门设置的课程，再到学校新设立的教学医院实践培训都包含在内。

卡耐基教学发展基金会主席哈利·普利切特（Henry Pritchett）在《弗莱克斯纳报告》中特别提到，尽管医学科学不断发展，但由于医学培训质量参差不齐，大多数医生并没有掌握应有的知识。他指出：“在现有条件下，很少有病人能得到最佳援助……这是因为，虽然有大批人获批从事医学工作，但他们没有接受过该行业的基本科学培训，也没有应对疾病的充足经验。”同理，在许多教师并没有机会学习如何开展有效教学这一主要原因的影响下，少有学生——尤其是极度贫困学校的学生——能够接受高质量教育。

弗莱克斯纳确认的成功范例是医学教育改革的促进因素。该改革发生的20年内，通过采用许可证发放和合格标准制定的方式，确保医生们会得到该领域所能提供的最好的培训。如今，世界范围内的医生都参加了共同的医学入门培训，并在教学医院实习进行实践培训。

幸运的是，已有的教学标准有助于促进这种改革，先前描述的教学实践和教师教育实践都是这种专业标准的突出实例。自1987年美国国家专业教学标准委员会创立，并在20世纪90年代开始授予资深教师专业合格证书以来，该专业标准就已问世。美国国家专业教学标准委员会以学习和教学研究为基础，以德高望重的教师智慧为依据，制定了专业教师应知应会的标准。

这些标准和有关的绩效评估——包括教师计划、课堂录像带、教学实践评价以及学生学习的表现——都支持将教学看作是复杂性行为，并积极对学生的学习途径给予反馈。通过在学习的基础上考察教学过程，委员会将教师教学的有效性当作实践的中心。许多研究发现，委员会的评估过程能发现教学有效性更高的教师，而且教师参与评估过程能促进其改变教学方法。虽然十万余名教师已经通过委员会评估获得了专业合格证书，但是仅有3%是自愿如此。

将标准和评估应用到新教师的许可认证程序中可以产生更多的系统性影响。由各州教育机构和高等教育机构组成的联邦新教师评估与发展联盟（INTASC），将国家委员会的标准纳入了初始教师执照标准。最近，该组织对这些标准进行修订，以纳入各州新教师标准。

目前，40多个州已经采用或改进了联邦新教师评估与发展联盟标准，并将其纳入实习教师和项目的许可认证和合格标准。加利福尼亚州的教师标准是旧金山教师项目和高科技高中所使用的课程和监管标准的核心，它从联邦新教师评估与发展联盟标准演变而来。科罗拉多州、纽约州、新泽西州、得克萨斯州和威斯康星州的标准也是如此发展而来，这些标准为其他项目的课程框架提供了参考。我们所研究的阿尔维诺学院、银行街教育学院、斯坦福大学、三一大学等项目的领导者都参与了这些标准的制定和它们在不同州的改编。这些标准重点呈现在本书第10章回顾过的愿景声明和对实习教师的期望中。

美国国家委员会和联邦新教师评估与发展联盟制定的标准考虑到教师需要对多文化、多语言和学习方式多元的学生群体做出回应。他们将教学定义为一种合群的专业性活动，需要回应不同科目和学生的需求。除此之外，基于绩效标准的举措将重心置于教师应该知道什么、是什么样子、能做什么方面，而不是只列出项目应该提供的课程或者教师为了得到文凭、执照、合格证书而应该参与的课程。这种向以绩效为基础的标准制定方式的转变，与其他行业所采取的发证方式一样，即利用许可测试和合格证明实践来明确能力的概念，更加强调专业人员应培养的能力，而不是他们上课的时间。

以绩效作为评估标准

尽管标准声明对于将一个领域的重点放在共同目标上非常重要，但要改变实际做法还需要更多的努力。我们在研究中发现，近来为评估新教师的有效教学而进行的绩效评估已经成为一股强大的变革力量。我们研究的所有项目都使用档案袋评价过程来考查实习教师在学习过程中的计划、教学和针对学生学习的分析，而且大多数项目都使用了实习教师表现性评价的一个版本。该版本从美国国家委员会档案袋评价标准、康涅狄格州最佳新教师档案袋评价标准以及加州教师绩效评估标准演变而来。我们研究的几个项目的主要领导者都参与了一个或多个评估的发展过程。

和国家委员会的评估一样，这些评估可以预测教师是否能有效促进学生的学习。初步数据显示，与其他教师测试相比，绩效评估对少数族裔进入教师行业的障碍较少，这是因为其他教师测试的族裔通过率不一，往往会降低教师队伍的多样性。最重要的是，绩效评估对实习教师的学习和课程设计具有显著影响。

绩效评估要求实习教师记录其各教学单元的计划和教学；为英语学习者、残疾学生和其他需要特别关注的学生调整课程；对课程进行录像和分析，对他们的教学决策进行评价；收集和评定学生的学习证据，阐述如何为不同学生的学习提供帮助。研究发现，这些绩效评估有助于新教师培养以学习者为中心的教学实践，并在评估结束后继续对其教学实践发挥作用。

实践中的标准和评估。阿尔维诺学院项目能够很好地证明评估对实践的影响。该学院在实习教师的课程和教学工作中使用绩效评估，帮助他们培养并展示教育项目中列出的七个核心素养和其他能力。例如，在实习教师的第一次教学实习结束后，他们要完成一个成长档案袋和面试评估。这个评估要求实习教师将他们的教学实践材料、两项联邦新教师评估与发展联盟标准、两项阿尔维诺学院教育能力标准联系起来。

在实习教师进入教学阶段之前，他们还要完成另一个成长档案袋和面试评估。在这个评估过程中，实习教师要准备好材料，证明他们已经准备好开展学生教学，而这些证据来自他们之前的课程作业和教学经验。实习教师必须证明他们已经具备教师所需的素质和思维，能够帮助学生培养深度学习能力。作为评估的一部分，实习教师需要与基础教育的从业人员（如校长和教师）会面，就成长档案袋和教学挑战展开讨论。该面试评估是进入学生教学的敲门砖，如果实习教师没有成功完成面试，他们就会被劝离教学岗位，然后进入阿尔维诺学院学习更合适的课程。

实习教师表现性评价指的是在课程结束后，实习教师被举荐获得专业执照前对他们进行的评价。玛丽·迪兹博士（Dr. Mary Diez）是阿尔维诺学院的一名教师，她从20世纪80年代起帮助该校开发了著名的能力评估系统。此外，她还是联邦新教师评估与发展联盟标准委员会的联合主席。

在该标准第一次迭代和后来的修订中，她为首届联邦新教师评估与发展联盟的成长档案袋设计提供了建议。之后，她还帮助建立实习教师表现性评价系统，并在其他州使用成长档案袋之前将该系统带到学院开展试点。

阿尔维诺学院的院长和教师强调实习教师表现性评价会如何帮助教师开展合作、改善教师教育。实习教师表现性评价要求实习教师创建和分析一个包括计划、指导和评估在内的学习单元。在整个结构化分析中，实习教师必须熟练地帮助学生发展学术语言，并能够反思自己的教学实践，提高熟练度。

为了查明实习教师表现性评价在五年应用期间的价值，阿尔维诺学院指导教师除了对学生的成长档案袋进行外部评分外，还对其进行内部评分。在看到两者分数之间的一致性后，指导教师查阅了实习教师表现性评价的结果，包括各小项分数，以确定实习教师的优势和劣势模块，之后他们围绕如何更新课程来制定策略，满足实习教师的需求。院长表示：

> 我们查阅了实习教师表现性评价的结果和各小项分数，然后就实习教师的表现展开讨论，知道他们在哪些方面表现优异。结果发现，实习教师在计划方面表现良好……教学方面也不错，但评估是他们的薄弱之处。整个美国都是如此。据此，我们会说："既然如此，那么我们还可以做些什么来帮助实习教师更深入地思考，是修改教学反思，删改教学任务，还是通过一些其他的举措？"

一位担任教学课程的阿尔维诺学院项目指导教师说明了实习教师表现性评价如何帮助实习教师提高思考能力。在实习教师完成评估之前，她给了他们一张白纸，让他们反思首节实际教学课程，然后她发现实习教师们普遍没有对课程进行深入性和批判性的探究。然而，在阿尔维诺学院采用实习教师表现性评价后，该教师表示：

> 我从实习教师表现性评价中选取了一些问题并重新组织措辞，将其作为他们进行自我评估的提示……然后惊喜地发现，这些答复都很优秀！他们对学科基本原理进行了更深入的思考……实习教师不仅是为了完成课程任务，尤其是他们上的前两堂课，而是真正探究教师教育的意义以及客观环境……该评价中所要求的思考方式为从业者提供了一个范例。因此，这也给实习教师提供了一种方法，让他们真正开始思考如何使用实习教师表现性评价，因为我们使用的是一些相同的语言。此外，对我们而言，深入思考他们所做之事，是一个很好的指导，可以改进我们已经在做的事情。

在实际完成实习教师表现性评价的过程中，阿尔维诺学院的实习教师也正在学习评估和提高他们的评估技能。一位实习教师说道：

> 在最后的教学实习中，我们必须模拟一次实习教师表现性评价……在实习教师表现性评价中，我们需要教授两到三节相关的课程，并设置课程的具体情境、计划和评估策略。因此，实习教师必须选择能够满足学生需求的评估……不能仅是“我就要开展这个评估”，而是为什么要选择这个评估？它能帮助我们了解什么？它会如何帮助我们教授学生？

如此一来，实习教师表现性评价会有助于支持实习教师的学习，使实习教师和项目在评估和语言发展等领域能够更加注重以学习者为中心。

同样，与所有加州项目一样，在旧金山教师项目中，实习教师必须通过州政府批准的教师绩效评估，才能获得加州教师资格证书。可选择的评估包括由加州教师资格认证委员会开发的加州教学表现性评价或加州教师绩效评估。它是一个由包括斯坦福大学和加州大学在内的加州项目联盟开发的教师绩效评估，应用于30多个高等教育机构和该州的另外两个教育工作者培训项目，也包括高科技高中（自我们开始研究以来，许多包括斯坦福教师教育项目在内的项目，已经转向使用实习教师表现性评价——加州教师绩效评估的国家版本）。

加州教师绩效评估和加州教学表现性评价都与加州教学职业标准相一致，都是根据联邦新教师评估与发展联盟标准制定，而且结构也相似。未来的教师要围绕某节课程完成多项绩效任务，比如加州教学表现性评价中的“终极教学体验”，或加州教师绩效评估中的“教学活动”，并对其进行录像和分析。实习教师必须完成备课、授课和评估任务，并对课程和学生学习情况进行反思。他们还必须证明其备课和教学是在了解教学情境的基础上制定的；在评估课程时关注并分析学生的学习状态；并阐述该课程如何满足英语学习者的需求。

同阿尔维诺学院项目一样，许多项目首次使用评估时发现实习教师在评估学生和支持学生的学术语言发展方面有待提高。根据加州教师绩效评估的数据，斯坦福教师教育项目和其他几个加州项目拓展并改善了关于英语学习者评估和教学的指导，其他措施也证实了这一点。

关于加州教师绩效评估完成者的调查也发现，该评估不仅能改善其教学实践，也能促进评估教学实践。60%的实习教师表示“通过完成加州教师绩效评估的教学活动，学到了重要的技能”。64%的实习教师认为加州教师绩效评估改善了他们对学生学习的评估，还有72%的实习教师认为加州教师绩效评估提高了其反思教学的能力。

除了对实习教师个人产生积极影响，类似于加州教师绩效评估这样的绩效评估也在其他方面改善了教师教育。接受过培训的受访人员会对评估进行打分，这些人员包括指导教师、督导员、合作教师和校长。这种打分行为——涉及严格的培训和评分标准、校准和审计程序——本身就是评分人员专业发展的一种有力形式。正如一位指导教师所说：“这次评分经历迫使我重新审视在教师评估中什么才是真正重要的问题，这也意味着重新审视在教师教育中什么是真正重要的问题。”

一位合作教师表示：“打分过程使我们清楚了解‘良好教学’的含义及实践做法。它使你能够以新的眼光批判性地看待自己的教学实践。”

另一位教师指出：“作为一名教师，打分过程对我益处颇多。校长应该从中学习，帮助新教师有效开展教学。”

合作学校的一位协调员说：“经此过程，我对教师资格持证者将带来什么，以及需要做什么有了更清晰的认识。我们可以在此基础上继续努力。”

建立高质量的绩效评估以促进深度学习和更公平的教学愿景为基础，有助于实施以学习者和学习为中心的实践。

根据绩效认证项目。强有力标准的第二个用途体现在教育项目的认证过程中。专业认证是20世纪的产物，在认证过程中，各机构根据共同的问题或标准描述工作内容（通常要花费大量篇幅），并在简短的实地考察中进行展示。作为指导自我评估和反思的一种手段，专业认证具有价值。然而，在大多数州和全国范围内，它并不是一个强有力的工具，既不能为教师教育质量设定最低标准，也不能推动该领域朝着更有力的实践方向共同前进。

虽然所有州都批准了项目，也有一些州要求或鼓励进行国家认证，但这两个过程都没有纳入或执行我们所探讨的教学实践的明确要求：以对深度学习和有效发展的认识为基础，围绕教学实践愿景展示连贯性；在大学课程中示范强大的教学实践模式，同时提供具体的实践策略和手段；展示理论和实践之间、课程和实践工作之间的联系；在同样开展这些实践的场所，进行长期的、计划周密的、精心督导的教育实践培训。

即使某些大学的课程中开展了这种教学实践，这些大学也经常开设其他项目，但它们却没有这些功能。尽管不同项目的目标实现情况不尽相同，但认证机构通常会站在项目方一边，让低质量的项目轻松通过。

因此，认证方面需要进行两项改革，一是更明确地将有效项目的特征纳入批准要求，二是将这些标准普遍应用于所有项目。例如，在加利福尼亚州，新教师标准要求为实习教师提供更广泛、更好的教学实践经验支持，并为所有教师提供更充分的培训，包括那些其他途径的教师，这些培训包括：

- 注重深度学习的内容教学法
- 注重教育性和恢复性实践的课堂管理，包括社会情感学习
- 如何教授不同的学习者，包括英语学习者和残疾学生
- 如何有效与家长合作
- 如何反思并不断改进自己的实践

我们在高科技高中实习项目的现场考察中见证了这些新标准执行的结果。根据加州教学资格认证委员会在一套新的教学绩效期望标准中的表述，实习教师必须接受为期120小时的职前培训，包括在进入课堂前教授英语学习者的培训，以及后续工作。因此，正如我们在第9章中所描述的那样，在实习教师开始教学之前，他们需要参加为期六周的英语语言发展基础课程。实习教师称赞该课程是其步入教师行业的一个非常有帮助的起点。高科技高中还为实习教师提供了一门实践课程，它涉及关键的公平问题，并支持实习教师在进入课堂前设计课程——这些策略都包含在新标准中。

为了普遍执行新标准，了解这些标准是否真正得到实施至关重要。由于现有资料由大量自我实践报告的论文和审查机构指导下的简短考察组成，所以完成这项任务十分具有挑战性。也因为这个缘由，目前各行各业——从医学、工程到职业健康和安全——都在向一种基于绩效的认证

发展。这种认证需要毕业生证明其具有必备知识、技能和性情（通常通过对他们的培训调查和实践观察来证明），而不是表明其具有完成数百页关于项目活动报告的能力。

这些方法也开始在教师教育认证中占据主导地位。例如，在加利福尼亚州，新推出的认证系统将考虑实习教师在新绩效评估中的通过率，评估实习教师在支持学生学习方面能做些什么，而不仅仅是他们修过什么课程；该系统还会考虑结业教师调查的结果，考虑其是否拥有很多学习机会（包括培训结束时和两年后从事教学工作时）。此外，它还会考虑导师和雇主的调查结果。新系统会考察实践工作的条件，包括提供的支持、指导和学习机会的种类，还会考察课程的具体内容，包括实习教师对课程质量的看法。由于这些标准的设立，有一些项目已经发生了重大变化或停止运作。

改善项目质量的机会

行之有效的政策会将变革的压力和支持巧妙结合，从而提高政策目标机构的良好实践能力。更有力、更广泛执行的教师教育项目标准和更有用、更真实的教学技能评估，可以为变革提供大量信息，有效施加压力。但与此同时，投资也十分必要。

促使有效的教学实践成为可能的一组先决条件包括鼓励建立学校与大学的伙伴关系，并使其制度化。此外，有针对性的激励措施也必不可少，如此才能在最需要却最缺乏充分准备的低收入城市和农村地区建立高质量的教师教育项目，例如教师实习项目。

投资建立学校—大学伙伴关系

如前所述，教学医院的设立是医学界显著提高实践能力的一个关键因素。在芬兰，教学医院的模拟工作已经得到充分的实施，所有教师都是在与大学紧密合作的学校中培养而成。这些合作学校的教师根据其专业知识和指导能力特别挑选出来，他们会与实习教师和大学教授一起参与实践研究。校本教师在大学内任职，大学教职工也直接在学校工作，如此一来，理论和实践紧密结合在一起。国家政府则在此过程中担任资助者的角色。

尽管没有政府支持，但美国教师教育已经开始实施这项工作。为了让实习教师看到并体验支持深度学习的教学法，所有项目都建立了强大的专业发展学校伙伴关系，其中有许多是全美教育革新网络的直接成果。全美教育革新网络由大学教师教育项目组成，致力于革新学校和培养教师。全美教育革新网络成员机构承担起霍姆斯教育学院院长小组（1986年）的责任，建立了专业发展学校伙伴关系。科罗拉多大学丹佛分校是20世纪90年代初最早的成员之一。作为国家网络的一部分，蒙特克莱尔州立大学教育革新网络于20世纪90年代启动，是蒙特克莱尔州立大学与31个国家的合作项目。

像医学教学医院一样，专业发展学校将学校的教职工与大学的合作伙伴联系起来，持续改善幼儿园到高中阶段学生的教育。同时，专业发展学校提供高质量的实践环境，让未来的教师在其中学习教学，并成为专业社群的一部分。学校还会经常开发新课程、进行其他创新并开展研究，最终推动知识和实践的创新。

在我们研究的许多项目中，许多大学都深入参与了现有学校的教育改革或创办新学校，以为公平的深度学习实践做出示范。由于为低收入的少数族裔学生提供优秀教育的环境并不多，如果要大范围改变教学实践，就必须创建优秀的教育环境。为了寻求差异，实习教师被安排在专为低收入学生或少数族裔学生服务的学校，这些学校有许多典型缺点。但不幸的是，这种做法可能会“强化职前教师对学生的刻板印象，而非促进他们对学生的考察，并最终会损害教师的授课效果”。由于这个原因，越来越多的大学已经开设了新学校，并建立了合作伙伴关系，支持和帮助改造现有的学校，以展示最先进的教学实践，并将这些学校作为教师的培训场所。

这种合作关系同时改变了学校和教师教育工作，对长期改革至关重要，因为要求人们想象从未见过的事物，或者“做与他们在课堂上观察到的相反的事情”，是不可能教会教师如何开展有效教学的。如果教师被限制在上述具有典型问题的学校中学习，那么期待培养优秀教师是不切实际的行为——在这种环境里，有教师提供了一些独特实践，但是很少使用实施良好的、旨在教好广大学习者的深度学习策略。仅依靠课程本身，无法代替影响教师实际教学的强大经验课程。

在高度发达的专业发展学校伙伴关系中，来自学校和大学的教师一起开发课程、改善教学、促进学校改革。他们共同教授学生和未来的教师，使整个学校成为成人和学生的学习和反馈之地。许多这样的学校积极贯彻公平原则，正视将学生按能力分组、教学质量差、课程设置不足和系统反应迟钝等问题。学校鼓励教师参与到学校运作的各个方面，包括为学生提供的特殊教育和支持服务、家长会、家访、社区外展服务，以及旨在不断改善学生学习机会的教师评议会和项目。这种方式有助于教师了解更广泛的教学制度背景，培养其有效参与有关学校改进工作所需的技能。

针对高度发达的专业发展学校伙伴关系的研究发现，从这种项目结业的新教师觉得自己已经为教学做了更充分的准备，在雇主、指导教师和研究人员给予的评价方面，他们也比其他新教师的评价更高。在这些学校工作的资深教师将他们自己在教学实践中的变化称为职业发展、课程工作和指导的结果，这些都是专业发展学校的一部分。研究表明，学生成绩的提高与专业发展学校提供的课程和教学干预有关。拥有提供持续性专业学习的支持中心，对于扭转落后学校因教师落后而导致学生落后的局面至关重要。

尽管全国各地出现了许多学校-大学合作关系，并将其作为提高实习教师教学水平和开展良好实践的场所，但这些合作关系往往十分脆弱，因为它们主要依靠经费或机构的利润来维持，且许多合作关系因预算原因十分不稳定。如果没有持续的支持，学校-大学合作就难以为继，因为资金流分别针对每个部门，具有特定用途，通常不包括伙伴关系。据观察，专业发展学校模式依赖于大学和地区提供的资金和外部资助，目的是支持在这些学校工作的教师，以及为他们提供专业发展机会。尽管一些项目已经成功地设计出长期合作模式，但要想扩大这种模式，却会受到资金的限制。

一些州致力于解决这些问题。在20世纪90年代，北卡罗来纳州制定了一项立法，为该州每所大学发起的专业发展学校合作伙伴关系提供资金。它鼓励大学制定规章制度，让实习教师进行一整年的教学实践培训，并提供支持，将培训地点选在合作学校。北卡罗来纳州支持加强教师教育、开展教师招募、发放更高更公平的薪水等一揽子改革，而这些举措都与该州学生成绩大幅提高息息相关。

马里兰州要求专业发展学校成为其教师教育重设倡议的一部分，并为其提供资助，使用专用于教师教育和专业发展的州政府资金和联邦拨款。截至2004年，该州的每所学校或大学都设立了专业发展学校，为92%的实习教师提供大量实习机会；这些专业发展学校还为资深教师、教师教育工作者以及新教师提供了十分可观的专业发展前景。在一项评估中，早期迹象表明，这些举措与新教师教学能力和留任率的提高有关。该州指出，这其实也与入职和自然减员的成本降低有关。

但北卡罗来纳州和马里兰州最终都失去了这些资金流。虽然部分大学选择继续与学校合作，但许多大学选择终止合作。州政府和联邦政府对这些举措的资助会有助于将所需的教师教育改革制度化，并同时提升教师教育的关键成果——教师入职、新教师能力和留任率。在对专业发展学校的支持方面，美国联邦政府效仿其长期以来在《医疗人力法》和《卫生专业教育援助法》中的做法：通过联邦资助系统和第三方报销方案来报销培训创新和教学医院的资金开销。

在高需求社区培养实习教师

解决教师短缺问题的一个关键因素是创建高质量的项目，在最需要教师的社区培训并留任训练有素的教师。部分地区通过聘用准备不充分的教师，来解决教师短缺问题。这些地区的教师流失率较高，因为未经培训的新教师在教学第一年后的离职率是那些进行过学生教学和培训经历的教师的两倍以上。同样，那些无人教导的教师比在第一年工作中具有支持性指导的教师的离职率高得多。在这种情况下，没有哪一方是赢家。由于教师离职率过高，教师对所面临的挑战准备不充分，学生的成绩会受到影响。学校教学人员不稳定，破坏了长期以来为改进学校工作所做的努力。学生学习成绩不佳，教师流失率高，学区要为此付出代价。

在我们研究的项目中，有两个是为解决这些长期问题而设计的新型项目：旧金山教师项目和纽瓦克蒙特克莱尔教师实习项目。科罗拉多大学丹佛分校也与丹佛公立学校合作开展了一个实习项目。这些大学以医疗实习模式为基础，与各地区合作，招募希望在高需求的城市或农村学校任教的求职者或应届大学毕业生。这些实习项目建立了专业发展学校伙伴关系，尽可能与以改革为导向的学校合作。这些学校重点关注深度学习和公平问题。

这些实习教师将在教学学校的专家教师身边做一整学年的学徒。他们会在合作院校学习一系列课程，并在实习期结束时获得证书和硕士学位。

他们在学习教学的过程中会获得生活津贴和学费补贴，在开始教学后可以获得两年的初期职业指导。作为交换，他们承诺在实习期结束后，在该地区任教三至四年。这种培养模式促进了当地学区和教师教育项目之间的紧密合作。实习项目招募教师是为了满足教师短缺地区的需求。他们会确保教师掌握应有的教学理念和技能，并将他们留在此地。

一项旧金山地区的研究发现，97%的旧金山教师项目实习教师在该区任教；五年后，80%的实习教师仍在该地区任教。相比之下，五年前入职该区的其他新聘教师留任率只有38%。在最近成立的纽瓦克蒙特克莱尔实习项目中，结果十分相似：三年后，仍有86%的实习教师从事教学岗位。

全年教学实践实习以及与学校和地区之间的紧密合作是学习教学的有效手段，且在其他项目中也有出现：三一大学、斯坦福大学和银行街教育学院多年来一直在合作学校中使用此一年学生教学模式。虽然实习教师与地区赞助的实习教师具有不同的经济收益和服务要求，但其培训模式相同。高科技高中的实习模式也同样包括在课堂学习教学，课程围绕着这些经历展开。

由于学校和大学相互合作的好处十分显著，蒙特克莱尔州立大学正在将其实习项目的许多优点引入一些为本科生和研究生提供的教师教育项目中。科罗拉多大学丹佛分校也开始在传统守旧的项目中加入一些实习项目的创新元素，包括高度交互的互联网平台——素材、工作和持续讨论的中心。实习教师还能在该平台提交录制课程，接受反馈和一对一指导。

初步研究表明，实习教师丰富了教师队伍的族裔多样性。在全美范围内参加教师实习项目的实习教师中，少数族裔教师数量是加入教师队伍人数的两倍。纽瓦克的近一半实习教师是少数族裔；旧金山的比例达到三分之二。在全美范围内，实习教师的留任率明显较高，且被视为备受欢迎的高效教师。在旧金山，100%的校长受访时表示，他们认为实习教师比其他来源的新教师更能开展有效教学。

这种模式为长期教师短缺的高需求地区和学科领域的招募和留任问题提供了有效的解决办法。同时，它还带来根本性的系统变化，建立了一个更加稳定、准备更充分的教师队伍，特别是在最困难的地区。实习教师是满足地区招募需求的有效型长期解决方案，使各地区在培养未来劳动力方面发挥直接作用。各地区能够聘用准备更充分、更多元化的教师来填补岗位空缺，而这些教师的留任时间也更长，并成为学校和社区的领导者。同时，准备充分的教师发挥其领导能力，帮助学校持续进步，从而使学生受益。

如果教师实习模式设计实施得当，那么它将为各地区和学校创造长期利益。最终也是最重要的是，它将为学生创造长期利益。而这一切的关键在于如何在全国推广这种模式。在联邦和慈善机构的支持下，如今全美至少有50个实习项目，而且加利福尼亚州、路易斯安那州和得克萨斯州已经颁布立法，为扩大实习规模提供支持。

除了这些举措外，还可以提供联邦补助金，就像在医学领域用于创建“卓越中心”和发展社区医疗设施那样，在问题最严重的城市或农村地区创建或扩展新的教师教育项目。

这一举措的成本并不高。举例来说，若要创建200个这样的项目，每个项目每年需要培训50名教师，每年需要为每个项目拨款100万美元，那么每年只需花费约2亿美元，就能培养1万名留职教学岗位且训练有素的教师——与高需求地区通常经历的教育质量差和自然减员率高的情况相比，这些成本只是一小部分而已。鉴于这类项目具有高留任率，这种举措可以在五年内消除城市中心和许多农村地区雇用不合格教师的现象。

这类新兴模式不仅包括用于开展先进教学实践的专业发展学校新形式，还包括远程技术新应用、私营和公共部门新合作形式，以及学校、地区和大学之间的新型伙伴关系。其重要目标之一是研究成功教学模式，推动进一步改革。

提高教学吸引力

普遍的高质量教育的开展不仅取决于更有效的项目，还取决于实习教师是否能够参加这些项目。许多实习教师没有得到充分培训的一个主要原因是，他们无法负担学费，或者在一段时间内缺少就业的机会成本。此外，当新人进入一个未来薪资不定的行业时，他们会担忧无法偿还之前的贷款，这就使得其教师教育支出更加难以承受。美国教师的工资平均比其他大学毕业生低30%，在大多数州，一个四口之家的普通教师能够获得几类政府援助。教师子女在家里可以领取食品券，在学校吃免费午餐。自20世纪90年代初以来，美国教师的工资相对于其他受过大学教育的工人的工资有所下降，而当时教师的工资却是最有竞争力的，教师减员率也比现在低得多。

在教育需求最大、为弱势学生服务的城市和贫穷的农村学区，教师预期工资往往最低，这使上述不平等现象更加严重。此外，教师的第一年教学十分关键，而教师在该年得到的支持——包括指导和物质支持，例如数量充足的教室、教材和用品——在贫困地区要少得多。因此，贫困地区的教师流失率更高，不得不招募更多的教师。不过，讽刺的是，学校往往通过赞助走后门和其他捷径完成招聘工作，而这却只会加快实习教师通过教学中转站的速度，继而离开这个行业。

许多国家都对面向全体实习教师的教师教育项目给予充分补贴，但美国教师获得的教师教育数量却主要取决于其个人负担能力的高低、机构资源的多少、机构愿意和能够提供的项目类型。虽然许多美国机构正在提高其项目实力，培养能够有效教学的教师，但他们在实习教师补贴和项目资助方面，缺乏其他国家的同行享有的系统性政策支持。此外，在缺乏教学指导和入职支持的地区，教育项目不断需要提高新聘人员的产出，然后当这些员工进入并迅速离开一个将其视为完全可有可无的体制时，他们就被浪费了。

尽管许多州承诺根据教学专业标准招募教师，但像现在的教师短缺期，他们也会雇用没有达到专业标准的人。法律和医学从业者没有通过律师或医学执照考试就不能执业，但教育与它们不同，几乎每个州都会发放紧急许可证或在标准以下的执照，允许个人在没有完成，或甚至没有接受培训的情况下进入教育行业。

由于2017至2018年期间大多数州出现教师短缺情况，美国当年有超过十万名未达到专业标准的教师授课。约90%的教师职位由前一年离职的教师创造而来。与此同时，全国各州都面临着教师教育入学率急剧下降的问题。2009年至2015年期间，由于工资下降和工作条件的恶化，教师教育入学率下降了35%。该变化对学生造成了很大的影响：课程取消，班级规模扩大，授课教师不合格——许多人只把教师行业当作中转站，不久便离开，于是又造成了教师的流动和不稳定，从而进一步影响学生的学习。同时，这也浪费了地区的教育资金，因为地区可能要为替换每一位离职教师支付超过2万美元的费用。

在数学、科学、世界语言、特殊教育和英语语言发展等一些关键学科，每个地区都会因缺乏合格教师而受到影响，但教师短缺现象在低收入的少数族裔学校最为严重。准备不充分的教师不仅平均教学效率低，而且离开教学岗位的可能性是准备充分的教师的两到三倍，这就导致教学岗位沦为中转站，解决教师短缺问题成为一项艰巨的任务。另外，美国的教师流失率是芬兰和新加坡等高绩效国家的两倍，使得满足教师需求就像填满一个漏水的水桶一样，十分困难。

备选方案管理

教师的微薄工资和教师教育背负的债务构成了我们在研究中遇到的两个挑战。所有州的情况都不容乐观，但威斯康星州尤其如此。2011年，该州州长斯科特·沃克（Scott Walker）提出并由立法机构通过了威斯康星州第10号法案。该法案减少了公职人员的补偿金、健康保险费用、退休金、劳资集体谈判的次数和请病假的机会。威斯康星州的教师因此失去了针对福利、工作条件、薪酬等各个方面进行集体谈判的权利。随着教师工资和教师教育入学率的下降，越来越多的密尔沃基教师通过其他途径进入教师行业。这些途径会为其提供简短的在职培训和支持。值得注意的是，在威斯康星州，根据州法律，只有密尔沃基——该州的一个主要由少数族裔聚居的城市——被允许雇用准备不充分的教师。

因此，阿尔维诺学院想方设法为那些还没有接受充分培训就开始教学的教师提供培训（我们研究的另外两个项目也是如此）。该学院提供两个毕业途径："在职培训"和"职前培训"。在职项目是为那些目前在学校担任专职人员助手或通过其他证书课程学习的实习教师开设的。职前项目是为转行者或其他已完成大学学业的人开设的。大多数实习教师的课程都是隔周周末或周末晚上开课，以确保他们在项目培训期间能够赚取收入。

在这些实习教师中，也有"为美国而教"项目的教师。该项目通过在职培训的其他途径，招募应届大学毕业生从事为期两年的教学工作。在我们的研究中，"为美国而教"项目为密尔沃基提供了大约130名教师。虽然允许教师在没有经过完整的课程学习或拥有丰富教学经验的情况下进入课堂"不是我们的首选"，但是正如阿尔维诺学院项目的指导老师所解释的那样，指导老师希望将在职教师培养为最好的教师，因为"他们正在教育我们的学生"。指导老师还表示，为了支持这些实习教师，我们还需要做更多的工作：

> 在职教师能够经常和学生接触，但很少能和经验丰富的导师交流，所以为了给这些教师创造学习机会，我们必须经常前往他们学校，并上示范课。我们或许可以为他们录制一段视频，让他们把自己与学生的教学交流当作自我评估的一种方法，并从教师们彼此的教学中看到优点……这项工作的一部分会涉及查漏补缺，比如，我们会告诉老师“在明天上课之前，你还需要掌握哪些知识？”，但这项工作更重要的是告诉老师“为什么要这么做？”，而不是简单地告诉老师“这样做就会成为好老师”。

密尔沃基“为美国而教”项目的协调员描述了一位指导教师如何帮助新教师重新设计课程，其目的是帮助他们解决教学危机，缓解他们的无助和悲伤。这不仅创造了一个供小组成员发泄和吐槽的环境，同时也建立了一支团队，以团队方式解决问题。她还特别指出，如果阿尔维诺学院的教师注意到有实习教师需要更多支持，他们会向其提供援助，并且经常在课堂上与“为美国而教”的指导教师一起观察，确保实习教师从双方教师那里得到一致的反馈。她还指出，从阿尔维诺学院毕业的30多名实习教师留在教学岗位上的比例较高，而大多数“为美国而教”的新聘人员会在两年承诺期之后离开。此外，这30多名实习教师在课堂上采用更多以学生为中心的举措，“这反映了他们对学生的了解。我看到他们在课堂上精心设计了课堂结构，将不同的教学内容合并在一起：将写作融入科学，将阅读融入数学，将社会公正贯穿整个课程……让学生参与课堂之中”。

出于类似的原因，科罗拉多大学丹佛分校项目创建了五个参加途径，其规模、结构、节奏和培训时间各不相同，能够吸引不同背景和经历的学生。这些途径专为适应学生以往教育经历和当前生活环境的差异而设。除了为本科生和研究生提供的传统课程外，科罗拉多大学丹佛分校还与丹佛公立学校合作开发了一个教师实习项目、一个包括“为美国而教”成员的替代认证项目，以及一个针对第一代本科生的项目（NxtGEN），这些学生需要经济和其他方面的支持，以顺利完成大学学业，并获得执照。

与阿尔维诺学院一样，科罗拉多大学丹佛分校“为美国而教”的实习教师与其他实习教师学习相同的课程，并在培训过程中得到更多的支持，与其他同组织内的团队成员相比，他们学到了更多以学生为中心的举措。科罗拉多大学丹佛分校的教职员工共同制定了明确的愿景，并积累了横跨各教育途径的共同经验，体现了其对共同价值观和教育实践承诺的遵守。

特别值得注意的是，该学院试图通过建立一条创新教师教育的途径来解决教师教育资源稀缺的问题，但这往往限制了教师的多样性，因为少数族裔大学生难以负担教师教育的费用。该项目于2015年启动，旨在吸引和培养第一代大学毕业生，其中有许多是低收入学生、少数族裔和移民，有助于丰富该校实习教师群体的多样性，并有望将其延续到丹佛的教师队伍中。

这种特殊安排并不是鼓励这些有价值的新人在准备不充分的情况下进入教师队伍，而是为了协调全日制本科课程与丹佛公立学校每周工作20小时的专业人员助手的工作，资助实习教师获得学位。保罗·卡普拉（Paula Chopra）主任说：创新教师教育项目的实习教师正努力克服第一代、低收入和移民大学生经常面临的挑战，并且已经形成了一个群体的自我身份认同。用副院长赛德（Seidl）的话说，“社会和文化资本较少的学生因为参加了该创新项目，发展得更好”。

高科技高中也采取了这些注重公平的策略，为实习教师创造了保护他们的入学途径，除了实习模式外，还开发了学徒模式。无教学经验的教师被安排在资深教师的课堂上当学徒，像正式教师一样工作，直到他们证明自己已经有能力管理班级。实习教师经验丰富，参加过教育项目，有能力学习这些新的教学法，同时负责任地教导学生。他们也会得到密切的指导和支持。因此，这种沉浸式的教学方法不会危及实习教师，还是一项重要的公平举措。

承担实习教师的经济费用

有效的教学教育可以提高教师的效能，增加他们留任的可能性：经过全面培训的教师离开这个行业的可能性仅是那些没有接受培训的教师的二分之一。然而，由于高等教育成本的不断上升，许多未来的教师会选择在接受培训的同时赚取金钱，而不是在赚取低薪的同时还要偿还债务。证据显示，大学生进入低薪领域的意愿与实习教师不得不承担的债务水平有关。

幸运的是，现在有很多为未来教师提供高质量教学教育的方法，并且不需要他们背负大量的学生贷款。美国联邦政府或州政府可以通过服务奖学金或贷款豁免计划，吸引实习教师到最需要他们的领域和地方。为了获得这些资助，实习教师需要在公立学校任职数年。这种方法经常用于医学领域，为有需要的专业和社区招募医生。

最有效的方法就是，完全承担实习教师的教育费用，换取他们在该州服务至少四年的教学承诺，例如北卡罗来纳州的教学研究员计划。研究发现，该计划的留任率很高，五年后仍有75%的实习教师留任，并且这些实习教师也是该州最有效的教师群体之一。

资助教师教育

我们研究的这些项目之所以能够为实习教师提供高质量的课程，并对实习教师给予更多的关注，包括长期集中督导的实践实习，是因为他们所在的大学愿意为这项工作做出坚定承诺，还因为他们经常从基金会或外部政府拨款（如联邦资助的教师质量合作项目）中筹集额外资金。

但这种情况在全国的项目中并不典型。大多数州用于教师教育创新的资金已经枯竭，联邦资金自2000年以来也大幅减少。教师教育经费往往不足，因为大学历来认为这类项目低投入高回报，而且各州对教师教育项目的报销比例通常低于其他行业高等教育项目的比例，比如护理、工程和医学等行业。教师教育工作经常被视为一种人文思想工作，不需要密集的实践实习和督导，而这两点正是造就高质量项目的基础。

在过去十年里，由于各州在2007年的经济大衰退期间削减了公立学校和大学的预算，资金来源受到了更大的威胁。在一些州，教师教育项目的资金被投入到大学，但这些资金并不能真正确保用在这些项目上，许多预定的资金可能在到达大学之前就已经“漏掉”了。因此，国家需要设置与其他实践性专业项目相当的资金比例，并有针对性地使用这些资金，将其用于教师教育。虽然单靠资金并不能建立创新项目，但这些项目吸引的大量关注需要资金基础来提供个性化和强大的实践支持。若要将更多的项目集中在这一发展方向上，还需要发展新的关系，将投身于深度学习的学校和大学联系起来。

组建政策框架

推动美国教育的钟摆效应倾向于定期推出和取消政策，然而其他一些国家已经采取了更系统的方法来扩展教师的知识和技能，使所有学生都能遇到训练有素的教师。例如，许多被我们视为同行或竞争者的欧洲和亚洲国家都在定期对教师开展广泛培训，对实习教师只收取很少的费用或不收取任何费用，且往往在培训期间发放津贴或工资；这些国家为实习教师发放与竞争职业的入职者一样多的工资；确保入职过程周到，并为实习教师提供更多的时间进行共同规划和专业发展。这些做法表示，建立起培养高质量教师的基础设施是有可能的，如此才能使实习教师留在教学岗位上，并不断提高自己的能力。

芬兰——国土面积与美国中部地带相当——是教师教育方面的先锋。30多年来，作为教育系统重大改革的一部分，芬兰对两年制硕士学位课程的所有教师进行了培训，这些课程包含丰富的内容训练和教育专业训练，重点在于学习如何教授不同的学习者，包括那些有特殊需求的学习者，并培养反思性、研究性的教学方法。芬兰大学赞助了几所“示范学校”和其他合作学校，以积累拓展教学经验。所有教师需要撰写硕士论文，参与实践研究。这些项目旨在培养实习教师“强大的解决问题的能力”，而这种能力源于教师对学习原则的深刻理解，它还能帮助教师创造“强大的学习环境”，在他们学会参与“自我负责的规划、行动和反思/评估循环”的过程中不断改进。教师教育项目的名额竞争非常激烈，并且政府在教师教育以及教学和教师教育研究方面投入了大量资金。各学校教师工资是同等的，但在该国人员短缺地区任教的教师有额外奖励。

自从芬兰采取这些措施以来，许多其他国家和地区——包括澳大利亚、法国、德国、爱尔兰、荷兰、新西兰、新加坡，以及加拿大的一些省份——已将大部分师资教育转到研究生阶段，在加强学科准备的同时，增加深度教学研究和在学校的强化实践学习。

我们研究的项目采取了许多相同的措施。然而，他们的政策环境不利，这必定使得其工作内容只能成为例外而不是常规。美国可以向其他国家学到的一点是，如何建立政策基础设施，促使所有人员都能获得这些机会。这一点尤为重要，因为学生在获得有充分准备和充分支持的教师方面存在巨大的不平等，而这种不平等与种族和阶级密切相关，这一点又加剧了美国教育体系中其他长期存在的不平等现象。

这样的政策基础架构会对高质量教师教育给予充分投资，确保实习教师能够负担起费用，从而直接解决教师短缺问题；在发展和学习的基础上制定并执行教学标准；增加教师职业的吸引力。在许多方面，这类似于其他国家——通常是美国一个州的规模——所做的工作。

美国各州能做之事

为了帮助学生在当今复杂的社会中取得成功，教师需要拥有比以往更多的知识和技能，同时全身心奉献于公平正义的教育体系。国家有相当大的权力来帮助教师拥有这些能力，并对培养一支准备充分、分布公平的教师队伍提供支持。过去的经验表明，一个有条理的政策议程可以产生强大的影响力。例如，在20世纪80年代末，康涅狄格州和北卡罗来纳州颁布了一些极具野心的教师法。鉴于这两个州的低收入和少数族裔学生人数众多，美国政府便在全州范围内大幅提高教师工资，加强各地区之间的资金公平性，同时采取集中措施，提高职前教师标准、教育质量、执照颁发、资格认证和新教师指导。十年间，这两个州的学生成绩均有大幅提高，成绩差距也大大缩小。马萨诸塞州在20世纪90年代也进行了类似的改革，也取得了类似的效果。如今，加利福尼亚州也在推行类似的议程。

正如我们前文指出的，为了完成促进深度学习和公平的教育而制定的各州政策应该包括：

- 将我们所描述的教学知识和技能的特点纳入影响许可和认证的标准中。
- 制定或采用能够反映这些标准的绩效评估，并将其作为给实习教师颁发许可的一种评估手段。
- 使用绩效认证，在确定某项目是否能培养合格的专业人员时，将这些和其他相关的实习教师表现——以及其他培训数据——纳入考虑范围，并淘汰那些无法证明能培养合格专业人员的项目。

- 像资助其他临床行业一样资助教师教育，从而支持强大的、有良好督导的教学实践，以及发展和维护以公平方式实施深度学习教育实践的合作学校。

此外，这样的政策能确保教师都能接受这种更有力的培训，并通过以下方式留在这个行业：

- 提供服务奖学金和可免除贷款，只要在本州教师高需求领域，或为大部分低收入学生服务的重点学校，任教四至五年，就可以偿还这些奖学金和贷款。
- 支持在高需求地区提供高留存率的教学途径，例如教师实习。
- 提高教师的薪酬水平，使其与其他大学毕业生相比，具有竞争力，同时均衡各地区的资源，使其能够在劳动力市场上公平竞争优秀教师。提供可能包括工资以外的补偿策略，如贷款减免、托儿服务、医疗福利或住房补贴。

美国联邦政府的作用

美国联邦政府在扩大教师供应和创建高质量项目方面具有关键作用。这种作用在医学领域有先例。自1944年以来，联邦政府一直针对医疗培训和医疗设施提供补贴，以满足弱势群体的需求，填补特定领域的短缺，提高培训质量，并增加医疗行业的多样性。联邦政府还收集数据，以监测和规划医疗人力需求。这为美国享誉世界的医疗培训和护理系统做出了重大贡献。

在深度学习教学方面，联邦可以通过以下方式发挥领导作用，影响各州举措：

- 加强对项目改进的激励举措，包括为教师实习提供资金，建立强大的教学实践模式；整合有关学习和教学的新知识，以及改善课堂公平的策略。《高等教育法》第二章提及，通过竞争获得的教师质量合作计划补助金，可以为包括教师实习在内的一系列创新项目提供资金。如果能按最初的3亿美元（而不是目前的水平：约这一数额的十分之一）提供资金，那么这笔资金就能在改善教师教育方面发挥重要作用。此外，《高等教育法》第三章提及，要支持对少数族裔服务机构的投资，可以扩大投资范围，并将资金主要用于这些重要机构的教师教育。由于四分之三的少数族裔教师在少数族裔学生比例最高的学校任教，且有证据表明，这些教师能够提高学生成绩，因此，提供高质量的教育途径对这些教师和学生的成功至关重要。

- 像联邦政府资助教学医院一样，联邦政府向各州提供配套补助金，资助有良好规划的合作学校，从而使高质量教育更具普遍性和可持续性。
- 解决教师需求最大的地区和教师常年短缺领域的教师短缺问题，提供可免除贷款和奖学金，这些资金涵盖职前培训的全部费用，并且只要求实习教师在四至五年内偿还即可。这类似于联邦政府在医疗方面发挥的作用，并且将作为联邦政府为最需要帮助的儿童提供民权保障的基础。

美国联邦政府2017年发布了一项2500亿美元的减税计划，而本书概述的举措只需花费其中不足1%的资金，就能在短短几年内打造一支强大的教学队伍，并可持续数十年。此外，这些提议所节省的费用远远超过其成本。节省下来的费用包括目前每年因各种缘由浪费掉的几十亿美元——教师流动率高产生的费用、特殊教育和留级的成本，以及许多儿童因未受到良好教育而采取的补救措施费用。如果所有学生都有机会遇到能够帮助其成为知识型社会中受过良好教育的公民的教师，那么高毕业率和就业率等长期利益也将得以实现。

虽然教师教育工作只是实现高质量教学的一个组成部分，但它对于敦促学校成功进行其他改革至关重要。如果没有准备充分的教师帮助不同学生获得成功的学习经验，那么美国政府在改善学生学习方面也无能为力。

投资教师教育项目带来的收益将是成本的数倍。只要以专业标准为基础，精心制定政策，投资重要的教师教育项目，并将深度学习作为所有教师的优先事项，就能够创建满足21世纪知识型社会要求的教师职业，实现社会公平和积极良好的全民教育。

Appendix A Methodology

附录A 研究方法

2015年秋至2017年秋期间，学习政策研究所对七个教师教育项目展开了研究。为了确定研究项目，研究团队邀请教师教育领域的专家，以及有新教师合作经验的专家，共同确定培养教师在教学过程中使用公平深度学习教学法的项目。经过严谨反复的研究，我们最终决定对七个项目进行深入研究，包括对每个提名项目的设计和结果进行背景研究（查阅认证报告、项目说明、有关实习教师和雇主看法的调查和其他数据），以及与项目负责人和教师进行初步对话。最后，我们从地理和项目的多样性方面确定最终考察点，包括：项目规模、项目类型（本科生和研究生；传统项目和替代项目）；部门性质（公立项目和私立项目）。

在每次实地考察之前，我们都会完成额外的背景研究和访谈。我们首先浏览了每个项目的官方网站、课程目录、教学大纲、招生表格、公开数据，以及所有关于项目的研究、评估或出版物。我们从实习教师、导师和雇主那里了解调查结果、有关毕业率、入职率和留任率的数据，以及其他与结果相关的数据。此外，我们还与项目负责人和行政人员进行了交谈，以进一步了解每个项目点的背景情况。根据所知信息，我们与每个项目点的行政人员合作，对关键人物进行采访和观察，并安排了有助于实习教师参与深度学习的活动。

2016年春，研究团队在每个教师教育项目中进行了为期两到三天的数据收集实地考察。在考察过程中，研究团队使用半结构式访谈法采访项目的主要参与方，包括项目组成员（院长、督导员）、导师、实习教师、已结业实习教师，以及地区负责人/联络员、社区组织和其他参与项目发展和支持的主要利益相关者。每段访谈时间为45至60分钟，内容涉及项目的特点和设计、具体的课程和内容、实践工作的设计和实施以及它与其他项目的联系、对有助于取得成功和应对挑战的关键特征的看法、当地合作伙伴学校的发展情况、政治环境和其他支持或阻碍项目实施的因素，以及对有效教学的看法和证据（如课程评估结果和个人经验）。

考察也包括对教师教育课程和实践工作的大量观察，还包括对项目实习教师和结业实习教师的课堂教学的观察。此外，我们还对实习教师进行了一次线上调查，了解项目课程在多大程度上帮助他们做好了深度学习的教育工作。在考察期间，我们还收集了其他的项目文件和成果数据，以供查阅。

在这七个项目地点，研究人员通过一对一访谈和小组访谈采访了共232人，并在合作学校中对教师教育课程和基础教育教学进行了46次观察。全程共有477名实习教师收到调查问卷，其中294人在2016—2017年完成了问卷，答复率为62%，七个项目的答复率从52%到100%不等。研究人员还查阅了每个项目的就业安排、实习教师、毕业生和雇主的数据，以及教案、课程任务和相关数据。我们在分析和写作过程中，另外进行了电话采访、文件请求和事实验证。

我们的分析使用了访谈、观察、调查结果和文件组成的三角证据。为了分析考察之前、期间和之后收集的数据，我们采取多阶段方法。在完成每个项目的定性数据收集后，我们进行全面审查，以确定关键议题和新兴主题，并初步确定哪些议题属于特定地点特有内容，哪些是交叉性存在内容。之后，我们对访谈记录、观察笔记和文件进行重新检查和编码，确定这些主题在不同项目中出现的频率，以及它们在不同项目中展示或表达的方式。我们还分析了调查数据，得出每个问题回答的频率分布和平均值。之后，我们将访谈、调查和观察数据与我们最初确定的主题进行反复比较，继续完善我们的分析结果。我们尽力依靠多个数据源对调查结果进行三角分析，寻求证实性和非证实性的证据，并对出现的关键点进行解释说明。

我们分别对这七个项目展开分析，撰写了详细的项目研究报告。每个项目的主要信息提供者都对这七份报告进行了审阅，并提出了有益的建议，以调整和充实我们的分析。每份报告都经过了独立学者的同行评阅，我们已在每个项目案例的致谢中对他们表示感谢。这些研究案例均已出版，可通过主要在线书商获得电子版本。

本书阐述了我们对这七个项目的综合案例分析，重点是确定和说明贯穿这七个项目的主题，以及这些主题如何出现并且以特定的方式展现出来。正如我们对单个案例的分析一样，我们的数据来源主要是访谈、观察、调查结果的证据和文件。研究团队的成员互相查看了彼此的内容，并交叉核对证据，以确保公平、准确地反映项目数据。

Appendix B Program Curriculum Designs

附录B 项目课程设计

阿尔维诺学院

本科生层次的早期/中期儿童教育项目要求

课程	名称
FSS-125/ LA-230	第一学期研讨会 转学生通识教育
AC-151	初步社会影响评估
CM-120	交流研讨会1
QL-122	现代世界的数理素养
FA-110	美术
HUM-150	人文学科
CM-125	交流研讨会2
QL-156	数学联结
CM-225	交流研讨会3
HFA-210	人文和美术选修课
SC-117	自然科学
ADV-229	中级事件
BSC-215	小团体行为

续表

课程	名称
GEC-300	世界有效公民
HFA-310	人文和美术选修课
基础教育/早期儿童的前期教学	
ED-116	人际关系研讨会
ED-201	实习经验1：对教学、学习与评估的探索
PED-150/ PSY-110	人类发展 生命周期发展
实践运用I/核心	
基础教育/早期儿童的中期教学	
ED-215R	实习经验2：参与教学、学习和评估
ED-220	面试评估
ED-225	儿童早期读写能力
ED-325A	儿童中期-初级读写能力
ED-338	儿童早期课程和学科
ED-396	优秀学习者简介
ED-399	对高级工作的正式介绍
HS-308	美国1607—1900年的历史
MT-243	基本概念/数学1
MT-244	基本概念/数学2
ED-344	实习经验3：教授数学/基础课堂
基础教育/早期儿童的高等教学	
ED-315	实习经验4：沉浸式教学、学习和评估
PST-329	实践运用II准备研讨会

续表

课程	名称
实践运用II	
ED-412	学校和社会的重要议题
阅读测试的基础	
ED-420	成长档案袋/面试评估
ED-475	学生教学研讨会
学生学习	
ED-435EC	亲身观察/早期儿童教学
ED-445MC	亲身观察/中期儿童

来源：阿尔维诺学院课程目录，可查阅https://catalog.alverno.edu/weekday-college/majors/education-undergraduate-level/education-elementary-early-childhood/index.html.

银行街教育学院

儿童通识教育的课程要求

课程	名称	学分
儿童通识教育		
课程要求：以下课程并未依照建议的顺序排列。课程选择和顺序需咨询项目主任或与顾问协商		
EDUC 500/ EDUC 800	儿童发展 儿童的社会世界（选课前提：已选择EDUC 500或EDUC 501，或者得到教师许可）	3 3
EDUC 505	语言多元化世界中的语言习得和学习	2
EDUC 530/ EDUC 531	现代教育的基础 儿童教育初期和早期的原则和问题	3 3

续表

课程	名称	学分
EDUC 535/ EDUC 551	面向教师的科学（N-6年级） 儿童自然环境中的科学探究	2 3
EDUC 540	多元和包容教育环境中的教师数学（N-6年级）	2
 EDUC 563和 EDUC 565或 EDUC 564和 EDUC 568	**选择下列阅读/读写能力和语言/文学组合之一：** 阅读、写作和语言艺术的教学（K—3年级） 均衡阅读计划中的儿童文学（以3—8年级为重点） 语言、文学和启蒙读写能力（侧重于N—3年级） 低年级读写能力教学（2—6年级）	 3 3 3 3
EDUC 590/ EDUC 591	教师艺术工作坊（N—6年级） 音乐和活动：多元和包容环境中的多元文化和发展方法（N—6年级）	2 2
 EDUC 510和 EDUC 866 或 EDUC 514 EDUC 866 或 EDUC 511 EDUC 606/ EDUC 513 EDUC 606/ EDUC 517 EDUC 606	**选择下列课程组合之一：** 儿童早期教育课程（N—3年级） 小学高年级地理教学的发展性互动方法（选课前提：已选择EDUC 510或EDUC 514） 儿童早期教育课程：为不同背景和能力的儿童研发合适的学习环境和教学经验 小学高年级地理教学的发展性互动方法（选课前提：已选择EDUC 510或EDUC 514） 通过社会研究开发课程（小学和中学） 积木和戏剧游戏是儿童早期课程的一个组成部分 以社会学科为核心的特殊儿童的综合课程（1—6年级） 积木和戏剧游戏是儿童早期课程的一个组成部分 社会研究课程中的地理（小学高年级和中学） 积木和戏剧游戏是儿童早期课程的一个组成部分	 3 1 3 1 3 1 3 1 3 1
EDUC 803	发展性变化（选课前提：已选择EDUC 500，EDUC 501或EDUC 800，或得到教师许可）	2

续表

课程	名称	学分
EDUC 808	通过观察和记录，研究多元和包容教育环境中的儿童（选课前提：选择EDUC 500或EDUC 800，或得到教师许可）	3
	完成课程要求所必需的选修学分	0-2
EDUC 956	儿童通识教育指导研究/学生教学/建议	12
EDUC 990/ EDUC 991	不同学习者的拓展实地经验（为作为实习教师的学生完成实地研究而设立） 高需求教育环境中的综合研讨会：拓展实地经验（为作为班主任或助理教师的学生完成实地研究而设立）（个别情况除外）	0 1
STMD 100	州政府规定的预防校园暴力培训	0
STMD 105	州政府规定的查明和汇报虐待儿童行为的培训	0
STMD 110	州政府规定的全体学生尊严培训法案	0
	学分合计	45

来源：银行街教育学院教育研究生院，目录2015-2016（纽约：银行街教育学院，2015），12，可查阅https://d2mguk73h8xisw.cloudfront.net/media/filer_public/filer_public/2015/08/26/gs_catalog_2015-16_1127.pdf.

科罗拉多大学丹佛分校

科罗拉多大学丹佛分校教师教育项目的课程主要分为三类：核心基础课程、内容方法课程和实习课程。尽管课程的顺序和形式可能有所不同，这些课程类型适用于各种学习途径。实习教师将学习核心基础课程，这些课程可以为他们了解城市社区教育公平、学习理论和教学方法打下坚实的基础。此外，他们还要完成一系列与学科领域和授课年级（小学或中学）相一致的方法课程。实习课程包括实习教师在学校的教学实践经验。

本科生和研究生的课程顺序

	核心课程	内容方法	实习
本科生	• 城市教育中的社会基础和文化多样性 • 课堂社区 • 数据决策和多元学习者 • 教学法	**小学** • 方法模块Ⅰ（3节课程）：初级读写教学和评估；数学教学和评估；初级科学方法 • 方法模块Ⅱ（2节课程）：从儿童文学和写作角度进行社会研究；教授初级数学 **中学**（根据学科不同而有所差异） • 中级读写教学和评估（面向所有学生） • 教学理论和方法（数学、英语、科学、外国语言、历史） • 青少年文学；数学教育评估；探究科学教学法和实践；语言习得；社会研究方法	• 早期实习 • 实习和学习社区Ⅰ • 实习和学习社区Ⅱ • 实习和学习社区Ⅲ **注意：**随着项目的进展，实习教师在实习中的实践时间逐渐增加 实习时间从1000到1200小时不等，具体取决于本科专业
研究生	• 城市教育中的社会基础和文化多样性 • 课堂社区 • 了解城市里的学生	**小学** • 方法模块Ⅰ（3节课程）：初级读写教学和评估；数学教学和评估；初级科学方法	• 实习和学习社区Ⅰ • 实习和学习社区Ⅱ • 实习和学习社区Ⅲ

续表

	核心课程	内容方法	实习
研究生	• 探索内容和教学法Ⅰ&Ⅱ中的内容	• 方法模块Ⅱ（2节课程）：从儿童文学和写作角度进行社会研究；教授初级数学 **中学**（根据学科不同而有所差异） • 中级读写教学和评估（所有学生） • 教学理论和方法（数学、英语、科学、外语、历史） • 青少年文学；数学教育评估；探究科学教学法和实践；语言习得；社会研究方法	**注意：**随着项目的进展，实习教师在实习中的实践时间逐渐增加 项目结束时，实习教师的实习时长总共要超过900小时

来源：科罗拉多大学丹佛分校项目综述；教育和人类发展学院的本科生和研究生项目综述

所有的课程任务都与章节中描述的基本问题、学习经验和项目水平评估相一致。下文对核心和特定学科的教学法课程的描述也说明了这种一致性。这些课程都要求实习教师进行课程反思，从实际教学经验中吸取教训，并在项目过程中不断调整教学。虽然内容方法课程要求实习教师牢固掌握所要教授的内容，但它们也为实习教师提供了深度学习经验，帮助他们加深对教学内容的了解。请注意，知识流和学习过程也直接来自实习教师的培训方式和教学方式。

教学法1： 探索内容和教学法的多样性	本课程的目的是探索复杂的课程和教学过程的多个方面，包括 （1）基于标准的教学 （2）教学设计 （3）形成性评价和总结性评价 （4）课程和教学的差异，使所有学生都能获得有意义的教学	学习经验#5：课程水平计划、教学&评价；学生需要为本节课的参与式学习与行动#2做准备并且参与其中
科学、技术、工程和数学教育 中学教学法总结	本课程通过设计和实施实习课堂单元，为中学科学、技术、工程和数学教育的学生提供了一个总结性学习体验，将科学、技术、工程和数学教育的内容、学生和学校背景的了解融入到社会公正和文化响应实践中	学习经验#6：单元水平计划、教学&评价；学生需要为本节课的参与式学习与行动#3做准备并且参与其中
人文学科 中学教学法总结	本课程通过设计和实施实习课堂单元，为中学英语/语言艺术、外语和社会研究教育的学生提供了一个机会，将人文学科的内容、学科素养、学生和学校背景的了解融入到社会公正和文化响应实践中	学习经验#6：单元水平计划、教学&评价；学生需要为本节课的参与式学习与行动#3做准备并且参与其中

高科技高中

实习项目课程描述——2015—2016学年

高科技高中101课程　人类如何学习：教育心理学的原则

在本课程中，实习教师将学习与青少年发展和人类学习有关的主要理论、概念、原则和研究。本课程着重于青少年的身体、个人、智力、社会和道德发展。实习教师将学习如何在学科领域创造学习机会，以支持学生的发展、动机和学习。

高科技高中102课程　教学方法和内容标准的介绍

在本课程中，实习教师将学习一些技巧并采取必要手段，为新学年的前几周做好准备。本课程将侧重于发展学习共同体，提高学生的努力程度和参与度。实习教师将探索如何创造一个有效的课堂环境，与所有学生建立融洽的关系，并建立与学生家庭的关系。

高科技高中103课程　公平和多样性：社会和文化基础

本课程旨在培养实习教师的文化概念及其对教学和学习的影响。实习教师将了解不同学生群体的背景、经历、技能、语言和能力，以及如何正确应用教学实践。这些教学实践对高科技高中的课程有所帮助，可以在课堂内创建一个公平的社区。实习教师会从不同的角度研究教与学，考察各种教育理论，并了解美国教育中学术成果的不平等现象。本课程着重于老师和学生的期待会如何影响学生成绩。

高科技高中104课程　课堂管理和评估（实习经验）

本课程是对课堂管理、课程计划和评估的一个全面、严谨的介绍。本课程安排实习教师与指定导师一起工作，并完成其教学经验汇报的所有要求。

高科技高中105课程　教学方法、课程设计和课堂环境

本课程为实习教师提供指导和实践，以便在其特定的学科（如数学、英语、科学、人文、艺术、西班牙语）内计划并提供课程，以及在学科内

使用合适的教学技术。作为本课程的一部分，实习教师会查阅并分析其特定学科的国家标准。

高科技高中106课程　教学实习 I

本课程为实习教师提供机会，使他们能在自己学科领域的课堂中应用并实践高科技高中101课程所涵盖的学习理论。该课程还提供了另一个窗口，让实习教师发现并解决实践教学、课程规划和课堂组织与管理中固有的学科问题。本课程将与高科技高中105（教学方法）课程同时进行。

高科技高中107课程　专业教师成长档案袋发展 I

本课程旨在向实习教师介绍专业教师成长档案袋发展的过程。实习教师将了解教学绩效评估的要求和最终的离职面谈，以及两者与教学绩效期望的关系。本课程会帮助实习教师确定应在成长档案袋中收集和呈现的教学工件的类型和质量。

高科技高中108课程　教师成长档案袋发展中使用的技术

本课程旨在帮助并指导实习教师利用技术来收集教师成长档案袋。此外，课程还将技术培训和档案袋范畴使用建议相结合，使实习教师通过电子方式呈现课程。

高科技高中109课程　贯穿整个课程的阅读和写作教学

本课程为实习教师提供了基于内容的阅读和写作技巧的培训。实习教师会回顾并分析加州公立学校的阅读/语言艺术框架，并学习使用与框架相一致的有效策略和方法。此外，本课程还为教师提供基于内容的阅读和写作的实践经验。

高科技高中110课程　教学实习Ⅱ

本课程旨在使实习教师将理论学习与特定学科的教学实践相结合。实习教师将会与学科导师一起工作。此外，本课程将与高科技高中109（贯穿课程的阅读和写作教学）课程同时进行。

高科技高中111课程　教学技术

本课程着重于将技术融入到学习过程中的教与学策略的应用。实习教师将学习使用技术手段准备教材、开发课程、提供指导、评估学生表现，并协助管理课堂。

高科技高中112课程　教育哲学：教学绩效期望

在本课程中，实习教师将全面回顾教师教育项目质量和有效性标准中所明确的教学绩效期望。实习教师将研究著名的教育哲学和学习理论，并在自己的教育哲学中阐明这些理论。

高科技高中113课程　培训英语学习者

在本课程中，实习教师将了解中学教学中英语学习者的特殊需要和困难等相关问题。该课程强调了解英语语言熟练度的评估和实习课程，以及如何在课堂上解决一系列英语语言流利度和熟练度的问题。

高科技高中114课程　教学实习Ⅲ

本课程为实习教师提供了一个机会，使他们能在自己学科领域的课堂中应用并实践教师教育课程所涵盖的学习理论。该课程还提供了另一个窗口，让实习教师发现并解决实践教学、课程规划和课堂组织与管理中固有的学科问题。本课程会与高科技高中113（培训英语学习者）课程和高科技高中116（评估与评价）课程同时进行。

高科技高中115课程　健康环境

本课程旨在教授体育和健康课程的方法和最佳举措。实习教师将回顾并分析加州体育教育、健康框架和补充阅读，以提高他们对综合体育和健康教育系统的理解。该系统会帮助青少年为终身致力于体育活动和身体健康做好准备。

高科技高中116课程　评估与评价

本课程旨在帮助实习教师了解社会、情感、认知和教育等因素如何影响学生的学习成果。实习教师还会了解教师的信念、期望和行为如何影响学生学习。该课程还提供了一个专业的教学视角，包括承诺教好每一个学生，并努力成为一名专业的教育工作者。

高科技高中117课程　专业教师成长档案袋发展 II

本课程为实习教师提供了收集他们专业成长档案袋的机会。每位实习教师将与档案袋顾问一起检查他们在督导下进行实地考察收集的材料，从而确定哪一个可以作为最成功的例子，当作他们专业成长的证据。

来源：高科技高中课程目录。当前的版本可查看https://www.hightechhigh.org/teachercenter/district-intern-program/.

蒙特克莱尔州立大学

本科生和研究生课程顺序

	职前	内容方法	实践经验
本科生	• 普通心理学Ⅰ • 儿童发展Ⅰ • 儿童发展Ⅱ • 特殊儿童和年轻人的心理学（儿童早期） • 对儿童早期/基础教育的看法 • 教育的哲学取向 • 小学数学 • 教育的公共目的：民主和学习教育	**儿童早期** • 童年时期的艺术和创造性表达 • 小学数学Ⅰ • 和不同家庭合作 • 解决科学/技术/数学方面的问题 • 在包容性的儿童早期教育中打造项目/社区 • 初步探究素养发展 • 幼儿语言和文学/多元文化社会的儿童文学 **小学** • 探究：基础教育课堂中的科学、数学和技术 • 小学数学Ⅱ • 基础教育课堂中的社会研究和艺术 • 家庭和社区的文化和社会背景 • 和不同家庭合作 • 初步探究素养发展 • 阅读：内容区域	• 包容性儿童早期课堂中的内容整合和评估（儿童早期） • 整合公平和多样化基础教育课程/评估（小学） • 实践经验Ⅰ：包容性的基础教育课堂 • 研讨会Ⅰ：包容性的基础教育课堂 **教学实践** • 实践经验Ⅱ：包容性的基础教育设定 • 研讨会Ⅱ：包容性的基础教育课堂 根据本科专业不同，实践实习的时间平均要达到690小时 • 实地工作 • 为学而教 • 方法课程 • 为学而教Ⅱ • 教学实践

续表

	职前	内容方法	实践经验
本科生		**中学**（根据学科有所不同） ● 公平和多样化教学 ● 中学的包容性 ● 教育英语语言学习者 ● 贯穿课程的语言和素养 ● 学习评估 ● 在整个学校课程中融合技术	
研究生	● 多元社会中对儿童早期和基础教育的看法 ● 残疾儿童教育和包容教育的社会文化背景 ● 研究方法 ● 残疾和健全儿童的学习和成长 ● 增加和残疾儿童家庭的合作 ● 包容性基础课堂的素养培养战略 ● 小学残疾儿童的观察和评估 ● 包容性基础教育的原则和实践 **中学** ● 教学、民主和学校教育 ● 课堂中的技术融合	**小学** ● 社会研究和艺术：理解基础课堂中的民主 ● 将科技融合到儿童早期和基础教育课堂中 ● 小学数学教育 **中学**（根据学科而不同） ● 对教与学的社会文化看法 ● 满足英语学习者的需求 ● 中学的包容性课堂 ● 为学而教 Ⅰ ● 实地工作 ● 内容－领域方法课程 ● 教学实践 ● 为学而教 Ⅱ	● 多元基础课堂的课程发展和评估 ● 包容性儿童早期和基础教育环境中的实践经验 Ⅰ ● 研讨会 Ⅰ：包容性儿童早期和基础教育课堂 ● 包容性儿童早期教育环境中的实践经验 Ⅱ 截至本项目结束时，实践实习的时间总共要超过690小时

旧金山项目

斯坦福教师教育项目中学课程

文学硕士和加州初级单科教师资格证书要求实习教师至少完成45个学分的研究生课程。这些课程分为四节课，这些单元的分配由课程安排、认证要求和专门制定的学费计划决定。

为了满足项目和认证要求，计划必须包括所有课程和单元（见下表）。

夏季	秋季 （包括早秋）	冬季	春季
EDUC 289： 读写能力在教与学中的中心地位 单元：3	EDUC 240： 青少年发展&学习 单元：3		
EDUC 246A： 中学教学研讨会 单元：4	EDUC 244： 课堂管理&领导 单元：3	EDUC 26C： 中学教学研讨会 单元：4	
EDUC 262-8A： 课程&教学 单元：3	EDUC 246B： 中学教学研讨会 单元：3	EDUC 262-8C： 课程&教学 单元：3	EDUC 246D： 中学教学研讨会 单元：2—7
	EDUC 262-8B： 课程&教学 单元：3	EDUC 388A： 语言政策&实践 单元：2	EDUC 285： 支持有特殊需求的学生 单元：3
	EDUC 299： 公平&学校教育 单元：3		

续表

夏季	秋季（包括早秋）	冬季	春季
	EDUC 284A：设计公平的小组作业 单元：1	EDUC 284B：设计公平的小组作业 单元：1	EDUC 262-8D：课程&教学选修 单元：4 或其他选修课 单元：1—5
总计：10单元	**总计：16单元**	**总计：10单元**	**总计：10单元**

来源：斯坦福大学教育研究生院，斯坦福教师教育项目：中学手册2017，https://ed.stanford.edu/sites/default/files/step/page/step_secondary_handbook_2017-2018_1.pdf.

旧金山大学教师实习项目课程

项目细节

旧金山教师项目的实习教师将在专家教师的指导和督导下工作，同时接受培训成为正规的教师。实习教师在实习期间，每周5天，每天5小时在旧金山联合学区的课堂中学习。整个团队每周会举行一次项目的实习研讨会，该研讨会重点讨论旧金山的大环境、旧金山联合学区学生的具体需求和问题。实习教师将在南佛罗里达大学参加傍晚和晚上的课程，从而获得他们的证书和硕士学位。

项目顺序

如果想获得更多信息和课程说明，可查看网址https://www.usfca.edu/education/programs/masters-credential-programs/san-francisco-teacher-residency/program-details.

学期	多学科	单一学科
2016年夏	• TEC 643：特殊儿童的教育 • TEC 600：教学、学习&技术 • TEC 618：多元&社会公平教学 • 旧金山实习项目目标&实习科目	• TEC 643：特殊儿童的教育 • TEC 600：教学、学习&技术 • TEC 618：多元&社会公平教学 • 旧金山实习项目目标&实习科目
2016年秋	• TEC 602：多学科课程&教学：视觉&表演艺术 • TEC 610：学习&教学 • TEC 611：双语儿童的教育 • TEC 621：多学科课程&教学：早期读写能力培养 • 实习科目：TEC 616：教学实践 I • TEC 635：双语跨文化学术语言发展中的重点语言&文化	• TEC 610：学习&教学 • TEC 622：单一学科课程&教学：学术读写能力 • TEC 615-01/615-02：单一学科课程&教学（科学/数学） • 实习科目：TEC 660：教学实践 I • TEC 635：双语跨文化学术语言发展中的重点语言&文化
短假期	• 学习多学科课程&教学：视觉&表演艺术的选择	不适用
2017年春	• TEC 612：多学科课程&教学：中等年级阅读&语言艺术 • TEC 630：多学科课程&教学：社会研究 • TEC 613：多学科课程&教学：数学&科学	• TEC 611：双语儿童的教育 • TEC 632/633：课程&教学 II • TEC 625：教青少年

续表

学期	多学科	单一学科
2017年春	**实习科目：** • TEC 605：多学科教学实践Ⅱ • TEC 606：多学科教学实践Ⅲ • TEC 607：多学科教学实践Ⅲ——双语授权 • TEC 642：健康教育 • TEC 636：重点语言中双语跨文化学术语言发展方法&材料	**实习科目：** • TEC 655：单一学科教学实践Ⅱ • TEC 656：单一学科教学实践Ⅲ • TEC 657：单一学科教学实践Ⅲ——双语授权 • TEC 642：健康教育 • TEC 636：重点语言中双语跨文化学术语言发展方法&材料
2017年夏	• TEC 663：教育学硕士：课程趋向&争议 • TEC 664：教育学硕士：课程发展&设计	• TEC 663：教育学硕士：课程趋向&争议 • TEC 664：教育学硕士：课程发展&设计
之后（最多两个学期的假期）	• TEC 663：教育学硕士：课程趋向&争议 • TEC 664：教育学硕士：课程发展&设计	• TEC 663：教育学硕士：课程趋向&争议 • TEC 664：教育学硕士：课程发展&设计

三一大学

实习教师要在为期一年的硕士课程中修30个学分。此外，在8个月实习期间，他们的教学实践要累积超过1000小时。

三一大学教育学硕士课程和顺序

小学课程要求	中学课程要求
夏季	**夏季**
EDUC 5350 课程探索和实践	EDUC 5350 课程探索和实践
EDUC 5351 教学探索和实践	EDUC 5351 教学探索和实践
秋季	**秋季**
EDUC 5339 教育不同的学习者	EDUC 5339 教育不同的学习者
EDUC 5360 教育学：儿童早期—6年级	EDUC 5370 教育学：中学
EDUC 5661 教学实践：儿童早期—6年级	EDUC 5671 教学实践：中学
春季	**春季**
EDUC 5263 研究生实习研讨会：儿童早期—6年级	EDUC 5273 研究生实习研讨会：中学
EDUC 5352 学校领导力、督导和评价	EDUC 5352 学校领导力、督导和评价
EDUC 5763 高级实践：儿童早期—6年级	EDUC 5773 高级实践：中学

来源：三一大学，教育学硕士教学课程序列。更多信息请查看https://new.trinity.edu/academics/departments/education/master-arts-teaching/course-sequence.

Appendix C Survey Results

附录C 调查结果

表格1 实习教师表示项目培训其参与、支持学生学习的百分比

每一方面都包括两行数据，第一行数据表示同意项目为他们提供充分或更好培训的教师百分比，第二行括号中的数据表示同意项目为他们提供良好或很好培训的教师百分比

	阿尔维诺学院（10）*	银行街教育学院（24）	高科技高中（21）	蒙特克莱尔州立大学（137）	旧金山教师实习项目（31）	三一大学（30）	科罗拉多大学丹佛分校（41）	总计（294）
基于儿童和青少年发展和学习方式的计划教学	100%	100%	90%	99%	94%	100%	83%	95%
	（80%）	（96%）	（72%）	（86%）	（77%）	（97%）	（56%）	（81%）
将课堂学习和现实世界相结合	100%	100%	100%	97%	97%	100%	95%	98%
	（90%）	（96%）	（100%）	（83%）	（68%）	（93%）	（66%）	（82%）
教育来自不同种族、不同语言、不同文化背景的学生	100%	100%	100%	98%	94%	100%	98%	98%
	（90%）	（79%）	（95%）	（87%）	（77%）	（86%）	（95%）	（87%）
采取合适的教学策略以了解和满足学生的特殊学习需求	100%	100%	95%	98%	94%	100%	85%	96%
	（100%）	（83%）	（86%）	（80%）	（61%）	（90%）	（54%）	（77%）

续表

	阿尔维诺学院（10）*	银行街教育学院（24）	高科技高中（21）	蒙特克莱尔州立大学（137）	旧金山教师实习项目（31）	三一大学（30）	科罗拉多大学丹佛分校（41）	总计（294）
用适合英语学习者的方式教学	90%	83%	100%	88%	94%	100%	95%	95%
	（50%）	（67%）	（90%）	（58%）	（64%）	（80%）	（80%）	（67%）
了解校外环境因素如何影响学生生活和学习	100%	100%	100%	97%	100%	100%	98%	98%
	（100%）	（96%）	（85%）	（84%）	（87%）	（90%）	（85%）	（87%）
使用促进学生积极学习的教学策略	100%	100%	100%	99%	100%	100%	93%	98%
	（90%）	（96%）	（100%）	（90%）	（90%）	（93%）	（66%）	（88%）
从多元文化优势的角度教育学生	100%	100%	100%	96%	100%	100%	93%	97%
	（70%）	（83%）	（96%）	（79%）	（74%）	（80%）	（80%）	（80%）
鼓励学生从不同角度看待问题、提出问题、理解问题	100%	100%	100%	98%	100%	100%	90%	98%
	（80%）	（92%）	（95%）	（84%）	（78%）	（87%）	（66%）	（83%）
支持学生的社会、情感、身体和认知发展	100%	96%	95%	100%	97%	100%	88%	97%
	（90%）	（91%）	（86%）	（91%）	（75%）	（93%）	（68%）	（86%）
根据学生的不同需求和不同教学目的选择教学策略	100%	100%	100%	100%	97%	100%	90%	98%
	（90%）	（96%）	（91%）	（91%）	（81%）	（97%）	（59%）	（83%）

*项目名称后括号内的数字代表回答该问题的实习教师的数量

表格2　实习教师表示项目培训其开展计划教学、设计学习体验的百分比

每一方面都包括两行数据，第一行数据表示同意项目为他们提供充分或更好培训的教师百分比，第二行括号中的数据表示同意项目为他们提供良好或很好培训的教师百分比

	阿尔维诺学院（10）*	银行街教育学院（24）	高科技高中（21）	蒙特克莱尔州立大学（137）	旧金山教师实习项目（31）	三一大学（30）	科罗拉多大学丹佛分校（39）	总计（292）
开发可以帮助学生深度学习内容的课程，以便学生可以在新情境中应用所学知识	100%	100%	95%	99%	100%	100%	82%	97%
	（100%）	（96%）	（85%）	（82%）	（71%）	（94%）	（64%）	（82%）
设计基于项目的有效教学，让学生进行探究并创新，思考解决方案等	90%	100%	95%	95%	74%	100%	82%	92%
	（80%）	（92%）	（90%）	（75%）	（39%）	（76%）	（51%）	（71%）
帮助学生辩证思考、解决问题	90%	100%	95%	99%	100%	100%	99%	97%
	（90%）	（92%）	（85%）	（86%）	（81%）	（93%）	（54%）	（82%）
开发基于学生经验、兴趣和能力的课程	100%	100%	90%	96%	97%	100%	90%	96%
	（90%）	（87%）	（85%）	（82%）	（52%）	（94%）	（64%）	（78%）
建立多学科课程	90%	100%	95%	95%	74%	100%	79%	91%
	（80%）	（92%）	（86%）	（70%）	（42%）	（83%）	（46%）	（69%）
帮助学生学习口头交流、书面交流、图形交流和使用技术交流	100%	100%	95%	99%	94%	100%	90%	97%
	（90%）	（80%）	（76%）	（81%）	（55%）	（90%）	（56%）	（76%）
使用技术支持课堂教学	100%	88%	90%	98%	87%	100%	82%	93%
	（90%）	（34%）	（80%）	（80%）	（48%）	（90%）	（49%）	（70%）

*项目名称后括号内的数字代表回答该问题的实习教师的数量

表格3　实习教师表示项目锻炼其评估学生学习能力的百分比

每一方面都包括两行数据，第一行数据表示同意项目为他们提供充分或更好培训的教师百分比，第二行括号中的数据表示同意项目为他们提供良好或很好培训的教师百分比

	阿尔维诺学院（10）*	银行街教育学院（24）	高科技高中（20）	蒙特克莱尔州立大学（137）	旧金山教师实习项目（31）	三一大学（30）	科罗拉多大学丹佛分校（39）	总计（291）
给学生提供成效反馈，指导学生学习	100%	100%	100%	96%	97%	100%	92%	97%
	（90%）	（92%）	（90%）	（79%）	（65%）	（90%）	（74%）	（80%）
帮助学生学习如何评估自己的学习情况	90%	100%	95%	96%	84%	100%	92%	95%
	（90%）	（87%）	（95%）	（77%）	（55%）	（73%）	（59%）	（74%）
使用多样评估方式，比如检测、试卷、成长档案袋或绩效任务，以根据学生的优势和需求来指导教学	100%	96%	95%	99%	97%	100%	92%	97%
	（100%）	（88%）	（85%）	（86%）	（71%）	（93%）	（77%）	（84%）

*项目名称后括号内的数字代表回答该问题的实习教师的数量

表格4 实习教师表示项目帮助其创造、维持有利于学生学习的环境的百分比

每一方面都包括两行数据，第一行数据表示同意项目为他们提供充分或更好培训的教师百分比，第二行括号中的数据表示同意项目为他们提供良好或很好培训的教师百分比

	阿尔维诺学院（10）*	银行街教育学院（24）	高科技高中（20）	蒙特克莱尔州立大学（137）	旧金山教师实习项目（31）	三一大学（30）	科罗拉多大学丹佛分校（39）	总计（291）
让学生参与合作小组、独立学习	100%	100%	100%	99%	94%	100%	92%	98%
	（90%）	（96%）	（95%）	（89%）	（90%）	（93%）	（79%）	（89%）
帮助学生自我激励、自我导向	100%	100%	100%	96%	77%	100%	90%	94%
	（90%）	（87%）	（85%）	（76%）	（52%）	（77%）	（64%）	（74%）
为建立富有成效的课堂社区制定标准	100%	96%	100%	98%	90%	97%	92%	96%
	（100%）	（84%）	（95%）	（85%）	（90%）	（94%）	（79%）	（87%）
培养学生的提问和讨论能力	100%	100%	100%	99%	97%	100%	92%	98%
	（90%）	（96%）	（95%）	（79%）	（74%）	（87%）	（74%）	（82%）
打造促进社会/情感发展以及个人和群体责任感的课堂环境	100%	96%	100%	100%	97%	97%	92%	98%
	（80%）	（83%）	（90%）	（86%）	（74%）	（94%）	（77%）	（84%）

*项目名称后括号内的数字代表回答该问题的实习教师的数量

表格5　实习教师表示项目培训其参与有效教学实践的百分比

每一方面都包括两行数据，第一行数据表示同意项目为他们提供充分或更好培训的教师百分比，第二行括号中的数据表示同意项目为他们提供良好或很好培训的教师百分比

	阿尔维诺学院（10）*	银行街教育学院（24）	高科技高中（20）	蒙特克莱尔州立大学（137）	旧金山教师实习项目（31）	三一大学（30）	科罗拉多大学丹佛分校（39）	总计（291）
与同事合作解决学生需求并改善教学	100%	100%	100%	96%	94%	97%	95%	96%
	（80%）	（88%）	（90%）	（80%）	（71%）	（90%）	（72%）	（80%）
与家庭合作，更好地了解学生并为学生学习提供支持	100%	100%	100%	91%	87%	100%	92%	93%
	（60%）	（88%）	（75%）	（70%）	（55%）	（90%）	（64%）	（71%）

*项目名称后括号内的数字代表回答该问题的实习教师的数量

表格6　实习教师表示在课程中体验过以下策略的百分比

每一方面都包括两行数据，第一行数据表示同意项目为他们提供充分或更好培训的教师百分比，第二行括号中的数据表示同意项目为他们提供良好或很好培训的教师百分比

	阿尔维诺学院（10）*	银行街教育学院（24）	高科技高中（20）	蒙特克莱尔州立大学（137）	旧金山教师实习项目（31）	三一大学（30）	科罗拉多大学丹佛分校（38）	总计（290）
基于项目的教学	100%	100%	100%	96%	68%	90%	89%	92%
	（100%）	（92%）	（95%）	（75%）	（40%）	（63%）	（58%）	（71%）
文化响应实践（给学生增加经验或社区知识）	100%	100%	100%	96%	81%	100%	97%	96%
	（80%）	（92%）	（90%）	（80%）	（55%）	（87%）	（84%）	（80%）
满足不同学生需求的差异化教学	100%	96%	100%	97%	97%	97%	95%	97%
	（100%）	（84%）	（85%）	（83%）	（65%）	（90%）	（73%）	（81%）
合作式学习和小组合作	100%	100%	100%	99%	100%	100%	95%	99%
	（100%）	（96%）	（100%）	（90%）	（77%）	（94%）	（82%）	（90%）
展示学生的作品，比如，作品、试卷、口头讨论/辩论	100%	100%	100%	98%	87%	97%	97%	97%
	（80%）	（79%）	（100%）	（87%）	（48%）	（76%）	（79%）	（80%）
让学生有机会研究并创新想法或活动	90%	96%	100%	94%	87%	97%	92%	93%
	（80%）	（82%）	（95%）	（75%）	（50%）	（70%）	（63%）	（72%）
让学生有机会根据反馈修改他们的作业	90%	92%	100%	94%	90%	97%	92%	94%
	（70%）	（84%）	（95%）	（73%）	（61%）	（80%）	（68%）	（74%）

续表

	阿尔维诺学院（10）*	银行街教育学院（24）	高科技高中（20）	蒙特克莱尔州立大学（137）	旧金山教师实习项目（31）	三一大学（30）	科罗拉多大学丹佛分校（38）	总计（290）
让学生有机会提出问题、讨论和辩论	90%	96%	100%	99%	97%	100%	89%	97%
	（70%）	（92%）	（95%）	（83%）	（65%）	（87%）	（63%）	（80%）
让学生有机会参与基于绩效的评估，展示在应用型项目、论文或任务中学到的知识	90%	96%	100%	99%	87%	100%	92%	96%
	（80%）	（87%）	（90%）	（84%）	（65%）	（94%）	（71%）	（81%）

*项目名称后括号内的数字代表回答该问题的实习教师的数量

表格7　实习教师表示在实习中体验过以下策略的百分比

每一方面都包括两行数据，第一行数据表示同意项目为他们提供充分或更好培训的教师百分比，第二行括号中的数据表示同意项目为他们提供良好或很好培训的教师百分比

	阿尔维诺学院（10）*	银行街教育学院（24）	高科技高中（19）	蒙特克莱尔州立大学（136）	旧金山教师实习项目（31）	三一大学（30）	科罗拉多大学丹佛分校（38）	总计（288）
基于项目的教学	99%	88%	100%	89%	58%	90%	82%	85%
	（80%）	（79%）	（89%）	（67%）	（43%）	（55%）	（53%）	（65%）
文化响应实践（给学生带来经验或社区知识）	90%	88%	100%	97%	87%	100%	89%	94%
	（60%）	（67%）	（95%）	（76%）	（68%）	（80%）	（55%）	（74%）
满足不同学生需求的差异化教学	100%	96%	100%	96%	90%	97%	89%	95%
	（90%）	（71%）	（100%）	（84%）	（81%）	（94%）	（68%）	（83%）
合作式学习和小组合作	90%	96%	100%	97%	94%	97%	92%	96%
	（80%）	（92%）	（100%）	（87%）	（77%）	（93%）	（74%）	（86%）
展示学生的作品，比如，作品、试卷、口头讨论/辩论	90%	96%	100%	93%	84%	100%	84%	92%
	（80%）	（79%）	（100%）	（75%）	（65%）	（83%）	（61%）	（75%）
让学生有机会研究并创新想法或活动	90%	92%	100%	90%	81%	97%	84%	90%
	（80%）	（75%）	（100%）	（69%）	（58%）	（65%）	（58%）	（69%）
让学生有机会根据反馈修改他们的作业	90%	79%	100%	93%	81%	93%	76%	89%
	（70%）	（71%）	（100%）	（72%）	（68%）	（70%）	（61%）	（71%）

续表

	阿尔维诺学院（10）*	银行街教育学院（24）	高科技高中（19）	蒙特克莱尔州立大学（136）	旧金山教师实习项目（31）	三一大学（30）	科罗拉多大学丹佛分校（38）	总计（288）
让学生有机会提出问题、讨论和辩论	90%	96%	100%	97%	90%	100%	82%	94%
	（70%）	（82%）	（100%）	（81%）	（71%）	（83%）	（58%）	（78%）
让学生有机会参与基于绩效的评估，展示在应用型项目、论文或任务中学到的知识	90%	96%	100%	95%	87%	100%	87%	93%
	（80%）	（83%）	（100%）	（82%）	（65%）	（83%）	（63%）	（78%）

*项目名称后括号内的数字代表回答该问题的实习教师的数量

表格8　实习教师表示同意项目帮助其做好教学准备的百分比

每一方面都包括两行数据，第一行数据表示同意教师教育项目为其提供充分或更好培训的教师百分比，第二行括号中的数据表示同意教师教育项目为他们提供良好或很好培训的教师百分比

	阿尔维诺学院（8）*	银行街教育学院（20）	高科技高中（16）	蒙特克莱尔州立大学（126）	旧金山教师实习项目（30）	三一大学（27）	科罗拉多大学丹佛分校（35）	总计（262）
	100%	100%	100%	99%	100%	100%	91%	99%
	（100%）	（95%）	（94%）	（89%）	（93%）	（96%）	（60%）	（88%）

*项目名称后括号内的数字代表回答该问题的实习教师数量

Acknowledgments

致　谢

我们由衷感谢支持我们工作的所有人员。首先，感谢七个教师教育项目的实习教师、结业教师、项目组教师、教职员工、地区和社区的合作伙伴、领导，感谢他们愿意分享其经验和专业知识。如果没有他们，就不可能有这本书。特别感谢阿尔维诺学院的帕特里夏·卢布克（Patricia Luebke）和德西雷·波因特·梅斯（Desiree Pointer-Mace）；银行街教育学院教育研究生院的谢尔·波拉科·苏兰斯基（Shael Polakow-Suransky）和塞西莉亚·特拉夫（Cecelia Traugh）；科罗拉多大学丹佛分校的丽贝卡·坎托和辛迪·古特雷斯（Cindy Gutierrez）；高科技高中的本·戴利（Ben Daley）、珍妮·格里斯沃尔德（Janie Griswold）、朱莉·霍姆斯（Julie Holmes）；蒙特克莱尔州立大学的塔玛拉·卢卡斯（Tamara Lucas）和珍妮弗·罗宾逊（Jennifer Robinson）；斯坦福大学教师教育项目的彼得·威廉姆森（Peter Williamson）和旧金山教师实习项目的乔纳森·奥斯勒（Jonathan Osler）；三一大学的莎丽·奥尔布莱特（Shari Albright）、帕特里夏·J. 诺曼（Patricia J. Norman）和安吉拉·布莱登斯坦（Angela Breidenstein）所做的贡献。他们在2015—2016学年期间，组织并主持了考察活动，收集了大量的背景资料并分享了许多数据，为我们提供了极大的支持。

感谢我们的外部同行评审员。他们丰富的专业知识、深思熟虑的见解和犀利的提问让我们受益匪浅。感谢负责查阅阿尔维诺学院项目的斯坦福大学教育研究生院的名誉教授瑞秋·洛坦（Rachel Lotan）和康涅狄格大学教育学院的助理教授托马斯·莱文（Thomas Levine）；感谢负责查阅银行街教育学院项目的斯坦福大学教育机会政策中心执行董事乔恩·斯奈德（Jon Snyder）和密尔斯学院的教育学教授安娜·理查德（Anna Richert）；感谢负责查阅科罗拉多大学丹佛分校项目的康涅狄格大学教育学院副教授劳伦·安德森（Lauren Anderson）；感谢负责查阅高科技高中项目的旧金山州立大学教育学院院长辛西娅·格鲁兹克（Cynthia Grutzik）、新教师中心的创立者和首席执行官艾伦·莫尔（Ellen Moir）以及新教师中心的高级总监艾米丽·L. 戴维斯（Emily L. Davis）；感谢负责查阅蒙特克莱尔州立大学项目的密苏里大学堪萨斯城分校教育学院考夫曼城市教育捐赠讲座教授艾塔·霍林斯（Etta Hollins）和罗文州立大学教育学院院长莫妮卡·威廉姆斯·谢莉（Monica Williams Shealy）；感谢负责查阅旧金山教师项目的佐治亚州立大学本杰明·E. 梅斯城市教学、学习和领导讲席教授乔伊斯·金（Joyce King），以及州首席学校官员理事会劳动力计划主任萨罗亚·华纳（Saroja Warner）；感谢负责查阅三一大学项目的坎特伯雷大学米斯蒂·佐藤（Misty Sato）和加州州立大学萨克拉门托分校教育学院教授皮亚·王（Pia Wong）。

同时，感谢斯坦福大学教育研究生学院的副教授艾拉·利特（Ira Lit），他对银行街教育学院项目的研究做出了很大贡献。感谢学习政策研究所的同事朱莉·亚当斯（Julie Adams）和拉尔金·威利斯（Larkin Willis），感谢他们对本书的写作和编辑部分所提供的帮助。感谢哈佛教育出版社的编辑道格拉斯·克莱顿（Douglas Clayton）和杰恩·玛丽·法格诺利（Jayne Marie Fargnoli），因为他们的支持、热情和耐心，我们才能将研究内容尽数呈现于此书。

最后，感谢纽约卡耐基基金会为本研究提供资金，感谢贝撒尔基金会、威廉和芙洛拉休利特基金会以及桑德勒基金会为学习政策研究所在该领域的研究提供的支持。我们对以上所有人员和机构，致以由衷的感谢。

About the Authors

作者简介

琳达·达林哈蒙德（Linda Darling-Hammond）是美国学习政策研究所的主席兼首席执行官，同时也是斯坦福大学的查尔斯·E. 杜康教育名誉教授。她在斯坦福大学创立了斯坦福教育机会政策中心，并在自己参与设计的斯坦福教师教育项目中担任教师发起人。达林哈蒙德曾任美国教育研究协会主席，荣获杰出贡献奖、终身成就奖和研究政策奖。其众多著作也获奖颇多，比如《学习的权利》《教学是学习的职业》《为不断变化的世界培养教师》《平面世界和教育》。

珍妮·奥克斯（Jeannie Oakes）是美国学习政策研究所的高级政策研究员，兼加利福尼亚大学洛杉矶分校教育公平领域首席荣誉教授，以及福特基金会前教育主任。同时，她也是美国教育研究协会前任主席和美国国家教育科学院的成员。奥克斯考察了政策对低收入少数族裔学生教育的影响，以及公平性教育改革。她的著作包括《追踪：学校如何构造不平等》《成为美国好学校：教育改革中的公民美德之争》《学习的力量》《教育改变世界》。

钱娜·M. 库克哈维（Channa M. Cook-Harvey）是佛森科多瓦联合学区的社会与情感学习总监。她曾是美国学习政策研究所的高级研究员，负责统筹绩效评估、社会情感和学术学习等方面的工作。她曾担任高中英语教师、语文教师和校长，在斯坦福教师教育项目中教授课程，为实习教师提供指导。

罗尼塔·古哈（Roneeta Guha）是美国学习政策研究所深度学习团队的高级研究员。她曾是该研究所关于支持深度学习的教师教育计划研究的联合负责人，同时管理多个州级和国家级项目，促进真实评估在教育工作中的应用，包括加州绩效评估合作组织、“重设大学入学机会”倡议和州绩效评估学习社区等。

阿基拉·哈雷尔（Akeelah Harrell）是美国未来就业组织的项目经理，也是建设经济机会组织的成员，曾担任美国学习政策研究所的顾问和纽约市哈莱姆教育中心的学术顾问。

玛丽亚·E. 海勒（Maria E. Hyler）是美国学习政策研究所华盛顿特区办公室的副主任兼高级研究员。海勒是美国学习政策研究所的教育工作者质量团队的负责人之一，并代表研究所在教师和领导者的培训、发展和领导力方面开展了多项活动。她在加入美国学习政策研究所之前，曾在马里兰大学帕克分校的教学、政策和领导部门担任教师教育和专业发展的助理教授。

查尔曼·N. 杰克逊·迈赛尔（Charmaine N. Jackson Mercer）是美国威廉和芙洛拉休利特基金会的教师教育项目的工作人员。此前，她曾担任华盛顿特区办公室主任和美国学习政策研究所的高级研究员。她曾担任卓越教育联盟政策和宣传副总裁，在洛杉矶卓越教学社区负责政策和研究，并在联邦政府工作过。

塔拉·基尼（Tara Kini）是美国学习政策研究所的州级政策主任。她在公共教育领域有20年的工作经验，曾担任民权律师、课堂教师和教师教育工作者。此前，她曾是民权律师事务所的高级律师，在旧金山湾区公立学校教过英语和历史，还担任过加州大学伯克利分校教师教育项目的教师主管。

安妮·波多尔斯基（Anne Podolsky）是美国斯坦福大学的博士，曾在美国学习政策研究所担任研究员和政策分析师，目前仍为该研究所提供咨询服务。她注重改善教育机会和教育成果，尤其是对来自贫困社区的学生。她是伊利诺伊州教育委员会认证教师，也是加利福尼亚州律师协会成员。

史蒂芬·K. 沃伊奇凯维茨（Steven K. Wojcikiewicz）是美国波特兰大学太平洋天主教教育联盟的负责人，兼美国学习政策研究所顾问。沃伊奇凯维茨先前在美国西俄勒冈大学担任教师教育的副教授，兼华盛顿特区美国教师联盟教育事务的协助负责人，同时也是得克萨斯州奥斯汀院长联盟的政策副总裁，她曾是俄克拉何马州塔尔萨市的一名社会研究教师。